Marie-Hélène Gutberlet, Sissy Helff (Hg.)
Die Kunst der Migration

Marie-Hélène Gutberlet, Sissy Helff (Hg.)

Die Kunst der Migration

Aktuelle Positionen zum europäisch-afrikanischen Diskurs.

Material – Gestaltung – Kritik

[transcript]

Mit freundlicher Unterstützung des ZIAF, Zentrum für Interdisziplinäre Afrika-Forschung der Goethe-Universität Frankfurt/Main

Bibliografische Information der Deutschen Nationalbibliothek
Die Deutsche Nationalbibliothek verzeichnet diese Publikation in der Deutschen Nationalbibliografie; detaillierte bibliografische Daten sind im Internet über http://dnb.d-nb.de abrufbar.

© 2011 transcript Verlag, Bielefeld

Umschlaggestaltung: Kordula Röckenhaus, Bielefeld
Umschlagabbildung: Unter Verwendung eines Filmstills aus »Arlit, deuxième Paris« (2005), © Idrissou Mora-Kpai
Lektorat: Marie-Hélène Gutberlet, Sissy Helff
Korrektorat: Kirsten Hellmich, Bielefeld
Redaktionelle Mitarbeit: Jan Wilm
Satz: Joachim Fischer
Druck: Majuskel Medienproduktion GmbH, Wetzlar
ISBN 978-3-8376-1594-4

Gedruckt auf alterungsbeständigem Papier mit chlorfrei gebleichtem Zellstoff.
Besuchen Sie uns im Internet: *http://www.transcript-verlag.de*
Bitte fordern Sie unser Gesamtverzeichnis und andere Broschüren an unter: *info@transcript-verlag.de*

Inhalt

GRENZEN IN VISUAL CULTURE

MOBILE NARRATIVE

Wem verkauft der intellektuelle Migrant sein kulturelles Kapital?
Jacob Emmanuel Mabé | 327

ANHANG

Einleitung

MARIE-HÉLÈNE GUTBERLET UND SISSY HELFF

> Das Kunstwerk kreiert einen Raum,
> der ein spezifisches Verhältnis zwi-
> schen Subjekt und Objekt herstellt
> und lässt darin ästhetische Erfahrun-
> gen möglich werden, in der nicht die
> übliche Asymmetrie zwischen wis-
> sendem Forscher und Anwender zum
> Zuge kommt, sondern ein ›Kommu-
> nikationsangebot‹ gemacht wird.
> (ELKE BIPPUS, *Die Kunst des For-*
> *schens* [2009], S. 12)

Migration vom afrikanischen Kontinent nach Europa ist zu einer viel be-
achteten Thematik in Debatten um Menschenrechte, Staatsbürgerschaft,
Bewegungsfreiheit und die multikulturelle Gesellschaft geworden. Zugleich ist *Migration* zu einem Schlagwort avanciert, das die Komplexität
der damit bezeichneten Verhältnisse mehr quantifiziert als beschreibt. So
schätzen neue Statistiken, dass sich weit über fünfzehn Millionen Menschen derzeit weltweit auf der Flucht vor politischer Verfolgung, Bürgerkrieg und Krieg befinden. Der Politologe Georg Opitz hat in diesem Kontext den Begriff vom »globalen Marsch«[1] geprägt. Fast täglich berichten
europäische Medien von Gestrandeten, die sich von den Küstenregionen
West- und Nordafrikas unter Einsatz ihres Lebens in das benachbarte Europa aufgemacht haben. Die Bilder der Ereignisse von Ceuta und Melilla

---

1 Peter Opitz (Hg.): *Der globale Marsch. Flucht und Migration als Weltpro-*
  blem (1997).

in 2005 zählen zu den bislang sichtbarsten Spuren eines stilisierten globalen Flüchtlingsproblems.

Diese Entwicklungen hinterlassen ihrerseits Spuren in der Wissenschaft, insbesondere in der deutschsprachigen, die zunehmend eine entsprechend desubjektivierte Form der Analyse und Kritik an der Medialisierung von afrikanischer Migration, Flucht und Vertreibung betreibt. In weiten Teilen unberücksichtigt und unreflektiert bleibt hierbei der wissenschaftliche und geografische Standort der einzelnen Wissenschaftlerinnen und Wissenschaftler mitsamt der damit eingeschriebenen Blickrichtung, die im afrikanischen Migrationskontext hauptsächlich eine Süd-Nord-Blickführung perpetuiert. *Afrika* wird somit meist nur als Ausgangspunkt einer Reise nach Europa begriffen und betrachtet. Tatsächlich sind wesentlich mehr afrikanische Menschen innerhalb Afrikas mobil[2], wie es auch beachtliche arbeitsbedingte bilaterale und trikontinentale Migrationsbewegungen zwischen den Kontinenten gibt[3].

Der Objektivitäts- und Neutralitätsanspruch der Wissenschaft mag längst *passé*, ihre Interessengeleitetheit, geografischen und ideologischen Anbindung den wissenschaftlichen Akteuren doch weitgehend bewusst sein. Trotzdem zeigt sich im Umgang mit Migration in der Wissenschaft wie in der Öffentlichkeit, ein Mangel an Reflexion der eigenen disziplinären Ausrichtung und der politischen Motivation der jeweiligen Forschungsinstitutionen. So kann es sein, dass *Migranten* und ihre Routen zu Forschungsobjekten werden, die man sich »wie Ameisen« anschaut, wie Ousmane Sembenes 1965 in seiner Kritik der ethnografischen Filme von Jean Rouch bemerkte.[4] Auch innerhalb der jüngeren Wissenschaftsgeschichte und neueren Wissenschaftsdisziplinen wird diese Sehnsucht nach objektiven Daten als Fortschreibung der seit Jahrzehnten geführten Debatten zwischen qualitativer und quantitativer Sozialforschung ersichtlich. Der sozialpolitische und wissenschaftlich distanzierte Objektivitätsanspruch hat jedoch gerade in Bezug auf Migration eine unbehaglich eng

---

2   Siehe Cheikh Oumar Ba: *Irregular Migration in West Africa: Case Studies on Ghana, Mali, Mauritania and Senegal* (2008).

3   Thomas Straubhaar: »Illegale Migration: Eine ökonomische Perspektive« (2007).

4   »Tu nous regardes comme des insectes« (Du schaust uns an, als wären wir Insekten). Sembene verlangt, es reiche nicht, zu sehen, man müsse genauer hinschauen und fragen, wo jemand herkommt und wohin er geht. Vgl. »Du schaust uns an, als wären wir Insekten. Eine historische Gegenüberstellung zwischen Jean Rouch und Ousmane Sembene« (1965), dt. in: Marie-Hélène Gutberlet/Hans Peter Metzler: *Afrikanisches Kino* (1997), S. 29f.

erscheinende Reflexionssituation geschaffen. Die vorliegende Anthologie knüpft hier an und will das Blickfeld auf die europäisch-afrikanische Migration erweitern.

Im Zuge des nunmehr fünfjährigen Projekts »Migration & Media« (2006-2011) hat sich gezeigt, dass ein Reflektieren *über* Migration in einem ethisch ausgerichteten politisch sozialen Diskursfeld ästhetische Implikationen wenn nicht ausgrenzt, so doch wesentlich überdeckt.[5] Wir haben uns auf die Suche nach einer Möglichkeit gemacht, wie man eine *Ästhetik der Migration* ausmachen und formulieren kann.[6] Ästhetik – vom Griechischen *aisthesis* abgeleitet – bedeutet *Wahrnehmung*, in unserem Sinne die Wahrnehmung von Migration, sowie auch *Form*, in unserem Sinne, welche Form und Gestalt der gewonnene Eindruck generiert. Beide Bedeutungsebenen von *aisthesis* sind konkret und abstrakt zu verstehen und münden keineswegs nur in eine Kritik der Medialisierung von Migrationstopoi wie dem sinnbildlich treibenden Boot auf hoher See oder dem sprichwörtlichen vollen (europäischen) Boot. Auf der *Wahrnehmungsebene* fällt auf, dass vor allem Menschen mit festem Wohnsitz und sicherer Arbeit in Ämtern, Kommissionen und Institutionen wissenschaftlicher sowie staatlicher Art über Migration schreiben. Wir haben uns daher gefragt, wie Migration aus der Sicht der Akteure selbst aussieht, wie nehmen sie sie wahr und welche Veränderungen und Verwandlungen nehmen sie an sich selbst wahr. Hierbei geht es uns nicht darum, einer Betroffenen-Ästhetik das Wort zu reden, sondern darum, die bislang monodirektionalen Bezüge aufzufächern und Positionen und Menschen, über die bislang geschrieben, berichtet und Bilder gemacht wurden, als Positionen im Diskursfeld und als reale Agenten zu begreifen und hervorzuheben. Das Forschungsobjekt des Diskurses wird auf diese Weise zum Subjekt, zum Agenten und zum Dialogpartner.

Auf der *Formebene* geht es um die Gestaltungsweisen und Gestaltungsräume, die die Akteure und kreativen Agenten im Migrationskomplex nutzen. Der Begriff der »Migration der Formen«, im Kontext der Documenta 12 (2007) wiederbelebt,[7] hat in den letzten Jahren zu inter-

---

5 Siehe hier auch Elisabeth Bekers, Sissy Helff und Daniela Merolla (Hg): *Transcultural Modernities: Narrating Africa in Europe* (2009), S. xiii.

6 Vgl. hier Mieke Bals Konzept der »Migratory Aesthetics«, mit Hilfe dessen Bal zwei Formen von Bewegung (Video-Installation und die reale Bewegung von Menschen) miteinander in Bezug setzt. Mieke Bal: »Migratory Aesthetics: Double Movement« (2008/2009).

7 Vgl. das Thesenpapier der Documenta 12/Roger M. Buergel: »Migration der Form(en)« (2007).

disziplinären und auch Kunst und Wissenschaft miteinander verzahnenden Projekten geführt.[8] Wenn Menschen mobil sind, dann werden auch Dinge, Objekte oder Ideen in Bewegung versetzt. So geraten die eigenen und die Ränder der anderen Disziplinen bzw. Selbstverständlichkeiten ebenfalls in Bewegung. Im Zuge dieser Entwicklung entstehen neue Räume des Denkens und Gestaltens, die mit herkömmlichen disziplinär entwickelten wissenschaftlichen Methoden nur schwer zu bearbeiten sind. Dies wird zum Beispiel an britischen Universitäten sichtbar, wo sich längst multidisziplinär ausgerichtete Migrationsstudien oder neuerdings auch Refugee Studies gebildet haben,[9] gesellschaftliche Räume also, die die deutsche Wissenschaft nicht hat.

Die Kunst der Migration öffnet einen solchen Raum: visuell, narrativ, und diskursiv. Die Publikation ist in diesem Sinne gewollt heterogen und weist auf die Verschiedenheit der Ansätze hin. Eine *Ästhetik* und *Kunst der Migration* muss bei dieser Disparatheit bleiben. Weder als ein Spiel im Feld der Diversität noch zu einem Minderheitspaket geschnürt, reichen die Ansätze sowohl weit ins Kernverständnis der Wissenschaften als auch in sehr spezifische Fragestellungen und Gestaltungsformen hinein. So bietet die vorliegende Anthologie Einblicke in transnational sowie trans- und interkulturell argumentierende Arbeitsweisen, die Bezug nehmen auf aktuelle Forschungsergebnisse in Afrika- und Europawissenschaften, Ethnologie, Kulturanthropologie, Visual Culture, Kunstgeschichte, Philosophie sowie postkoloniale und transkulturelle Literatur-, Kultur- und Filmwissenschaft. Die Verbindung aus autobiografischen Positionen, Einführungen und programmatischen Problemskizzen sowie der Präsentation einzelner künstlerischer Arbeiten ist Programm.

In jedwede Repräsentationsform von Migration ist die Persönlichkeit und Perspektive des Betrachters/der Betrachterin eingeschrieben. Die Texte des Filmemachers IDRISSOU MORA-KPAI, des Radio- und Videomachers MOISE MERLIN MABOUNA und des Schriftstellers UCHE NDUKA10 stellen diesen subjektiven Ausgangspunkt jeder Betrachtung

---

8 Vgl. hier Boris Groys: »Kunst im Zeitalter der Biopolitik. Vom Kunstwerk zur Kunstdokumentation« (2002).

9 Siehe z.B. die Websites des Refugee Studies Centre (RSC) in Oxford http://www.rsc.ox.ac.uk/ [letzter Abruf 7. 8. 2010] oder des interdisziplinär aufgebauten Master Programms Refugee Studies an der University of East London, School of Humanities and Social Science, http://www.uel.ac.uk/ hss/programmes/postgraduate/refugeestudies.htm [letzter Abruf 7.8.2010].

10 Siehe auch Julia Swindels Einleitung in ihrer Anthologie *The Use of Autobiography* (1995).

gewissermaßen aus und machen auf die tatsächliche Subjektivität und notwendige Austauschbereitschaft einer jeden schreibenden Position aufmerksam. So wie diese drei Autoren aus einem franko- bzw. anglofonen Denken ins Deutsche übersetzen, machen sich andere, teils auch journalistisch-essayistisch arbeitende Autoren von Europa aus auf, um die Gestaltungsstrategien und Wirkungen des Filmtons (ANNETT BUSCH), des Bildmaterials von Überwachungskameras (FLORIAN SCHNEIDER), des filmischen Erzählens (JULIEN ENOKA-AYEMBA und BRIGITTA KUSTER) auszuloten.

Ganz anders ist der Zugang einer Reihe von Texten, die eine Strukturanalyse künstlerischer Strategien vornehmen, KERSTIN PINTHER im Hinblick auf die Arbeit mehrerer Künstlerinnen und Künstler mit gewanderten Formen von Architektur, DIRK NAGUSCHEWSKI in Bezug auf die Intermedialität von Literatur und Film und deren Verarbeitung von Migrationsnarrativen, THORSTEN SCHÜLLER und EVA ULRIKE PIRKER hinsichtlich einer Kartografie europäisch-afrikanischer Bezüge in den Werken der Schriftsteller Wilfried N'Sondé und Abdulrazak Gurnah.

Mit der Idee, dass sich Migration als gestaltete Wahrnehmung materialisiert, betreten wir im wissenschaftlichen Feld Neuland. Mit dieser Anthologie lassen wir den rein sozialpolitisch strukturierten Diskurs ebenso beiseite wie das in der Kunst- und Literaturwissenschaft übliche Vorgehen, »außerwestliche Kunst« aus den tradierten westlichen Interpretationsmustern und westlichen Referenzen heraus zu deuten. Der Binarismus des Eigenen und Fremden, der westlichen und außerwestlichen, hier europäischen und afrikanischen Kunst, hat sich aufgebraucht.[11] ULF VIERKE und BÄRBEL KÜSTER zeigen auf, wie stark die Malerei des 20. Jahrhunderts aus einem reziproken Referenzverhältnis erwuchs und welche neuen Konzepte sich hieraus zu entwickeln lohnen. Die sich um die Videoinstallation RIEN NE VAUT QUE LA VIE, MAIS LA VIE MÊME NE VAUT RIEN rankenden Texte von BRIGITTA KUSTER, MOISE MERLIN MABOUNA und MARIE-HÉLÈNE GUTBERLET zeigen wiederum drei miteinander verzahnte und trotzdem distinkte Perspektiven und Positionen: ein kritisch-essayistisches Kontextualisieren, ein autobiografisches Kommentieren und ein wirkungsbezogenes Beschreiben.

Die Kunst der Migration bezieht sich keineswegs nur auf Mobilitätsparameter, sondern thematisiert neben dem Weggehen auch das Ankom-

---

11 Siehe z.B. Ulrich Beck (Hg.): *Kinder der Freiheit: Wider das Lamento über den Werteverfall* (1997), S. 347 sowie Ulf Hannerz: *Cultural Complexity: Studies in the Social Organization of Meaning* (1992), S. 223-228.

men. Längst hier angekommen und anders als die breite Öffentlichkeit es annimmt, beschreiben sich Wilfried N'Sondé und Goretti Kyomuhendo in den Interviews von PETRA KASSEL und DOREEN STRAUHS.

Das in binären Strukturen basierende Denken, das ein klar umrissenes Hier und Dort voraussetzt, ist hartnäckig. Es formuliert zweifelsohne ein konservatives Verständnis von Kultur, welches dann ebenfalls lediglich statisch anmutende Kulturpraktiken und Gesellschaftsanalysen zu produzieren imstande ist.[12] Dass solche Methodik schon lange keine Migrationswirklichkeit mehr zu fassen vermag, wird in einer Vielzahl der vorliegenden Texte deutlich, vor allem jedoch in der verblüffenden Gleichzeitigkeit transkultureller Realitäten. RASHEED ARAEENS mediterranes Manifest, visionäres Kunstprojekt und politische Utopie in einem, formuliert die deutlichste Abkehr vom Bild des Mittelmeerraums als einer sozialpolitisch blockierten Problemzone. Er sieht Farben und Formen, Grenzen, die durchlässig werden und Begegnungen, die Prosperität versprechen.

Aus einem getrennten Hier und Dort ist längst eine undurchdringliche Gemengelage gegenseitiger Einflußnahmen geworden (hier die Autorenportraits über Wilfried N'Sondé von JAN WILM und Goretti Kyomuhendo von DOREEN STRAUHS), die eine eindeutige geografische oder kulturelle Zuordnung künstlerischer Praktiken unmöglich macht. Diese kreative Transkulturalität erwächst einem langen historischen Prozess,[13] der sich in Architektur (KERSTIN PINTHER), im Film (JULIEN ENOKA AYEMBA), in Literatur (DIRK NAGUSCHEWSKY, THORSTEN SCHÜLLER, EVA ULRIKE PIRKER), Kunst (ULF VIERKE, BÄRBEL KÜSTER, KERSTIN PINTHER, RASHEED ARAEEN) etc. bis in Computerspielen (SOENKE ZEHLE) niederschlägt. SISSY HELFFS Beitrag über den Weblog »Greetings from Africa« zeigt wiederum, dass Wünsche und Ansichten rasch in rassifizierende Denkmuster geraten, wenn in der trans- und interkulturellen Gemengelage die Sprache als zentraler öffentlicher, umgangssprachlicher und wissenschaftlicher Ort der Verhandlung nicht bewusst benutzt, bearbeitet, kritisiert und verändert wird.

Die Arbeit an *Die Kunst der Migration* hat uns mehr als einmal auf die Sperrigkeit der deutschen Sprache gestoßen, und darauf, wie im Gegensatz zu ihr zum Beispiel im Englischen und Französischen, sei es in literarischen, wissenschaftlichen Texten oder im Alltagsgebrauch, längst

---

12 Vgl. Isabell Diehm/Frank-Olaf Radtke: *Erziehung und Migration. Eine Einführung* (1999).

13 Vgl. Wolfgang Welsch: *Grenzgänge der Ästhetik* (1996).

»Migrationsspuren« eingezogen sind. Im Englischen und Französischen finden sich Spuren der jeweiligen Kolonialgeschichten, des alten Empire-Gedankens, des Commonwealth oder der Frankophonie, sie haben Einzug in Literatur und Philosophie gehalten (hier die Literaturanalysen von THORSTEN SCHÜLLER, DOREEN STRAUHS und Eva ULRIKE PIRKER). Ein vergleichbarer außereuropäischer Spureneinzug in die Sprache und ein kritischer Umgang mit dem sprachlichen Zugriff auf Geschichte fehlt im Deutschen weitgehend. Nicht allein, weil die deutsche Kolonialgeschichte keinen spürbaren Rückstrom aus Übersee ins sogenannte Mutterland provozierte, sondern vor allem weil der Selbstbezug in der Aufarbeitung von Nationalsozialismus und Holocaust jetzt erst aufbricht und eine Aufarbeitung der deutschen Kolonialgeschichte zulässt.[14]

Ein sensibler Gebrauch des Deutschen im Hinblick auf Kolonialgeschichte, Migration und die inter-, bzw. transkulturelle Realität, in der wir heute leben, wird sich noch entwickeln müssen. Wie JACOB EMMA-NUEL MABÉ in seinem Beitrag deutlich macht, haben wir es den »wissenschaftlichen Migranten« zu verdanken, dass in den letzten Jahren neue Wissenschaftszweige mit interkultureller Ausrichtung entstanden und letztendlich die Weltsprachen, insbesondere das Englische, in der deutschen Wissenschaft Akzeptanz finden. Die Benutzung der Weltsprachen hat wiederum dazu geführt, dass eine Reihe wissenschaftlicher Felder (der »Race, Class, Gender«-Debatten etwa) keine Neologismen im Deutschen ausbildeten, sondern die Verwendung des internationalen (englischen) Begriffsapparats den spezifischen geografisch/kulturellen deutschen Kontext vergessen lassen.[15]

Die in der Anthologie versammelten Texte entstanden alle in Auseinandersetzung mit der Schwierigkeit, wie wir auf Deutsch von diesen Dingen schreiben können. Eine solche Aussage mag seltsam erscheinen, doch es wurde klar, dass das Deutsche sprachlich noch viel Arbeit vor

---

14 In jüngerer Zeit entstehen zunehmend historiografische, kultur- und filmwissenschaftliche Studien zur deutschen Kolonialgeschichte, die jedoch nicht notwenigerweise auf den hier beschriebenen sprachlichen Missstand Bezug nehmen, siehe beispielsweise Birthe Kundrus (Hg.): *Phantasiereiche. Zur Kulturgeschichte des deutschen Kolonialismus* (2003); Marie-Hélène Gutberlets Artikel »In the Wilds of the German Imaginary: African Vistas« (2002); David M. Ciarlo: »Rasse konsumieren. Von der exotischen zur kolonialen Imagination in der Bildreklame des Wilhelminischen Kaiserreichs« (2003) sowie Jens Jaeger: »Colony as Heimat? The Formation of Colonial Identity in Germany around 1900« (2009).

15 Beispielsweise existieren keine deutschen Bezeichnungen für »Gender Studies«, »Diversity Studies«, »Visual Culture«, »Whiteness Studies«.

sich hat, bis es einen angemessenen Umgang mit dem vielschichtigen Erbe deutscher Kolonialgeschichte und der inter- und transkulturellen Situation findet. Durch die gemeinsame Arbeit an der Anthologie wurde den hier versammelten Autorinnen und Autoren, die oftmals Englisch oder Französisch als ihre zentrale (wissenschaftliche) Sprache betrachten und nutzen, klar vor Augen geführt, wie schwierig es tatsächlich ist, derartige Inhalte im Deutschen zu diskutieren, ohne dabei in ein despektierliches Sprechen zu kommen oder eine rassifizierte Sprache zu benutzen. Sei es aus wissenschaftlich disziplinären Gründen der Schreibpraxis oder aber aus Gründen der Herkunft, für viele der bisher in anderen Sprachen benutzten Begriffe schienen tatsächlich keine deutschen Äquivalente zur Hand zu sein. So wurden Wörter erfunden, Wörter zu übersetzen versucht, neue Versionen ausprobiert und mehrsprachige Passagen verfasst, um auf diese Weise die deutsche Sprache im Inneren zu weiten und geschmeidiger zu machen.

Dass das Spektrum der offenen Fragen und Problemstellungen nicht mit den hier aufgeführten wenigen Hinweisen erschöpft ist, verdeutlichen die folgenden Kapitel. Die Weiterentwicklung der hier aufgeworfenen Fragen muss freilich zukünftigen Studien und künstlerischen Arbeiten vorbehalten bleiben. Wenn sich jedoch unsere Leserinnen und Leser durch die Beiträge zu einer intensiveren Beschäftigung mit europäisch-afrikanischen Beziehungen angeregt fühlen würden, dann hätte die Anthologie schon eines ihrer zentralen Ziele erreicht.

Literatur

Ba, Cheikh Oumar: *Irregular Migration in West Africa: Case Studies on Ghana, Mali, Mauritania and Senegal*, Dakar: OSIWA 2008.

Bal, Mieke: »Migratory Aesthetics: Double Movement«, in: *Exit*, Nr. 32 (November 2008/Januar 2009), Sonderausgabe Exodus, http://www.exitmedia. net/prueba/eng/articulo.php?id=266 [letzter Abruf 7. 8. 2010].

Beck, Ulrich (Hg.): *Kinder der Freiheit: Wider das Lamento über den Werteverfall*, Frankfurt a.M.: Suhrkamp 1997.

Bekers, Elisabeth/Sissy Helff/Daniela Merolla (Hg): *Transcultural Modernities: Narrating Africa in Europe*, Special Issue Matatu: Journal for African Culture and Society, Amsterdam/New York: Rodopi 2009.

Bippus, Elke (Hg.): *Kunst des Forschens. Praxis eines ästhetischen Denken*s, Zürich/Berlin: Diaphanes 2009.

Ciarlo, David M.: »Rasse konsumieren. Von der exotischen zur kolonialen Imagination in der Bildreklame des Wilhelminischen Kaiserreichs«, in: Birthe Kundrus (Hg.): *Phantasiereiche. Zur Kulturgeschichte des deutschen Kolonialismus*, Frankfurt a.M.: Campus 2003, S. 135-179.

Diehm, Isabell/Frank-Olaf Radtke: *Erziehung und Migration. Eine Einführung*, Stuttgart: Kohlhammer 1999.

Documenta 12/Rober M. Buergel: »Migration der Form(en)« (2007); http://www.documenta12.de/fileadmin/vermittlung/Migration_der_Form_en_.pdf [letzter Abruf 10.8.2010]

»Du schaust uns an, als wären wir Insekten. Eine historische Gegenüberstellung zwischen Jean Rouch und Ousmane Sembene«, in: Marie-Hélène Gutberlet/Hans Peter Metzler: *Afrikanisches Kino*, Bad Honnef: Horlemann/Arte Edition 1997, S. 29-32.

Groys, Boris: »Kunst im Zeitalter der Biopolitik: Vom Kunstwerk zur Kunstdokumentation«, in: *Documeta 11_Plattform 5*: Ausstellungskatalog, Ostfildern-Ruit: Hatje Cantz 2002, S. 107-113.

Gutberlet, Marie-Hélène: »In the Wilds of the German Imaginary: African Vistas«, in: Tim Bergfelder/Erica Carter/Deniz Göktürk: *The German Cinema Book*, London: British Film Institute 2003, S. 238-247.

Hannerz, Ulf: *Cultural Complexity: Studies in the Social Organization of Meaning*, New York: Columbia UP 1992, S. 223-228.

Jaeger, Jens: »Colony as Heimat? The Formation of Colonial Identity in Germany around 1900«, in: *German History* 27, 2009, S. 467-489.

Kundrus, Birthe (Hg.): *Phantasiereiche. Zur Kulturgeschichte des deutschen Kolonialismus*, Frankfurt a.M.: Campus 2003.

Master Programms Refugee Studies an der University of East London, School of Humanities and Social Science, http://www.uel.ac.uk/hss/programmes/postgraduate/refugeestudies.htm [letzter Abruf 7. 8. 2010].

Opitz, Peter (Hg.): *Der globale Marsch. Flucht und Migration als Weltproblem*, München: Beck 1997.

Refugee Studies Centre (RSC) in Oxford, http://www.rsc.ox.ac.uk/[letzter Abruf 7.8.2010].

Straubhaar, Thomas: »Illegal Migration: Eine ökonomische Perspektive«, in: *Rat für Migration: Politische Essays zu Migration und Integration*, 3/2007, http://www.rat-fuer-migration.de/PDF/Straubhaar-illegale-Migration.pdf [letzter Abruf 10. 2. 2010].

Swindels, Julia (Hg.): *The Use of Autobiography*, London: Taylor & Francis 1995.

Welsch, Wolfgang: *Grenzgänge der Ästhetik*, Stuttgart: Reclam 1996.

FILMISCHE PARALLAXEN

Inner Voice Over

Skizze zu grenzüberschreitenden Bewegungen in Bild und Ton in BOROM SARRET (1966), CONTRAS' CITY (1968) und LEOPOLDVILLE (1946)

ANNETT BUSCH

BOROM SARRET ist ein Debüt in mehrfacher Hinsicht. Der Kurzfilm in schwarzweiß, gedreht 1963, ist nicht nur der erste Film des ehemaligen Tirailleur und Schriftstellers Ousmane Sembene, sondern auch der Beginn dessen, was später Afrikanisches Kino genannt werden wird, ein neues Kapitel Filmgeschichte und ein Anfang inmitten einer Menge bereits existierender Bilder. Die Herausforderung ist groß und die symbolische Geste enorm. Ein Bild zu machen heißt in diesem Kontext vor allem, ein wie auch immer geartetes, eigenes Bild gegen ein ethnografisches Bild zu richten, die Gemachtheit des Bildes zu demonstrieren, neu zu bestimmen und darin einen eigenen Tonfall zu finden.

Aufgrund mangelhafter technischer Ausrüstung – so heißt es – konnte Ousmane Sembene bei seinem ersten Film keinen Ton zeitgleich zur Kamera aufnehmen, keinen Synchronton. Die Kamera selbst, das Produzieren der Bilder, der Durchlauf des Filmstreifens machten zu viel Lärm, und eine geblimpte Kamera wäre Anfang der 1960er Jahre für das mittellose Kino in Afrika sicherlich zu teuer gewesen. Sembene macht aus dem Mangel ein ästhetisches Programm. Was für die Regisseure des *Cinéma Vérité* mit und durch die Entwicklung des transportablen Set Up von Kamera und Ton möglich und so erstrebenswert geworden war, nämlich die Wirklichkeit der Straße möglichst unmittelbar aufzuzeichnen, hält Sembene von vornherein für einen Trugschluss. Mitte der 1970er Jahre erklärt er in einem Gespräch mit den Filmwissenschaftlern Michael Dembrow und Klaus Troller:

> Ich weiß nicht recht, was hier mit […] Cinéma Vérité gemeint ist. Jean Rouch sagte mal, ich platziere meine Kamera in der Straße, jemand kommt ins Bild und das wars. Ich denke nicht, dass das fürs Kino stimmt. Man muss auswählen, hervorheben, schneiden, sortieren, man muss von Anfang bis Ende eine Collage entwerfen und eine Trennung der Bilder vornehmen […]. Wenn es in Afrika einen Underground gäbe, ein paralleles Kino, dann hätte das *Direct Cinema* vielleicht eine Chance. Es berührt vielleicht die Cinéphilen, diejenigen, die das Kino lieben, die denken, sie seien übersättigt mit Geschichten, die nach einer anderen Form von Wahrheitsmasturbation suchen und sagen: Das, ja, das ist sehr gut![1]

BOROM SARRET zeigt die Odyssee eines *bonhomme charette*, wie es im Französischen heißt, eines naiv-gutgläubigen namenlosen Karrenfahrers, der mit seinem Pferd Albourah einen Arbeitstag lang viele Kilometer durch verschiedene Viertel Dakars zuckelt. Sembene inszeniert diese Fahrten, um die Stadt wenige Jahre nach der formalen Unabhängigkeit neu zu kartografieren. Er zeigt Wege, Entfernungen, Ansichten, Straßenverkehr, Distanz – er bewegt sich von den gezimmerten Hütten der Medina, hoch zum Plateau und den modernen und imperialen Bauten im Finanzdistrikt, zwischen dem afrikanischen und französischen Dakar, er zeigt markante Orte wie den Friedhof, das Krankenhaus und schickt den Karrenfahrer schließlich in die noch immer für ihn verbotene Zone, ins ehemals französische koloniale Zentrum, das Plateau.

Die fiktive Stimme im Kopf interessiert Ousmane Sembene mehr als die authentische Geräuschkulisse der Straße. Sembene tut gar nicht so als ob, lässt die Dialoge der Akteure nicht nachsynchronisieren, ihr Text passt sich weder ihren Lippenbewegungen noch ihren Gesten an. Sembene hat sich für eine Lösung entschieden, die auf den ersten Blick etwas brachial erscheinen mag: Er leiht seine Stimme der Figur des Borom Sarret, dem Karrenfahrer, und spricht aus, was ausgesprochen werden soll. Doch nicht im Stil eines Essays und nicht als Kommentar. Ein dichtes, mehrstimmiges Voice Over liegt über den Bildern von BOROM SARRET. Die unsichere, zweifelnde innere Stimme des Fuhrmanns bahnt sich ei-

---

1 Michael Dembrow/Klaus Troller: »Interview with Ousmane Sembene«, in: Annett Busch/Max Annas (Hg.): *Ousmane Sembene Interviews*, S. 63-71, hier S. 63-64 [Übers.d.A.].

nen Weg. Neben und entgegen der Stimme der Religion, dem religiösen Singsang des Imam, der sich in den ersten Minuten des Films über das Stadtviertel und somit über die Bilder legt, als alleiniges Organ, das die anderen zum Schweigen und Nachbeten bringt, und entgegen der Stimme der Tradition, der Stimme eines Griot, die, gegen Bezahlung, die Geschichte für andere erfindet.

Eine Geschichte des Voice Over, der Autorität der über den Bildern liegenden Sprache, abgekoppelt von den Körpern, der Mimik und Gesten der Sprechenden, ist jenseits von Genreüberlegungen eng mit einem kolonialen Diskurs verbunden. Es geht hier um nichts Geringeres als um die Fragen: Wem ist es erlaubt zu sprechen, wer wird Bild, wem wird großmütig das Wort erteilt und wer interveniert durch Schweigen? Ein weites Feld tut sich auf, das sich vom patriarchal exotisierenden Kommentar des ethnografischen Films bis hin zur antikolonial kritischen Poesie des Essays erstreckt, von propagandistischen Sprechweisen bis zur vermeintlich neutralen auktorialen Nachrichtenstimme gut gemeinter TV-Feature, vom Off der Übersetzer bis zum On der Opfer. Es ist ein perfides, schwer zu bestimmendes Verhältnis, das Text, Wort, Stimme und Bild miteinander eingehen. Text und Stimme neigen dazu, den Bildraum zu besetzen, zu domestizieren oder zu negieren. Nur selten vermag die Stimme unter den Grund zu dringen, eine Spannung zwischen dem Sichtbaren und nicht Sichtbaren zu erzeugen, die Unmöglichkeit und Grenzen des Zeigbaren aufzuzeigen, über den Bildrand hinauszuweisen und eine Theorie zu projizieren.

Ein Kommentar im Off hebt an zur großen Erzählung von Mensch und Natur und hebelt die konkrete Zeit aus. Die Lüge der Legendenbildung liegt bereits im Tonfall, monoton und jedem Zweifel erhaben. Propaganda spielt auf einer eigenen Frequenz. »Un travail bien fait, fait toujours plaisir« (Eine gute Arbeit, gefällt immer). Der Film LEOPOLDVILLE (1946), angeführt als kolonialer Kontrapunkt, steht hier weniger für sich als für ein Genre und reiht sich ein in eine lange Liste von Filmen aus den 1940er und 1950er Jahren, alle gebaut nach einem ähnlichen Strickmuster, produziert vom belgisch-kongolesischen Informationszentrum für die Wochenschauen in Brüssel – hier wird ein A. R. Hayman als Regisseur ausgewiesen. Diese propagandistisch angelegten Dokufeatures treiben, nochmal anders als die koloniale Filmkultur Frankreichs, das Bestreben voran, Wirklichkeit systematisch zu verstellen. Die Intention ist stärker als die Bilder und wird unverhohlen formuliert. Zuschauer in Belgien sollten überzeugt werden, dass das Leben in der Kolonie einen vergleichbar modernen Standard hält wie das Leben zu Hause. City Branding. Einstellungen von einer modernen Stadt und ein Kommentar, der ihre Modernität preist. Ein Flughafen, Textil-, Möbel und Chemiefabriken, ein Krankenhaus und eine technische Zeichenschule, Wohngebäude, luxuriöse Läden und Hotelanlagen, auch die Freizeitgestaltung genügt höchsten Standards, Golf- und Tennisclubs, Schwimmbäder, Sportanlagen und selbst Tiere gibt es nur mehr im Zoo. Allein der Kongo, der Fluss, erscheint als nicht zu zähmendes Ungetüm.

Tourismus sollte motiviert, aber auch die Kolonie mit ihrer angeblich humanitär ausgerichteten Förderung von Bildung und Entwicklung legitimiert werden. Vor allem aber mussten andere Bilder nachhaltig überschrieben werden, Bilder von Ausbeutung und Sklavenarbeit, Fotografien von Arbeitern mit abgehackten Händen, die für die Gummiindustrie Belgiens schufteten, Dokumente aus dem Jahr 1896, die darauf deuteten, dass die Privatkolonie des belgischen Königs vor allem ein gut funktionierendes System von Zwangsarbeit erschaffen hatte. Um diese Bilder vergessen zu machen, genügt es nicht, andere Bilder zu zeigen. Um Missverständnisse zu vermeiden, brauchen die Bilder einen unmissverständlichen Text und eine Stimme aus dem Off, die jede Lücke schließt. Die Falschheit des Textes beruht weniger auf einer Lüge, die Stimme im Off doppelt allein die propere Sichtbarkeit und vergewissert sich ihrer Harmlosigkeit.

»Ma douce France!« Wenige Jahre nach BOROM SARRET eröffnet Djibril Diop Mambety, Schauspieler im Sorano-Theater in Dakar und gut 20 Jahre jünger als Sembene, seinen ersten Film CONTRAS' CITY (1968) mit einer Stimme, die ironisch benennt, was nur Fassade ist. Wie Sembene identifiziert Mambety die Autorität der über den Bildern liegenden Sprache und bricht sie. Er wird ein ähnliches Problem mit den Tonaufnahmen gehabt haben, aber treibt das Dilemma, dass die Stimme nicht aus dem Bild heraus entstehen, sondern nur über ihm liegen kann, weiter in die Abstraktion. Noch bevor wir wissen, wo wir uns befinden, zeigt Mambety einige Ansichten eines verspielt stattlichen Gebäudes viktorianischen Stils, dazu eine Melodie, die an die französische Nationalhymne erinnern mag und nach einigen Sekunden anfängt zu leiern. Eine Frauenstimme aus dem Off, die jauchzt: »Ma douce France!« Und eine Männerstimme, die süffisant kontert: »Sa France!, ma petite, ça, c'est Dakar!« Die Stimmen als Voice Over sprechen aus, was sie zu sehen meinen und was nur sichtbar wird, indem sie es aussprechen. Mambety spielt mit der architektonischen Präsenz Frankreichs wie mit einem naiv touristisch anmutenden Blick auf die Stadt, der seine Macht verloren hat. Er nimmt sich die Macht, zu definieren, zu benennen, stellt Aussagen richtig, und mit ironischem Unterton und Insiderwissen behält er das letzte Wort.

Die Geschichte des Borom Sarret bräuchte nicht viele Worte. Der Film ist ganz Bewegungsbild mit oft zitierter Referenz an den Neorealismus und gern verglichen mit Vittorio de Sicas FAHRRADDIEBE (1948). Gefilmt in hartem Schwarzweiß könnten die kargen Bilder für sich selbst sprechen, in ihrem stummen Verweis auf eine rüde, weiterhin kolonial strukturierte Gesellschaft, in der einem ohnehin armen Tropf sein Arbeitsmittel wegen eines lächerlichen Vergehens, einer unerlaubten Grenzüberschreitung, von der Polizei konfisziert wird. Aber Sembene scheint den Bildern nicht zu trauen. Durch den Ton kommt die Komplexität und die Fiktion in das Bild von der Wirklichkeit.

Das Voice Over in BOROM SARRET ist ein seltsamer Hybrid. Monolog und Dialog, Innen und Außen, Anrufung, Antwort und stummer Widerspruch agieren auf derselben Ebene. Die nach außen gestülpte innere Stimme des Karrenfahrers treibt den Film voran. Sie ordnet den 20-minütigen Ausschnitt dem Alltäglichen zu, benennt resigniert die schier unausweichliche Wiederholung, die wir nicht sehen. Tagein, tagaus, so wird uns suggeriert, dieselbe Tätigkeit, dieselben Probleme. Aber sie mokiert sich auch über die Kundschaft, macht sich lustig, äußert Ängste und gibt dem Dienstleistenden seine Würde zurück, als würde sich durch die stumme und eben doch hörbare Stimme ein möglicher Widerstand anbahnen, ein allmähliches Bewusstwerden, was noch nicht reif ist, ausgesprochen zu werden, was noch keine Rede, keinen Sprechakt ausmacht.

Das spröde Zupfen der Kora und ein quietschendes Rad, dessen Quietschen eine weitere, enervierend intervenierende Geräuschebene bildet und gewitzt auf das Eigenleben des Karren zeigt, auch als Störfaktor beim Durchqueren des französischen Quartier, als Kontrapunkt zur Renaissancemusik, die parallel ertönt, all das verhält sich kreuz und quer zur Bildebene. Das Bild von Armut wehrt sich gegen das Pittoreske, das Lamento wird selbstironisch und wird zugleich kritisiert, verliert durch die Distanz seine Weinerlichkeit, und die besprochen sprechende Figur, der Karrenfahrer, scheint sich der Bildebene auf eigentümliche Weise zu entziehen.

Ein Karren wird von einem Pferd ins Bild gezogen, doch auf dem Bock sitzt nicht ein Karrenfahrer, sondern der Regisseur, zusammen mit einem blonden Skriptgirl. Wir sind wieder in Mambetys CONTRAS' CITY. Das

Gefährt bleibt Zitat und dient der Handlung hier nur indirekt, bei der Sightseeing-Tour durch Dakar bleibt es im Off, wie die Figuren, deren körperlose Stimmen mit Gebäuden, Menschen und Straßenszenen sprechen, die sich uns als eng kardierte Bilder darstellen, Bildausschnitte, die auf eine Wirklichkeit zeigen. Mambety folgt einer assoziativen Montage, nimmt die Bilder als Link, um zu verbinden, was entfernt voneinander liegt, um über die konkreten Orte hinweg Verbindungen zu ziehen: Er springt vom Zentrum in die Peripherie und zurück, als wolle er die Stadt eben nicht nur kartografieren, sondern neu zusammensetzen.

Sembene spricht neben seiner Hauptfigur, mit und durch sie, auf Französisch. Wolof, die eigentliche Alltagssprache eines Karrenfahrers in Dakar, bleibt unhörbar. Der Filmemacher Kwate Nee Owo stellt fest »[...] dass man den Eindruck gewinnen könnte, die französische Sprache wurde absichtlich über den Film gelegt, auf dieselbe Weise, wie sie, historisch gesehen, dem senegalesischen Volk aufgepfropft wurde.«[2] Und Sembene führt aus:

Nun ja, ich bin von demselben Gedanken ausgegangen. Dann habe ich BOROM SARRET und einen anderen meiner Filme Bauern in Burkina Faso und an verschiedenen anderen Orten gezeigt. Meine Haltung war damals, dass nichts falsch daran sei, die französische Sprache über den Film zu legen, denn Französisch ist Bestandteil unseres Lebens. Aber auf der anderen Seite waren die Bauern schnell dabei herauszustellen, ich sei derjenige, der entfremdet sei, denn sie hätten es vorgezogen, den Film in ihrer eigenen Sprache zu sehen, ohne Französisch.[3]

Sembene verwehrt sich der großmütigen, dokumentarischen Geste, dem Opfer das Wort zu erteilen, und stattet den Fuhrmann mit einer Sprache aus, die nicht die seine ist, es aber werden könnte. Das Französisch allerdings, das Sembene hier spricht, hat wenig mit dem Französisch der Franzosen gemein; es ist ein in sich gebrochenes, aufgesplittertes Französisch, mit hartem, verschluckt-verzerrten Akzent, ein okkupiertes, angeeignetes Französisch, in dem andere Sprachen und Stimmen mitschwingen.

---

2 Kwate Nee Owo: »The Language of Real Life«, in: Annett Busch/Max Annas (Hg.): *Ousmane Sembene Interviews*, S. 131-133, hier S. 132-133 [Übers.d.A.].

3 Ebd.

Der Regisseur behält die Autorität der Sprache, aber spricht mit den Bildern, nicht über sie, er spricht sie an, wie die Borom-Sarret-Figur mit einer Moderne spricht, die sich ihm vor allem in Form von Architektur präsentiert, aber auch als Gesetz, als Verbot, als Grenze und Ausschlussmechanismus. Die faszinierenden, bedrohlichen Hochhäuser des Plateaus, der Verkehr, Zeichen einer kolonialen, noch kaum vergangenen Vergangenheit, stoßen seine Reflexion an. »Feu rouge, il faut s'arrêter toujours, partir, coucher, ça c'est la prison, c'est ça, ça c'est la vie moderne, c'est la vie maintenant du pays, partir, oui, j'avance.« (Rote Ampel, man muss immer anhalten, losgehen, sich hinlegen, das ist ein Gefängnis, das, das ist das moderne Leben, das ist jetzt das Leben im Land, losgehen, ja, ich geh' schon voran) Trotz Enttäuschung und Ablehnung dessen, was der Karrenfahrer als Moderne erlebt, provoziert sie doch seine eigene Sprache und Sprechweise durch Widerspruch, während, was sich als Religion und Tradition präsentiert, ihn stumm macht.

Das Kino ermöglicht Sembene, mehr noch als seine Literatur,[4] sich von Anfang an zwischen die Stühle zu setzen. Mit der Stimme der Vernunft. Von der Proklamation einer *Négritude* hält er als Marxist ebenso wenig, wie von den neuen afrikanischen Eliten, die im Namen der Moderne vor allem sich selbst bereichern. Mithilfe des Kinos entwickelt Sembene eine Sprache, um Begriffe wie Religion, Tradition und Moderne mitsamt ihren Widersprüchlichkeiten zu fassen, über das Diskursive hinaus. Mambety hingegen manövriert durch diese Begriffe ohne sichtbar ideologische Grundhaltung. Als Fluchtlinie schimmert vielmehr der Entwurf einer nicht bürgerlichen Individualität auf, die einer Künstlerstimme und seiner Figuren, der Musiker, Ganoven oder Slacker.

»Oh, un Hippie.« Mambety nimmt die Bemerkung der französischen Touristin zum Anlass, sie erneut zu korrigieren und darauf hinzuweisen, dass der ältere Mann mit den langen Filzhaaren kein Hippie sei, sondern der Sekte der Muriden angehöre und sein Leben dem späten Amadou Bamba widme, der sein spiritueller Führer sei. Mambety deutet hier auf eine komplexe, vor allem lokal bedeutsame islamisch konnotierte Heldengeschichte, die untrennbar mit dem Widerstand gegen das Kolonialregime verbunden ist. Während wir den Mann, den die Französin für einen Hippie hielt, in Nahaufnahme sprechen sehen, wissen wir nicht

---

4   Wie beispielsweise in seinen Romanen *O pays mon bon people* (1957), *Les bouts de bois de dieu* (1960) oder seiner Kurzgeschichtensammlung *Voltaïque* (1962).

genau, wessen Worte Mambety zitiert, der nicht aufhöre ihn, Amadou Bamba, zu verehren, ohne überhaupt zu Gott zu beten. Mit dem Stichwort »Bamba«, springt das Bild auf eines der unzähligen Wandgemälde, zu finden an allen möglichen und unmöglichen Orten Dakars, eine gezeichnete Variante des einzig verbliebenen Fotos Amadou Bambas mit weißem Umhang, das Gesicht bis auf die Augen mit einem Schal umhüllt. Der Frage aus dem Off, ob auch er, Mambety, Muslim sei, weicht er aus. Mambety, selbst Sohn eines Marabouts, beantwortet Fragen nach der Religion, wie eigentlich alle Fragen, nie kategorisch. Immer bleibt etwas fragil in der Schwebe, was sich dem Sagbaren entzieht.

Erst nach dieser Reihe von Andeutungen folgt der Schnitt in Bild und Ton mit der Stimme des Imam, die aus den Lautsprechern der Moschee im Zentrum ertönt, wo die Straßen am Freitagnachmittag für einen Moment blockiert sind von Betenden, die sich gen Mekka wenden, bevor alle wieder in verschiedene Richtungen ausströmen. Die Moschee befindet sich um die Ecke des *Centre Culturel Français*, wo Mambety im Ciné Club wiederum gelernt hat, wie man Filme machen könnte. Bevor also Mambety die Stimme des Imam als eine Stimme zeigt, die alle anderen übertönt und die vorgibt, was andere nachsprechen, rückt er mit nur wenigen Bildern und Verweisen die Idee und das Missverständnis eines Zentralorgans zurecht, um schließlich Kirchenglocken dagegen zu schneiden. Mit wenigen Schnitten zeigt er die Religion des Präsidenten Senghor als eine der noch immer präsenten europäischen, gutbürgerlichen Mittelschicht und lässt die dazwischen herumstehenden Afrikaner wie lächerlich Angepasste aussehen.

Die Odyssee des Borom Sarret beginnt und endet zu Hause, an dem Ort, den der Karrenfahrer verlässt, um zu arbeiten, und an den er genauso mittellos zurückkommt. Wenn der Karrenfahrer ohne Karren und nur mehr mit seinem Pferd den Weg vom Plateau zur Medina wieder zurücktrottet und weiterhin für sich die Umgebung bespricht, wird er irgendwann sagen, dass er wieder in seinem Viertel, seinem Dorf ist. Hier sei es anders als dort, wo er sich wohlfühlt, man keine Polizei sieht und überhaupt niemanden. Dabei ist eine geteerte Straße zu sehen, wenig Verkehr, Ausläufer des Urbanen, kein Dorf wie *arte* es sich vorstellt, eher eine Art Brachgelände. Es gehe ihnen gut, unter sich. Die Kamera bleibt weiterhin weit, in der Totalen. Vom Bild her gibt es keine Entsprechung einer Heimeligkeit, auch sein Hof und sein Haus werden vielmehr wie ein öffentlicher Ort gefilmt. Das letzte Wort behält die Frau von Borom Sarret, die ihm, der ohne einen Pfennig zurückkommt, das Baby in die Hand drückt und mit den Worten den Hof verlässt: »Du wirst heute Abend zu essen bekommen.« Und seine Frau wird dafür Sorge tragen; ein Wort wie Prostitution hängt unausgesprochen in der Luft.

Die Sprache hört auf und die Musik beginnt dann, wenn es nicht mehr notwendig erscheint, eine Distanz zum Bild herzustellen, sondern eher Komplizenschaft. In CONTRAS CITY kommt der ironische Kommentar zum Schweigen, wenn Mambety mit seiner Stadtführung über die Brücke der Schnellstraße hinweg in ›unserem‹ Viertel anlangt, in Colobane. Die repräsentativen Gebäude sind verschwunden und stattdessen, so wirkt es in der Totalen, hat sich ein unübersichtliches Konglomerat von Hütten angesammelt. Doch an jeder Straßenecke sind improvisiert aussehende Arbeitsstätten zu finden: Schneider, Friseure, Schuster, Händler, Wasserträger. Details werden ins eng kardierte Bild gerückt: eingeschäumte Haare, Nähmaschinen und verträumt dasitzende Näher, Sonnenbrillen und bunte Stoffe, Kinder, Gesichter, Wassereimer. Eine wissende und vertraute Kameraführung zeigt nicht, was besonders und pittoresk, sondern was alltäglich ist. Geschäftigkeit, Straßenlärm und Stimmengewirr, der Ton vor Ort kommt ins Bild, bis Mambety allein das arrhythmische Zupfen der Kora wie eine Art Schleier darüberlegt, die Umtriebigkeit verstummt und die Abfolge der Bilder traut sich eine liebevolle Hommage.

Voice Over bleibt eine Ausnahme, sowohl in den Filmen von Ousmane Sembene als auch von Djibril Diop Mambety, und mag eben doch nur souverän gemeisterte Not gewesen sein, notorischer Geldmangel bei einem Debüt. Das Kino von Sembene bleibt allerdings immer ein Kino der Sprache und der Narration. Auf unterschiedliche Weise, in fast allen seiner Filme, zeichnet er möglichst umgreifend den individuellen Charakter jedes Sprechens auf, Gestik, Akzent, Lautstärke und Intonation, und zeigt den Streit um Sprache, Wolof versus Französisch, immer wieder als Instrument eines neuen politischen Selbstbewusstseins. Sembene macht schließlich die Sprache selbst zum Bild, indem er das Bild mit Sprache ausfüllt und den Schnitt daran orientiert, die Dynamik einer Rede zu choreografieren. Mambety kündigt der Sprache ihre Dominanz auf und stattet das Bild vielmehr mit Tönen und Farben aus, mit Gesten und Bewegung und orientiert den Schnitt eher daran, Linearität und Narration zu unterbrechen. Die dialektische Stadtführung von CONTRAS CITY, die klar ihre Sympathie bekundet, subtil der kolonialen Einschreibung innerhalb der Stadtlandschaft Dakars folgt, einer streng antikolonialen Kritik aber erhaben wirkt, setzt recht unvermittelt ein Ausrufezeichen ans Ende, und fordert, acht Jahre nach der formalen Unabhängigkeit, schlicht und ergreifend: »Dialog!«

Literatur

Dembrow, Michael/Klaus Troller: »Interview with Ousmane Sembene«, in: Annett Busch/Max Annas (Hg.): *Ousmane Sembene Interviews*, Jackson: University Press of Mississippi 2008, S. 63-71.

Kwate Nee Owo: »The Language of Real Life«, in: Annett Busch/Max Annas (Hg.): *Ousmane Sembene Interviews*, Jackson: University Press of Mississippi 2008, S. 131-133.

Sembene, Ousmane: *Les bouts de bois de dieu*, Paris: Le livre comtemporain 1960; dt. *Holzstücke Gottes*, Frankfurt a.M.: Lembeck 1988.

Sembene, Ousmane: *O pays mon bon people*, Paris: Le livre comtemporain 1957; dt. *Meines Volkes schöne Heimat*, Berlin: Oberbaum 1997.

Sembene, Ousmane: *Voltaïque – Niiwam et Taaw*, Paris: Présence Africaine 1962; dt. *Niiwam und Voltaique: Ausgewählte Erzählungen*, Berlin: Oberbaum 1992.

Filme

BOROM SARRET
    Regie und Buch: Ousmane Sembene; Sen 1963, 16mm, SW, 20min. Franz. OF
CONTRAS' CITY
    Regie und Buch: Djibril Diop Mambety; Sen 1968, 16mm, Farbe, 21.30min. Franz. OF
FAHRRADDIEBE / LADRI DI BICICLETTE
    Regie und Buch: Vittorio de Sica; I 1948, 35mm, SW, 90min. Ital. OF
LEOPOLDVILLE
    Regie und Buch: A.R. Hayman; Be 1946, 16mm, SW, o.A.

Meine Filme, meine Orte

Gedanken eines schwarzen Filmemachers im Exil

IDRISSOU MORA-KPAI

Seit jeher steht die Migration mit all ihren verschiedenen Facetten im Mittelpunkt meiner Arbeit als Filmemacher. Was uns Migranten alle miteinander verbindet, ist, dass wir uns fern der Heimat fühlen und es schwer haben, uns anzupassen, weil wir uns sowohl hier als auch dort zugehörig fühlen und auf Identitätssuche sind. Als Ausländer werden wir in erster Linie als Problemfälle, Nutznießer oder Bürger zweiter Klasse wahrgenommen, selten aber als Menschen, die fühlen. Wir haben für ein anderes Land und ein anderes Leben alles zurückgelassen, Menschen, die wir lieben und die uns lieben, unsere Orientierungsmarkierungen. Wir haben im Weggehen gehofft, eine Ersatzfamilie zu finden. Die Enttäuschung ist groß, wenn das nicht eintritt, und das ist oft der Fall. Für manchen von uns ist eine Rückkehr fast unmöglich. Manchen von uns beschäftigen die Anpassungsbemühungen das ganze Leben hindurch.

Das sind die Inspirationsquellen für meine Arbeiten. Filme zu machen ist für mich in erster Linie ein therapeutisches Werkzeug zur Überwindung meiner eigenen Lebensbedingungen, wie ich sie oben beschrieben habe.

In meinem Kurzfilm FALSCHE SOLDATEN/FAKE SOLDIERS (1999), den ich vor über zehn Jahren hier in Deutschland drehte, habe ich mich auf geradezu komödiantische Weise mit den Eingliederungsschwierigkeiten junger Afrikaner in Deutschland befasst. Die Geschichte spielt kurz nach dem Mauerfall in Berlin. In ihrer Sehnsucht nach Anerkennung als Menschen, die eine Würde besitzen, schlüpfen Jugendliche in die Haut amerikanischer Soldaten. Die Geschichte basiert auf den realen Verhaltensweisen deutscher Jugendlicher zur Zeit der amerikanischen

Besatzung Deutschlands. Damals wurde ein Schwarzer, der in einer US-Uniform steckte, von bestimmten Vorurteilen verschont. Dieses Beispiel macht deutlich, wie subtil Rassismus ist.

Egal, ob ich heute meine Filme in Afrika oder hier in Europa drehe, die Problematik bleibt immer dieselbe. Denn in derselben Weise, wie der Blick, mein Blick, auf das Aufnahmeland ein anderer ist als der Blick derer, die dort geboren wurden, ändert sich auch der Blick auf das eigene Herkunftsland. Ein Sprichwort besagt, dass man die Erde verlassen muss, um zu wissen, dass sie rund ist. Wenn man dann in diese Welt zurückkehrt, wo alles so vollkommen zu sein schien, treten sämtliche Unvollkommenheiten und Mängel zutage. Aber nur ich sehe dies, die anderen werden von ihrem ganz normalen Alltagstrott vereinnahmt.

In meinen letzten beiden Filmen steht das Thema des Aufbruchs sehr stark im Vordergrund. SI-GUERIKI, LA REINE MÈRE (2002) handelt von meiner Rückkehr in die Familie nach zehn Jahren Abwesenheit. In dem Film bedaure ich das Verschwinden meines Vaters, der das Oberhaupt der Familie und meine Bezugsperson gewesen war, stelle aber überrascht fest, dass nun eine Frau seinen Platz eingenommen hat, genauer meine Mutter, die früher als Hausfrau meinem Vater zu Diensten stand. Sie ist eine Königin geworden und hat eine kritische, intelligente Meinung zu gesellschaftlichen Fragen. In diesem Film ging es um die Frage, wie die Gesellschaft der Wasangari, von der ich stamme, sich verändert hat, und um die Vereinbarkeit von Tradition und Moderne.

Im Unterschied zu SI-GUERIKI, der ein sehr persönlicher Film ist, ist ARLIT – DEUXIÈME PARIS (2005) vielschichtiger und handelt von globalen sozio-ökonomischen Verschränkungen. Das Thema der Globalisierung wird aber an einem unerwarteten Ort aufgerollt. Arlit ist *die* Industriestadt in Niger. Ich habe sie gefilmt, weil sie für mich einen afrikanischen Mikrokosmos darstellt. In dieser Stadt stößt man auf alle Probleme, mit denen der afrikanische Kontinent aktuell zu kämpfen hat: Ausbeutung von Rohstoffen, unmenschliche Arbeitsbedingungen, Arbeitslosigkeit, Abwanderung der Jungen nach Europa, Störungen des ökologischen Gleichgewichts – Themen, die aus meiner Sicht miteinander verbunden sind.

Heutzutage reden die europäischen Politiker ständig über die Bekämpfung der illegalen Einwanderung, doch es wird nur selten darüber gesprochen, aus welchen Gründen die jungen Leute ihre Heimat verlassen. Die meisten Leute in Frankreich oder auch im übrigen Europa wissen nicht, dass ihr Stromverbrauch – wenn sie zum Beispiel die Waschmaschine oder den Fernseher anmachen – etwas mit der Armut in Afrika und insbesondere in Niger zu tun hat.

In Frankreich sind 70 Prozent des landesweit produzierten Stroms Atomstrom, 40 Prozent der benötigten Rohstoffe (Uran) kommen aus dem Niger. Frankreich versucht mit allen Mitteln, ganz Europa vom allgemeinen Nutzen der Atomenergie zu überzeugen. Weltweit wurden noch nie so viele neue Atomkraftwerke gebaut wie in den letzten Jahren. Es wird zwar eine langfristige Rentabilität versprochen, allerdings können die Bauarbeiten derzeit nur durch europäische Subventionen in Milliardenhöhe realisiert werden. Vor kurzem wurde Siemens mit dem Ausschluss aus dem Joint Venture Siemens/Areva (für den Bau des Europäischen Druckwasserreaktors EPR) gedroht – für den Fall, dass Deutschland weiterhin beabsichtigt, auf Nuklearenergie zu verzichten.

Im Herbst 2006 konnte der französische Staatspräsident Sarkozy anlässlich seiner China-Reise verkünden, von China Aufträge in Höhe von acht Milliarden Dollar für den Bau von Atomkraftwerken erhalten zu haben. Unterdessen steht Niger immer noch ganz unten auf der Liste der ärmsten Länder weltweit und zählt jeden Tag seine Toten. Das Uran ist nur ein kleines Puzzle-Stück im Verhältnis zwischen reichen und armen Ländern. Das ist einer der Gründe für die Abwanderung der jungen Leute.

Noch eindeutiger ist die Lage für die Filmemacher, denn das Kino ist eine Kunst der reichen Länder. Für die Realisierung eines Films sind horrende Summen nötig, die derzeit nur die reichen Länder oder die Schwellenländer aufbringen können. Die armen Länder haben andere Prioritäten. Mit dem Aufkommen des Videos hat sich diese Situation immerhin ein wenig verbessert. Wer sich in den Kopf gesetzt hat, dieses Metier der Reichen auszuüben, sieht sich automatisch gezwungen, ins Ausland zu gehen, nach Europa.

Das Leben als Filmemacher im Exil ist mit vielen Schwierigkeiten verbunden. Üblicherweise wird man als Ausländer immer als Letzter bedient. Die Filmfinanzierung in den Aufnahmeländern ist zunächst einmal für die Staatsangehörigen bestimmt. Die wenigen Ausnahmen – der *Fonds Sud Cinéma*[1] in Frankreich und der *World Cinema Fund*[2] in Deutsch-

---

1 Zu Fonds Sud Cinéma vgl. http://www.diplomatie.gouv.fr/en/france-priorities _1/cinema_2/cinematographic-cooperation_9/production-support-funding_10/fonds-sud-cinema_11/index.html [letzter Abruf: 1.6.2010].

2 Zum World Cinema Fund (aufgebaut in Zusammenarbeit der Berlinale und der Kulturstiftung des Bundes) vgl. http://www.berlinale.de/de/das_festival/ world_cinema_fund/wcf_profil/index.html [letzter Abruf: 1.6.2010].

land – sind in erster Linie eine Entwicklungshilfe und kommen vor allem Filmemachern zugute, die Filme in ihrem Heimatland machen. Bei dem Wettbewerb um diese Fördermittel wird kein Unterschied gemacht zwischen Leuten aus Schwellenländern und Leuten aus armen Ländern. Während aber Erstere in der Beherrschung der Filmkunst schon sehr weit fortgeschritten sind, kann die zweite Gruppe, zu der die afrikanischen Länder zählen, erst auf fünfzig Jahre Filmschaffen zurückblicken.

Was mich betrifft, so lebe ich zwischen zwei Ländern, Deutschland und Frankreich. Dieses Nomadenleben mag für manche als Luxus erscheinen, aber in Wirklichkeit muss man dafür ein geschickter Jongleur sein. Wie jeder Künstler beanspruche ich für mich die Freiheit, Filme zu machen über Themen, die mich interessieren, ohne Beschränkung auf einen bestimmten Ort oder eine bestimmte Gesellschaft. Doch aufgrund der finanziellen Zwänge sehe ich mich leider noch gezwungen, mich auf einige wenige Themen zu beschränken.

Ich bin in Frankreich, weil ich hier Fördermittel beschaffen kann, um Filme in Afrika zu drehen. In Deutschland bin ich offiziell gemeldet. Hier kann ich mich theoretisch um alle Förderungen bewerben, ohne dass sie an die Bedingung eines bestimmten Drehorts geknüpft sind. Seit mehreren Jahren reiche ich Drehbücher ein, bisher ist jedoch keines meiner Projekte auf Interesse gestoßen, weder bei einem Fernsehsender noch bei einer Filmförderung.

Die Kulissen der Einwanderung haben mich seit jeher fasziniert, das wird in meinen ersten Kurzfilmen deutlich. Aber für solche Themen fehlt die Finanzierung. Dieses Desinteresse der Entscheidungsträger an den Geschichten von Minderheiten ist eine Art, jene unsichtbar zu machen, die in Wirklichkeit sichtbar sind. Das bisschen Sichtbarkeit der Emigranten, zumal wenn sie schwarz sind, erschöpft sich in Nebenrollen. Sie verkörpern dann sämtliche Stereotypen und Karikaturen einer Gesellschaft. Sie sind die Bösen, die Dealer und die Sozialschmarotzer, mit anderen Worten: verachtenswerte Leute. Nur selten stehen ihr harter Kampf, ihre Liebe, ihre Gefühle, ihre Intelligenz oder der Beitrag, den sie für das Aufnahmeland leisten, im Mittelpunkt.

Die einzige Möglichkeit, der Wirklichkeit näherzukommen, besteht darin, die Minderheiten selbst zu Wort kommen zu lassen, damit sie ihre Geschichten erzählen. Ich denke, dass es wichtig ist, dass eine Gesellschaft gezeigt wird, in der sich die Blicke aus den verschiedenen Wahrnehmungen aufgrund der unterschiedlichen Herkunft der Einzelnen kreuzen. Nur durch diese Verschiedenheit des Blicks vermag man sich der Wahrheit über das Bild des Anderen zu nähern.

Der Chef einer Sendeanstalt sagte mir einmal, dass er mein Drehbuch und die Geschichte gut fände, das Vorhaben jedoch nicht weiterverfolgen könne, da er in erster Linie an seine Kunden, die Zuschauer, denken müsse. Ein Film mit Schwarzen als Protagonisten würde die Deutschen nicht interessieren. Solche Argumente höre ich jeden Tag. Wohlwollende Filmproduzenten geben allerdings offen zu, dass gewisse Entscheidungsträger einer falschen Wahrnehmung der Gesellschaft aufsitzen.

Ich glaube, dass unsere Geschichten die Deutschen sehr wohl interessieren, denn sie sehen uns in ihrem Alltag, sie laufen uns tagtäglich über den Weg und wissen, dass wir nunmehr Teil dieser Gesellschaft sind. Wenn die Bevölkerung tatsächlich kein Interesse daran hat, uns in den Medien zu sehen, wäre es dann nicht an der Zeit, sie damit zu konfrontieren? Eine Vision zu haben, heißt meiner Meinung nach, ein neues deutsches Kino vorwegzunehmen, das sehr multikulturell ist.

Eines Tages wird sich die Bevölkerung an diese neue sozialkulturelle Landschaft gewöhnt haben und ihre Triftigkeit anerkennen. In seinen Filmen lässt sich der deutsch-türkische Regisseur Fatih Akin von eben dieser Kreuzung in der Gesellschaft anregen. Seine Filme feierten national und international Erfolge. Niemand kann heute die Tatsache leugnen, dass er ein Botschafter für Deutschland ist.

Die Geschichten der Emigranten und der gebürtigen Deutschen stellen ein gemeinsames Kulturerbe für alle Menschen dar, die auf deutschem Staatsgebiet leben. Einen Gewinn daraus zu ziehen, ist von größerem Nutzen als der Versuch, so etwas wie eine ethnische Reinheit zu beanspruchen, die es nicht gibt. Die Vermischung der Gesellschaften ist heute eine offenkundige Tatsache, der sich niemand entgegenstellen kann.

Paris/Erftstadt, Dezember 2006
Aus dem Französischen von Caroline Gutberlet

António Ole, The Entire Worl/Transitory Geometry*; Installation, Ausstellung* Who Knows Tomorow, *Berlin 2010, zwei Ansichten.*

Ortswechsel

Transsaharische und transmediterrane Reisen
in zeitgenössischen Filmen

MARIE-HÉLÈNE GUTBERLET

Privileg/Ereignis/Körper/Technik

1972 zogen meine Familie und ich von einem Kaff zwischen Frankfurt und Mainz nach Cotonou. Mein Vater hatte in Bénin (das damals noch Dahomey hieß) einen Job angenommen; und so ging es mit Sack und Pack »nach Afrika«. Die Reise verlief mit dem Zug über die Schweiz nach Marseille, wo wir am 5. Oktober das Schiff, die *MS Genève*, nahmen.

Manche reisen der Arbeit hinterher, der Liebe oder einem Traum. Manchen gelingt es, sich dabei selbst zu verwirklichen. Die ökonomischen Vorzeichen hierarchisieren und polarisieren automatisch, manche sind privilegiert, manche depraviert. Als reisendes Kind war ich verschreckt und neugierig, ich hatte keine Wahl, ich musste mit aufs Schiff, das sich langsam von Marseille entfernte. Seitdem bin ich auf Beobachtungsposten. Ich sehe den Kapitän vor mir, die Kajüten, die Rattenfallen unter den Betten, Matrosen, Maschinenräume, Algier, die Felsen von Gibraltar, Tanger, das große Wasser, fliegende Fische, die Häfen von Conakry, Monrovia, Accra, Lomé, Hafenarbeiter, ein Gewitter, große Hitze. Ich beobachte, ich sehe, wie Nachrichten formuliert und Fotos platziert werden und Filme Position beziehen, die mit Gibraltar, Ceuta und Melilla, mit Fähren und Frachtern zu tun haben, Containern und kleinen Booten, jungen Leuten, die unbedingt reisen wollen und sich in Wärmefolie gepackt am Strand von Lampedusa neben Touristinnen wiederfinden, wenn sie nicht später als Leiche auf einem Plakat, von *Medico International* zum Beispiel, erscheinen.[1]

Die Durchquerung der Sahara und die Überfahrt übers Mittelmeer nach Europa wird im Allgemeinen als tragische Situation beschrieben, das heißt, es gibt kein gutes Ende. Blieben die jungen Leute zuhause, erginge es ihnen nicht gut, machen sie sich auf den Weg, drohen sie entweder in der Wüste oder bei der Überfahrt zu sterben, und wenn sie die Reise überleben, erwartet sie die Trostlosigkeit der Isolation des Turbokapitalismus oder die Perfidie der Illegalität. Der Moment des Übergangs, die Passage aus einem integren, wenn auch fragilen Kontext in einen lebens- und persönlichkeitsbedrohlichen Zustand ist aufgeladen und medial induziert. Mehr noch als der *Passing*-Prozess, der ein Akt der unwiderruflichen Verwandlung ist, wird zugleich geleugnet und erkennbar, was Maurice Merleau-Ponty über das Sehen und den Körper als seiner Bedingung geschrieben hat: dass jede Art des Denkens und Sehens einen Körper und einen Kontext voraussetzt, in dem diese Tätigkeiten geschehen. »Das wissenschaftliche Denken«, schreibt er,

– ein Überblicksdenken, ein Denken des Gegenstandes in seiner Allgemeinheit – muß sich in ein vorausgehendes ›Es gibt‹ zurückversetzen, in die Landschaft, auf den Boden der sinnfälligen Welt und der bearbeiteten Welt, wie sie in unserem Leben, für unseren Körper vorhanden sind, nicht für jeden möglichen Körper, den man, wenn man will, als eine Informationsmaschine betrachten kann, sondern für den tatsächlichen Körper, den ich den meinen nenne, diesen Wachposten, der schweigend hinter meinen Worten und meinen Handlungen steht.[2]

Die Voraussetzung der konkret örtlichen physischen Existenz und Tatsächlichkeit, die Merleau-Ponty lange vor jedweder postmodernen Körperphilosophie als Bedingung des phänomenologischen Denkens begriff, ist es, die in der filmischen Wahrnehmung des Grenzregimes zwischen Afrika und Europa in einer verstörenden Weise hervorkehrt: die Tatsächlichkeit der Körper der Reisenden, die gefilmt werden, der Körper derjenigen, die etwas gesehen haben, dass sie unbedingt filmen wollen, und unsere eigenen zuschauenden Körper vor dem Bildschirm oder im

---

1   Vgl. das Plakat in A1 »Why«, Ansicht und Bestellung unter http://www.medico.de/material/artikel/why/3604/ [letzter Abruf: 2.8.2010].

2   Maurice Merleau-Ponty: »Das Auge und der Geist« (1967; O. franz. 1964), S. 14.

Kino. Es lohnt sich, sich diese Beziehung und gegenseitige Bestätigung der tatsächlichen Existenz durch Sehen und Gesehenwerden – Merleau-Ponty beschrieb diesen *Double-bind* als Rätsel,»daß mein Körper zugleich sehend und sichtbar ist«[3] – bewusst zu machen, um sich ansatzweise zu erklären, was die Attraktion und verstörende Wirkung der Filme ausmacht, die Bruchstücke dieser Realität zeigen. Gewissermaßen stellt unsere physische Existenz sich selbst als Zentrum unserer Eigen- und Außenwahrnehmung her, wo wir sehen und gesehen werden und andere sehen, wie sie sehen und gesehen werden. Diese Konstellation bildet nicht nur die Verbindung zwischen filmischer Produktion und Rezeption ab, sondern ermöglicht, dass filmische Formen der Sichtbarmachung an der Tatsächlichkeit der physischen Existenz anhängig bleiben und dieses Ereignis[4] ohne Zuhilfenahme ethischer oder anderer übergeordneter Konstrukte reflektiert werden kann. Wir wissen aus eigener Anschauung und Erfahrung, dass Reisen am Körper zehrt, dass Denken und Berühren und Berührtsein ganz unmittelbare physische Ereignisse, Sensationen und Reaktionen zeitigt. Umso erstaunlicher ist es, dass eben jene physische Grundlage der Erfahrung und Erkenntnis in der zeitgenössischen Bildkritik und Kulturanalyse außerhalb des Kinos keinerlei Bedeutung hat.[5]

1973, ein Jahr nach meiner persönlichen großen Schiffsreise, kam TOUKI BOUKI heraus, in dem Anta – wie vor ihr Douanna in LA NOIRE DE … (1966) von Ousmane Sembene – das Schiff nach Marseille nimmt. Sie sitzt auf der Bank auf Deck, der Wind pustet ihr ins Gesicht, während sie zum Meer schaut, und sie hält ihren auf ihren Knien ruhenden Koffer mit beiden Händen fest. Anta kommt 1992 in HYÈNES, Djibril Diop Mambetys nächstem Film, als Linguère Ramatou, einer wahnsinnig reichen Prostituierten, mit Tonnen von Kühlschränken, Bügeleisen und Ventilatoren zurück. In der Anmutung von Prostitution und Reichtum in Form von Elektrogeräten macht sich die physische Bedingtheit im Sehen und Gesehenwerden bemerkbar.

1974 wollte Frankreich keine billigen Arbeiter und armen Studenten mehr haben, die man in den Filmen von Med Hondo, Désiré Ecaré oder

---

3 Ebd., S. 16.

4 Vgl. hier Sabine Nessels hilfreiche Unterscheidung zwischen Ereignis (der Zurschaustellung) und Diskurs, in: *Kino und Ereignis. Das Kinematografische zwischen Text und Körper* (2008), S. 84ff. und 122ff.

5 Vgl. den Beitrag von Dirk Naguschewski in diesem Band.

Ben Diogaye Beye[6] sehen kann, und setzte dem freien Reisen ein jähes
Ende. 1978 drehte Jacques Champreux BAKO, L'AUTRE RIVE. Er erzählt
die Geschichte des jungen Mannes Boubacar (gespielt von Sidiki Baka-
ba), der ohne Papiere von Mali über Mauretanien, Marokko und Spanien
nach Frankreich reist, um in Paris bei seinem großen Bruder zu wohnen
und für die Familie zu arbeiten; der Bruder stirbt jedoch kurz bevor sie
sich sehen können. Champreux, der mit Cheikh Doukouré gemeinsam das
Szenario schrieb, entwirft das düstere Abenteuer eines ängstlichen jungen
Mannes, den die Bürde, für die Familie zu sorgen, in die Verzweiflung,
Einsamkeit und Kälte treibt. Die Landschaften, die er durchqueren muss,
sind in einer Weise filmisch festgehalten, dass die dokumentierte Geografie zugleich auch als politische Topografie des Transits zwischen Afrika
und Europa sichtbar wird, meines Wissens erstmals in einem Film. Die
Lebensbedrohlichkeit ist eine doppelte, nämlich die der Naturgewalten
und die der Grenzverläufe und ökonomischen Zwänge. Beide Ereignis-
arten, seien sie natürlicher oder künstlicher, physischer oder psychischer
Art, sind miteinander verzahnt: die mauretanische Sahara, die Bezahlung
von Schiebern, der dunkle Schiffsbauch, die reißenden kalten Flüsse in
den Pyrenäen, überteuerte Unterkünfte und dergleichen. Der Film basiert
auf einer Struktur der aneinandergereihten geografisch-ökonomischen
Hindernisse. Champreuxs Fiktionsstil ist quasi investigativ;[7] minutiös
und mitleidslos werden Bedingungen, Wege und Wunden gezeigt. Der
Impuls des Films BAKO, L'AUTRE RIVE ist der des »seht her« und »der
Preis für derlei Abenteuer steht physisch und psychisch in keinem Verhältnis zum Gewinn«.

Meine Reisen waren immer privilegierte Reisen, *first class*; wir waren
mit die letzten Passagiere, die an Bord eines Frachtschiffs reisen durften,
inklusive Essen mit dem Kapitän und komplette Bewegungsfreiheit an

---

6   Vgl. die Pariser Filme der afrikanischen Diaspora der Nachkriegszeit
    L'AFRIQUE SUR SEINE (1955) von Paulin Soumanou Vieyra, Jacques Mélo
    Kane, Robert Caristan und Mamadou Sarr, CONCERTO POUR UN ÉXIL
    (1967) von Désiré Ecaré, SOLEIL O (1970) und BICOTS-NÈGRES VOS VOI-
    SINS (1974) von Med Hondo und LES PRINCES NOIRS DE SAINT-GERMAIN
    (1975) von Ben Diogaye Beye.

7   Die kompromisslos kalte Inszenierungsart lässt gleichzeitig sehr fragile
    Momente zu und erinnert an die frühen Dokumentarfilme von Georges
    Franju, mit dem Champreux wenige Jahre vor BAKO, L'AUTRE RIVE als
    Schauspieler in der Serie L'HOMME SANS VISAGE (1975) zusammenar-
    beitete: LE SANG DES BÊTES (1949), ein Dokumentarfilm über einen der
    Schlachthöfe von Paris in der unmittelbaren Nachkriegszeit, und HÔTEL
    DES INVALIDES (1951) über die »gueules cassées«, französische Kriegsve-
    teranen mit kaputten Gesichtern.

Bord. Die späteren Reisen als Erwachsene basieren auf der Erschwing-
lichkeit eines Passes, von Visa und Tickets. Im Vergleich zu Menschen,
die klandestin reisen müssen, sind meine Reisen billig. Ich fliege für 800
Euro von Frankfurt nach Bamako und zurück, während Überlandreisen
mit klandestiner Überfahrt einfache Strecke 4000 Euro und mehr kos-
ten.[8] Es ist eine andere Geografie, wenn man von Paris nach Bamako
oder Ouagadougou fliegt, diese Landschaft von oben sieht und an der
Stelle, wo sich beide Kontinente fast berühren, im Dunkeln des blauen
Wassers Schiffe, viele kleine weiße pinselstrichartige Gischt-Streifen erkennen kann. Auf der spanischen Seite kann man bei Almeria ein Meer
von Gewächshäusern sehen – »Plastik-Europa«[9] –, in den Dünen hinter
den Städten an der marokkanischen Küste kleine Baustellen vermuten,
wo für eine Überfahrt Schaluppen gezimmert werden. Die Bildtechnolo-
gien von heute ermöglichen uns, Bilder von der Sahara von unbemannten
Drohnen zu bekommen, die mit Nachtsicht- und Thermalkameras ausgestattet sind,[10] oder von blinden Passagieren in Frachtschiffen mithilfe
von Infrarotgeräten.[11] Auch wenn man auf Anhieb in diesen Aufnahmen
nichts Verdächtiges sehen kann, wird qua Technik unwillkürlich ein
Kontrollblick eingeschrieben, den man als Zuschauer sofort übernimmt.
Die Künstlerin Ursula Biemann fordert in diesem Kontext, dass Darstellungen von Migrationsräumen auch bezüglich elektronischer Terrains,
»in [...] [denen] digitale und soziale Landschaften sich überlagern«[12],
untersucht werden müssten. Die Landschaft kann sich aus derlei technisch induzierter politisch-topografischer Kontrolle nicht lösen, weil die

---

8   Vgl. Open Society Initiative for West Africa: Irregular Migration in West
    Africa. Case Studies on Ghana, Mali, Mauritania and Senegal (2006),
    hier S. 27ff. und 47, in den Filmen EL EJIDO wird ein Preis von 7000
    Euro allein für die Überfahrt von Marokko nach Spanien genannt, in HO-
    TEL SAHARA ein Preis von 10.500 Euro, um von Nigeria nach Holland zu
    gelangen.

9   Vgl. EL EJIDO, 16:28.

10 Vgl. Ursula Biemann, SAHARA CHRONICLE (2006), 2: Desert Radio Drone
    (Politics of Containment/Southern Libyan Borderlands), 5.40min. Vgl. zu
    Ursula Biemann die Website http://www.geobodies.org/ [zuletzt abgerufen:
    10.7.2010].

11 Vgl. den Thermalkamera-Scan einer Schiffsfracht, in: Dimitri Ladischens-
    ky: »Geliebt, gehasst, gequält. Romantiker bewundern ihn, Reeder fürch-
    ten ihn, Kapitäne töten ihn. Mythos und Realität des blinden Passagiers«
    (2007), S. 69.

12 Ursula Biemann: »Grenzen videografieren« (2006), S. 153. Vgl. auch den
    Beitrag von Florian Schneider in diesem Band.

Technik die Bedingung für diese Art der Sichtbarkeit schafft und andere Sehweisen verdrängt, ablöst, verstärkt oder überlagert.

Wenn man in diesem Kontext die Filme von Abderrahmane Sissako sich vor Augen führt, wird einem bewusst, dass es nicht um die richtige oder falsche Darstellung einer Landschaft geht, sondern um Zugänge. Ein Drohnen-Körper ist und sieht anders als eine schweizer Künstlerin (Biemann), als ein mauretanisch-malischer Filmemacher (Sissako), als ein Reisender (ohne Namen), als ich, die am Schreibtisch sitzt; es sind keine Positionen, die sich allein auf eine »europäische« oder »afrikanische« Perspektive stutzen lassen, sondern kulturell geformte, aber trotzdem auch individuelle Wege, Denkungsweisen und Erfahrungen, auch körperlich verankerte ortsgebundene Seinsweisen. Die Sahara, die Sahara als Raum des täglichen Lebens, des Transits oder der Geopolitik, das Bild der Sahara wird immer hergestellt – von einer Drone anders als von einem Filmemacher wie Sissako. In seinen Spielfilmen LE JEU (1989), SABRIYA (1996), LA VIE SUR TERRE (1998), HEREMAKONO (2002) und BAMAKO (2006) hat sich Sissako sukzessive mit Fragen des filmischen Bildes der Wüste auseinandergesetzt, in LE JEU mit Schwarz-Weiß-Kontrasten, in SABRIYA mit Farbe, in LA VIE SUR TERRE mit Licht, in HEREMAKONO mit Ausstattung und in BAMAKO mit den narrativen Referenzen des *Western* und des transsaharischen Exodus. Sissako ist ein Ästhet der Wüste, der mit Bedacht mit Farben, Mustern, Rhythmen und Cadrierungen arbeitet und diese filmischen Mittel in den Dienst seiner Geschichten stellt, die alle von Figuren handeln, die auf der Durchreise sind.[13]

Sissako beschäftigt sich nicht mit dem Diskurs der Bewegungsfreiheit, Bewegungseinschränkung, FRONTEX[14]-Überwachung und dergleichen, sondern mit den Übergängen und Verwandlungen, die die Landschaften und die Menschen erfasst, die sich hier befinden, wenn sie in einer bestimmten Weise gefilmt werden. Das Eigentümliche an Sissa-

---

13 Vgl. hier den Beitrag von Julien Enoka-Ayemba in diesem Band.

14 FRONTEX, franz. *Frontières extérieures*, ist eine Gemeinschaftsagentur der EU mit Sitz in Warschau. Sie hat die Aufgabe, die operative Zusammenarbeit der EU-Mitgliedstaaten im Bereich des Schutzes der Außengrenzen zu koordinieren. FRONTEX ist ebenfalls damit beauftragt, Personen aus Drittstaaten rückzuführen, d.h. abzuschieben, und koordiniert die Zusammenarbeit mit den Sicherheitsbehörden aus Drittstaaten. Vgl. die Website http://www.frontex.europa.eu/ [letzter Abruf: 7.8.2010] und den Artikel »Europäische Agentur für die operative Zusammenarbeit an den Außengrenzen«, Wikipedia http://de.wikipedia.org/wiki/Europäische_ Agentur_für_die_operative_Zusammenarbeit_an_den_Außengrenzen [letzter Abruf: 7.8.2010].

kos Filmen – ob Spiel- oder Dokumentarfilm – ist tatsächlich, dass man sich zu fragen beginnt, wie es ihm gelingt, Figuren zu zeigen, die wir nicht bloß sehen, wie sie sich zeigen, sondern dass sie ein Bewusstsein davon haben, aus welchem Zusammenhang sie uns ansehen. Und tatsächlich gibt es hier eine Form von Kommunikation auf Basis des Blicks und der physischen Präsenz. Es ist sehr schwierig, von diesem Diffusen, Schwebenden, Bestechenden, von dieser Attraktion zu sprechen, die man hier beim Filmsehen gewahr wird (im Feuilleton wird an dieser Stelle oft das hier wirklich falsche Wort »Poesie« bemüht), weil sie nicht narrativ funktioniert, sondern im Sinne Merleau-Pontys Körper-Wachposten die mit einem eigenen Sehen ausgestattete unumstößliche Tatsache des Vorhandenseins festsetzt. Sissako zeigt: Hier sind sie, sie sind hier, seht sie euch an, seht euch selbst, wir ihr sie anschaut. Es gelingt ihm, die Leute dort aus ihrem Kontext heraus, aus ihrem Dasein und Tun und Erzählen, das er filmisch gestaltet, an unsere Kommunikation wieder anzubinden, und dies geschieht durch die filmisch ersichtliche physische Präsenz, die sich an unsere Physis wendet. In diesem Augenblick werden wir Zeugen ihrer tatsächlichen Existenz.

Erbeutete Bilder, bekommene Bilder

Wir wissen längst, dass der Migrationsdiskurs in Form einer »Informationsmaschine« (Merleau-Ponty) geführt wird und sehr wohl ohne Kommunikation und Zeugenschaft auskommt.[15] Deshalb ist die Wahrnehmung des unumstößlichen Vorhandenseins einer anderen Realität und Subjektivität außerhalb der unsrigen, sei sie unmittelbar wirklich oder vermittels audiovisuellen Materials, ein Schock. Der Schock führt dazu, dass Filmemacher Filme zu machen beginnen und Zuschauer in zweiter Instanz ein Schockerlebnis haben. Für beide signalisiert der Schock einen hohen Attraktionswert. Geht man zurück in die Zeit der Erfindung des Kinematografen, so wird man rasch dem Genre des *Travelogue* begegnen, dem Reisefilm, in dem die neue Beweglichkeit mit Zug, Schiff und Automobil gefeiert wurde. Die Attraktion des Reisens als einer

---

15 Vgl. hier beispielsweise die von der Europäischen Union in Auftrag gegebene Untersuchung von Omar Merabet und Francis Gendreau: Les questions migratoires au Mali. Valeurs, sens et contresens (2007). Download auf der Website der Vertretung der Europäischen Union in Mali unter http://www.delmli.ec.europa.eu/fr/siteindex/index.htm [letzter Abruf: 2.11. 2009].

vergnüglich-abenteuerlichen Beschäftigung und als Herausbildung eines Filmgenres macht deutlich, in welchem Maß Reisen und deren filmische Repräsentation an die technischen Voraussetzungen von Reisemaschinen und Aufnahmemaschinen gekoppelt sind, die damals wie heute vor allem Europäern und Amerikanern zur Verfügung stehen und eine klare Nord-Süd-Bewegung beschreiben. Dieser Teil der Filmgeschichte birgt unzählige Schockmomente eines plötzlichen Gewahrwerdens einer anderen als der eigenen Realität. An der Tatsache, dass Afrika filmisch schon immer ein bereister und im Reisen gefilmter Kontinent war, hat sich nichts geändert.[16] Die Attraktion des Technischen und Neuen von vor 100 Jahren hat sich qualitativ entwickelt, sie kann heute als eine Schockattraktion des sichtbaren Exodus der reisenden Afrikanerinnen und Afrikaner ausgedeutet werden.

In jüngster Zeit entstanden eine Reihe Dokumentarfilme, die das Leben von Reisenden an zentralen Orten der Transitrouten nach Europa unter die Lupe nehmen, darunter Arlit, die ehemalige Uran-Metropole Nigers und heute ein Knotenpunkt auf der Route Niger-Algerien-Libyen-Italien, in ARLIT, DEUXIÈME PARIS (2004) von Idrissou Mora-Kpai, der mittlerweile in Berlin und Paris lebt, Ceuta, die spanische Enklave an der marokkanischen Nordküste, Tanger, Oujda, Nouadhibou und Nouak-chottt in BAB SEBTA (2008) von Pedro Pinho und Frederico Lobo, zweier portugiesischer Filmemacher, Nouadhibou, Mauretaniens größter Hafen und Ausgangspunkt für viele Piroguen Richtung Kanarische Inseln und spanisches Festland in HOTEL SAHARA (2008) der deutschen Filmemacherin Bettina Haasen, die Strecke Agadez im Niger Richtung Djanet in Algerien in MIRAGES (2008) des Franzosen Olivier Dury, El Mirador bei Murcia in Südspanien und Oujda in Marokko in MIMOUNE (2007) des spanischen Videokünstlers Gonzalo Ballester. Nennenswert sind außerdem EN ATTENDANT LES HOMMES (2007) der französischen und in Brüssel arbeitenden Journalistin senegalesischer Herkunft Katy Lena Ndiaye, den sie in Oualata, im äußersten Südosten Mauretaniens, drehte, und die weiter oben bereits erwähnte kollektive Produktion SAHARA CHRONICLE (2006-2008) der schweizer Künstlerin Ursula Biemann. Etlichen dieser Filme ist die ihrer Entstehung vorausgegangene schockierende Begeg-

---

16 Vgl. die Ausführungen zum Travelogue im Kontext des Kurzfilms LE CLANDESTIN von Zéka Laplaine (1996), als Umkehrung der Reiserichtung Nord-Süd hier also Süd-Nord, Marie-Hélène Gutberlet: »Blinde Passagiere« (2007), S. 163-175, hier 166.

nung mit Transitreisenden anzusehen. Die Filme wollen Zeugen sein und
ihr Publikum zur Zeugenschaft der sichtbaren Verhältnisse machen.

MIMOUNE

MIMOUNE beginnt mit einer Einstellung vom Bug eines fahrenden Schiffes auf das schäumende Wasser, darüber legt sich in einer Doppelbelich-
tung das zerfurchte Gesicht eines Mannes. Es folgen zwei Texttafeln.

Die illegale Immigration ist nicht nur ein Problem für unsere Gesellschaft,
sondern ebenfalls für die Migranten, weil sie nicht nur sozial entwurzelt sind,
sondern vor allem von ihrer Familie getrennt leben. Dieses Filmdokument ist
aus dem Wunsch entstanden, wenn auch nur durch die Kamera, eine Familie
wieder zusammenzubringen.[17]

In knapp 200 Einstellungen und 70 Schnitten zeigt der Film ein herun-
tergekommenes Haus in El Mirador bei Murcia in Spanien, einen Mann
namens Mimoune und ein Wohnzimmer, in dem eine ganze Familie Platz
genommen hat, im Vorort von Oujda, genannt Beni dra, in Marokko. Jeder Schnitt springt von einem Ort zum anderen und zeigt, wie Mimoune
seine Familie in Marokko adressiert, die die Aufnahme mit Mimoune
sieht und selbst etwas in die Kamera spricht, was er wiederum zu sehen
bekommt. Der Film realisiert einen filmischen Dialog als Schnitt/Gegen-
schnitt, in dem die örtliche und zeitliche Trennung überwunden wird.
Mimoune bedankt sich bei Gonzalo, dem Filmemacher und Initiator der
Videobotengänge, seine Frau verspricht, Essen für ihren Mann und seine
Freunde mitzugeben. Gonzalo ist der unsichtbare Bote eines Narrativs,
das allein die Zuschauer des fertigen Films als montierten Dialog sehen
können. Im Moment der Produktion müssen beide Seiten damit klarkom-
men, dass sie sich unmittelbar nichts sagen und nicht sehen können. So
kommt das voneinander Abgeschnittensein ins Bild, und alle müssen
sie weinen. MIMOUNE ist der Versuch, das Drama des Getrenntseins der
Familie filmisch aufzunehmen und aufzuheben und die Kommunikation
künstlich wiederzubeleben, zugleich tritt die physische Trennung da-

---

17 »L'immigration illégale n'est pas seulement un problème pour notre soci-
    été, pour eux, au déracinement social s'ajoute le plus dûre et difficile: la
    séparation familiale. Ce document est né du désir de rassembler, bien qu'il
    soit à travers d'une caméra, une famille qui depuis longtemps souhaite se
    réunir de nouveau.« [MIMOUNE, 00:15-00:52]

durch umso schmerzlicher hervor. Gonzalo Ballester, der in seinem Film kein Aufhebens macht, wie er zwischen Spanien und Marokko hat reisen können, will Nähe zwischen den Getrennten schaffen, die aber nur er im Kontakt zu beiden Seiten hat. Dann beginnen die Kinder auf dem Sofa unruhig zu werden und die alte Mutter zählt die Wehwehchen der einen und anderen auf. Das ist der substanzielle ernüchternde Rest dessen, was der Film an Zeit- und Ortsgebundenheit und an tatsächlicher Beziehung und Kommunikation zustande bringt. Ballester wollte sicherlich nicht nur uns an der tragischen Situation teilhaben lassen und zum Weinen bringen, sondern eine kcamerainduzierte kathartische Situation herstellen, die es den Betroffenen ermöglicht, sich über ihre Verlustgefühle klar zu werden und sie auszudrücken.[18]

MIRAGES

Mirages heißt auf Französisch Fata Morgana. Eine weite Landschaft mit losen Baumgruppen, roter Erde und rotem Himmel mit untergehender Sonne. Man hört Autos durch die zunehmend dunkle Landschaft fahren. Schnitt. Aus dem Auto in Fahrtrichtung auf die Straße; es ist dunkle Nacht, die Videoaufnahme rauscht, weil es draußen finster ist. Oder ist es der aufgewirbelte Sand, der das Bild derart nebelig macht? In Sichtweite der Scheinwerfer sind die Rücklichter eines massiv überladenen Pritschenwagens, man sieht mit jeder Bodenwelle Beine Baumeln, der Wagen schwankt von links nach rechts. Wir fahren eine ganze Weile hinterher. Titel, weiße Schrift auf schwarzem Grund. Die Stadt Agadez. Abermals ist die Kamera auf ein Fahrzeug montiert, diesmal filmt sie vom Heck des Wagens auf die Straße. Fahrt. Eine tiefe wohlklingende Stimme spricht; offensichtlich ist es der Filmemacher Olivier Dury.

Sie sind mir eines nachts in der Wüste im Niger begegnet.
Unsere Blicke haben sich gekreuzt.
Zeit ist vergangen.

---

18 Vgl. die Videoinstallation von Mieke Bal NOTHING IS MISSING (2006, Multichannel Loop); »This work reveals the impact on those whose voices are most hidden in the migration story: the mothers, who are left behind when their children seek a better future in Western Europe or North America«, http://www.ucl.ac.uk/mellon-program/events/bal/index.htm [letzter Abruf: 4.8.2010].

Ich weiß nicht, was ich gesehen habe.
Ich kann es nicht vergessen.[19]

Dann sprechen Stimmen mit verschiedenen Akzenten auf Französisch
und Englisch und beschreiben, woher sie kommen, wo sie waren und
wo sie jetzt hinfahren, während wir uns von Agadez entfernen, erst auf
geteerter, dann auf Staubstraße. Der Film wird die jungen Leute auf insgesamt drei Wagen bis zur Grenze nach Algerien begleiten, Fahrten in
wechselnden Wüstenlandschaften zeigen, Reifenwechsel, Sandstürme
und nächtliche Lagerfeuer. Mal müssen alle absteigen und die Wagen
durch Sand schieben. Der Bildausschnitt zeigt die Waden und Beine
der Reisenden, ihre Sandalen, Leder- und Turnschuhe. Manche tragen
Socken, andere sind barfuß. Auch etliche Male sehen wir, wie unzählig
viele Leute auf die Wagen klettern und auf den übereinandergelegten Taschen Platz zu nehmen versuchen, eingequetscht zwischen anderen Körpern, Füßen, Taschen, Beinen, Armen. Stöcke werden verteilt, die die
am Rand Sitzenden sich zwischen die Beine in die Klappen des Wagens
schieben, damit sie bei der Fahrt nicht herunterfallen. Im Laufe des Films
versteht man auch, dass der Filmemacher in einem der Wagen des Kon-
vois vorne neben dem Fahrer sitzt und nicht nur filmt und sieht, sondern
auch gesehen wird: Im Vorbeifahren ruft jemand »es ist sogar ein Weißer
dabei«[20]. Die Reisenden regieren auf die mitreisende Kamera, sprechen
zu ihr, wenden sich ihr zu, winken zum Abschied. Sie filmt am Fahrer
vorbei die Landschaft, die sich zur Linken erstreckt, das Armaturenbrett
mit kleinen Fransenteppichen, die Staubwolken, die der weiter vorne
fahrende Wagen verursacht. Sie filmt den dunklen Sandsturm durch die
Windschutzscheibe, vor dem die Leute auf dem Pritschenwagen sich zu-
sammengekauert zu schützen versuchen.

MIRAGES ist ein Roadmovie. »Was Mirages auszeichnet«, schreibt
Michael Pekler, »ist der Umstand, dass hier keine Leidensgeschichte
aufgezeichnet wird, kein Appell an das Mitgefühl [wie in MIMOUNE,
Anm.d.Verf.] eines westlichen Fernseh- und Kinopublikums. Dury hat in
einem der drei Lastwagen Platz genommen, ohne das spektakuläre Bild

---

19 »Une nuit dans le désert du Niger. Il m'étaient apparus. Nos regards
    c'étaient croisés. Le temps a passé. Je ne sais pas ce que j'ai vu. Je ne peux
    pas l'oublier.« [MIRAGES, 4:10-4:25]

20 »Il y a même un blanc.« [MIRAGES, 16:58]

zu suchen.«[21] Kleine Dialoge entspinnen sich am Lagerfeuer zwischen den Reisenden und zwischen den Fahrern, die Lage und Route besprechen. »– Die Weißen wollen verstehen, was uns zwingt zu gehen. – Um eine Lösung zu finden. – Du musst die Wahrheit sagen. – Die Kälte hier wird uns umbringen, hm!«[22] Die O-Töne aus Wüstenfahrt, Radiomusik, einigen Gesprächsfetzen, Autoreparaturgeräuschen sind mit stummen Passagen kombiniert. Das Faktische des Hier-in-der-Wüste-Seins braucht kein Sprechen. Es mündet zuletzt in Gruppen- und Einzelportraitaufnahmen. Junge Männer, manche wie große Kinder, andere mit zerfurchten müden Gesichtern, die einen lächeln, andere ernst, das Gesicht nach unten, wiederum andere ganz vermummt gegen den Staub, mit Sonnenbrille und Schal, mit Handtuch um den Kopf gewickelt, staubige Gesichter mit brennenden Augen, mit Vaseline auf den Lippen gegen Risse, mit Mützen, cool, entrückt. Die Wagen entfernen sich. »Es sind noch 300 Kilometer bis zur algerischen Grenze. Ich werde sie nicht wieder sehen«[23], sagt die Stimme. Der Fahrer liest im Sand die Zukunft, er sagt voraus, dass sie übermorgen in Libyen ankommen. Er sieht sie noch. Der Film schließt mit Nahaufnahmen von Adressbuchseiten und Zetteln, auf denen Namen, Adressen, Telefonnummern, E-Mail-Adressen, Ländernamen stehen. Und dann sind sie auch für uns nicht mehr sichtbar.

HOTEL SAHARA und BAB SEPTA

Filmen als Akt der Zeugenschaft geschieht, wie in MIMOUNE und MIRAGES, auch in HOTEL SAHARA und BAB SEPTA aus der relativen Reisefreiheit und Privilegiertheit der Filmschaffenden heraus. MIMOUNE und MIRAGES thematisieren implizit und explizit die Bewegungen im Raum, die Reisen der Migranten und das Hinterherreisen der Filmemacher. In den beiden anderen Filmen HOTEL SAHARA und BAB SEPTA kommt es zum Stillstand, die Bedingung für die Sichtbarkeit der mobilen Akteure. Die in beiden Dokumentarfilmen vorgestellten Personen hängen alle fest. Sie hoffen, warten, leben und arbeiten jetzt hier. Das Unmittelbare der

---

21 Michael Pekler zu MIRAGES, in Programmheft Freiburger Filmforum (2009), S. 12.

22 »Les blancs veulent comprendre ce qui nous pousse a partir. – C'est pour trouver une solution. – Il faut dire la vérité. – Le froid va nous tuer ici, hein.« [MIRAGES, 28:10-29:00]

23 »Il leur reste encore 300kms pour passer la frontière algérienne. Je ne les reverrais plus.« [MIRAGES, 41:50]

Trennung (MIMOUNE) und der Reise (MIRAGES) liegt zurück, sie haben sich mit Zimmer, Job und ein paar Habseeligkeiten provisorisch eingerichtet. HOTEL SAHARA portraitiert einige in Nouadhibou gelandete Personen, den jungen Fußballspieler Lamiya aus Guinea, der davon träumt, in einem spanischen Club zu spielen, Chichi, eine junge Nigerianerin, die nach Holland will, den aus Kamerun kommenden Valtis, der sich als Taxifahrer verdingt und nach Spanien möchte. Dikou aus Mali will einfach nur auch »dorthin« [là-bas] und Kevin T. aus Liberia möchte nach New York und ein besseres Leben haben. Der Film verrät Namen und Herkunft durch Texteinblendungen. Dazu sprechen eine Reihe in Nouadhibou regulär lebender und arbeitender Leute, so der Leuchtturmwärter Khadri, der der Kamera die zerschellten Boote und die Himmelsrichtungen zeigt, wo Spanien, die kanarischen Inseln und vielleicht Amerika liegt. Man sieht auch Polizeiboote, Polizeihubschrauber und Abschiebelager, den Piloten Sebastian T., der für FRONTEX im Einsatz ist, Yehoufdhiou Ould Amar, den Sicherheitschef von Nouadhibou, und Father Jerome, der die englischsprachige Gemeinde betreut. HOTEL SAHARA zeigt, dass der *Traum von Europa* nicht nur unzählige Menschen in Bewegung versetzt, sondern auch die Orte im Transit sichtbar gestaltet und verändert. Es gibt Cafés, Clubs, Unterkünfte, Frisöre, Kirchen, Abschiebelager, kamerunische Taxifahrer und guineische Hilfsarbeiter, nigerianische Kindermädchen und mauretanisch-spanische Hubschrauberlandeplätze und kilometerweit Zäune.

Nouadhibou, die mauretanische Stadt, scheint in HOTEL SAHARA von dieser Präsenz unberührt. Ganz losgelöst davon will der Film etwas von der Schönheit dieses Ortes mit deutlich gestalteten Aufnahmen von Straßen, Menschen in luftigen Kleidern, Häusereingängen und dem Dächermeer der Stadt mit den vielen Antennen und Kabeln, dem Hafen, Schiffen und vielen schönen rostigen Wracks zeigen, die mit raschen Aufblenden und starken Schärfeverschiebungen ins Bild gesetzt sind. Der Kameramann Jacko van't Hof ist sichtlich von den Motiven dieses Ortes eingenommen, an den es ihn und das Team für den Film verschlagen hat, er will mit den Kontrasten spielen. So kommen unvermittelt Bilder vor – bildfüllend Wasser, Himmel oder Sand oder panoramische Bilder von Architekturen oder Hafenanlagen.

Das fotografische und gestaltete Bild wird in einer Weise betont, die keine andere Erklärung zulässt, als dass es unzureichend erscheint, den Ort »nur« zu dokumentieren und Personen »nur« zu portraitieren. Warum? Ähnlich der Anfangssequenz von BAB SEPTA, in der die Aufnahmen der Überwachungskameras der *Guardia Civil* bei Ceuta in der Nacht vom 29.

September 2005 dem eigentlichen Film vorangestellt werden,[24] wird in
der Pre-Title-Sequence von HOTEL SAHARA grobkörniges Schwarzweiß-
Filmmaterial mit dem *Guardia Civil*-Logo in der unteren linken Bildecke
verwendet, das ein kleines, tief im Wasser liegendes Schiff (man ahnt
viele Menschen mit Kaputzenpullis) bei aufgebrachter See und hohem
Wellengang zeigt, hinter dem ein wesentlich größeres Schiff her ist. Die
Sequenz ist 46 Sekunden lang und atemberaubend, *Suspense, Schock.*
Nicht nur, weil wir eine lebensbedrohliche Situation *sehen*, in der die Akteure in einem unverhältnismäßigen Übermaß und ganz und gar nicht im
kommunikativen Sinn wissen, dass sie gesehen werden, sondern weil wir
plötzlich etwas zu sehen bekommen, das sonst im Verborgenen bleibt.
Dazu könnte das Boot jeden Augenblick kentern, ein Entkommen vor
den FRONTEX-Leuten scheint unmöglich. Ähnlich der letzten Szenen in
MIRAGES, in denen man spürt und fürchtet, Menschen gesehen zu haben,
die später vielleicht nicht mehr am Leben sind, ballt sich hier die ganze
Lebensbedrohlichkeit des transmediterranen Übersetzens zusammen mit
einer sichtbarmachenden Bildmacht von Klandestinität, die den Betrachter zum Jäger macht.

Diese Sequenz setzt gewissermaßen das Niveau fest für die Attraktion aller Bilder des Films. Die in HOTEL SAHARA dann folgende Bild-
gestaltung mutet wie ein Reflex an, wenn nicht schockierende, so doch
ebenfalls ganz besondere Bilder zu schaffen, möglicherweise aus Sorge,
dass andernfalls das Interesse an den Geschichten der portraitierten Menschen verfliegt. Die Situation des Wartens und Hoffens und der kleinen
Jobs hat indes ihre Reize in einem anderen Sinn als der betriebenen ge-
stalterischen Aufregung. Sie kommen zur Geltung in den bedächtigen In-
terieurmomenten mit Matratzen auf dem Boden, den Haken an der Wand,
an der Schuhe hängen oder eine Tasche.

BAB SEPTA löst die Spannung zwischen dem extremen *Guardia
Civil*-Bildmaterial der 70 Sekunden dauernden Pre-Title-Sequence und
dem Film anders. Er setzt auf Texttafeln, die im Vorgang des Lesens eine
andere Form des Sehens erfordern und die vorherigen Bilder nicht ablö-
sen, sondern in einer abstrakten Weise begleiten. Sah man erst nächtliche
Szenen von Wachtürmen, Polizeipatrouillen, Menschen, die die beiden
mit Natodraht gesicherten Zäune mit selbstgemachten Leitern zu überwinden versuchen, und hinter dem Zaun Polizeieinsätze mit Schlagstö-
cken, so ist die Leinwand daraufhin einen Augenblick lang schwarz. Die
ersten beiden Texte lauten:

---

24 Vgl. den Beitrag von Florian Schneider in diesem Band.

The passage in the border between Morocco and Ceuta is a place of exchange between two continents. BAB SEBTA, meaning CEUTA'S DOOR in Arabic, is the final barrier migrants converge at: they come from all over the African continent and cross the Sahara desert to get to Europe.

In 2005, in the woods by the border fences of Ceuta, Melilla, Spanish enclaves in North Africa, the improvised camps were overpopulated, and life had become unbearable.

In October that year, around 400 people tried to force their way through the border fence, using handmade ladders. Following these events, Moroccan and European authorities began mass persecutions and deportations to the inland desert region.

The man hunt forced travelers to hide in the periphery of large cities, and to find new passageways into Europe, moving progressively towards the south.[25]

Aufblende Morgendämmerung. Ein Leuchtturm in der Ferne. Titel. Eine Frau breitet Wäsche zum Trocknen über Büsche, sammelt sie ein. Eingeblendeter Titel mit weißer Schrift aufs Bild. Tanger. Leute sprechen Englisch. Sie sprechen über Zylinder, die man über Gasbrenner stülpt, die zum Kochen bzw. zum Beleuchten benutzt werden. Die Kamera wird von Hand geführt, ist mitten im Geschehen und führt Tagebuch; erst hier in Tanger, dann in den Wäldern in der Nähe von Oujda, in Nouadhibou und Nouakchott. Jeder neue Ort wird als Schriftzug ins Bild eingeblendet und dann mit einer knappen Beschreibung seiner Rolle in der Migrationsgeografie in einer Texttafel mit weißer Schrift auf schwarzem Grund beschrieben. Es bleibt bei der Nähe der Kamera zu den Protagonisten. Manchmal kommt es zu interviewähnlichen Situationen, in denen Personen direkt zur Kamera gerichtet sprechen, meistens aber begleitet die Kamera die Leute bei ihren Tätigkeiten und beobachtet, wie sie Holz sammeln, ihre Wäsche waschen, ein heißes Getränk schlürfen, Feuer machen, arbeiten oder sich über Verhaftungen, Polizeieinsätze, Wasserquellen etc. verständigen. Die Informationen, an die wir auf diese Weise gelangen, bleiben unkommentiert und werden bar jeder emotionalen oder soziopolitischen Fokussierung zusammengefügt. Es sind sehr schön fotografierte Sequenzen darunter, wo das Videobild an seine Kontrast- und

---

25 BAB SEBTA, 01:10-01:56; Der Text betont den Druck, der auf die Ausreisewilligen ausgeübt wird und der sie zwingt, weiter im Süden nach einer Überfahrtsmöglichkeit zu suchen und damit eine immer längere Fahrt in Kauf zu nehmen. Der Film vollzieht diese Bewegung nach Süden nach und geht von Tanger in der Nähe von Ceuta über Oujda und Nouadhibou nach Nouakchott.

Helligkeitsgrenze kommt und daran erinnert, wie schwierig es ist, ein Bild der Wüste zu machen, das dem flimmernden Eindruck, den man bei zusammengekniffenen Augen erhascht, nahekommt. In diesem direkten Zugang zum Leben hinter den Absperrungen und Zäunen spiegelt sich mehr als die tragische Dimension des häufig erzählten Scheiterns oder die Attraktion der Sichtbarkeit klandestiner, versteckter Dinge, sondern es wird ein Alltag sichtbar, Körper im Raum, Subjekte, die sehen, wo sie sind und die sehen, dass sie gefilmt werden. Die Leute lachen auch mal, beschweren sich über das schlechte Essen und stehen vor ihren selbstgebastelten provisorischen Behausungen.

ARLIT, DEUXIÈME PARIS

Im Gegensatz zu den übrigen hier diskutierten Filmen, die den Transitreisenden hinterherfahren bzw. sie in spezifischen Orten aufsuchen, konzentriert sich der Dokumentarfilm ARLIT, DEUXIÈME PARIS von Idrissou Mora-Kpai[26] auf die im Norden Nigers gelegene Stadt Arlit, einst »ein Eldorado, das 25.000 Arbeiter ernährte und sich mit dem Etikett ›zweites Paris‹ schmückte«, wie sie vom Verleih EZEF beschrieben wird. Mora-Kpai hat seine Gründe, warum er ausgerechnet Arlit aufsucht. Von Bénin stammend, konnte er sich an die Lastwagen erinnern, die in den 1970ern durch Bénin via Kandi und Malanville nach Niger donnerten. Man fantasierte Arlit als verheißungsvollen Ort im Norden. Es gingen damals viele Leute aus Bénin nach Niger, um zu arbeiten. Den Strang der alten Arbeitsmigration der 1970er Jahre verbindet Mora-Kpai mit dem Durchgangsverkehr und der neuen Migrationswelle der 1990er und Nullerjahre. Er kennt den Ort außerdem aus eigener Anschauung als Durchreisender auf dem Weg nach Italien. Jetzt verweilt er hier und versucht Spuren des vergangenen Booms, den der Uran-Abbau ermöglicht hatte, nachzugehen. Er findet Alte, die der Uran krank gemacht hat, Mechaniker und Fahrer, die davon leben, Durchreisende bis zur algerischen Grenze zu bringen, junge Frauen aus Togo und Nigeria, die auf Kundschaft warten. Er spricht mit diesen Leuten im Wissen der Trennungen von ihren Familien, die sie schmerzt, und fragt sie, was sie jetzt machen werden, ohne in den Wunden zu bohren wie MIMOUNE. Er ist auch nicht darauf aus, uns zu Zeugen eines Irrsinns in der Wüste zu machen, wie MIRAGES, der zwar nicht von Schicksalen und Dramen spricht, sie aber in romanti-

---

26 Vgl. seinen Beitrag in diesem Band.

schem Gestus portraitiert, und sucht auch nicht den schleichenden Skandal des Sichtbarmachens klandestinen Lebens aus einer relativ sicheren Position (BAB SEPTA, HOTEL SAHARA).

ARLIT, DEUXIÈME PARIS, ist ein Dokumentarfilm im klassisch investigativen Sinn, der den Ort und die Menschen, die hier leben, die Geschichte und das Heute aufzeichnen möchte. Jede Platzierung der Kamera erzeugt eine logische Einstellung, die Menschen, Zimmer, Straßenzüge, Hügel über der Stadt, Fahrzeuge und Uran-Anlagen registriert. Die aufgezeichneten Bilder sind nicht aus der Empörung geboren, wie sie in HOTEL SAHARA und BAB SEPTA deutlich zu spüren ist, sondern aus der Absicht, präzise zu ermitteln, wo genau dieser Ort ist, und wer genau hier lebt und wie. Mora-Kpai spricht mit den Leuten, die aus Bénin hergezogen sind, auf Bariba, er spricht Haussa und Französisch; im Gespräch mit den Touareg braucht er einen Tamasheq-Übersetzer. Es wird fühlbar, wie sehr der direkte Sprachkontakt die Kommunikation im Film beeinflusst und basal ist für den Austausch von Gleich zu Gleich zwischen Filmenden und Gefilmten. Hier kann eine andere beobachtende Distanz entstehen, wenn es zuvor eine innere Nähe hat geben können. Das gewonnene Bild muss sich dann nicht mehr um jeden Preis mit dem Gegenüber solidarisieren, es in seiner Existenz bestätigen oder es verteidigen, sondern kann es so sein lassen, wie es ist.

Schließlich legt der Film eine endlos wirkende Geduld an den Tag, mit der er sich auf die Tätigkeit des Wartens einlässt, sie nicht nur äußerlich zeigt, sondern im Inneren spürbar macht. ARLIT, DEUXIÈME PARIS ist nicht spektakulär, wie man erbeutete Aufnahmen von knapp kenternden Booten oder in der Wüste ausgesetzten Menschen spektakulär nennen würde, sondern weil er zeigt, dass es geht, dass man von der Lebenserfahrung der Personen her, aus ihrem Kontext heraus, einen Film machen kann, ohne reißerisch, dramatisch oder sprachlos romantisch werden zu müssen. Die Gefühlsqualität dieser Art des Filmemachens hat zur Folge, dass die beim Betrachten entstehenden Empfindungen und körperlichen Erregbarkeiten vor allem die Eigenwahrnehmung anregen und dafür der Kommunikation mit dem tatsächlich Existenten durch gegenseitiges Sehen und Gesehenwerden (Merleau-Ponty) zusammenbricht. Zu Anerkennung der Tatsächlichkeit anderer als meiner eigenen Existenz braucht es, wie es ARLIT, DEUXIÈME PARIS deutlich macht, die räumliche Nähe für Konfrontation und Attraktion und eine passende, das heißt der Kommunikation im übertragenen Sinn entsprechende Lautstärke, Farbigkeit und Kontrastierung und nicht zuletzt die Bereitschaft, Bilder zu bekommen anstatt sie erbeuten zu wollen.

Literatur

Biemann, Ursula: »Grenzen videografieren«, in: Barbara Pichler/Andreas Pollach (Hg.): *Moving Landscapes. Landschaft und Film*, Wien: Synema 2006, S. 153-162.

Biemann, Ursula, Website http://www.geobodies.org/ [zuletzt abgerufen: 10.7. 2010].

FRONTEX, Website http://www.frontex.europa.eu/ [letzter Abruf: 7.8.2010].

Gutberlet, Marie-Hélène: »Blinde Passagiere«, in: Winfried Pauleit/Christine Rüffert/Karl-Heinz Schmid/Alfred Drews (Hg.): *Traveling Shots. Film als Kaleidoskop von Reiseerfahrungen*, Berlin: Bertz + Fischer 2007, S. 163-175.

Ladischensky, Dimitri: »Geliebt, gehasst, gequält. Romantiker bewundern ihn, Reeder fürchten ihn, Kapitäne töten ihn. Mythos und Realität des blinden Passagiers«, in: *Mare* Nr. 60, Feb./März 2007, S. 66-71.

Merabet, Omar/Francis Gendreau: Les questions migratoires au Mali. Valeurs, sens et contresens (2007), Website der Vertretung der Europäischen Union in Mali unter http://www.delmli.ec.europa.eu/fr/siteindex/index.htm [letzter Abruf: 2.11.2009].

Merleau Ponty, Maurice: »Das Auge und der Geist«, in: ders.: *Das Auge und der Geist. Philosophische Essays*, Hamburg: Felix Meiner Verlag 1984, S. 13-43.

Nessel, Sabine: *Kino und Ereignis. Das Kinematografische zwischen Text und Körper*, Berlin: Vorwerk 2008.

Open Society Initiative for West Africa: *Irregular Migration in West Africa. Case Studies on Ghana, Mali, Mauritania and Senegal*, Dakar: OSIWA 2006.

Programmheft freiburger film forum 2009, Freiburg: Kommunales Kino, 19.-24. Mai 2009; Programmschwerpunkt »Menschen in Bewegung: Arbeitsmigration«.

Filme

AFRIQUE SUR SEINE
Regie: Paulin Soumanou Vieyra, Jacques Mélo Kane, Mamadou Sarr und Robert Caristan; F 1955, 16mm, SW, 21min. Franz. OF

ARLIT, DEUXIÈME PARIS
Regie und Prod.: Idrissou Mora-Kpai; F/Bénin 2004, 35mm, Farbe, 75min. Franz./Bariba/Hausa/Tamashek mit engl. UT

BAB SEBTA
Regie: Pedro Pinho und Frederico Lobo; Marokko/Spanien 2008, DV, SW und Farbe, 108min.

BAKO, L'AUTRE RIVE
Regie: Jacques Champreux; F/Sen 1978, 35mm, Farbe, 110min. Franz. OF

BAMAKO
Regie und Buch: Abderrahmane Sissako; 2006, 35mm, Farbe, 115min. Franz./Bamana OF

LES BICOTS-NÈGRES VOS VOISINS
Regie und Buch: Med Hondo; F 1974, 16mm, SW, 190min. Franz./Arab. OF

LE CLANDESTIN
Regie und Buch: Zéka Laplaine, 2006, 35mm, SW, 15min. Franz. Zwischentitel OF

CONCERTO POUR UN ÉXIL
Regie und Buch: Désiré Ecaré; F 1967, 16mm, SW, 42min. Franz. OF

EL EJIDO – THE LAW OF THE PROFIT
Regie: Jawad Rhahib; Be 2006, DigiBeta, Farbe, 80min. Franz./Arab. OF

EN ATTENDANT LES HOMMES
Regie: Katy Lena Ndiaye; 2007, 35mm, Farbe, 56min. OF mit franz./engl./span./portugies./niederl. UT

HEREMAKONO
Regie und Buch: Abderrahmane Sissako; 2002, 35mm, Farbe, 90min. Hassanya OF

L'HOMME SANS VISAGE
Regie und Buch: Georges Franju; F 1975, SW-Fernsehserie in 8 Episoden à 52min., Franz. OF

HÔTEL DES INVALIDES
Regie: Georges Franju; F 1951, 35mm, SW, 22min. Franz. OF

HOTEL SAHARA
Regie und Buch: Bettina Haasen; D 2008, 35mm, SW/Farbe, 52min./90min. Franz./Engl. OF

HYÈNES
Regie und Buch: Djibril Diop Mambety; Sen 1992, 35mm, Farbe, 113min. Wolof OF

LE JEU
Regie und Buch: Abderrahmane Sissako; UdSSR 1989, 35mm, SW, 23min.

MIMOUNE
Regie und Schnitt: Gonzalo Ballester; Spanien/Marokko 2007, DVD, Farbe, 11.30min. Arabisch/Spanisch OF mit engl./span./ital./franz. UT

MIRAGES
> Regie: Olivier Dury; F 2008, DV, Farbe, 46min. Engl./franz. Fassung

LA NOIRE DE ...
> Regie und Buch: Ousmane Sembene; Sen 1966, 35mm, SW, 59min/70min.
> Franz./Wolof OF

NOTHING IS MISSING (Installation)
> Mieke Bal; NL/Türkei 2006, Multichannel Video, 35min., Loop

LES PRINCES NOIRES DE SAINT-GERMAIN
> Regie und Buch: Ben Diogaye Beye; F 1975, 16mm, Farbe, 14min.

SABRIYA
> Regie und Buch: Abderrahmane Sissako; 1996, Video, Farbe, 26min.

SAHARA CHRONICLE
> A Collection of Videos on Mobility and the Politics of Containment in the
> Sahata. Ursula Biemann; 2006-2008, Video Gesamtlänge 76min.

LE SANG DES BÊTES
> Regie: Georges Franju; F 1949, 16mm, SW, Teil I und II, 70min. Franz.
> OF

SOLEIL O
> Regie und Buch: Med Hondo; F 1969, 16mm, SW, 98min. Franz. OF

TOUKI BOUKI (SF)
> Regie und Buch: Djibril Diop Mambety; Sen 1973, 35mm, Farbe, 86 min.
> Wolof/Franz. mit UT

LA VIE SUR TERRE
> Regie und Buch: Abderrahmane Sissako; 1998, 35mm, Farbe, 67 min.
> Franz. OF

Warten auf Glück

Der Film HEREMAKONO von Abderrahmane Sissako

JULIEN ENOKA AYEMBA

Es ist bekannt: Um sich gegen den negativen Blick der anderen zu wehren, ist es am Effektivsten, sich selbst mit eigenen Mitteln zu präsentieren. Diesen Weg gehen zahlreiche afrikanische Filmschaffende seit der Unabhängigkeit ihrer Länder Anfang der 1960er Jahre, seit sie zumindest die Möglichkeit besitzen, eigene Bilder zu machen. Abderrahmane Sissako, gerade fünfzig Jahre alt, hat es geschafft, sich mit wenigen Produktionen den Film als Ausdrucksmittel zu eigen zu machen. Er hat einen Stil für sich gefunden, der sich dem exotischen und miserabilistischen Blick des Westens auf den afrikanischen Kontinent widersetzt.

Sein vorletzter Film HEREMAKONO[1] handelt vom Exil und den Beziehungen zwischen Afrika und dem Rest der Welt. Migration spielt hierin eine herausragende Rolle; Sissako geht mit dem Thema in einer Weise um, ohne in die westlichen Klischees zu verfallen. Diese werden filmisch aufgegriffen aber geradewegs umgekehrt. Der Filmemacher hat auch autobiographische Elemente einfließen lassen und einen sehr berührenden Spielfilm realisiert, der sich vor allem in Hinblick auf alte und neue Diskussionen um den Bewegungswunsch der Menschen auf dem afrikanischen Kontinent und überall in der Welt sehen und diskutieren lässt.

Der Film zeigt in langen panoramischen Einstellungen das Leben in einem Vorort von Nouadhibou, der wichtigsten Hafenstadt Mauretani-

---

1 Andere Titel EN ATTENDANT LE BONHEUR, WARTEN AUF DAS GLÜCK, WAITING FOR HAPPINESS, 2002, 35mm, 90min. – nicht zu verwechseln mit dem ersten Roman *Heremakhonon* von Maryse Condé, 1976, der in Guinea spielt; der Film HEREMAKONO gewann 2003 den ersten Preis des FESPACO (Étalon de Yenenga).

ens[2]. Sissako setzt auf minimale Mittel, einen gleichförmigen Rhythmus und wenige, dann aber sehr einprägsame Dialoge. In quasi dokumentarischem Stil erzählt er individuelle Schicksale, die sich an bestimmten Punkten kreuzen, und von Charakteren, die alle ähnliche Lebenswünsche und Träume teilen: Sie wollen alle eine bessere Zukunft; viele der Bewohner sind nicht von Nouadhibou und fühlen sich dort auch nicht wirklich zu Hause. Sie sind im Transit; ihr ganzes Leben ist Transit und sie wollen weg.

Die ersten Bilder sind Programm, sie geben den Ton vor. Man hört das Meer rauschen, auch die Sahara scheint nicht weit entfernt zu sein. Gestrüpp wird vom sandigen Wind in die Luft gewirbelt, während Makan sein Transistorradio im Sand vergräbt. Kurz darauf findet er es nicht mehr. Der kleine Khatra und sein Opa Maata helfen ihm vergebens; zur Beruhigung und zum Zeitvertreib bieten sie ihm Tee an.

Die Häuser sind hier wie in den meisten saharischen Gebieten vor allem aus klimatischen Gründen sehr niedrig gebaut. In einem Zimmer mit rudimentärem Komfort hat sich der junge Abdallah bei seiner Mutter niedergelassen. Er besucht sie noch einmal, auf dem Weg nach Europa, wo er studieren möchte.

»Heremakono« bedeutet auf Bamana, einer Sprache, die vor allem in Mali gesprochen wird, etwa »Warten auf Glück«. Sissako nimmt sich die Freiheit, den Film in die Nähe von Nouadhibou zu verorten, um ein Stück seiner eigenen Geschichte zu erzählen. Der Filmemacher, der heute in Frankreich lebt, wurde Anfang der sechziger Jahre in Mauretanien geboren und wuchs – wie Abdallah in HEREMAKONO – in Mali bei seinem Vater auf. In Nouakchott, der Hauptstadt Mauretaniens, lernte er die russische Kultur in einem sowjetischen Kulturzentrum kennen. Er ist noch nicht zwanzig Jahre alt, als er in die Sowjetunion emigriert, um dort an der berühmten Moskauer Filmschule (VGIK) bis 1989, kurz vor dem Ende des Kalten Krieges, Regie zu studieren. In Moskau dreht er seinen zweiten Kurzfilm, OCTOBRE (1993); in seinem für die *documenta X* in Kassel entstandenen Videotagebuch ROSTOV-LUANDA (1997) wiederum ist er auf der Suche nach einem angolanischen Freund aus seiner Moskauer Zeit, den er nach einer Tour durch halb Afrika in Ost-Berlin wieder trifft.

---

2 Nouadhibou liegt ca. 600 Kilometer Luftlinie von den kanarischen Inseln entfernt; Tanger, in Marokko, liegt 2450 Kilometer weiter entlang der Küste im Norden.

Sissako findet Bilder für das Gefühl, sich fremd zu fühlen. Abdallah, sein Alter Ego in HEREMAKONO, ist für die Zuschauer die zentrale Bezugsperson. Die Leute hier in Nouadhibou sind ihm fremd. Er spricht weder Hassanya (das lokale Arabisch) noch scheint er, bis auf seine Mutter, irgendeinen Bezug zum Ort zu haben. Er verbringt die Tage zurückgezogen im Zimmer, durch dessen niedrige quadratische Fenster, die an einen Bildapparat erinnern, er die vorbeilaufenden Menschen beobachtet. Er sieht Beine und Füße, Frauen, die ihre Haare mit farbenprächtigen Seidenstoffen bedecken, ein kleines Mädchen, das von der Straße aus durch das Fenster in den Raum hinein schaut. Der kleine Khatra kommt ab und zu ans Fenster und bringt ihm ein bisschen Hassanya bei. Farben spielen eine Rolle, Kontraste, geometrische Anordnungen. Die Cadrage der Kamera von Jacques Besse tritt als starkes Gestaltungselement in den Blick und macht den Film zu einem Genuss. Wie in LA VIE SUR TERRE (1998), dem nach ROSTOV-LUANDA folgenden Film, verzichtet Sissako auf professionelle Darstellerinnen und Darsteller und setzt auf Amateure, die meistens ihren eigenen Namen im Film tragen. »Ich habe versucht Leute in meinen Film und in meine Geschichte zu nehmen, damit sie ein bisschen aus ihrem eigenen Leben und ihrer eigenen Biographie erzählen. Das Casting ist in dem Sinne kein übliches Casting.«[3]

Abdallah versucht sich in lokalen Bräuchen, mit mäßigem Erfolg. Es werden für ihn Tee-Nachmittage mit jungen Mädchen arrangiert, an denen er etwas beschämt und schüchtern teilnimmt, während sich die Mädchen aus der Situation einen Spaß machen, seine Zigaretten rauchen und über ihn lachen, weil er die lokale Sprache nicht sprechen kann. Sein Versuch, es den anderen gleichzutun, wirkt wie eine unpassende Verkleidung, die in eine der skurrilsten Szenen des Films mündet. Abdallah, der seinen wohlhabenden Onkel besucht, findet sich in einem Zimmer wieder, das mit dem gleichen geblümten Stoff ausgekleidet ist, aus dem sein eigener Anzug geschneidert wurde. Bank, Couch, Kissen, jedes Möbelstück in diesem Interieur sind in diesem Blümchenmuster. Abdallah verlässt sofort schweigend den Raum, vollkommen verloren inmitten dieses surrealen Settings.

Anders als viele westliche Medien, die in den letzten Jahren vor der »roten Gefahr« auf afrikanischem Boden warnen, greift Sissako in

---

3   »[…] et j'ai tenté de les amener dans mon film, dans mon histoire, afin que chacun raconte un peu sa propre vie, sa propre biographie. C'est un casting qui n'est effectivement pas un casting classique.« Interview mit Abderrahmane Sissako von Anthony Sitruk am 20.1.2003, unter http://archive.film deculte.com/entretien/sissako1.php [letzter Abruf 7.7.2010].

seinem Film die Beziehung China–Afrika auf einer simplen Ebene, der menschlichen, auf. Der chinesische Straßenhändler Tchu, der mit seinem Koffer voller Schmuck Menschen manchmal auch beschenkt, taucht an verschiedenen Stellen des Films auf. Er öffnet sich einer Frau (Nana), indem er für sie singt. In dem gesungenen Lied – er singt chinesisch und die Zuschauer können dazu die Übersetzung in den Untertiteln lesen, die Nana nicht hat – ist von Freiheit, Freundschaft, Sehnsucht nach der Heimat und mütterlicher Liebe die Rede. Tchu lädt Nana in ein chinesisches Restaurant ein, wo sich viele andere Chinesen aufhalten. Er strahlt eine Menschlichkeit aus, die weit über Hautfarbe oder Herkunft hinausgeht. An einer anderen Stelle des Films schimpft der kleine Khatra über die unzuverlässigen elektrischen »Produkte aus Taiwan«, die Menschen kaufen müssen, weil sie viel billiger sind als beispielsweise europäische Ware. Solche Stellen im Film muten zugleich romantisch, komisch und traurig an. Sie rühren an, weil sie unverstellt und unmittelbar aus einer tatsächlich erlebten Situation sprechen und nicht in eine Geschichte *über* die Leute von Nouadhibou gestrickt sind. Stattdessen ist der Film mit großer Zärtlichkeit mit den Charakteren verbunden.

HEREMAKONO stellt die Leute von Nouadhibou nicht aus, sondern stellt sie mit ihren Wünschen und Empfindungen vor. Diese werden nicht einfach geäußert, sondern werden ausschließlich situativ aus Umgangsweisen und Dialogen ersichtlich. Es geht dabei um nichts Geringeres als um die Formulierung einer eigenen Perspektive und die Initiierung der Kinder ins Leben. Wir sehen und haben als Zuschauer teil an der Vermittlung von Wissen, wenn die alte Griotin mit ihren Lehrlingen singen übt,[4] der alte Maata, der Elektriker, seinem Enkel Khatra lehrhafte Geschichten erzählt und sie zusammen auf den Dächern Kabel verlegen, wir sehen Abdallah, dem seine Mutter ein Paar wichtige Lebenserkenntnisse an die Hand gibt. Solche bildhaften Tätigkeiten der Vermittlung dienen maßgeblich als Gegenpol zu den von Sissako als »Inculturation«[5] bezeichneten, wenn etwa bei Abdallahs Onkel ständig der Fernseher läuft, der ausschließlich französische Sendungen ausstrahlt, die in vielen Haushalten aus der Mittelschicht afrikanischer Länder via Satellit und Kabel zu empfangen sind. In solchen Szenen kommt Sissakos Kritik an der

---

4 In BAMAKO (2006), Sissakos letztem Film, haben Musik und Gesang ebenfalls eine eminente Bedeutung: Sie sind Träger und Ausdruck eines individuellen und gleichsam überindividuellen Empfindens, in dem Geschichte und Gefühl, Wissen und Ästhetik sich verbinden.

5 Sissako, Interview, ebd.

schwachen Präsenz selbst gemachter Bilder auf afrikanischen Bildschirmen zum Vorschein: »Ich denke eine Gesellschaft, die nur Bilder der anderen und nicht ihre eigenen sieht, ist verloren.«[6] Solch klar ausgesprochene Kritik wird in Sissakos Filmen nie direkt artikuliert, sondern ins Verhältnis zur Praxis gesetzt. Ebenso wird Migration nicht direkt inszeniert oder ausgesprochen, sondern Personen und Situation geschildert, die mit dem Ankommen (am Anfang des Films) und dem Weggehen – als dem großen Thema des Films – in Berührung kommen.

Viele Szenen des Films erinnern in Bezug aufs Weggehen ans absurde Theater, wie die oben erwähnten Szenen des Radio-Vergrabens in der Wüste oder dem alles einkleidenden Blümchenstoff; so auch dieses komisch-traurige Gespräch zwischen Makan, dem Fischer, und einem Polizisten über eine Leiche, die gerade an Land gespült wurde:

Polizist: Sie haben den Ertrunkenen nicht erkannt?
Makan: Nein, ich mag solche Dinge nicht sehen.
Polizist: Ist es das erste Mal, dass das Meer jemanden anspült?
Makan: Ja.
Polizist: Nur einmal?
Makan: Eines Tages hatte ich schon mal einen Fuß gefunden.
Polizist: Wo ist er jetzt?
Makan: Er ist nicht mehr da.
[Makan unterschreibt das Protokoll. Der Polizist steht auf und möchte sich verabschieden.]
Makan: Sie haben den Ertrunkenen nicht identifiziert?
Polizist: Noch nicht.[7]

Der Zuschauer erkennt in Makans Gesichtsausdruck, dass er fürchtet in dem Toten seinen Freund wiederzuerkennen, der sich vor Wochen über Tanger nach Europa aufgemacht hat. Das Polizeiauto verschwindet. Das Leben geht weiter. Makan, der selbst überlegt, Nouadhibou zu verlassen, und Flugzeuge bei der Landung beobachtet, möchte sich ein mögliches Scheitern wie das seines Freundes nicht vor Augen führen. Einem anderen Freund erzählt er: »Ich weiß, wenn ich gehe, gibt es kein Zurück mehr.« In einer späteren Szene sitzt Makan in einem voll beladenen Auto,

---

6   »Je pense qu'une société qui ne se voit pas, qui ne voit pas son image, qui ne voit que l'image de l'autre, est une société en perdition.« Sissako, Interview, ebd.

7   HEREMAKONO, 49:36-52:00.

das auf einer asphaltierten Straße fährt. Er verlässt also tatsächlich Nouadhibou und damit auch den Film. Die melancholische Nana hingegen fliegt nach Paris, um ihrem Exmann Vincent persönlich die Nachricht zu übermitteln, dass ihr gemeinsames Kind an einem hohen Fieber gestorben ist. Sie wird Paris wieder verlassen und vielleicht zurückkommen.

Auch Abdallah verreist. Man sieht ihn mit seinem kleinen Koffer losgehen. Er verabschiedet sich von seiner Mutter ohne körperliche Berührung. »Gott möge dich beschützen« sind ihre letzten Worte. Später stapft er mitten in einem Sandsturm durch die Wüste. Mit den ungeeigneten Schuhen und dem zu großen »europäischen« Anzug fällt es ihm schwer, die Düne zu erklimmen. Ein Passant, der ihm eine Zigarette abschnorrt, offensichtlich aus der Region, hat es sichtlich leichter und ist schneller fort. Abdallah raucht. Sitzend. Auch Opa Maata geht; er stirbt. Das Kind Khatra, das jetzt allein lebt, will auch weg und versucht den Zug zu nehmen, der aber so überfüllt ist, dass es wieder aus dem Zug geworfen wird. Leben ist Kommen und Gehen und in der Mitte wartet man aufs Glück.

Khatra ist noch zu klein, um sich auf einen gefährlichen Weg ohne Ziel zu begeben. Er hat noch Zeit, er kann warten. Seinen Traumjob, Elektriker zu sein wie sein Opa Maata, kann er hier verwirklichen. Und anders als sein Opa repräsentiert er, zusammen mit der kleinen Sängerin, eine neue Generation, die an sich glaubt – und wir an sie.

Literatur

Interview mit Abderrahmane Sissako von Anthony Sitruk am 20.1.2003, unter http://archive.filmdeculte.com/entretien/sissako1.php [letzter Abruf: 7.7. 2010].

Filme[8]

HEREMAKONO/WARTEN AUF DAS GLÜCK/WAITING FOR HAPPINESS
    Regie und Buch: Abderrahmane Sissako, Mauretanien 2009, 35mm, Farbe, 75 min. Hassanya/Bamana OFmU.
OCTOBRE/OKTRYABR
    Regie und Buch: Abderrahmane Sissako, UdSSR/F 1993, 35mm, SW, 38 min. Russisch OmU

---

8 Abderrahmane Sissakos Filme HEREMAKONO, OCTOBRE, ROSTOV-LUANDA, LA VIE SUR TERRE sind im Film-Verleih Trigon-Film, Zürich; http://www.trigon-film.org.

Rostov-Luanda
    Regie und Buch: Abderrahmane Sissako, F 1997, Video, Farbe 60 min.
    OmU
La vie sur terre
    Regie und Buch: Abderrahmane Sissako, Mali/F 1998, S-16mm, 61 min.
    OmU
    (Auftragsfilm im Kontext der Reihe »2000 vu par …«)

Cheikh Hamidou Kane
L'aventure ambiguë

10
——
18

Schmerzenswanderungen

Zu Cheikh Hamidou Kanes Roman *L'Aventure ambiguë* und Alain Gomis' Film L'Afrance

Dirk Naguschewski

1961, im Jahr eins der Unabhängigkeit vieler afrikanischer Staaten, wurde in Frankreich ein heute klassischer Text der französischsprachigen Literatur Afrikas veröffentlicht: *L'aventure ambiguë* des Senegalesen Cheikh Hamidou Kane. Er steht stellvertretend für die Auseinandersetzung afrikanischer Eliten mit den Einflüssen eines europäischen Bildungssystems, das durch die Kolonialmacht Frankreich auf dem ganzen Kontinent Fuß gefasst hat. Seither wurde Kanes Buch – auf Deutsch unter dem Titel *Der Zwiespalt des Samba Diallo* veröffentlicht – immer wieder gelesen und neu interpretiert. In Senegal gehört es zur schulischen Pflichtlektüre, Literaturwissenschaftler in aller Welt loten die kulturphilosophischen Dimensionen des Textes aus und Regisseure bearbeiten den Stoff für das Kino, wie zuletzt Alain Gomis, dessen Film L'Afrance 2002 uraufgeführt wurde. Dieser Spielfilm kreiert mit seinem maßgeblichen literarischen Prätext ein Spannungsfeld, dem ich mich hier widmen möchte. Dabei geht es mir um das Aushandeln von kulturellen Gegensätzen, das sich im Selbstmord als Reaktion auf einen fundamentalen Zwiespalt identitärer Zugehörigkeit kristallisiert.

Wir befinden uns gegen Ende des Films:[1] Ein schwarzer Mann steht auf dem Dach einer Pariser Baustelle. Er geht vor bis zur Sicherheits-

---

1 L'Afrance (2002). Ich zitiere den Film unter Angabe der Einstellungen, die auf ein Einstellungsprotokoll zurückgehen, das von der 87-minütigen Fassung angefertigt wurde, die mir von der Produktionsfirma zur Verfügung

absperrung, nimmt eine der Stangen aus der Halterung und legt sie zu Boden. Die Kamera steht hinter ihm und offenbart die Höhe des Gebäudes, indem sie auf die fünf Stockwerke des gegenüberliegenden Hauses hinunterblickt. Von der Tonspur kommen überdeutliche Atemgeräusche. Die Spannung dieser Szene resultiert aus der Frage, ob er sich durch einen Sprung in den Tod stürzen wird. – Schnitt. – Die nächste Einstellung fokussiert in einer Großaufnahme die vor Anspannung geballte Hand des Mannes und wandert dann seitlich an seinem Körper hoch, über das weiße, aber verschmutzte T-Shirt, bis sie schließlich auf seinem Gesicht haltmacht. Er atmet weiterhin schwer. – Schnitt. – Die Kamera ist nun am Fuß des Gebäudes positioniert und blickt in einer Halbtotalen aus extremer Untersicht auf den an der oberen Kante des unfertigen Gebäudes stehenden Mann, der so zu einer kleinen Figur in einem großen Spiel wird. Auf der Tonspur ist es still. – Schnitt. – Die Kamera ist wieder bei dem Mann auf dem Dach, man sieht ihn in einer Nahaufnahme, seine Augen sind geschlossen. Er dreht sich um und geht zurück.

Der Mann springt also nicht. Selbstmord ist eine Option, die er zwar ins Auge fasst, aber schließlich verwirft. Selbstmord würde bedeuten, dem Leben davonzulaufen, nicht: sich ihm zu stellen. Der Film L'AFRANCE zeigt, so meine These, wie ein Individuum, dessen Lebensumstände von Strukturen der (Post-)Kolonialität geprägt sind, sich anschickt, diese etwas besser zu begreifen, ihre Relevanz für das eigene Leben anzuerkennen und eine ausreichende innere Balance zu suchen, sich diesem Leben zu stellen.

Differenz und Ambivalenz, Distanz und Nähe

Der Mann heißt El Hadj und in seinem Namen wird seine Religion gleich mitbenannt, ist dieser doch eine Ehrenbezeichnung für Muslime, die die Pilgerfahrt nach Mekka unternommen haben. El Hadj stammt aus Dakar und studiert in Paris Geschichte. Sein ursprünglicher Plan sah vor, nach Abschluss des Studiums nach Senegal zurück zu kehren, um dann dort als Lehrer zu arbeiten und das an der französischen Universität gesammelte Wissen den Schülern im Land seiner Herkunft zu vermitteln. Frankreich ist also nicht Ziel einer Migration, sondern ein Ort des Transits. In Paris wohnt er in einem Studentenwohnheim, er ist Teil einer Gemeinschaft

---

gestellt wurde. Die Sequenz umfasst die Einstellungen 317-320 [1:15:55-1:17:30].

von Studenten, die alle aus Ländern stammen, die einst zum französischen Kolonialreich gehörten. Die Wohnheimküche ist ihr bevorzugter
Raum der Begegnung, ein Fußballplatz der Ort, wo die studentischen
Regionalmannschaften gegeneinander im Spiel um den Sieg kämpfen.
Differenzen werden in diesem auf Zeit ausgerichteten Miteinander nicht
gemäß einer überholten revolutionären Gleichheitsdoktrin aufgehoben,
sondern spielerisch ausagiert.

Schauplatz der Inszenierung von Differenz ist auch die als fröhli-
ches Vielvölkergemisch ins Bild gesetzte Hochzeitsfeier eines schwarzen
Freundes, der eine weiße Frau heiratet. Dort lernt El Hadj die weiße Französin Myriam kennen, mit der sich eine Liebesgeschichte entspinnt. Das
stellt sein Vorhaben, nach der Rückkehr in den Senegal seine in Dakar
zurückgebliebene Verlobte zu heiraten, aber vorerst nicht in Frage. Zum
einen ist seine bisherige Lebensplanung Teil einer ihm von seinem Vater
auferlegten Selbstverpflichtung, die er aus Überzeugung annimmt. Zum
anderen aber empfindet er die klischeehafte Weise, wie Afrikaner mitunter in Frankreich angesehen werden, als ›positive Diskriminierung‹: »On
dit, les blacks sont fantastiques, ils ont le rythme dans le sang, j'en ai
marre d'être black, je suis sénégalais.« (Man sagt, die Blacks sind super,
sie haben den Rhythmus im Blut, ich habe die Nase voll davon, ein Black
zu sein, ich bin Senegalese) [78]. Gomis führt so in hohem Maße ideolo-
gisierte Konzepte wie Rassismus und Nationalismus in seinen Film ein.
Während El Hadj aber rassistische Stereotypen zurückweist, identifiziert
er sich als Senegalese mit einer nationalistischen Kategorisierung.

Gleichzeitig ist das aus *Afrique* und *France* amalgamierte *Afrance*
Ergebnis einer Imagination, ein durch und durch fiktionaler Raum, dem
der Film Sichtbarkeit verleiht.[2] El Hadjs Welt ist die eines mehrfachen
Sowohl-als-auch, dessen Ambiguitäten er aber vorerst ignoriert: Er lebt
zwischen Paris und Dakar, zwischen der schwarzen Senegalesin Awa,
die wir nur aus einer weichgezeichneten Erinnerungssequenz kennen,
und der weißen Französin Myriam, die als Restauratorin wie El Hadj mit
der Rekonstruktion von Geschichte beschäftigt ist, aber im Gegensatz
zu ihm den Eindruck zufriedener Selbstgenügsamkeit vermittelt. Und er
lebt zwischen den Erwartungen seiner Eltern im heimatlichen Dakar, die
in ihren muslimisch geprägten Traditionen leben; und den Freunden in

---

2 Momar Kane: »Littérature, cinéma et quête identitaire en Afrique francophone: du biologique au textuel« (2005) deutet die Konstruktion anders:
Für ihn handelt es sich um die Präfigierung von *France* mit einem privaten
a. El Hadj würde Frankreich somit entzogen werden (S. 139). Gegen Ende
seines Artikels (S. 141) wechselt Kane dann zu der obigen Lesart.

Paris, die sich wie er an das kosmopolitische Leben in einer westeuropäischen Großstadt gewöhnt haben. Sie alle werden spätestens bei Beendigung ihres Studiums genötigt sein, eine Entscheidung zu treffen, wie und vor allem wo sie ihren weiteren Lebensweg gestalten wollen: als Rückkehrer in dem Land, das sie einst verlassen haben, oder als Einwanderer in Frankreich, deren Integration von einem hohen Anpassungsdruck begleitet sein wird. Migranten sind sie allemal. Der im Film entworfene Raum ist somit auch kein a priori positiv besetzter Raum des Dritten. Die alternierende Montage von Stadtbildern aus Paris und Dakar, die so geschickt miteinander kombiniert werden, dass sie kaum mehr zuzuordnen sind [18-27], kreiert zwar einen neuen filmischen Raum, doch wäre dieser realiter nicht bewohnbar. Denn schließlich lenkt die Montage die Aufmerksamkeit des Zuschauers vor allem auf die technische Voraussetzung der Bilder: Die Kamera kann nur an *einem* der beiden Orte gestanden haben.

Als wäre dieses Leben im Raum einer existenziellen Ambivalenz nicht schon Prüfung genug, ereignet sich ein Zwischenfall, der El Hadj aus seiner Balance wirft und auf eine doppelte Reise schicken wird: Als er seine Aufenthaltsgenehmigung verlängern will, stellt sich heraus, dass diese bereits abgelaufen ist, er sich somit illegal in Frankreich aufhält und infolgedessen von der Polizei in Gewahrsam genommen wird, um abgeschoben zu werden. Da der Termin für die Ausweisung noch nicht feststeht und er nach spätestens zehn Tagen aus dem »Centre de retention« (Untersuchungshaft) entlassen werden muss, stellt sich ihm zurück in der gar nicht mehr selbstverständlichen Freiheit die Frage, wie er auf diese Herausforderung reagieren soll: Ohne Abschluss nach Senegal zurückkehren und sich resignierend in sein Schicksal fügen? In Frankreich bleiben und den Weg in die Illegalität gehen? Eine Französin heiraten, um auf diesem Wege seinen Aufenthalt zu legalisieren?

L'AFRANCE zeigt die fundamentale Verunsicherung eines Mannes, der nicht erwartet hätte, dass eine meldetechnische Unachtsamkeit dazu führen würde, seine selbst-proklamierte Identität als ›senegalesischer Student in Paris‹ in Frage zu stellen. El Hadj wird zum einen gezwungen, eine *äußere Reise* anzutreten, die durch institutionelle Bestimmungen geprägt ist und an deren Ende eine wie auch immer geartete administrative Regelung stehen muss. Und er begibt sich auf eine *innere Reise*, die von der Frage geprägt ist, ob sein ursprünglicher Plan, mit dem er von Dakar aus nach Paris aufgebrochen ist, für ihn noch Gültigkeit besitzt. El Hadjs Verunsicherung wird von der Montage des Films unterstrichen und auf den Zuschauer übertragen. Der Film verweigert sich von Anfang an einer einfachen Chronologie, er macht häufigen Gebrauch von Flashbacks und Flashforwards und es gibt wiederholt Sequenzen, deren unbestimmte Raum- und Zeitgebundenheit sich erst bei intensiver Beschäftigung mit der narrativen Struktur des Films genauer bezeichnen lässt. L'AFRANCE zeigt zuerst einmal den Raum einer Verwirrung.

Damit steht die Narration des Films in einem produktiven Spannungsverhältnis zu der Arbeit El Hadjs. Denn als Historiker ist El Hadj eigentlich mit der Ordnung und Interpretation geschichtlicher Fakten beschäftigt. Seine kurz vor dem Abschluss stehende Arbeit (mémoire du DEA) trägt den Titel ›Sekou Touré, des origines de l'action syndicale à l'émancipation nationale‹ (Sekou Touré, von den Anfängen gewerkschaftlicher Aktion zur nationalen Emanzipation) und verspricht somit die wissenschaftliche Rekonstruktion einer Episode des afrikanischen Unabhängigkeitskampfes. Tagtäglich ist er – auch visuell – mit afrikanischer Kolonialgeschichte konfrontiert: Bereits in Einstellung [7], die El Hadj in seinem Wohnheimzimmer zeigt, ist im Hintergrund deutlich eine Fotografie von Patrice Lumumba zu erkennen, die als translokales ebenso wie als transtemporales Sinnbild eingesetzt wird. Der auf diesem Bild schon entmachtete Premierminister des Kongo trägt ein kurzärmeliges weißes Hemd mit einem V-Ausschnitt (nicht unähnlich dem Hemd, das El Hadj in der eingangs beschriebenen Szene trägt): Seine Hände sind hinter dem Rücken gefesselt, seine Augen blicken starr auf einen Punkt außerhalb des Bildrahmens, die ausgestreckte Hand eines nicht weiter sichtbaren Mannes packt ihn am Schopf und scheint ihn nach unten zu drücken. Lumumba ist unbestritten eine Ikone des afrikanischen Unabhängigkeitskampfes, sein Konterfei gehört zu jenen universell zirkulierenden Bildern, die überall verstanden werden. Die genauen Umstände, die zu diesem Foto geführt haben, müssen im Film deshalb auch gar nicht erörtert werden.[3]

Die Bedeutung dieser Fotografie für den Film wird zusätzlich in einer nur aus zwei Einstellungen bestehenden Sequenz akzentuiert, die weder mit der vorhergehenden noch mit der nachfolgenden narrativ verbunden ist: Aus einem Kopiergerät kommt eine Kopie eben jenes Fotos [54/55] und aus dem Off erklingt dabei die Stimme El Hadjs, die sich unmittelbar

---

3 Das Bild zeigt den Lumumba nach seiner Festnahme am 1. Dezember 1960 auf dem Flughafen von Elisabethville, wo er vor den Kameras der Weltpresse gedemütigt und erniedrigt wurde, um der internationalen Öffentlichkeit zu demonstrieren, wer in Kongo das Sagen hat. Der Regisseur Raoul Peck stellt diese Szene in seinem Film LUMUMBA (F/Be/D/Ha 2000) nach.

an den Zuschauer zu richten scheint: »Regarde Lumumba, il sait que c'est fini, qu'il va être exécuté bientôt, mais t'as vu son regard?, il sait qu'il a raison« (Schau Dir Lumumba an, er weiß, dass es vorbei ist, dass er bald hingerichtet werden wird, aber hast Du seinen Blick gesehen? er weiß, dass er im Recht ist). Der Augenblick, in dem dieses Foto geschossen wurde, wird in seiner unendlichen Reproduzierbarkeit aufgehoben. Aus einem Bild individuellen Leidens ergibt sich so aufgrund der reflexiven Potenz des Films, die sich hier durch Verfahren des Zitierens und Reproduzierens ergibt, eine Matrix: Ein Mann erträgt die Ungerechtigkeit der ihm zugefügten Gewalt, obwohl er weiß, dass er nichts Unrechtes getan hat, er im Recht ist. Und nimmt – das lehrt die Geschichte – darüber den Tod in Kauf. Die sowohl visuelle wie akustische[4] Vergegenwärtigung Lumumbas als Märtyrer erlaubt es, dessen individuelle Erfahrungen als stellvertretend für die Erfahrungen jener Generation zu sehen, die um die Unabhängigkeit Afrikas gekämpft hat, und mit den gegenwärtigen Erlebnissen El Hadjs und seiner Kommilitonen zu parallelisieren. Doch der Film verbleibt nicht beim Schicksal Lumumbas. Als Historiker ist sich El Hadj der geschichtlichen Distanz bewusst, die zwischen ihm und Lumumba bzw. Sekou Touré, den Heroen des Befreiungskampfes, liegt. Es ist nicht mehr sein Problem, für die politische Unabhängigkeit seines Landes zu kämpfen. Ihm geht es gleichwohl noch immer darum, sein Land auf dem Weg in eine bessere Zukunft voranzubringen – nur dieses Mal mittels von Bildung, zu der die Kenntnis der eigenen Geschichte ebenso gehört wie der Auftrag, die Fehler der Vergangenheit nicht zu wiederholen.

Deshalb erfährt El Hadj, ein Kind des unabhängigen Senegal, postkoloniale Gewalt auch nicht in Form von politischer Isolation (Touré) oder geheimdienstlicher Meuchelei (Lumumba), sondern als bürokratische Schikane. Die Gewalt, die aus seinem spezifischen Status als ›senegalesischer Student in Frankreich‹ resultiert, vervielfältigt sich jedoch bald. Sie äußert sich zuerst als Einschränkung seiner Bewegungsfreiheit, die durch das Gewaltmonopol des Staates legitimiert ist: Als El Hadj sich auf der Ausländerbehörde in seiner Empörung den Beamten widersetzt, die ihn abführen wollen, werfen diese ihn zu Boden, pressen seinen Kopf auf den Stein und legen ihm Handschellen an [93-95]. Nach der Fahrt

---

4   Der Film gibt auch einen Auszug aus einer Rede Lumumbas wieder, die auf der Schallplatte zu hören ist, die dem Buch *Lumumba parle* beigefügt ist. Vgl. G. Heinz/H. Donnay: *Lumumba Patrice: les cinquante derniers jours de sa vie* (1966).

in einem Gefangenentransporter findet er sich in dem auf der Île da la Cité gelegenen »Centre de retention« (Untersuchungshaft) wieder, wo er auf die Abschiebung wartet. Wie die anderen Männer, die die ethnische Vielfalt des einstigen französischen Kolonialreichs verkörpern, wird er gezwungen, sich auszuziehen [100-105]. Ein Beamter zwingt den Gefangenen mit Nachdruck der weißbehandschuhten Hand in die Knie. Für den einen ist die rektale Untersuchung unangenehme Routine – »Tu crois que ça m'amuse?« (Glaubst Du, mir macht das Spaß?) [107] –, für El Hadj ist die anale Penetration eine entwürdigende Invasion seines Körpers, der von nun an wie ein Seismograph alle Verletzungen registrieren wird, die ihm zugefügt werden. Denn im Anschluss an dieses gewaltsame Eindringen setzt eine andere Form von Gewalt ein: Psychosomatische Störungen künden von der Revolte seines Körpers. Die Symptome verweisen indessen nicht auf eine zu diagnostizierende Krankheit, sondern vor allem auf die verletzte Psyche eines Subjekts, das einer aus der Kolonialzeit stammenden Gewalt unterworfen ist, die ihre zerstörerische Kraft bis heute bewahrt hat.

Postkoloniale Somatik

Die Kamera fokussiert immer wieder eindrücklich den Körper des Schauspielers Djolof Mbengue, der allmählich zu einer »Passionsfigur« wird. Bereits das Filmplakat wirbt mit einem Bild, auf dem in einer Profilansicht nicht viel mehr zu sehen ist als seine hohe Stirn, sein starr blickendes Auge und eine direkt über der Augenbraue befindliche Wunde, die sich im Zentrum des Bildausschnitts befindet. Dem Gesicht Mbengues ist auch der Establishing Shot gewidmet, in dem sein Körper als allen Sinnen gegenüber außerordentlich empfindlich dargestellt wird: Die 72 Sekunden lange erste Einstellung [5] zeigt sein Gesicht in einer extremen Nahaufnahme. Der unbestimmte Hintergrund ist von gelblich-grünlicher Farbe, das Licht gedämpft und aus dem Off ertönen Geräusche; Autohupen, Grillenzirpen, Kindergeschrei, Donnergrollen, das zusätzlich von Lichtreflexen untermalt wird. Die disparaten Geräusche wirken der Vorstellung einer Einheit des Ortes entgegen; Einheit wird nur in Bezug auf die Wahrnehmung von Empfindungen des Protagonisten hergestellt. Konzentriert registrieren Mbengues Ohren und Augen die äußeren Stimuli, mit sparsamen Bewegungen reagiert sein Kopf auf die verschiedenen Reize. Schließlich verdunkelt sich das Bild, einzelne Wassertropfen fallen auf sein Gesicht und der Mann kann sich entspannt der Berührung des Wassers hingeben. *Afrance* ist von Beginn des Filmes an also weniger ein Ort, sondern vielmehr ein Zustand.

Während El Hadj sich in Untersuchungshaft befindet, beginnt sein Körper zu somatisieren. Als er dem Beamten gegenübersitzt, der ihm seine Möglichkeiten erläutert – »Monsieur Diop, vous serez reconduit à la frontière. Si vous voulez, vous pouvez refaire une demande de visa pour continuer vos études« (Herr Diop, wir werden Sie an die Grenze zurückbringen. Wenn Sie wollen, können Sie erneut ein Visum beantragen, um ihr Studium fortzuführen) – schwenkt die Kamera in einer Halbnahaufnahme an El Hadj hinunter und verharrt am Ende auf seinem zuckenden Bein: Die Nerven seines Körpers unterliegen nicht mehr seiner Kontrolle [108]. Da kann auch der Arzt wenig ausrichten, der die irritierte Haut mit einer Salbe einschmiert, den Blutdruck misst, ihm Schlaftabletten mitgibt, aber ansonsten nur feststellen kann, dass sein Leiden »nicht sehr schlimm« sei [144, 161]. Mit der Schulmedizin ist dem Leiden El Hadjs nicht beizukommen. Dass sein Körper krank ist, wird noch stärker in den Vordergrund gerückt, als er, nachdem er nicht sofort abgeschoben wurde, aus dem »Centre de retention« entlassen wird. Ein Landsmann verhilft ihm zwischenzeitlich zu einem illegalen Job auf dem Bau – jenem Bau, auf dessen Dach El Hadj sich später die entscheidende Fragen nach Leben oder Tod stellen wird. Doch auch auf das Leben in der Illegalität reagiert der Körper El Hadjs mit Abwehr: Vom Schleppen der Zementsäcke schmerzt sein Hals [201], zudem verträgt er keine Heißgetränke mehr. Seine Selbstdiagnose erfolgt in einer der wenigen Passagen, in denen er auf Wolof spricht; in den Untertiteln heißt es: »J'ai le bide en feu« (Mir zerfrisst's den Magen). Schließlich schlägt er so lange mit seiner Hand gegen die Duschwand, bis diese anschwillt und er nicht mehr arbeitsfähig ist [279].

Die Symptome seines Leidens an der *condition postcoloniale* gipfeln schließlich in der eingangs beschriebenen Szene auf dem Dach, die ihrerseits nur das letzte Glied einer längeren Kette von Sequenzen ist, in denen El Hadj seinen verstörten Körper bewusst weiteren Verletzungen aussetzt, als sei dies unabdingbare Voraussetzung seiner Selbsterkenntnis. Auf seinem ziellosen Weg durch die nächtliche Stadt betritt er ein Café, in dem er die dort anwesenden Männer zu einer Schlägerei provoziert. Hier holt er sich die Verletzung, die er auf dem Filmplakat trägt. Das Blut verschmutzt sein weißes T-Shirt, und endlich sind seine inneren Verletzungen sichtbar. Als er zufällig einen seiner Kommilitonen vor dem Centre Beaubourg trifft, stellt dieser sogleich fest: »T'as l'air d'un cadavre« (Du siehst aus wie eine Leiche). El Hadj antwortet darauf mit

einer Redewendung, die auf den Anfang seiner Verletzungen zurückver-
weist: »J'encule le El Hadj que tu connais, tu comprends? Je l'encule,
l'El Hadj que j'étais« (Ich scheiß' auf den El Hadj, den du kennst, verstehst Du? Ich scheiß' auf den El Hadj, der ich mal war) [313]. Diesen
Selbsthass bekommt auch Myriam zu spüren, die er im Anschluss an
diese Begegnung aufsucht. Als sie seine Verletzung reinigen will, greift
El Hadj ihre Finger und presst diese mit ganzer Kraft in die Wunde.[5] In
dem Moment, wo sie ihre Diagnose gestellt hat – »Mais, qu'est-ce que
tu fais? Eh, arrête! T'es malade? Mais t'es complètement cinglé!« (Was
machst Du denn da? Hör auf damit! Spinnst Du? Du bist ja völlig krank!)
– und sich aus seinem Griff befreien will, stößt er sie gegen die Wand.
Seine Aggressionen suchen Abfuhr, indem sie sich jetzt gegen die Person
richten, die ihm bisher zur Seite stand. Die sich aber zu wehren weiß:
Myriam wirft ihn hinaus [315, 316].

So steigt er schließlich auf das Dach jenes Pariser Hauses, auf dessen
Baustelle er als illegaler Bauarbeiter ausgeholfen hat. Das Haus steht für
ein Frankreich, das ohne die Mithilfe der ›kolonialen Untertanen‹ nicht
hätte aufgebaut werden können, das jedoch nicht errichtet wurde, damit
auch diese gleichberechtigt in seinem Zentrum leben können. Koloniale
Machtverhältnisse prägen also auch diesen Raum mitten im heutigen Paris, denn die *condition postcoloniale* hat nicht nur das Leben der vormals
Kolonisierten beeinflusst, sondern selbstverständlich auch das der kolo-
nisierenden Gesellschaft.

Die Entscheidung, nicht zu springen, markiert den abschließenden
Wendepunkt, denn sie führt dazu, dass El Hadj sich einen neuen Plan
entwirft. Er wird nach Senegal zurückkehren, ein neuerliches Visum beantragen, um später legal nach Frankreich zurückkehren zu können. Um
dort gemeinsam mit Myriam seine Zukunft zu gestalten, ein eigenes Haus
zu bauen. Am Ende des Films sehen wir den nach Dakar zurückgekehr-
ten El Hadj, wie er mit seinem Vater ein klärendes Gespräch führt. Der
(Selbst-)Zerstörung seines Körpers ist Einhalt geboten und zum Zeichen
des Neuanfangs rasiert Myriam El Hadjs Kopf in einer Sequenz [335-
338], die durch die Konzentration auf sein Gesicht den Vorspann wieder
aufnimmt. Fortan – so das optimistische Fazit des Films – wird El Hadj
sich nicht mehr von elterlichen Vorstellungen, romantischen Sehnsüch-

---

5 Zu dieser Szene existiert auch ein Filmstill, wobei hier, ebenso wie bei der
   Aufnahme von El Hadj mit dem Beamten, der bei ihm die Leibesvisitation
   durchführt, der Effekt in hohem Maße von der Kontrastwirkung abhängt,
   die sich aus dem schwarzen Gesicht El Hadjs und den weißen Händen Myriams ergibt.

ten oder administrativen Vorschriften zwingen lassen. Bis zu welchem Punkt dies überhaupt möglich ist, kann der Film nicht beantworten. Um aber die historische Komplexität dieser Problemlage – der afrikanische Student in Europa im Spannungsfeld der Kulturen – zu verdeutlichen, inszeniert Gomis in L'AFRANCE jenen intertextuellen Bezug, von dem eingangs die Rede war und der in der Folge vertieft werden soll.

Intertextuelle Referenzen

Die Erfahrungen des von der Ausweisung bedrohten senegalesischen Studenten stehen in einer langen Tradition von literarischen Erzählungen, die bis in die Anfänge der afrikanischen Literatur in französischer Sprache zurückreichen. Im Zentrum steht der (in der Regel männliche) ›étudiant noir‹ als prototypischer Grenzgänger zwischen den Kulturen. Die bereits in den 1920er Jahren von Léopold Sedar Senghor und einigen Kommilitonen in Paris ins Leben gerufene Zeitschrift hieß nicht umsonst *L'étudiant noir* und spiegelte auch die eigene Lebenssituation wider. In Romanen wie Ousmane Socés *Mirages de Paris* (1937), Bernard Dadiés *Un nègre à Paris* (1959), Aké Lobas *Kocoumbo, l'étudiant noir* (1960) oder Saidou Boukoums *Chaîne* (1974) werden diese fiktionalen Lebenswege im Wesentlichen als Narrative des Kulturkonflikts gestaltet. Gleiches gilt für die Filmgeschichte. Hier lässt sich bereits über den Titel des Films L'AFRANCE ein direkter Bogen zu den Anfängen des westafrikanischen Filmschaffens schlagen, hin zu Paulin Soumanou Vieyras Debütfilm AFRIQUE SUR SEINE (F 1955). Vieyra, der erste afrikanische Absolvent der Pariser Filmhochschule IDHEC, erhielt von den Kolonialbehörden nicht die Erlaubnis, vor Ort in Afrika zu filmen, und musste sich darauf beschränken, vom Leben afrikanischer Studenten in der französischen Hauptstadt zu erzählen. Doch nie zuvor wurde in einer Gestaltung dieses paradigmatischen Narrativs des ›afrikanischen Studenten in Paris‹ so sehr auf die psychosomatischen Reaktionen und damit auf die Individualität des Protagonisten insistiert wie in Alain Gomis' Film.

Die Option, auf die ungelösten Probleme eines Lebens in zwei Kulturen mit Selbstmord zu reagieren, wird auch in dem zentralen literarischen Referenztext des Films erörtert, Cheikh Hamidou Kanes Erzählung *L'aventure ambiguë*.[6] 1961 in Paris veröffentlicht, wurde dieser Text nach

---

6   Cheikh Hamidou Kane: *L'aventure ambiguë* (1961), zit. nach der Taschenbuchausgabe Paris: U.G.E. coll. 10/18, 1985.

Aussagen seines 1928 in Senegal geborenen Autors bereits in den 1950er Jahren geschrieben, als Kane in Paris studierte.[7] Dass 40 Jahre später ein junger, 1972 geborener Regisseur[8] diesen Roman aufgreift, um eine zeitgenössische Geschichte filmisch zu erzählen, verdeutlicht nicht nur das anhaltende Interesse an diesem literarischen Schlüsseltext, sondern auch die andauernde Brisanz der Problemlage.[9] Kane ging es in seiner Erzählung darum, den Einbruch der kolonialfranzösischen »nouvelle école« in die Gesellschaften Afrika und deren Folgen zu reflektieren – jedoch ohne eindeutig Stellung zu beziehen, wie dieser zu begegnen sei. Zum einen nutzte er dafür die Form des philosophischen Dialogs, zum anderen erzählte er in einem vergleichsweise realistischen Stil die Geschichte von Samba Diallo, der als erster seiner Familie auf die französische Schule geschickt wird. Am Ende steht die Frage, inwiefern es jungen Afrikanern, die nach Frankreich kommen, um dort zu studieren, noch möglich ist, wieder den Weg zurück in die Gesellschaft zu finden, aus der sie einst aufgebrochen sind.

Der Film stellt wiederholt Verbindungen zwischen El Hadjs Schicksal und dem Lebensweg von Samba Diallo her: Die Bezugnahmen erfolgen sowohl explizit durch Nennung bzw. In-Bild-Setzung von Autornamen und Buchtitel bzw. durch die Wiedergabe wörtlicher Zitate, als auch implizit durch die Nachgestaltung von Konstellationen und Ideen, die der Erzählung entnommen sind und in das Filmgeschehen eingepasst werden, bzw. als Paraphrase. Auf diese Weise bestätigt er nicht nur die paradigmatische Bedeutung von Kanes *Aventure ambiguë*. Er zieht auch in Zweifel, dass sich in den Jahrzehnten der Unabhängigkeit eine tiefergreifende Dekolonisierung vollzogen habe. Der Bezug auf den Intertext

---

7   In einem Interview mit Boniface Mongo-Mboussa: »Cheikh Hamidou Kane ou le gardien du temple« (2000), hier S. 84, gibt Kane an, er habe die Erzählung 1959 abgeschlossen. In älteren Interviews finden sich hiervon abweichende Angaben. Entscheidend ist allerdings, dass das Manuskript bereits vor der Unabhängigkeit Senegals vorlag.

8   An dieser Stelle ein kurzer Hinweis zum Regisseur: Alain Gomis wurde als Sohn eines Senegalesen und einer Französin in Frankreich geboren und wird von der Kritik im Allgemeinen als »Frankosenegalese« bezeichnet – ist aber französischer Nationalität. Er studierte Kunstgeschichte und Film an der Pariser Sorbonne, absolvierte ein Praktikum bei der Filmproduktionsgesellschaft von Idrissa Ouédraogo und leitete Video-Workshops für die Stadt Nanterre, wo er u.a. Reportagen über die Kinder von Einwanderern drehte. Insofern lässt Gomis sich dem französischen Kino der Métissage zuordnen.

9   Dies ist auch die Pointe von Sathya Rao: »L'esthétique de l'ambiguïté: De L'Afrance à L'Aventure ambiguë« (2006).

wird schon in einer sehr frühen, deutlich als Rückblick erkennbaren Einstellung inszeniert [14]: Die Kamera zeigt ein Klassenzimmer: An der Tafel [in der Bildmitte] hängt eine Karte von Senegal, rechts davon steht an der Tafel geschrieben: »L'Aventure ambiguë«, darunter der Name »Cheikh Hamidou Kane« und »1961«. Links der Karte steht der Lehrer, rechts davon ein kleiner Junge, im Bildvordergrund sehen wir die Hinterköpfe von Schülern, die in Reihen sitzen, die Kamera ist also inmitten des Klassenzimmers positioniert. Der Lehrer schlägt mit seinem Stock auf den Pult und sagt zur Klasse: »Silence! El Hadj, continue!« Der Junge beginnt zu lesen, seine Stimme tritt aber sofort in den Hintergrund, da eine zweite Stimme (die Stimme des erwachsenen El Hadj) als Voiceover den gleichen Text spricht: »Ils y apprendront à lier le bois au bois, à vaincre sans avoir raison, mais ce qu'ils apprendront, vaut-il ce qu'ils oublieront?«[10] (Sie lernen dort Holz und Holz zusammenzubinden, zu siegen ohne Recht zu haben, aber ist das, was sie lernen, so viel Wert wie das, was sie vergessen?)

Dass die aus der Zeit des Kolonialismus stammende Frage nach dem Nutzen der Neuen Schule auch noch in der erzählten Zeit des Films – der Zeit der gerade gewonnenen Unabhängigkeit – relevant ist, wird durch das Verfahren der Stimmverdopplung wirkungsvoll bekräftigt. Während die Stimme des Jungen schnell leiser wird, legt sich die Stimme des erwachsenen El Hadj aus dem Off darüber, die die Frage in die Aktualität transportiert.[11] Stand in Kanes Buch anfänglich noch die Frage im Mittelpunkt, ob Samba Diallo überhaupt auf die Neue Schule geschickt werden solle, und welche Konsequenzen diese Entscheidung haben könne, ist das französische Schulsystem zur Zeit von El Hadjs Kindheit bereits fest etabliert.

Die gleiche Szene wird später erneut in einer veränderten, sehr viel näheren Einstellung gezeigt: Geht es in [14] vor allem um den Entwurf einer Gewinn-Verlust-Rechnung, so wird in [171] die Rolle der Institution Schule als zentraler Instanz und Waffe der Kolonisation insgesamt

---

10 Es handelt sich hierbei nicht um ein zusammenhängendes wörtliches Zitat. Im Roman heißt es: »Ils y apprendront toutes les façons de lier le bois au bois que nous ne savons pas. Mais, apprenant, ils oublieront aussi. Ce qu'ils apprendront, vaut-il ce qu'ils oublieront?« (Kane, *Aventure*, S. 44.)

11 Es liegt durchaus nahe, in dieser Stimme die des Autors des gesamten Films zu vermuten, wodurch an dieser Stelle auch die Frage von Autorschaft gestellt wird. Dass die Verdoppelung der Stimmen zugleich zu einer Identifikation von Regisseur und Erzähler bzw. Protagonist führt, wird hier zumindest in Aussicht gestellt.

kritisiert: Die Kamera zeigt El Hadj als Jungen (halbnah), er liest aus
dem Buch, links ist noch ein Ausschnitt der Landkarte zu sehen, rechts
auf der Tafel sind nur noch die Wortanfänge zu erkennen: »L'Ave«,
»Cheikh«. Als er zu lesen anfängt, setzt als Voice-over sogleich die zweite Stimme ein; dieses Mal wird die doppelte Kolonisierung von Körper
und Seele artikuliert: »L'école nouvelle participait de la nature du canon
et de l'aimant à la fois. Du canon, elle tient son efficacité d'arme com-
battante. Mieux que le canon, elle pérennise la conquête.«[12] (Die Neue
Schule hatte sowohl die Eigenschaften der Kanone wie des Magnets. Mit
der Kanone teilte sie die Wirksamkeit einer Kampfwaffe. Besser als die
Kanone es kann, verleiht die Schule der Eroberung Dauer. Die Kanone
bezwingt nur den Leib, die Schule erobert die Seelen.)[13]

Die Schlüsselstellung von Kanes Buch für den Film und für die Be-
wusstwerdung El Hadjs wird in einer späteren Sequenz explizit gemacht.[14]
Im Bett mit Myriam liegend (also in einer Situation, die wiederum stark
von der körperlichen Präsenz der Darsteller geprägt ist), entdeckt El Hadj
einen Flyer für die Inszenierung einer Theateradaption von *L'aventure
ambiguë*, der wie die Taschenbuchausgabe des Buches gestaltet ist. El
Hadj nimmt dies als Anlass, Myriam von der Bedeutung des Romans
in Senegal zu berichten. Die Erklärung erfolgt einerseits zum Nutzen
Myriams, deren Verständnis für seine Situation er fördern möchte; aber
selbstverständlich ist sie auch an den Zuschauer gerichtet.

[290] Halbnah, El Hadj (EH) und Myriam (M) liegen im Bett, der
Kamera entgegengestreckt, El Hadj (links) betrachtet den Flyer, den er
in der rechten Hand hält: »Où est-ce que tu as trouvé ça?« (Wo hast du
das her?) M: »Une amie m'a dit que c'est très bien« (Eine Freundin hat
mir gesagt, dass das sehr gut sei). EH: »Pourquoi je n'en vois jamais de
tes amis?« (Warum sehe ich nie deine Freunde?) M: »J'en ai peu, un
jour peut-être je te présenterai« (Ich habe nicht viele, vielleicht stelle ich
Dich ihnen eines Tages vor). EH: »Un jour peut-être« (Eines Tages vielleicht). M: »Pourquoi je te donnerai tout, moi?« (Warum sollte ich Dir

---

12 Kane, *Aventure*, S. 60. An dieser Stelle wird wortwörtlich zitiert, das Zitat
    geht weiter: »Le canon contraint les corps, l'école fascine les âmes.«

13 Cheikh Hamidou Kane: *Der Zwiespalt des Samba Diallo* (1980), S. 54.

14 Es gibt noch eine Reihe weiterer Einstellungen, auf die ich im Rahmen
    dieses Aufsatzes nicht näher eingehen kann, die El Hadj und seinen Vater
    beim Gespräch zeigen. Diese gehören zum einen zur Backstory, indem sie
    die familiäre Verpflichtung El Hadjs zeigen. Zugleich lassen sie sich aber
    auch als Illustrationen des Romans begreifen.

alles geben?) EH: »T'as raison, tu vas y aller?« (Du hast Recht, wirst Du hingehen?) M: »J'sais pas« (Weiß nicht).

[291] Beide liegend von der Seite, bis zur Hüfte, die Beine sind zum rechten Bildrand hin ausgestreckt und nicht mehr zu sehen, EH dreht sich auf dem Rücken: »D'abord, c'est pas une pièce de théâtre, c'est un roman, tu sais? J'ai étudié ce bouquin à Dakar, c'est le roman le plus célèbre au Sénégal, on l'a tous étudié« (Also, erst mal ist es kein Theaterstück, sondern ein Roman, verstehst Du? Ich hab das Buch in Dakar durchgenommen, es ist der bekannteste Roman in Senegal, wir haben ihn alle in der Schule gelesen). M: »C'est votre Madame Bovary?« (Eure Madame Bovary?) EH dreht sich zu ihr hin: »En quelque sorte, oui. Lui, il s'appelle Samba Diallo, c'est l'histoire d'un jeune qu'on envoie à l'école nouvelle, l'école occidentale, pour aller apprendre la science, (eine zweite männliche Stimme setzt ein: »apprendre à lier le bois ...«) mais aussi à vaincre sans avoir raison (»à vaincre sans avoir raison« – hier endet die zweite Stimme), parce que nous avons été vaincu alors que nous n'avions pas tort. D'abord son père qui est le chef des Diallobé, hésite à le renvoyer à l'école, et il demande, ce qu'ils vont apprendre, vaut-il ce qu'ils vont oublier. Il l'envoie finalement à l'école nouvelle, et puis, plus tard, Samba Diallo va faire ses études en France. Ça te rappelle des trucs, hein?« (In gewisser Weise, ja. Sein Name ist Samba Diallo, es ist die Geschichte eines Jungen, den man auf die Neue Schule schickt, die westliche Schule, um dort Wissenschaft zu lernen [eine zweite männliche Stimme setzt ein: »Sie lernen dort Holz und Holz zusammenzubinden«], aber auch um zu siegen, ohne Recht zu haben [»zu siegen ohne Recht zu haben« – hier endet die zweite Stimme], denn wir wurden besiegt, ohne dass wir im Unrecht gewesen wären. Am Anfang zögert sein Vater, das Oberhaupt der Diallobé, ihn auf diese Schule zu schicken, und er fragt, ob das, was sie dort lernen werden, aufwiegt, was sie vergessen werden. Schließlich schickt er ihn auf die Neue Schule, und später dann geht Samba Diallo zum Studium nach Frankreich. Das kommt Dir bekannt vor, oder?)

[292] Beide haben ihre Füße zur linken Seite gestreckt, El Hadj liegt im Vordergrund, gestützt auf seinen Arm, man sieht von hinten seinen Rücken, Myriam im Hintergrund blickt ihn an, M: »Hmhm, continue!« (Hm, mach weiter!) EH: »Comme le dit l'auteur, l'école pérennise la conquête, elle finit le travail du canon, elle transforme l'esprit des vaincus, qui ainsi deviennent semblable aux vainqueurs, donc inoffensifs. [Myriam legt ihr Kinn auf ihre gefalteten Hände.] Le jeune Samba Diallo se sent perdu entre deux cultures, il dit: je ne suis pas un pays Diallobé distinct« (Der Autor sagt, dass die Schule der Eroberung Dauer verleiht,

dass sie die Arbeit der Kanonen beendet, dass sie den Geist der Besiegten verändert, die so den Siegern ähnlich werden, also nicht mehr bedrohlich sind. [Myriam legt ihr Kinn auf ihre gefalteten Hände.] Der junge Samba Diallo fühlt sich zwischen den beiden Kulturen verloren, er sagt: Ich bin nicht ein Vertreter des Landes der Diallobé).

[293] Ein Griot in einem glänzend blauen Prachtbubu vor einem dunklen Hintergrund ohne Tiefe, halbnah, spricht direkt in die Kamera hinein: »Non, objecta Samba Diallo. […] Je ne suis pas un pays des Diallobé distinct, face à un Occident distinct, et appréciant d'une tête froide ce que je puis lui prendre et ce qu'il faut que je lui laisse en contrepartie. Je suis devenu les deux. Il n'y a pas une tête lucide entre deux termes d'un choix. Il y a une nature étrange, en détresse de n'être pas deux.« (»Nein, wandte Samba Diallo ein. Gerade eine solche Haltung scheint mir unmöglich, außer in der Theorie. Ich stehe nicht als Vertreter des Landes der Diallobé einem genau begrenzten Europa gegenüber und überlege mit kühlem Kopf, was ich ihm nehmen kann und was ich ihm als Gegenleistung überlassen kann. Ich bin beides geworden. Mein Kopf ist nicht so klar, dass er einfach zwischen zwei Möglichkeiten entscheiden könnte. Ich bin ein seltsames Wesen, unglücklich darüber, mich nicht in zwei Wesen aufspalten zu können.«)[15]

[294] El Hadj und Myriam auf dem Bett, El Hadj auf seine Hand gestützt, er spricht zu Myriam, das Buch liegt mittig vor ihnen am Boden, unterhalb der Matratze. EH: »Puis, à la fin de ses études, il décide de rentrer au pays diallobé, où il se sent complètement perdu, hybride.« (Am Ende seines Studiums entschließt er sich dann, in das Land der Diallobé zurückzukehren, wo er sich völlig verloren fühlt, hybrid.) Myriam wendet ihren Kopf zu El Hadj: »Et qu'est-ce qu'il se passe?« (Und was passiert dann?) EH: »Il se suicide« (Er bringt sich um). El Hadj dreht sich auf den Bauch, stützt sich auf die Unterarme und blickt jetzt ebenfalls in die Kamera und lächelt: »Ce qui est marrant, c'est qu'on a tous étudié à l'école ce qui allait nous arriver, c'est au programme« (Was wirklich komisch ist, ist dass wir alle in der Schule gelernt haben, was mit uns geschehen würde, es gehört zum Lehrplan).

Das in [290] nunmehr zum dritten Mal verwendete Verfahren der Stimmenverdopplung bindet die Sequenz [290-294] zum einen an die beiden Klassenzimmer-Szenen. Zum anderen entfaltet die Einstellung [293]

---

15 Hierbei handelt es sich – von der im Film nicht kenntlichen Auslassung einmal abgesehen – um ein wörtliches Zitat aus Kane, *Aventure*, S. 164, dt. S. 156-157.

eine ganz besondere Wirkung, da sie in dem ganzen Film einzigartig und ohne Korrespondenz bleibt. Der einen Griot darstellende Schauspieler spricht direkt in die Kamera und dadurch zum Publikum: So kommt als dritte Bezugnahme auf den Prätext (vgl. S. 1) zur Nacherzählung und zum Zitat die der Inszenierung in einer Art szenischer Darstellung.[16] Gomis präsentiert hier eine Erzählerfigur, dessen Funktion in der Überlagerung mehrerer Erzähler- bzw. Autorinstanzen besteht. Innerhalb der Narration des Films ist dieser Erzähler ein Alter Ego El Hadjs, insofern er dessen Text übernimmt. Im Raum der Intertextualität wird er zu einem Interpreten Cheikh Hamidou Kanes, dessen Text er hier vorträgt. Und im Rahmen der filmischen Kommunikation, die Gomis mit seinem Publikum führt, lässt sich der Griot auch als ein Platzhalter des Regisseurs Gomis betrachten, insofern sein szenischer Auftritt vor einem schwarzen Vorhang aus der filmischen Narration hervorragt. El Hadjs Nacherzählung des Romans besteht sowohl aus Paraphrasierungen als auch aus wortwörtlichen Zitaten. Interessant ist hierbei, dass die Nacherzählung eines literarischen Textes El Hadj an dieser zentralen Stelle als wesentliche Etappe auf dem Weg zur Selbsterkenntnis dient. El Hadjs Stimme ist nicht frei von Ironie, wenn er zu verstehen gibt, dass ihm die Parallelen bewusst sind. Doch wenn er die Geschichte Samba Diallos zu Ende bringt, reimt sich bei ihm *hybride* auf *suicide*: »il se sent complètement perdu, hybride […] il se suicide« (er fühlt sich völlig verloren, hybrid […] er bringt sich um) [294]. Damit ist diese Sequenz zum einen Ankündigung der eingangs wiedergegebenen Selbstmord-Szene, zum anderen ist sie aber auch eine Auslegung des Endes von Kanes Erzählung.

Beides sein, zwei sein oder tot sein

Der Filmkritiker Sid Salouka, der auf den intertextuellen Bezug bereits im Titel seines Artikels für die *FESPACO-News* hinweist, spielt just auf diese Äußerung El Hadjs an, wenn er die Erzählung des Films als »drame de l'hybridité« (Hybriditätsdrama) charakterisiert, mit dem vor allem »folie« und »suicide« verbunden seien.[17] Mit der Rede von der Hybridität

---

16   In seinem Kurzfilm TOURBILLONS (F 1999), der nicht nur inhaltlich mit L'AFRANCE korrespondiert, sondern auch auf zum Teil identisches Filmmaterial zurückgreift, spielt der Griot eine zentrale Rolle.

17   Sid L. Salouka: »»L'Afrance‹ ou la nouvelle ›Aventure ambiguë‹« (2003), S. 4. Nur wenige der in französischen Printmedien erschienenen Kritiken haben den Status von Kanes Intertext für den Film erörtert. Da ihnen die

wird eine der zentralen Debatten der *Postcolonial Studies* aufgerufen. El Hadj selbst benutzt das Wort *hybride* nur dieses eine Mal in adjektivischer Form (wie ja überhaupt im Französischen kaum von *hybridité*, sondern von *métissage* die Rede ist). Auch im Roman wird *hybride* lediglich ein einziges Mal benutzt, dort allerdings als Substantiv: Zu Beginn des zweiten Teils des Romans befindet sich Samba Diallo in Paris. Er ist zu Gast bei dem Vater seiner Freundin, der ihn fragt, ob es richtig sei, dass er Lehrer werden wolle. Seine Antwort lässt sich ohne Schwierigkeiten auf das Schicksal El Hadjs übertragen:

– Peut-être enseignerai-je en effet. Tout dépendra de ce qu'il sera advenu de moi au bout de tout cela. Vous savez, notre sort à nous autres, étudiants noirs, est un peu celui de l'estafette. Nous ne savons pas, au moment de partir de chez nous, si nous reviendrons jamais.

– Et de quoi dépend ce retour? demanda Pierre.

– Il arrive que nous soyons capturés au bout de notre itinéraire, vaincus par notre aventure même. Il nous apparaît soudain que, tout au long de notre cheminement, nous n'avons pas cessé de nous métamorphoser, et que nous voilà devenus autres. Quelquefois, la métamorphose ne s'achève pas, elle nous installe dans l'hybride et nous y laisse. Alors, nous nous cachons, remplis de honte.[18]

(– Vielleicht werde ich an eine Schule gehen. Das wird aber davon abhängen, was am Ende aus mir geworden ist. Wissen Sie, der schwarzen Studenten Los ähnelt ein wenig dem des Kuriers. Wenn wir von zu Hause losziehen, wissen wir nicht, ob wir je zurückkommen werden.

– Und wovon hängt die Rückkehr ab? fragte Pierre.

– Es kommt vor, dass wir am Ende unseres Weges gefangen genommen und von unserem Abenteuer selbst besiegt werden. Es wird uns plötzlich deutlich, dass wir uns auf dem langen hinter uns liegenden Weg unablässig verändert haben und dass wir mit einem Mal andere Menschen geworden sind. Manchmal kommt diese Veränderung nie zu einem Ende, und wir verbleiben in einem Zwiespalt. Dann schämen wir uns und verstecken uns.)[19]

Sowohl in El Hadjs Darstellung wie auch im Roman ist Hybridität – und dies ist entscheidend, da es so gar nicht den Konventionen der angelsäch-

---

zentrale Bedeutung dieses intertextuellen Spiels für den Film nicht der Rede wert zu sein scheint, stellt sich die Frage, inwieweit Kanes Erzählung aktuell einem französischen Zuschauer gegenwärtig ist.

18 Kane, *Aventure*, S. 125.

19 Kane, *Zwiespalt*, S. 118.

sischen Debatten entspricht – negativ konnotiert. Ihr fehlt das emanzipatorische, liberatorische Potenzial, dass postkoloniale Kritiker wie Homi Bhabha in diesem Zustand sehen.[20] Hybridität ist die »détresse de n'être pas deux«, das »Unglück, sich nicht in zwei Wesen aufspalten zu können«, die nicht vollendete Metamorphose.[21] Man kann diese Stelle als eine der zentralen Aussagen des Buches begreifen, auch der Arabist Vincent Monteil greift diese Bemerkung Samba Diallos in seinem Vorwort der Taschenbuchausgabe auf (S. 9), um die Situation des »nach Paris verpflanzten jungen Toucouleur« (S. 8) zu beschreiben. Monteil bezeichnet *L'aventure ambiguë* zusammenfassend als ein »ernstes und trauriges Buch« (S. 9), dessen Ende »ohne Hoffnung« (S. 10) sei.

Denn Samba Diallo kehrt in sein Heimatland zurück, wo es zu einer Auseinandersetzung mit dem Narren kommt, der als *tirailleur sénégalais* ebenfalls in Kontakt mit dem Okzident geraten war. Bei diesem Streit, in dem es nicht zuletzt darum geht, dass Samba Diallo keinen Trost mehr in der Religion finden kann, kommt er zu Tode:

Le fou était devant lui.
– Promets-moi que tu prieras demain.
– Non ... je n'accepte pas ...
C'est alors que le fou brandit son arme, et soudain, tout devint obscur autour de Samba Diallo.[22]
(Der Narr, der hinter ihm hergelaufen war, stand plötzlich vor ihm:
– Versprich mir, dass du morgen betest.
– Nein ... ich bin nicht bereit.
Unachtsam hatte Samba Diallo diese Worte laut ausgesprochen. Der Narr zückte seine Waffe, und plötzlich wurde es um Samba Diallo herum dunkel.)[23]

Monteil bietet in seinem Vorwort mit aller Vorsicht eine gewagte Interpretation dieser Stelle an, wenn er schreibt, dass sein Tod einem Selbstmord ähnle.[24] Im islamischen Denken wird von vielen ein göttliches Verbot des

---

20 Vgl. Homi K. Bhabha: *The Location of Culture* (1994).

21 Diese Beobachtung macht auch die darüber enttäuschte Kritikerin Obioma Nnaemeka: »Marginality as the Third Term: A Reading of Kane's Ambiguous Adventure« (1998): »Why is this ambiguous space always viewed as a site of loss, impotence, and disenfranchisement instead of as a location of gain, contestation, and empowerment?«, S. 313.

22 Kane, *Aventure*, S. 187.

23 Kane, *Zwiespalt*, S. 180.

24 Vincent Monteil, »Préface«, in: Kane, *Aventure*, S. 8.

Selbstmords postuliert, Selbstmörder kämen demzufolge nicht ins Paradies. Da Samba Diallo den Tod durch sein Verhalten in gewisser Weise selbst herbeigeführt hat, herrscht über die Frage, ob sein Tod als Selbstmord zu interpretieren ist, bei Literaturwissenschaftlern Uneinigkeit. Bei Kane dürfte die Darstellung bewusst in dieser Ambivalenz verharren, wobei das anschließende letzte Kapitel eher zu suggerieren scheint, dass Samba Diallo ins Paradies gelangt sei. Der Autor selbst versteht den Tod seines Protagonisten ausdrücklich nicht als Selbstmord:

Der Tod meines Helden Samba Diallo, der von dem Narren umgebracht wird, ist ein Warnschuss, eine Warnung, denn der Narr hat das Gefühl, dass seine Identität vom Okzident verhöhnt wurde und ist deshalb entsetzt von dem, was er in Europa gesehen hat. Da er nicht die Möglichkeit und die Zeit gehabt hatte, diesen Okzident wie Samba Diallo mittels der Bücher usw. zu studieren, verbindet der Narr mit dem Okzident eine traumatische Erfahrung. Was dazu führt, dass er bei der Rückkehr in sein Land Sambas Toleranz gegenüber der westlichen Zivilisation nicht verstehen kann. Ihm zufolge ist sie völlig abzulehnen. [...] Wir, die für eine Öffnung hin zur Welt, hin zur Moderne sind, wir sehen uns unnachgiebigen, fanatischen Leuten gegenüber.[25]

Samba Diallos Tod ist möglicherweise die einzig adäquate Art, dieses »widersprüchliche Abenteuer« zu beschließen. Sich dem Leben in der Fremde auszusetzen, stellt enorm hohe Anforderungen an einen Menschen mit einer von klar bestimmbaren Werten geprägten kulturellen Verankerung. Nicht immer lässt sich das Neue ohne Verlust des inneren Gleichgewichts assimilieren. Samba Diallo ist nach Hause zurückgekehrt, kann aber den dortigen Gesetzen nicht mehr nachkommen. Er widersetzt sich der Aufforderung des Narren zum Gebet und wird dafür von ihm niedergestreckt. Von der Kritik wurde dieser Tod mitunter als Appell

---

25 Boniface Mongo-Mboussa: *Désir d'Afrique* (2002), S. 90-91: »[...] la mort de mon héros Samba Diallo, assassiné par le fou, est un coup de semonce, un avertissement, parce que ce fou, c'est quelqu'un qui, ayant le sentiment que son identité a été bafouée par l'Occident, est effrayé par ce qu'il a vu en Europe. N'ayant pas eu comme Samba Diallo la possibilité et le temps nécessaire d'étudier cet Occident à travers les livres etc., le fou a de l'Occident une expérience traumatisante. Ce qui fait que, lorsqu'il revient au pays, il ne comprend pas la tolérance de Samba à l'égard de la civilisation occidentale. Pour lui, il faut totalement la rejeter. [...] nous qui sommes pour l'ouverture sur le monde, sur la modernité, nous sommes exposés à nous retrouver en présence de gens qui sont pour l'intransigeance, le fanatisme.« [Übers.d.A.].

verstanden, an den traditionellen Werten festzuhalten.[26] Kane hingegen
scheint dies anders gemeint zu haben: Für ihn verkörpert Samba Diallo
Offenheit und Toleranz, die aber gleichwohl problematisch sind, weil sie
an den Grundfesten des Wertesystems der Diallobé rütteln.

Was aber bedeutet Samba Diallos Tod für die Gemeinschaft der Diallobé? Es gibt eine andere Stelle im Roman selbst, an der explizit von
»suicide« die Rede ist: Dort bezieht sich die Rede vom Selbstmord interessanterweise nicht auf ein Individuum (Samba Diallo), sondern auf
die Gemeinschaft, deren Teil er ist. An dieser Stelle geht es darum, dass
Samba Diallo nun doch, nicht zuletzt aufgrund des Drängens seiner
Tante, der Grande Royale,[27] auf die Kolonialschule (statt wie bisher die
Koranschule) geschickt werden soll:

> Une lettre avait annoncé au chevalier que les aînés de la famille des Diallobé
> – la Grande Royale ainsi que le chef – avaient décidé de lui renvoyer Samba
> Diallo afin qu'il le mît à l'école nouvelle.
>
> En recevant cette lettre, le chevalier sentit comme un coup dans son cœur.
> Ainsi, la victoire des étrangers serait totale! Voici que les Diallobé, voici que sa
> propre famille s'agenouillait devant l'éclat d'un feu d'artifice. Eclat solaire, il
> est vrai, éclat méridien d'une civilisation exaspérée. Le chevalier se sentit une
> grande souffrance devant l'irréparable qui s'accomplissait là, sous ses yeux, sur
> sa propre chair. Que ne comprennent-ils, tous ceux-là, jusque dans sa famille,
> qui se précipitent, que leur course est un suicide, leur soleil un mirage![28]
>
> (Ein Brief hatte dem Vater Samba Diallos angekündigt, daß die Familienäl-
> testen – die Grande Royale und das Oberhaupt der Diallobé – beschlossen hat-
> ten, seinen Sohn zurückzuschicken, um ihn für die neue Schule anzumelden.
>
> Als der Ritter diesen Brief erhielt, traf ihn diese Nachricht wie ein Schlag.
> Damit war der Sieg der Fremden über den innersten Kern des Landes besiegelt!
>
> Nun knieten selbst die Diallobé, sogar seine eigene Familie, vor dem frem-
> den Blendwerk im Staube. Es war also wahr, daß der Glanz der fremden Zivili-
> sation wie die Mittagssonne im Zenit stand. Der Ritter verspürte einen großen
> Schmerz angesichts des nicht Wiedergutzumachenden, das an seinem eigenen
> Fleische geschah. Warum verstand man nicht, nicht einmal seine eigene Fami-

---

26 Vgl. z.B. Paul Egbuna Modum: »L'Aventure ambiguë: La folie ou le refus
de l'ambiguité« (1995), hier S. 73.

27 Damit folgt auch El Hadj – wie M. Kane, »littérature, cinéma et quête«, a.a.O.,
S. 140, zu Recht bemerkt – der Argumentationslogik der Grande Royale.

28 Kane, *Aventure*, S. 79-80.

lie, daß ihr Handeln übereilt, ihre Hast selbstmörderisch und ihre Sonne eine bloße Fata Morgana war?)[29]

Folgt man diesem Verständnis, so befindet sich das Volk der Diallobé ohnehin in einer Dynamik des Untergangs, seit es akzeptiert hatte, Samba Diallo, den Sohn des Chefs, auf die Neue Schule zu schicken. Es geht also weniger um Samba Diallos Tod, sondern um das Ende einer ganzen Kultur, die einerseits von den Kanonen eines übermächtigen Gegners niedergestreckt wird, die sich andererseits aber auch aus freien Stücken aufgibt, indem sie die Bedingungen akzeptiert, und die sich nun in jedem Fall transformieren wird.

Dies wirft für den Roman wie für den Film die Frage der Beispielhaftigkeit auf: Steht Samba Diallo für das Volk der Diallobé? Oder ist er eine Ausnahme? Steht El Hadj für die Gesamtheit afrikanischer Studenten, die nach Frankreich kommen – oder ist seines nur ein singuläres Schicksal? Der Filmkritiker Sid L. Salouka interpretiert den Tod Samba Diallos als Selbstmord und sieht deshalb zwischen Film und Roman einen folgenreichen Unterschied: »El Hadj a le sentiment d'être pris au même piège que Samba Diallo, le héros de ›L'aventure ambiguë‹. […] Samba Diallo s'est suicidé parce qu'il était une tête de proue. Lui ne le peut pas parce qu'il ne représente que lui-même.« (El Hadj hat das Gefühl, dass er in der gleichen Falle wie Samba Diallo steckt, der sich umgebracht hat, weil er ein Stellvertreter war. Er aber kann das nicht, weil er nur für sich selbst einsteht.)[30] El Hadj lernt auf seiner Reise, dass er nicht (oder: nicht mehr) als Repräsentant seines Volkes agieren muss. Er ist in erster Linie für sich selbst verantwortlich und kann daraufhin prüfen, inwieweit er Verantwortung für die Gesellschaft übernehmen will, aus der er stammt. Damit gibt er allerdings das als traditionell afrikanisch ausgewiesene Verantwortungsgefühl für die Gemeinschaft zugunsten der westlich konnotierten Selbstverwirklichung auf. Dass es sich bei Samba Diallos Tod um einen Selbstmord handelt, um eine Art Opfer, mag zwar El Hadjs Lesart entsprechen, aber auf jeden Fall nicht der Intention Kanes.

Es scheint, als laufen viele der Lektüren von Kanes *Aventure ambiguë* eher darauf hinaus, primär den Verlust zu betonen, den die Gesellschaft der Diallobé erleidet. In dieser Logik ist die Interpretation von Samba Diallos Tod als Selbstmord eine letzte Bestätigung dafür, dass das Abenteuer der kolonial induzierten Interkulturalität zum Scheitern verurteilt

---

29 Kane, *Zwiespalt*, S. 72-73.
30 Sid L. Salouka, »»L'Afrance‹…«, S. 4.

ist. Dem steht zum einen der Lebensweg Kanes entgegen, der ja gerade ein Beispiel dafür ist, dass ein Studium in Frankreich nicht automatisch auf Dekulturalisierung, Desorientierung und Selbstverneinung hinauslaufen muss:[31] »Je puis, quant à moi, revendiquer le droit de n'être ni un Occidental, ni son négatif photographique, et d'être cependant, d'être authentiquement.« (Ich kann für mich das Recht in Anspruch nehmen, weder ein Mann des Okzidents zu sein, noch sein fotografisches Negativ, und gleichwohl authentisch zu sein.[32]) Diesen Weg zu einer ausbalancierten Selbstwahrnehmung und Eigenverantwortlichkeit schlägt auch El Hadj ein. Eine der Stärken des Films liegt darin, diesen Weg vorerst als Ziel auszuweisen. Es bleibt abzuwarten, wie das Abenteuer weitergeht; welche Konsequenzen El Hadj aus seiner Entscheidung erwachsen. Sein Entschluss, nach Frankreich zurückzukehren, wird vom Vater offenbar akzeptiert – auch hier entspricht die Reaktion von El Hadjs Vater strukturell dem Entschluss von Samba Diallos Vater, seinen Sohn in die Neue Schule zu schicken. Doch auf die Frage seines Vaters, »Crois-tu que nous avons déjà disparu?« (Denkst Du, dass wir schon verschwunden sind?), hat El Hadj noch keine Antwort: »Je ne sais pas encore.« (Ich weiß es noch nicht.) [339] Nicht als Stellvertreter einer Generation antwortet El Hadj also, sondern als Individuum, das in erster Linie für sich die Verantwortung trägt.

Literatur

Bhabha, Homi K.: *The Location of Culture*, London: Routledge 1994.

Boukoum, Saidou: *Chaîne*, Paris: Denoël 1974.

Dadié, Bernard Binlin: *Un nègre à Paris*, Paris: Présence Africaine 1959.

Heinz, G./H. Donnay: *Lumumba Patrice: les cinquante derniers jours de sa vie*, Bruxelles: C.R.I.S.P. 1966.

Kane, Cheikh Hamidou: *L'aventure ambiguë*, Paris: Julliard, 1961, zit.n. der Taschenbuchausgabe Paris: U.G.E. coll. 10/18, 1985, mit einem Vorwort von Vincent Monteil; dt. u. d. T. *Der Zwiespalt des Samba Diallo*, übers. von János Riesz u. Alfred Prédhumeau, Frankfurt a.M.: Lembeck 1980.

---

31 Diese Dimension des kulturellen Wandels bleibt im Roman interpretationsbedürftig, in einem anderen Text aus der gleichen Zeit hat Kane diese Einstellung sehr viel deutlicher geäußert, vgl. Cheikh Hamidou Kane: »Comme si nous nous étions donnés rendez-vous« (1961).

32 Ebd, S. 380.

Kane, Cheikh Hamidou: »Comme si nous nous étions donnés rendez-vous«, in: *Esprit* 299, 1961, S. 375-387.

Kane, Momar: »Littérature, cinéma et quête identitaire en afrique francophone: du biologique au textuel«, in: *Horizons maghrébins. Le droit à la mémoire* Bd. 53, 2005, S. 136-142.

Loba, Aké: *Kocoumbo, L'étudiant noir*, Paris: Flammarion 1960.

Modum, Paul Egbuna: »*L'Aventure ambiguë*: La folie ou le refus de l'ambiguité«, in: Papa Samba Diop (Hg.): *Sénégal-Forum. Littérature et histoire. Werner Glinga in memoriam (1945-1990)*, Frankfurt a.M.: IKO 1995, S. 69-82.

Mongo-Mboussa, Boniface: »Cheikh Hamidou Kane ou le gardien du temple«, in: Boniface Mongo-Mboussa: *Désir d'Afrique*, Paris: Gallimard 2002, S. 83-97.

Mongo-Mboussa, Boniface: *Désir d'Afrique*, Paris: Gallimard 2002.

Nnaemeka, Obioma: »Marginality as the Third Term: A Reading of Kane's *Ambiguous Adventure*«, in: Leonard A. Podis/Yakubu Saaka (Hg.): *Challenging Hierarchies. Issues and Themes in Colonial and Postcolonial African Literature*, New York [u.a.]: Peter Lang 1998, S. 311-323.

Rao, Sathya: »L'esthétique de l'ambiguïté: De *L'Afrance* à *L'Aventure ambiguë*«, in: Françoise Naudillon/Janusz Przychodzen/Sathya Rao (Hg.): *L'Afrique fait son cinéma. Regards et perspectives sur le cinéma africain francophone*, Montréal: Mémoire d'encrier 2006, S. 115-131.

Salouka, Sid L.: »›L'Afrance‹ ou la nouvelle ›Aventure ambiguë‹«, in: *Fespaco-News* 8, 1.3.2003, S. 4.

Socé, Ousmane: *Mirages de Paris*, Paris: Nouvelles Éditions latines 1937.

Filme

L'AFRANCE
Regie und Buch: Alain Gomis; F 2002, 35mm, Farbe, 87min. Franz. OF
LUMUMBA
Regie und Buch: Raoul Peck; F/Be/D/Ha 2000, 35mm, Farbe, 115min. Franz. OF
TOURBILLONS
Regie und Buch: Alain Gomis; F 1999, 16mm/Beta, 13min. Franz. OFmeU

GRENZEN IN VISUAL CULTURE

Karola Schlegelmilch, Zone B/Dakar/Senegal *2006.*

Digitales Schwarzsein

Afrofuturismus, Authentizitätsdiskurs und Rassismus im Cyberspace

SISSY HELFF

> Very few of the thinkers currently probing into cyberspace have said a word about race.
>
> CAMERON BAILEY, 1996[1]

Die stetig wachsende Mobilität von Menschen spiegelt sich nicht nur in einer sich wandelnden Wahrnehmung geografischer Räume wider; auch innerhalb der Kommunikationspraktiken und Kommunikationsmittel lassen sich weitgreifende gesellschaftliche Veränderungen ausmachen. In der letzten Dekade hat sich neben dem Mobiltelefon besonders das World Wide Web als zentrale Kommunikationsplattform herauskristallisiert: Skype, SMS, Listserv, E-Mail, Web 2.0, und Weblogs[2] sind die neuen Tools. Während 1994 lediglich eine knappe Handvoll Weblogs,

---

1 Cameron Bailey: »Virtual Skin: Articulating Race in Cyberspace« (2001).

2 Kennzeichnend für ein Weblog ist, dass hier Texte mit Fotografien kombiniert werden, wobei jedoch meist der textuelle Anteil überwiegt. Darüber hinaus sind oftmals Links zu thematisch ähnlichen Websites beziehungsweise Weblogs auf Websites integriert. Es besteht des Weiteren die Möglichkeit zum interaktiven Handeln, so dass andere Internetnutzer direkt zu den zuvor hochgeladenen Nachrichten, kurz auch Posts, Stellung beziehen können. Weblog-Technologie ermöglicht somit den Rahmen für interaktives, intermediales und intergenerisches Kommunizieren und produziert so eine offenere Form von Narrativen. Diese offene Form kann jedoch durch das Editieren der Textbeiträge durch Administratoren sowie das Einstellen von Fotos im Internet gelenkt werden. Darüber hinaus bestimmen auch die Administratoren, wann ein Weblog geschlossen wird.

kurz Blogs bezeichnet, im World Wide Web existierten, ist es zehn Jahre nach der Millenniumswende selbst professionellen Internetnutzern kaum noch möglich, die Vielzahl der verschiedenen Weblog-Angebote zu überschauen.[3] So finden sich neben vielerlei politisch motivierter Weblogs auch eine große Anzahl von Travelblogs[4] sowie Sport-, Musik-, Kunst- und Modeblogs. Im Kontext von Migration und Medien ist besonders signifikant, dass im Jahr 1995 erstmals eine eigene Suchkategorie zu »Afrocentric content« bei der Suchmaschine Yahoo eingerichtet wurde, was darauf schließen lässt, wie die US-amerikanische Medienwissenschaftlerin Anna Everett bemerkt, dass schon zu dieser Zeit schwarze Internetnutzer einen bedeutenden Anteil der Internetnutzer insgesamt ausmachten.[5] Die rege Teilnahme an der Erschaffung virtueller Räume, Realitäten und Identitäten war sicherlich auch der Annahme geschuldet, dass dieser bis dato noch sehr weit und offen erscheinende *Space* alle Spielarten von Identitätsbildung und -zuschreibung in sich aufzunehmen und miteinander direkt in Bezug zu setzen schien. Mit dem *Space* verband sich ein starkes utopisches Moment, das beispielsweise von dem Futuristen Timothy Leary als potentielle Möglichkeit gefeiert wurde, endlich die erdrückende soziale Identität hinter sich zu lassen. Die Erfindung eines neuen, individuell gestalteten Cyberselbst schien endlich möglich und stieß besonders im Westen auf gesteigertes Interesse. In den Kulturszenen der verschiedenen afrikanischen Diasporen – an erster Stelle in Großbritannien und USA – kam Mitte der 1990er Jahre die afrofuturistische Bewegung auf, die im Gegensatz zu den frühen russischen und italienischen Futurismus-Avantgarden des 20. Jahrhunderts nicht bildende Kunst, sondern Film, Musik, Literatur und Internetkultur ins Zentrum ihres Interesses rückte.[6] Die Zukunftsvisionen der Afrofuturisten fußten

---

3 Rebecca Blood: »Weblogs: A History and Perspectives« [o.J.]

4 Travelblogs sind digitale Reisetagebücher, die entweder von Privatpersonen oder aber von internationalen Firmen mit einem direkten Interesse am Reisemarkt beziehungsweise Reiseequipment oder Reisehandbüchern eingerichtet und gepflegt werden. Siehe beispielsweise die Travelblogseiten des Reisehandbuchs Lonely Planet: http://www.lonelyplanet.com/morocco/the-mediterranean-coast-and-the-rif/fes/travelblogs [letzter Abruf 29.6. 2010].

5 In »The Revolution will be Digitized: Afrocentricity and the digital Public Sphere« (2002), S. 127, schreibt Everett demgemäß: »[B]lack connectivity on-line seems to have achieved a critical mass.«

6 Siehe Dagmar Buchwald: »Invisible Colonies: Das Parasitäre als Strategie posmoderner Ästhetik und Politik« (2002), Mark A. Rockeymoore definiert in seinem Essay »What is Afrofuturism?« [o.J.] Afrofuturismus

auf der Idee, dass es einen Zusammenhang zwischen dem »historischen Vorgang der Entführung von AfrikanerInnen in die Sklaverei und den *alien abduction-Szenarios* in *SF* und Populärmythen«[7] gäbe. Dies erklärt folglich auch, warum gerade diese Idee zum zentralen Ausgangspunkt aller künstlerischen und philosophischen afrofuturistischen Überlegungen und Zukunftsszenarien gemacht wurde und dabei die noch in den 1960er Jahren bedeutungsstarke soziale und politische Trias *Race, Class and Gender* im Cyberspace an Bedeutung verlor. Jenseits des Afrofuturismus prognostizierten jedoch auch Cyberidealisten wie Timothy Leary in den frühen 1990er Jahren eine reale Science Fiction-Welt à la MATRIX:

In the future the methods of information technology, molecular engineering, biotechnology, nanotechnology (atom stacking), and quantum-digital programming could make the human form a matter totally determined by individual whim, style, and seasonal choice.[8]

Visionen einer ›neuen Welt‹, basierend auf einer spielerisch anmutenden Techniklust und den technischen Möglichkeiten einer scheinbar grenzenlosen, alle Menschen gleichermaßen einschließenden Kommunikation, wurden euphorisch von Internetnutzern gefeiert. Diese Entwicklungen wurden durchaus auch positiv in den afrikanischen Diasporen aufgenommen, wie Anna Everett schreibt:

The hyperbolic designating the Internet and the World Wide Web as ›super information highway‹ and as the gateway and on-ramp to the information age did not go unnoticed by the African diasporic community. While some remained skeptical of the discursive onslaught of utopic claims for the revolutionary digital democracy, many were affected by the gold-rush mentality that seems to have triggered a bout of global cyber-fever.[9]

---

folgendermaßen: »According to afrofuturist Alondra Nelson, a colleague named Mark Dery was the first to use the term afrofuturism in his edited collection Flame Wars, ›Speculative fiction that treats African-American themes and addresses African-American concerns in the context of 20th century technoculture—and more generally, African American signification that appropriates images of technology and a prosthetically enhanced future—might for want of a better term, be called Afro-futurism‹«.

7 Dagmar Buchwald: »Invisible Colonies«, a.a.O., S. 6.

8 Timothy Leary/Eric Gullichsen: »High-Tech Paganism«, in: Timothy Leary (Hg.): *Chaos and Cyber Culture* (1994), hier S. 236.

9 Anna Everett: *Digital Diaspora: A Race for Cyberspace* (2009), S. 30.

Globales Cyberfieber und die Wissenschaft

Beinahe zeitgleich zu den informationstechnologischen und technischen Entwicklungen hat sich ein neues disziplinäres Feld etabliert, das sich um die zentralen Begriffe der digitalen Kultur und der neuen Medien rankt.[10] Die in der kritischen Theoriebildung führenden angloamerikanischen Medienwissenschaften haben unlängst Termini wie *cyberspace studies*, *internet studies*, *cyberculture*, *online life* und *virtual culture* eingeführt,[11] wobei noch immer ein Ringen um eine aussagekräftige Begrifflichkeit einerseits und die Erarbeitung einer kohärenten Methode zur Beschreibung und Erforschung der neuen Medien andererseits auszumachen ist. In einem Interview beschreibt die US-amerikanische Medientheoretikerin Lisa Nakamurada ihren Umgang mit dem Problem der Nomenklatur wie folgt:

I certainly think that it is time to ›broaden up‹ Internet studies to include cell phones, while it is also necessary to insist on the specificity of technologies being used and their contexts and histories. I'm thinking in particular of the term ›cyberspace‹, which was often used to describe electronically simulated interactive environments, such as virtual reality, video games, the Internet, even the phone. It became such a mushy term that I was finding it hard to use. I was also getting irritated with the privileging of virtual reality among critics, especially among television critics, since it seems to be such an elitist one, one that most people will never experience. It seems most interesting to scholars because it is such a good example of simulation.[12]

Nakamuradas Unbehagen im Umgang mit den fast schon inflationär gebrauchten Termini *cyberspace* und *virtual reality* spiegelte die dringende Notwendigkeit der Formulierung einer Methodik, die sich genau diesem Problem stellt und eine differenzierte Anwendung von Begriffen vorschlägt. Vor diesem Hintergrund stellt Lev Manovichs Buch *The Language of New Media* (2001) einen Meilenstein in der Methodenbildung dar; ausgehend von einer Geschichte der visuellen Kultur und Medienkultur,

---

10 Siehe Félix Guattari: »Machinic Heterogenesis« (2001), Donna Haraway: »A Manifesto for Cyborgs: Science, Technology, and Socialist Feminism for the 1980s« (1985) und Paul Virilio: »Speed and Information: Cyberspace Alarm!« (2001).

11 Beth E. Kolko/Lisa Nakamura/Gilbert B. Rodman (Hg.): *Race in Cyberspace* (2000), S. 5.

12 »Race and Cyberspace: Interview with Lisa Nakamura« (2004).

in der Kino eine entscheidende Rolle einnimmt, entwirft er erstmals eine systematische Theorie der neuen Medien, die sich vor dem historischen Panorama der letzten Jahrhunderte entfaltet.[13]

Pionierarbeiten von Marshall McLuhan, Timothy Leary und Brenda Laurel[14] einerseits und Donna Haraway, Sandy Stone und Laura Miller andererseits haben sicherlich ebenfalls dazu beigetragen, dass die neuen Medien zunehmend ins Zentrum medien- und kulturwissenschaftlicher Überlegungen rückten. Die höchst innovativen Analysen zu Cyberidentität, die beispielsweise ›Gender im Cyberspace‹ als soziales Konstrukt diskutieren, haben sich vor allem in der letzten Dekade vermehrt in wissenschaftlichen Debatten niedergeschlagen.[15] Ähnliches könnte durchaus auch für die kritische Auseinandersetzung mit der Kategorie ›soziale Klasse‹ im Netz gesagt werden.[16] In Anbetracht dessen ist besonders ernüchternd, dass der Diskurs in Bezug auf die Repräsentation von Ethnizität und ›race‹[17] im virtuellen Raum noch immer weitgehend kritisch unreflektiert bleibt.[18] In dem doch noch sehr überschaubaren thematischen Feld der *Cyberspace ›race‹ Studies* ist als eine der wichtigs-

---

13 Vgl. ebd.

14 Zur Bedeutung von Brenda Laurels Forschung im Bereich digitalen Erzählens siehe Sissy Helff/Julie Woletz: »Narrating Euro-African Life in Digital Space« (2009), S. 132.

15 Siehe Laura Miller: »Women and Children First: Gender and the Stettling of the Electronic Frontier« (2001), Allucquère Rosanne (Sandy) Stone »Will the Real Body Please Stand Up? Boundary Stories about Virtual Cultures« (2001), Donna Haraways »A Manifesto for Cyborgs« a.a.O.

16 Siehe Arthur Kroker/Michael A. Weinstein: *Data Trash: The Theory of the Virtual Class* (1994); zu dem Aspekt sozialer Klasse und dem *digital divide* siehe Anita Manur: »Postscript: Cyberspaces and the Interfacing of Diasporas« (2003).

17 Der Begriff ›race‹ wird im Folgenden benutzt, um die im Blog vorgefundenen Kategorien von und Diskurse um »Blackness«, »multiracial Blackness«, »Whiteness«, aber auch Ethnizität zu zitieren. Gleichzeitig soll die englische Schreibweise in einfachen Anführungszeichen darauf hinweisen, dass im Deutschen bisher kein Begriff zur Verfügung steht, der eine historische und politische Referenzialität einer kolonialen und postkolonialen Erfahrung in Bezug auf Rassismus in der Sprache selbst mit transportiert.

18 Der Artikel »Narrating Euro-African Life in Digital Space« untersucht ebenfalls diesen diskursiven blinden Fleck in Bezug auf die Repräsentation von ›race‹ im digitalen autobiografischen Kurzfilm im Internet. Alle im Artikel diskutierten Filme wurden in Storytelling-Projekten der britischen Fernsehanstalt BBC produziert und finden sich heute auch auf der BBC-Homepage. Siehe Helff und Woletz: »Narrating Euro-African Life in Digital Space«.

ten Publikationen die von Beth E. Kolko, Lisa Nakamura und Gilbert B. Rodman herausgegebene Anthologie *Race in Cyberspace* (2000) zu nennen. In der Einleitung schreiben sie:

Cyberspace is an enviroment compromised entirely by 0's and 1's: simple binary switches that are either off or on. No in-betweens. No halfway. No shades of grey. All too often, when it comes to virtual culture, the subject of race seems to be the one of those binary switches: either it's completly ›off‹ (i.e., race is an invisible concept because it is simitaniously unmarked and undiscussed), or it is completely ›on‹ (i.e., it's a controversial flashpoint for angry debate and overheated debate). While there are similar patterns of silence about race when it comes to interpersonal interaction in ›the real world‹ the presence of visual and aureal markers of race (no matter how inaccurate those may be) means that race is rarely (if ever) as visible offline as it is in cyberspace. Moreover, those relatively rare moments online when the race switch is ›on‹ are often characterised by a perverse reversal of the notion that ›the personal is the political‹, insofar as they involve the reduction of pressing political issues of race and racism to purely personal arguments and *ad hominem* attacks.[19]

Die Feststellung der Autoren ist besonders im Kontext der in diesem Artikel untersuchten Diskussionen um und über die Repräsentation von ›race‹ in Weblogs bedeutsam. Schon im Jahr 1996 diagnostizierte der in Toronto lebende Autor und Medienschaffende Cameron Bailey einen implementierten diskursiven Gleichmut in Bezug auf Diskurse um ›race‹ im Netz; diese Tendenz des absichtlichen Übersehens wird nochmals eindringlich von den Herausgebern in *Race in Cyberspace* betont:

In the past five years [...] there has been a steadily increasing number of books and articles focussing on cyberspace, both from a broad range of academic perspectives and in more popular venues. Still, for all the diversity to be found in these approaches to virtual culture, the bulk of the gowing body of literature in cyberspace studies has focused on only a handful of issues and arguments, in ways that have effectively directed the conversation on cyberculture away from questions of race.[20]

---

19 Beth E. Kolko/Lisa Nakamura/Gilbert B. Rodman (Hg.): *Race in Cyberspace*, a.a.O., S. 1.

20 Ebd., S. 5; Vgl. auch Nakamura, »Race and Cyberspace«, a.a.O.

An diesem im Wesentlichen unveränderten Diskurs setzt nun mein Artikel an und untersucht auf Basis des Weblogs »Greetings from Africa«[21], das auf der *ethnic identity website,* http://www.africaspeaks.com, angesiedelt ist, die Repräsentation von ›race‹ und Ethnizität und die damit verbundenen Diskurse von Rassismus im Weblog. Fraglich ist, inwieweit Identität, Hautfarbe und Positionierung über Sprache und zusätzliche visuelle Ausstattungen kommuniziert werden und ob sich eine Verortung des eigentlich körperlosen Cyberselbst aber konkret physisch existenten Internetnutzers innerhalb des Weblogs ausmachen lässt.

»Greetings from Africa«: Ein Fall, eine Studie

Die im Weblog präsentierte Kommunikation zwischen dem in Europa lebenden Schwarzafrikaner, der sich im virtuellen Raum Patriot Warrior nennt, und seiner virtuellen Community entstand im Jahr 2004, während er zusammen mit seiner kleinen Tochter Mulima sein Heimatland Sambia und das benachbarte Simbabwe besuchte. Das Weblog, das als ein Alltagsnarrativ bezeichnet werden kann, wurde von Patriot Warrior, der als seine Nationalität Sambier/Südafrikaner[22] angibt, mit einer digitalen Postkarte eröffnet und gestaltet sich in einer Art multipler Dialogform. Patriot Warriors ursprüngliche Nachricht erhielt in einem Zeitraum von nur vier Monaten 57 Antworten von insgesamt elf verschiedenen Internetnutzern aus Europa, Nordamerika und der Karibik. In der recht kurzen Zeitspanne von nur sechs Jahren wurde das Weblog mehr als 17.200 Mal aufgerufen. Die geposteten Nachrichten entwickelten zum Teil untereinander eine große Dynamik, so dass das Weblog sehr schnell das Ausgangsthema und Textgenre des Reisetagebuchs weiterentwickelte.[23]

Patriot Warriors fiktionaler Name beschreibt den Bloginitiator als einen Menschen, der sein Cyberselbst als eine Art Groß-Ich im *Space* zu konstruieren versucht. Seine dort kreierte Kunstfigur Pariot Warrior setzt sich aktiv für die Aufrechterhaltung einer normativen Ordnung ein. Patriot Warrior wird von einem Bloggerkollegen als ein »fierce defender

---

21 http://www.africaspeaks.com/reasoning/index.php?topic=2251.0 [letzter Abruf: 31.5.2010].

22 Reply #6: 16.8.2004, 01:17:53 PM.

23 Sprachliche und grammatikalische Fehler wurden in den zitierten Posts bewusst nicht mit [sic!] gekennzeichnet.

of purity of Black Culture and the Black Race«[24] beschrieben. Zu Beginn des Blogs adressiert Warrior seine Postkarte an eine virtuelle und imaginäre Gemeinschaft »all of you people – FROM AFRICA.«[25] Dass letztendlich die imaginäre Gemeinschaft wesentlich heterogener sein würde und seine erste Nachricht eine überaus kontroverse und emotionale Diskussion um ›race‹, Ethnizität und »Blackness« anstoßen würde, konnte Pariot Warrior nicht ahnen. Zunächst gestaltet sich das Weblog im Sinne eines einfachen Travelblogs, Patriot Warrior nennt Stationen seiner Reise, andere Blogger erzählen von ihren eigenen Reiseerfahrungen und fordern Warrior vermehrt auf, über seine Zeit und die verschiedenen besuchten Orte und seine Rolle als reisender Diaspora-Afrikaner in Afrika zu reflektieren, so schreibt er:

[I, Patriot Warrior] visit that place almost every year since I started living in Europe. The place is really nice, the weather superb{!}, the people more friendly than any Europeans … but the most disturbing thing is that almost everything – i.e. businesses, large chunks of industrial & arable commercial land – is (still) owned by foreigners: I mean foreigners such as whites (South Africans, Europeans and Americans), Indians, Arabs, other Asians etc. This fact is REALLY very disturbing to most Afrikans there, considering that our people are growing poorer and poorer day by day, and the government supposed to be leading them is busy conniving with those aliens and selling out almost the whole country bit by bit… (I'm particularly referring to Zambia here). Otherwise, my journey to the Homeland was O.K.[26]

Die Weblog-Narration, die auch als *Thread* bezeichnet wird, nimmt eine entscheidende Wendung, als Patriot Warrior eine Reihe von Urlaubsfotos präsentiert, wovon ein Bild seine kleine Tochter Mulima[27] zeigt. Dieses Bild provoziert eine multimediale Interaktion, denn die Bloggerin Oshun_Auset glaubt im Antlitz des Kindes eine starke Ähnlichkeit zu sich selbst zu erkennen und stellt nun ebenfalls eines ihrer Fotos, welches sie als erwachsene Frau zeigt, im virtuellen Raum aus. Nun schaltet sich

---

24 Reply #52: 5.9.2004, 07:03:18 AM.
25 Betonung im Original.
26 Reply #6: 16.8.2004, 01:17:53 PM.
27 Patriot Warrior erklärt die Bedeutung des Namens seiner Tochter wie folgt: »Mulima […] means farmer in Lozi, a Zambian language; her mother wanted her to have an African name and my dad gave her that name. It is also a royal name.« Reply #11: 19.8.2004, 08:05:13 PM.

eine weitere Bloggerin namens Bantu Kelani in die Diskussion ein und formuliert Gedanken, die möglicherweise viele Leser beschäftigen, denn Patriot Warriors Tochter ist augenscheinlich ein multikulturelles Kind.[28]

Repräsentation von »Blackness« im »Greetings from Africa«-Weblog

Jedwede Analyse, die Repräsentationen von ›race‹ untersucht, bedarf der eingehenden historischen, geografischen und kulturellen Kontextualisierung. Es stellt sich immer die Frage nach der Position des Betrachters und derjenigen, deren Repräsentation unsere Aufmerksamkeit auf sich ziehen. Kurz gesagt, die Leser/-innen des Blogs sollten wissen, wer wen an welchem Ort und zu welcher Zeit sieht und beschreibt. Missverständnisse entstehen immer dann, wenn *virtueller Raum* und sein utopisches Potential lokal gelesen werden, aber sich der Internetnutzer und seine Statements oder erzählten Geschichten nicht eindeutig verorten lassen. Diese Feststellung erhält eine zunehmend komplexe Dimension im Cyberspace, denn ein Cyberselbst ist zugleich auch fluide und schwer greifbar. ›Race‹ wird zumeist über narrative Formen konstruiert, manchmal jedoch, wie beispielsweise in dem hier vorgestellten Weblog, werden auch visuelle Elemente wie Fotografien in den *Thread* eingebaut, die ein Bild einer Person zeigen und einen Vergleich von phänotypischen Merkmalen provozieren. Auch die erfahrenen Blogger im Weblog »Greetings from Africa« benutzen all diese visuellen Elemente, um eine auf phänotypischen Merkmalen basierende Identität herauszuarbeiten. Fakt ist, die »Greetings from Africa«-Blogger ziehen immer wieder an entscheidenden Stellen im *Thread* mit Bezug auf ihre dort ausgestellten Bilder Schlussfolgerungen bezüglich der Pigmentierungsgrade ihrer Hautfarbe und der Bedeutungsschwere der Antworten.[29] Ungeachtet der jeweiligen Belichtung, die ja entscheidend die Wirkung des Bildes und der dort präsentierten »Black identity« beeinträchtigt, wird im Blog Bildmaterial somit zum essentialistischen Beweismaterial stilisiert. Und obwohl einige Blogger dieses Bewertungskriterium problematisieren, wie etwa yan: »I don't think it is necessary to try to measure color with her to see the truth in the argument that was presented«[30], ist die vorherrschende Meinung

---

28 Reply #10: 19.82004, 10:21:10 AM.
29 Siehe unter anderem Reply #28, #29, #30.
30 Reply #29: 26.8.2004, 02:50:35 PM.

im Blog, dass Wahrheit eher in den Worten der »dark-skinned kinky-hair Africans« zu finden ist – und in den Bildern, als in den Aussagen von »multiracial Blacks«. Dementsprechend positioniert sich Patriot Warrior auf Kelanis Bemerkung hin, dass seine Tochter offensichtlich »multiracial« sei, ohne Umschweife als »dark-skinned African«:

> I think I have to be there to make sure she [Mulima] doesn't fall victim to the ›politics of race‹ […] she is of course generally regarded as ›black‹, though, biologically speaking, you and I know she is just as black as she is white. Unfortunately, children like her easily fall victim to such racial classifications and so it shouldn't be anyone's surprise that they easily develop complexes about themselves, about what they really are, where they truly belong or how they have to view themselves (of course in relation to how they're viewed by others). But that is where their parents come in.[31]

Nachdem Patriot Warrior zunächst direkt auf Kelanis Bemerkung eingeht, tritt er interessanterweise von seiner Rolle als Initiator der Weblogdiskussion immer weiter zurück, vielleicht, weil er anderen Bloggern mehr Raum einräumen möchte. Vielleicht zieht er sich aber zurück, weil die Diskussionen um die Konstruktion von ›race‹, Ethnizität und afrikanischer Authentizität für ihn schwieriger werden und er ernüchtert feststellt, dass der Cyberspace keine seine Wünsche realisierende Maschine ist, sondern ein Schlachtfeld. Bloggerin Ayinde räumt an dieser Stelle ein: »I don't think it is even practical for Patriot Warrior to continue on this thread.«[32] Vielleicht zieht er sich aber auch zurück, weil Warrior, anders als die zwei »multiracial Blogger« (Oshun_Auset und gman) beziehungsweise eine weiße Bloggerin (kristine), schon hier erkennt, dass sich der Blog in seinem zukünftigen Verlauf weder konstruktiv mit seiner Afrikareise noch seinen Reiseerlebnissen auseinandersetzen wird. Bemerkenswert ist, dass sich Patriot Warrior in seiner letzten Nachricht, nachdem er noch kurz von seiner Afrikareise erzählt, abschließend ganz eindeutig im Diskurs »Black identity« *versus* »multiracial Black identity« auf die »Black identity«-Seite schlägt. Seine letzten Worte betonen folglich die Bedeutung des Themenschwenks seines Blogs. In seiner Positionierung bezieht er eine essentialistische »Black Pride«-Position, wenn er mit Referenz auf Ayinde den Unterschied zwischen »multiracial Blacks« and »Black-skinned person« zelebriert:

---

31 Reply #11: 19.8.2004, 08:05:13 PM.
32 Reply #49: 4.8.2004, 01:58:08 PM.

Light-skinned ones who engage Black issues are usually more preoccupied with bridging the racial divide than with rooting out the problem, so the moves they find acceptable will usually be unacceptable to a more informed Black-skinned kinky-haired person.[33]

Dass in der Diskussion um »Black identity« die ganze Bandbreite phäno-typischer und stereotyper Merkmale herbeizitiert werden, scheint weder Ayinde noch Patriot Warrior zu beunruhigen. Beiden ist sicherlich bewusst, dass es gerade in der Verwendung des Begriffs »Black« gravierende Unterschiede gibt. Kolko, Nakamura und Rodman stellen fest:

There are dramatic differences in the ways that different cultures use and un derstand racial categories. For example, in the United States, the racial catego-ry ›black‹ is understood to be limited to people whose ancestry can be traced to Africa, but the same category in South Africa doesn't include people of mixed African and European ancestry (who are seen as ›colored‹), while in Britain, the ›same‹ category also includes people with ancestral ties to non-African parts of the former empire (including Pakistan and China). One can find simi-lar shifts in racial categorization over time as well.[34]

Preach, ein eher gemäßigter Blogger, macht sogar auf die folgenschwe-ren diskursiven Unterschiede von »Black« aufmerksam. Obwohl der ›race‹-Diskurs für ihn sehr große Bedeutung hat, wie er selbst schreibt: »As much as everyone hates to admit it the direction this thread took was necessary and inevitable. The topic is obviously heated and needs to be further explored if not now later«[35], versucht Preach immer wieder Ayindes und Warriors ›race‹-Kanonaden zu durchbrechen: »I feel that light complected and/or multiracial individuals should not be made to feel inferior. Darker skin does not make an individual superior, a better leader, closer to afrika, or more informed Ayinde.« Ayinde und Patriot Warrior aber verharren bei ihrer fundamentalen Position einer erklärten echten schwarzen Identität, mit der sie sich gegen die »multiracial«-Ver-sionen von Schwarzsein behaupten. Selbstbehauptung, als Reaktion auf eine historische Bedrängnis, entwickelt hier Aggressionspotentiale und exklusive Selbst- und Fremdpositionierungen.

33 Reply #22: 23.8.2004, 11:58:31 AM.
34 Kolko/Nakamura/Rodman (Hg.): *Race in Cyberspace*, S. 3.
35 Reply #49: 4.9.2004, 03:35:56 PM.

Racial Profiling im Cyberspace

Viele Blogger des »Greetings from Africa«-Blogs benutzen die oben beschriebene Art des Racial Profiling als ein zentrales narratives Element
innerhalb des *Threads*. Racial Profiling erfüllt somit eine Art Torhüter-
funktion. Überspitzt könnte man sogar sagen, dass nur Blogger wirklich
gehört werden, die den Identitätstest im Weblog bestehen. Fast alle Blogger repräsentieren und verorten ihr Cyberselbst in der realen Welt, sie
stellen ihre Herkunft und ethnische Identität vor und berichten von ihren
Erfahrungen mit Rassismus vor dem Hintergrund klar umrissener sozio-
kultureller, historischer und geografischer Kontexte. Obwohl im Blog
durchaus über verschiedene lokale Varianten von Rassismus öffentlich
sinniert wird, bleibt im Weblog selbst die Idee, ›race‹ in seiner sozialen Konstruiertheit zu betrachten, unbeachtet. Aus diesem Grund können
die Blogger auch nicht wirklich ihrer eigenen Involviertheit Rechnung
tragen und vergessen im Eifer des Wortgefechts, dass »Blackness« an
verschiedenen Orten der Welt unterschiedlich gelesen wird und dass sich
darüber hinaus und auch über die Zeit hinweg Definitionen verändern.
Dieser blinde Fleck hat weitreichende Folgen.

Zum einen schafft er einen undefinierten, normativen Raum der
»Blackness«, der einen unüberwindbaren Graben zwischen Schwarz
und der ebenso unklaren beziehungsweise unbewussten Konstruktion
von Weiß perpetuiert.[36] Zum anderen öffnen sich an dieser Stelle auch
Türen für eine Lesart, die »Blackness« als biologische Kategorie imaginiert. Diese Tendenz ist zweifelsohne höchst problematisch. Wichtig
ist daher, dass eine konstruktivistische Lesart von »Blackness« erkennen
hilft, dass die diskursive Kategorie ›race‹ gewissermaßen »Blackness«
diskursiv hervorbringt. Genauso wie andere soziale, diskursive Kategorien zweifelt eine solche kritische Perspektive keinesfalls die Existenz
und Bedeutung von ›race‹ oder ähnlichen rassifizierenden Kategorien
innerhalb realer gesellschaftlicher Strukturen an, oder verneint mögliche
diskriminierende Wirkungen. Sie wendet sich jedoch entschieden gegen
jegliche Lesarten, die ›race‹ als biologische Kategorie vorstellen. Kolko,
Nakamura und Rodman schreiben dazu:

---

36 Vgl. hier auch Reply #38: 28.8.2004, 05:00:32 AM von Noel_Moukala:
    »For us, to be african is not determinated by our skin colour. Many crimi-
    nals in africans countries are black. Many dictators who boil our land are
    black also […]. This debate must be sociological, and not political. To make
    this debate between black and white, a political debate, is a trap to idiot.«

[T]hose categories *do* exist and they have tangible (and all too often deadly) effects on the ways that people are able to live their lives. What it *does* mean, however, is that the systems of racial categorization that permeate our world are derived from culture, not nature.[37]

Flame War

Ausgehend von einem persönlichen Momentum, nämlich Patriot Warriors Reiseerfahrung mit seiner Tochter und seinen Einschätzungen zur sozio-politischen Situation im südlichen Afrika, verändert sich die Qualität der Zuschriften nachhaltig, bis sich das Blog dann tatsächlich völlig auf eine Ausdifferenzierung von »mixed race identitiy« konzentriert und eine handfeste Diskussion über Ethnizität, Authentizität und Rassismus entbrennt. Vor diesem Hintergrund ist Bantu Kelanis Vorschlag, dass Mulima eine »balanced personality«[38] entwickeln könne, wenn sie die richtige Mischung aus afrikanischer und europäischer Bildung erhalte, als eine Art narrativer Brandbeschleuniger zu bewerten, mit dem ein »Flame War«[39] entzündet wird. In seiner Rolle als Vater antwortet Patriot Warrior folgendermaßen:

I think someone like my daughter needs to be exposed to her Afrikan roots much more than to her European ones, [...] since the Europeans/whites would never even regard her as fully a part of them. We Afrikans are different. as you know very well.[40] [...] in short, yes, I would like my daughter to identify more strongly with her Afrikan heritage, but I also understand that we generally live in a ›white culture‹, a ›white people's world‹, anyway [...] European influences, or mis-influences, are totally inescapable! My daughter starts school in two weeks's time, and she will receive a European formal education, just as we all did. She was born and is growing up for the most part in Europe (though I would really appreciate her finally going to settle in Afrika, like her father one

---

37 Kolko/Nakamura/Rodman (Hg.): *Race in Cyberspace*, S. 2.

38 Reply #10: 19.8.2004, 10:21:10 AM.

39 Als »Flame Wars« bezeichnet Mark Dery, Bezug nehmend auf John A. Barrys Definition, öffentlichen, hasserfüllten E-Mail-Austausch in Online-Diskussionsgruppen und Online-Foren. Mark Dery: Flame Wars: The Discourse of Cyberculture, S. 1.

40 Reply #11: 19.8.2004, 08:05:13 PM.

day will, which is just a question of time [...] and so the European influence is unavoidably already there, just as it is in all our lives ... no wonder many of us Afrikans get brainwashed and lost [...].[41]

Kelani ist die erste Bloggerin, die das Thema ›race‹ und insbesondere »multiracial Blackness« in den Mittelpunkt ihrer Überlegungen stellt. Sie verschiebt somit sehr bewusst den Schwerpunkt des *Threads*. In einem ihrer späteren Posts erklärt sie, dass ihr sehr daran liege, offen über ›race‹ zu sprechen, um so eine Annäherung zwischen »whites and Blacks« zu erreichen.[42] Auffallend an Kelanis Nachricht ist, dass die Autorin, obwohl kritisch intervenierend, anfangs einen eher versöhnlichen Ton wählt und so zunächst eine offene Diskussion eines komplexen, hoch politischen und sehr emotionalen Themas ermöglicht. In einem späteren Post gibt Kelani jedoch zu, dass sie von Anbeginn keineswegs eine ›aufrichtige‹ Diskussion gesucht, sondern vielmehr eine Dynamisierung der Stimmung im Weblog angestrebt habe: »If you think seeing (large) pictures of light skinned multiracials in this thread wouldn't tickle the Black Pride sentiment of the dark skinned black/Africans on this message board I'm sorry, you must be crazy.«[43] Diese Dynamisierung wird letztendlich tatsächlich erreicht, wenn sich der »multiracial Black« Blogger gman und die weiße Bloggerin kristine letztlich gegenseitig tief beleidigen und mit Worten an die Kehle gehen.[44]

---

41 Reply #11: 19.8.2004, 08:05:13 PM.

42 Reply #14: 20.8.2004, 02:40:32 PM: »My thinking is that if multiracial Afrocentric Blacks could embrace and acknowledge their European background (as opposed to be perpetually reject it) that could be a first step in establishing better understanding between the races. Maybe even more importantly, it could be the vehicle to allow them to be more comfortable with themselves. My sense is that so much of the void between whites and Blacks is due to long-held thoughts about race that are consistently left unsaid, as well as perceptions just under the surface that are never brought up until directly confronted. Often times when they are confronted, they are packaged with all sorts of emotion and anxiety that it prevents honest and open dialogue.«

43 Reply #52: 5.9.2004, 07:03:18 AM.

44 Reply #53: 6.9.2004, 05:39:23 AM.

Abschließende Bemerkung

Einige der Blogger im »Greetings from Africa«-Blogs erkennen tatsächlich schon sehr früh, was verhandelt wird, nämlich die gewaltsame Demontage eines afrofuturistischen Konzeptes von *Space* mit schwarzer Zukunft, das »Blackness« als offene Kategorie begreift. So erklärt sich vielleicht auch, warum der Bloginitiator, als Vater eines »multiracial child«, und andere eher liberal eingestellte Blogger, sich zunehmend auch von der Diskussion im *Thread* um ›race‹ und Rassismus zurücknehmen, vor allem wenn sich einzelne zugunsten eines essentialistisch exklusiven Verständnisses von »Blackness« positionieren. Deutlich wird im Blog, dass die »multiracial Black«-Blogger ein verstärktes Interesse daran haben, von den »dark-skinned Blacks« als gleichwertig wahrgenommen zu werden. Diese Akzeptanz scheint von so eminenter Bedeutung zu sein, dass sie sich sogar gegenseitig beleidigen und in einen »Flame War« verstricken.

Besonders zu Beginn des Blogs wird von mehreren Bloggern immer wieder darauf hingewiesen, dass sich die Black Community gewöhnlich offen gegenüber »mixed children« zeigt und diese gemeinhin akzeptiert und gesellschaftlich integriert.[45] Und obwohl dieser Gedanke anfangs immer wieder aufgegriffen und eine fast mantraartige Wiederholung findet, kann dies jedoch nicht über die Tatsache hinwegtäuschen, dass die Blogger-Community tatsächlich versucht, harte *Colourlines* zu definieren. Auf diese Weise sollen, so scheint die Strategie zu sein, weiche Definitionen von »Black identity« demontiert und unmöglich gemacht werden. So kommentieren die Blogger indirekt den afrofuturistischen Wunschtraum des Cyberspace nach einer unrassifizierten Körperlichkeit und bekunden ihre Ernüchterung über eine unmögliche Verbrüderung von »Blacks« und »multiracial Blacks«. Trotz allem, oder gerade deswegen, scheint jedoch eines klar: Diskussionen um und über ›race‹ im Cyberspace sind immer noch und immer wieder notwendig und unerlässlich.

---

45 Reply #16: 20.8.2004, 06:22:24 PM, siehe auch Reply #15, Reply #13.

Literatur

Africa Speaks Webportal: http://www.africaspeaks.com/reasoning/index.php? topic=2251.0 [letzter Abruf: 31.5.2010].

Bailey, Cameron: »Virtual Skin: Articulating Race in Cyberspace«, in: David Trend (Hg.): *Reading Digital Culture*, Malden MA: Blackwell 2001, S. 272-280.

Blood, Rebecca: »Weblogs: A History and Perspectives«, http://www.rebeccablood.net/essays/weblog_history.html [letzter Abruf: 31.5.2010].

Buchwald, Dagmar: »Invisible Colonies: Das Parasitäre als Strategie postmoderner Ästhetik und Politik«, in: Marcus Hahn u.a. (Hg.): *Theorie – Politik: Selbstreflektion und Positionierung Wissenschaftlicher Theorien*, Tübingen: Gunther Naar Verlag 2002, S. 41-56.

Dery, Mark: *Flame Wars: The Discourse of Cyberculture*, Durham: Duke University Press 1995.

Everett, Anna: »The Revolution will be Digitized: Afrocentritricity and the Digital Public Sphere«, in: *Social Text* 71 20, 2 (2002), S. 125-146.

Everett, Anna: *Digital Diaspora: A Race for Cyberspace*, New York, Albany NY: State University of New York Press 2009.

»Greetings from Africa«, http://www.africaspeaks.com/reasoning/index.php? topic=2251.0 [letzter Abruf: 31.5.2010].

Guattari, Félix: »Machinic Heterogenesis«, in: David Trend (Hg.): *Reading Digital Culture*, Malden MA: Blackwell 2001, S. 38-51.

Haraway, Donna: »A Manifesto for Cyborgs: Science, Technology, and Socialist Feminism for the 1980s«, in: *Socialist Review* 80, 2 (1985), S. 65-107.

Helff, Sissy/Julie Woletz: »Narrating Euro-African Life in Digital Space«, in: John Hartley/Kelly McWilliam (Hg.): *Story Circle: Digital Storytelling Around the World*, Malden, MA: Wiley Blackwell 2009, S. 131-143.

Kolko, Beth E./Lisa Nakamura/Gilbert B. Rodman (Hg.): *Race in Cyberspace*, London/New York: Routledge 2000.

Kroker, Arthur/Michael A. Weinstein: *Data Trash: The Theory of the Virtual Class*, New York: St. Martin's Press, 1994.

Leary, Timothy/Eric Gullichsen: »High-Tech Paganism«, in: Timothy Leary (Hg.): *Chaos and Cyber Culture,* Berkley Calif.: Ronin 1994.

Lonley Planet: Travellogseiten des individual Reisehandbuchs, http://www.lonelyplanet.com/morocco/the-mediterranean-coast-and-the-rif/fes/travelblogs [letzter Abruf: 29.6.2010].

Manovich, Lev: *The Language of New Media*, Cambridge, Mass.: MIT 2001.

Manur, Anita: »Postscript: Cyberspaces and the Interfacing of Diasporas«, in: Jana Evans Braziel/Anita Manur (Hg.): *Theorizing Diaspora*, Malden MA: Blackwell 2003, S. 283-290.

Miller, Laura: »Women and Children First: Gender and the Settling of the Electronic Frontier«, in: David Trend (Hg.): *Reading Digital Culture*, Malden MA: Blackwell 2001, S. 214-220.

Nakamura, Lisa: »Race and Cyberspace: Interview with Lisa Nakamura« [o.J.] auf der Website nettime: http://www.nettime.org/Lists-Archives/nettime-l-0405/msg00057.html [letzter Abruf: 31.5.2010].

Rockeymoore, Mark A.: »What is Afrofuturism?« [o.J.], http://www.authorsden.com/visit/viewarticle.asp?AuthorID=7174&id=4308 [letzter Abruf 7.7.2010].

Stone, Allucquère Rosanne (Sandy): »Will the Real Body Please Stand Up? Boundary Stories about Virtual Cultures«, in: David Trend (Hg.): Reading Digital Culture, Malden MA: Blackwell 2001, S. 185-198.

Virilio, Paul: »Speed and Information: Cyberspace Alarm!«, in: David Trend (Hg.): Reading Digital Culture, Malden MA: Blackwell 2001, S. 23-27.

Karola Schlegelmilch, Hann Marist II/Dakar/Senegal *2006.*

Spiel ohne Grenzen

Serious Games zwischen dokumentarischer
Übersetzung und Kartographien des Politischen

Soenke Zehle

Im Zuge der Wiederentdeckung des bereits in den 1970er Jahren geprägten Begriffs der *Serious Games* experimentieren Entwickler und Spieltheoretiker erneut mit einer Verschiebung der Grenzen des Spiels. Ein Teil der Debatte widmet sich der Wiederbelebung bestehender sowie der Entwicklung neuer Formen politischer Partizipation, Alternativbegriffe wie *Activism Games*, *Games for Change*, oder *Persuasive Games* sollen diese Ansprüche verdeutlichen. Die in Film, Literatur und Philosophie schon länger geführte Auseinandersetzung mit Ästhetiken des Dokumentarischen steht hier allerdings noch am Anfang, Fragen nach den Grenzen von Repräsentationsregimen im Umgang mit nationalen Konzepten von Öffentlichkeit, Partizipation und Praktiken der politischen Kommunikation werden kaum gestellt. Da gerade Prozesse der Migration solche Traditionen in Frage stellen, muss sich auch die Spieltheorie auf die ethischen und ästhetischen Fragen der Grenzen einer Politik der Repräsentation einlassen.

Der Ernst des Spiels

Vor einigen Jahren erhob die in den USA gegründete *Serious Games Initiative* den Anspruch, Computerspiele, die sich verschiedensten Formen der politischen und professionellen Bildung widmen, als eigenes Genre

zusammenzufassen.[1] Der bereits in den 1970er Jahren durch den Spiel-
forscher Clark C. Abt eingeführte, nun wiederbelebte Begriff *Serious
Games* ruft zunächst Widerspruch hervor – so impliziert die Ernsthaf-
tigkeit einen privilegierten Bezug zum Politischen gegenüber anderen
Formen des Spiels – und als kommerzieller Trend spielen *Serious Games*
nach wie vor nur eine marginale Rolle.[2] Im Umgang mit der Darstellung
von Migration sind aber vor allem jene Positionen interessant, die nicht
nur versuchen, Politik abzubilden, sondern Spiel in das Politische selbst
einzuschreiben.[3]

Für den Spieltheoretiker Gonzalo Frasca unterstützen *Serious Games*
die kritische Reflektion und letztlich die Selbstorganisation der *spect-
actors*, der Spielerinnen und Spieler, die gleichzeitig Zuschauer (specta-
tors) und Handelnde (actors) sind.[4] Der der Theatertheorie Augusto Boals

---

1   Vgl. http://www.seriousgames.org [letzter Abruf 14.7.2010]; eine Taxono-
    mie findet sich unter http://www.seriousgames.org/presentations/serious-
    games-taxonomy-2008_web.pdf [letzter Abruf 14.7.2010]. Je nach Defi-
    nition des Marktsegments der *Serious Games* (Simulationen in Medizin,
    Militär, Technologie) verbinden sich mit dem Begriff erhebliche kommer-
    zielle Erwartungen, siehe z.B. http://seriousgamesmarket.blogspot.com
    [letzter Abruf 14.7.2010]. Im Folgenden geht es mir vor allem um jene Spie-
    le, die einen politischen Anspruch formulieren; siehe z.B. Initiative Games
    for Change http://www.gamesforchange.org [letzter Abruf 14.7.2010]. Eine
    (Schiller'sche) Verteidigung der Ernsthaftigkeit des Spiels findet sich bei
    Matthias Fuchs: »Spielraeume als Wissensräume« (2005).

2   Siehe Clark C. Abt: *Serious Games* ([1970] 1987). Abt definiert *Serious
    Games* wie folgt: »[A] game is a particular way of looking at something,
    anything [...]. Reduced to its formal essence, a game is an activity among
    two or more independent decision-makers seeking to achieve their objec-
    tives in some limiting context. A more conventional definition would say
    that a game is a context with rules among adversaries trying to win objec-
    tives. We are concerned with serious games in the sense that these games
    have an explicit and carefully thought-out educational purpose and are not
    intended to be played primarily for amusement. [...] The term serious is
    also used in the sense of study, relating to matters of great interest and im-
    portance, raising questions not easily solved, and having important pos-
    sible consequences« (S. 5, 6-7). Zu Abts Herkunft u.a. aus der Militärfor-
    schung, siehe auch http://www.abtassociates.com [letzter Abruf 14.7.2010].

3   Zur politikphilosophischen Unterscheidung zwischen dem Politischen
    und der Politik (le politique/la politique, the political/politics) siehe z.B.
    Chantal Mouffe: *Über das Politische: Wider die kosmopolitische Illusion*
    (2007).

4   Gonzalo Frasca: *Videogames of the Oppressed* (2001). Frasca bezieht sich
    auf das »Theater der Unterdrückten« des brasilianischen Regisseurs, Au-
    tors und Theatertheoretikers Augusto Boal, der wiederum an die Arbeiten
    des Pädagogen Paulo Freire anknüpft.

entliehene Begriff verweist hier nicht nur auf andere netzkulturelle Konzepte wie *produser* (Nutzer als Produzent von Inhalten und zunehmend eigener, auf peer-to-peer-Netzwerken basierenden Infrastrukturen), *hacktivism* (Kombination von Hacking und politischem Aktivismus), oder *commons-based peer production* (gemeinschaftlicher Auf- und Ausbau freier, nicht-kommerzieller Kultur- und Wissensräume), sondern stellt die *Serious Games* auch in den Kontext der relationalen Ästhetiken der Performance.[5]

Während Frasca den Schwerpunkt auf eine Neubestimmung des Akteurbegriffs legt, wird bei seinem Kollegen Ian Bogost die Verhandelbarkeit der Spielregeln zum eigentlichen Gegenstand des Spiels. Bogost bezieht seine *procedural rhetoric* dabei auf Janet Murrays Begriff der *procedural authorship* und ihre Überlegungen zu einer partizipativen Autorenschaft – Autoren erschaffen nicht nur Texte, sondern auch die Regeln, nach denen diese Texte erscheinen.[6] Die *procedural rhetoric* erlaubt es nach Bogost, sich der klassischen Aufgabe der politischen Kommunikation auf neue Weise zu nähern – eine *prozedurale Rhetorik* strukturiert die Art and Weise, wie sich Spieler mit einem Thema auseinandersetzen, und zwar aus dem Horizont jener kulturellen, sozialen und wirtschaftlichen Institutionen heraus, die dieses Thema bestimmen.[7]

Bogost leitet seinen Begriff der *persuasive games* von der Dokumentarfilmtheorie Bill Nichols' ab und stellt damit den rhetorischen Aspekt der Überzeugung in den Vordergrund, übernimmt aber gleichzeitig Ni-

---

5   Tom Durley: »Video Games and Relational Aesthetics« (2007); Alexandra Samuel: *Hacktivism and the Future of Political Participation* (2004).

6   »Procedural authorship means writing the rules by which the text appears as well as writing the text themselves. It means writing the rules for the interactor's involvement, that is, the conditions under which things will happen in response to the participant's actions.« Frasca, Videogames of the Opressed, a.a.O.

7   Bogost hat inzwischen seinen Begriff der prozeduralen Rhetorik – »the art of persuasion through rule-based representations and interactions« – in Bezug auf seinen Ansatz zu Persuasive Games weiterentwickelt. Siehe Ian Bogost: *Persuasive Games: The Expressive Power of Videogames* (2007), S. IX. Spiele haben danach nicht aufgrund ihres Inhalts politische Wirkung, sondern durch die Art ihrer Inszenierung: »[P]ower lies in the very way videogames mount claims through procedural rhetorics […]. [A] theory of procedural rhetoric is needed to make commensurate judgments about the software systems we encounter every day and to allow a more sophisticated procedural authorship with both persuasion and expression as its goal« (ebd.).

chols' wenig experimentelles Verständnis des Dokumentarischen.[8] *Serious Games* können durchaus als dokumentarische Spiele verstanden werden, aber für Bogost kann der Begriff des Dokumentarischen die Art und Weise, wie Spieler auch die Spielregeln selbst verändern, nicht fassen.[9] Spiele sind nach Bogost erst dann *prozedural expressiv*, wenn sie Spieler dazu einladen, in die Darstellung selbst einzugreifen, der Gedanke der Partizipation also bereits im Regelwerk verankert ist und nicht ausschliesslich als Inhalt vermittelt wird.[10] Zusammen mit Bogost beschreibt die Spieltheoretikerin Cindy Poremba den Anspruch des Dokumentarischen als

an expressive framing of indexical documents, that plays off the connection created between the viewer and the world. It is not a genre, per se, but rather a mode of representation with its own unique history, theory and conventions of practice.[11]

Um als dokumentarisch erkennbar zu sein, müssen Spiele Ereignisse schaffen, ohne sich dabei auf die Transparenz filmischer Darstellungsformen verlassen zu können.[12] Für den Spieltheoretiker Alexander Galloway geht es im Umgang mit Fragen des Dokumentarischen vor allem um die Frage des Realismus. Sein eigenes Realismus-Verständnis bezieht er dabei allerdings nicht wie Bogost und Poremba aus dem Dokumentarfilm, sondern aus dem neorealistischen Film:

---

8   Ian Bogost: »Playing Politics: Videogames for Politics, Activism, and Advocacy« (2006). Siehe auch Bill Nichols: *Introduction to Documentary* (2001).

9   »While the subject matter [of documentary games] itself is comparable to documentaries and news broadcasts, to understand what the games are saying about these historical events we need to ask how the player interacts with the rules to create patterns of meaning.« Bogost, Playing Politics, ebd.

10 Wie Bogost selbst feststellt, ist ein solch umfassendes Verständnis prozeduraler Expressivität nicht auf Computerspiele beschränkt. Siehe Ian Bogost: *Unit Operations: An Approach to Videogame Criticism* (2006).

11 http://www.shinyspinning.com/docgames [letzter Abruf 14.7.2010].

12 »To bear the name ›documentary‹, games must articulate an actuality. Transparency makes actuality easy to depict in film, but the constructed spaces of digital games complicate matters. Here perception is everything: games need to generate events bearing a plausible relation to reality.« Ian Bogost/Cindy Poremba: »Can Games get Real? A Closer Look at ›Documentary‹ Digital Games« (2008), S. 6.

[G]ame studies should [...] turn not to a theory of realism in gaming as mere realistic representation, but define realist games as those games that reflect critically on the minutia of everyday life, replete as it is with struggle, personal drama and injustice [...] to find social realism in gaming one must follow the tell-tail traits of social critique and through them uncover the beginnings of a realist gaming aesthetic[13].

Auf der Ebene des Prozeduralen wird Realismus von einer reinen Visualisierungsstrategie zur Strukturlogik des Spiels, die politische Prozesse ebenso abbildet wie Möglichkeiten der Intervention. Diese spieltheoretischen Ansprüche sind mit einer dokumentarischen Ästhetik durchaus vereinbar.[14] *Serious Games* können in diesem Zusammenhang nicht nur als dokumentarische Spiele verstanden werden, sondern auch in Bezug auf einen antagonistischen Realismus, der Medieninterventionen und alternative Formen politischer Organisation verbindet.[15] In Bezug auf das Spieldesign wird damit ein hoher Anspruch an die Komplexität des Spielgeschehens erhoben. *Serious Games* werden einem solchen Anspruch bislang selten gerecht. Wollen sie doch vor allem auf eine politische Situation verweisen, der mehr Aufmerksamkeit gebührt, und gehen ohne Charakterentwicklung, differenzierte Szenarios und entsprechende Spielanreize nicht wesentlich über konventionelle Strategien politischer Kommunikation hinaus.

---

13 Alexander Galloway: »Social Realism in Gaming« (2004).

14 Die (medienübergreifende) Geschichte des Dokumentarismus kennt viele Beispiele, die nicht die Abbildung historischer Wirklichkeit anstreben, sondern deren Konstruiertheit untersuchen. Selbst Nichols erkennt die zentrale Rolle avantgardistischer und experimenteller Praktiken in der Geschichte des Dokumentarfilms an, ordnet das ästhetische Experiment aber einem sehr einfachen Begriff der politischen Kommunikation unter. Siehe Bill Nichols: »Documentary Film and the Modernist Avant-Garde« (2001). Am häufigsten findet diese Art des dokumentarischen Experiments wohl im Essay-Film statt, der aber in der Spieltheorie (bislang) wohl auch aufgrund der Komplexität assoziativer Darstellungsformen nicht auftaucht.

15 Ein theoretischer Ansatz, der das Dokumentarische mit der Frage der Kooperation verbindet, findet sich z.B. bei Alexander Kluge: *Gelegenheitsarbeit einer Sklavin: Zur realistischen Methode* (1975). Die aktivistischen Spiele des autonomen Molleindustria-Kollektivs sind Beispiele für so ein »antagonistisches« Spieldesign, siehe http://www.molleindustria.org [letzter Abruf 14.7.2010].

Die Aufgabe des Reporters

Sowohl Frasca wie auch Bogost gehören zu den Pionieren der Entwicklung spielbasierter journalistischer Formate, auch andere Entwickler orientieren sich an journalistischen Strategien politischer Kommunikation – zu einem Zeitpunkt, an dem viele dieser Traditionen durch eine strukturelle Krise in Frage gestellt werden. Damit steht aber auch der Anspruch einer spielbasierten Herstellung alternativer Öffentlichkeiten wieder zur Debatte, jedenfalls solange er sich unhinterfragt auf diese journalistischen Traditionen bezieht.

In der Mythologie des Journalismus spielen Nachrichten, vor allem Auslandsnachrichten, eine Schlüsselrolle in der Konkretisierung eines politischen Kosmos und der Produktion einer politischen Subjektivität, die sich ihrer Fähigkeit zu aktiver Kritik, Engagement und Intervention bewusst ist – vor Ort wie auch, vermittelt durch jene Institutionen, die durch solch ein umfassendes Verständnis von Weltbürgerschaft legitimiert werden, an anderen Orten der Welt.[16] Dieser Nexus eines Journalismus, der sowohl Welten wie auch Weltbürger hervorbringt, hängt eng mit dem aufgeklärten Vertrauen in die Effektivität der Herstellung von Öffentlichkeit zusammen.[17] Dem entgegen steht die zunehmende Erfahrung einer Ermüdung der Empathiebereitschaft im Umgang mit Krisenberichterstattung, der auch die aktivistische Medienarbeit betrifft, einschließlich der sozialen Realismen, die dort zur Darstellung eben jener Krisen mobilisiert werden. Die Macht des Öffentlichmachens, Kern jeder Logik aufgeklärter politischer Kommunikation, wird immer schwächer.[18]

---

16 Eine Übersicht konzeptueller Ansätze im Bereich der Citizenship Studies bieten Engin F. Isin/Bryan S. Turner (Hg.): *Handbook of Citizenship Studies* (2002) sowie Engin F. Isin/Greg M. Nielsen (Hg.): *Acts of Citizenship* (2009).

17 Als Beispiel für die Selbstverständlichkeit, mit der Curricula der Journalistenausbildung von diesem Zusammenhang ausgehen, siehe UNESCO: Model Curricula for Journalism Education, Paris: UNESCO Communication and Information Sector 2007, http://unesdoc.unesco.org/images/0015/001512/151209E.pdf [letzter Abruf 14.7.2010].

18 Vgl. hier Thomas Keenan: »Mobilizing Shame« (2004) sowie Linda Polman: *War Games: The Story of Aid and War in Modern Times* (2010). Polman sieht keine *donor fatigue*, kein Ermüden einer durch punktuelle Krisenberichterstattung ausgelösten (meist ebenso punktuellen) humanitären Hilfsbereitschaft, interpretiert aber die immer aufwendigere mediale Inszenierung der Reportage (einschließlich der »Einbettung« von Journalisten in die Arbeit humanitärer Organisationen) auch als Reaktion auf die Grenzen des »Öffentlichmachens« vor allem in Bezug auf komplexe

Die zentralisierten technologischen Infrastrukturen, die solche Formen der öffentlichen Kommunikation ermöglichten, haben auch eine Generation von Korrespondenten unterstützt, deren Expertenstatus nicht zuletzt darauf beruhte, dass sie mehr wussten als ihre Zuschauer. In gewissem Umfang schufen sie die Welt, über die sie berichteten, eine Welt, deren Authentizität durch ihre Augenzeugenschaft erst glaubwürdig wurde.[19] Jenes Wissensgefälle, das den Aufstieg von Welterklärern überhaupt erst möglich macht, besteht allerdings nur so lange, wie sich die Situation von Zuschauern und Berichterstattern grundsätzlich voneinander unterscheidet. Reportagelegenden beruhen auch darauf, dass sie einen privilegierten Zugang zu den »Anderen« haben und an unserer statt zu diesen Beziehungen herstellen können. Unter Bezugnahme auf die von Michel Foucault beschriebene Autorfunktion lässt sich dieser Wandel vielleicht am ehesten als Wandel der Reporterfunktion beschreiben, der die Aufmerksamkeit von der reinen technologischen Innovation auf diese Verschiebungen im Umgang mit Wissen lenkt.[20] Die Reportage als privilegierte und privilegierende Form der Informationsherstellung und Weltabrufung ist verschwunden, in der Praxis der Berichterstattung ebenso wie in der (inzwischen durch postkoloniale und transkulturelle Perspektiven sensibilisierten) Theorie.[21] Wenn der hohe Bekanntheitsgrad einiger weniger Journalisten davon ablenkt, sorgt doch die Dezentralisierung und Demokratisierung elektronischer Medien für eine Erosion der Privilegien dieser Berichterstattung und stellt zudem eine Praxis der Repräsentation in Frage, die – gerade im Kontext der Krisenberichterstattung – oft davon ausging, dass die Dargestellten der Vertretung bedürfen. Dass solche Privilegien verschwinden, liegt auch am Verschwinden entsprechender Öffentlichkeiten. Die akademische Analyse einer Massenkommunikation, die homogene Zuschauerschaften und zentralisierte Distributionskanäle

---

Krisen, deren Verständnis nicht durch eine stetige Berichterstattung unterstützt wird. Dieses Problem betrifft auch die Medienarbeit im Bereich der Migration an der Schnittstelle zu Inlands- und Auslandsnachrichten.

19 Siehe dazu z.B. Nadine Gordimer: »Literary Witness in a World of Terror: The Inward Testimony« (2009) und Susan Sontag: *Regarding the Pain of Others* (2003; dt.: *Das Leiden der anderen betrachten*).

20 Michel Foucault: »Was ist ein Autor?« ([»Qu'est ce qu'un auteur?«, 1969] 2003).

21 Siehe dazu Soenke Zehle: »Ryszard Kapuściński and the Borders of Documentarism: Toward Exposure without Assumption« (2010).

unterstellte, wird zunehmend ersetzt durch die Analyse transnationaler Netzkulturen und deren dezentralisierten *peer-to-peer*-Infrastrukturen.[22]

Der Aufstieg des Echtzeitnetzes mag die Nachrichtenzyklen verkürzen – die Kernaufgaben des Journalismus hat er kaum verändert. Diese Aufgaben verteilen sich allerdings auf eine Vielzahl von Akteuren, die immer seltener in einem geschlossenen redaktionellen Zusammenhang stehen. Stattdessen entstehen hybride Ansätze, die lokale Journalisten einbinden oder Crowdsourcing-Plattformen zur Echtzeit-Kommunikation mit Akteuren in Krisenregionen einsetzen.[23] Die neue Netzkonkurrenz besteht dabei durchaus auch aus ehemaligen Anhängern etablierter Formate, die von der zunehmenden Kluft zwischen der Mythologie einer aufklärerischen Auslandsberichterstattung und der oft ernüchternden Wirklichkeit nationalstaatlicher Weltanschauungsreportagen enttäuscht sind.[24]

Spiel ohne Grenzen

Eine neue Generation von Forschungseinrichtungen und Stiftungen begleitet die aktuelle Sinnsuche einer zunehmend verzweifelten Nachrichtenindustrie. Ziel ist nichts weniger als eine Neubestimmung der

---

22 Natürlich bringen auch dezentrale Netzwerke Reportagelegenden hervor, in den USA z.B. die Journalistin Amy Goodman, http://www.democracy now.org [letzter Abruf 14.7.2010].

23 Siehe z.B. http://www.ushahidi.com [letzter Abruf 14.7.2010], eine freie (auf Initiative der kenianischen Bloggerin Ory Okolloh entwickelte) Software, die u.a. vom Al Jazeera Media Lab zur Berichterstattung aus dem Gaza-Streifen eingesetzt wurde, siehe http://labs.aljazeera.net/waronga za [letzter Abruf 14.7.2010]. Siehe auch Nik Gowing/Black Swans/White Lies: *The New Tyranny of Shifting Information Power in Crises* (2009).

24 Siehe dazu z.B. http://globalvoicesonline.org [letzter Abruf 14.7.2010], dessen Mitgründerin Katherine MacKinnon lange als Büroleiterin des Nachrichtensenders CNN in Peking (1998-2001) und Tokyo (2001-2003) arbeitete, sich aber nie an die redaktionelle Doppelmoral einer Arbeitsteilung zwischen liberalem Weltfernsehen (CNN International) und allzu patriotischer nationaler Berichterstattung (CNN) gewöhnen mochte und daher zusammen mit Ethan Zukerman das unabhängige Auslandsnachrichtenblog Global Voices ins Leben rief. Siehe ihren Essay »The World-Wide Conversation: Online Participatory Media and International News« (2004); dazu: http://mobileactive.org und http://witness.org [letzter Abruf 14.7.2010]. Zur Situation der Nachrichtenindustrie in den USA siehe auch Michael Massing: »A New Horizon for the News« (2009).

Berichterstattung im Zeitalter vernetzter Medien.[25] Vor dem Hintergrund des kommerziellen und kulturellen Einflusses der Computerspielindustrie überrascht es daher nicht, dass auch Games und Journalismus zueinander finden.[26] Zu frühen Beispielen für *Serious Games*, die sich aktuellen Ereignissen widmen, gehören die Spiele von Gonzalo Frasca, der die Terroranschläge in New York (2001) und Madrid (2004) mit Spielen kommentierte und sich mit dem Begriff der *Newsgames* für eine neue Verbindung von Simulation und politischer Karikatur einsetzte.[27] Sobald der reine Zugang zu Informationen weniger wichtig und Berichterstattung noch mehr als bisher zu einem offenen redaktionellen Prozess wird, der Leserinnen und Leser in die Darstellung und Erkundung aktueller und möglicher Konfliktverläufe einbindet, können Logiken des Spiels den Begriff der Reportage und damit auch des Dokumentarischen verändern.[28]

Aktuelle Medienkampagnen vieler Institutionen und Organisationen integrieren bereits Spiel-artige Funktionen. Das Spektrum reicht von Zeitungsseiten, deren Software-Schnittstellen Zugang zu Archivinhalten erlauben und damit Zeitungen zu komplexen, frei navigierbaren virtuellen Räumen werden lassen, bis zu Menschenrechtskampagnen, die auf eine interaktive Spielästhetik setzen oder gleich eigenständige Spiele entwickeln lassen. Das Alternate Reality Game *Urgent Evoke* wurde unter Leitung der *Serious Games*-Aktivistin Janet McGonigal mit Unterstützung der Weltbank realisiert und lädt Spieler ein, sich an der Lösung humanitärer Krisen zu beteiligen.[29] Das US-Magazin *Wired* hat im Zusammen-

---

25 Dazu gehören in den USA u.a. das J-Lab an der Amercian University http://www.j-lab.org, das Niemann Journalism Lab an der Harvard University http://www.niemanlab.org, das Berkman Centre for Internet and Society an der Harvard University, das Pew Centre for Excellence in Journalism http://www.journalism.org, die Knight Foundation http://www.knightfoundation.org und die Poynter Foundation http://www.poynter.org; in Deutschland z.B. das Netzwerk Recherche http://www.netzwerkrecherche.de. Einen neuen Ansatz vertritt z.B. http://spot.us (Auftragsrecherchen) [letzter Abruf aller Sites 14.7.2010].

26 Siehe dazu auch Jon Burton: »News-Game Journalism: History, Current Use And Possible Futures« (2005). Eine direkte Umsetzung dieser Idee ist »Play the News« der Firma Impact Games, http://www.playthenewsgame.com [letzter Abruf 14.7.2010].

27 http://www.newsgaming.com [letzter Abruf 14.7.2010].

28 Das von Ian Bogost geleitete Journalism and Games Project an der US-Universität Georgia Tech gehört zu den Pionieren dieser Forschungsrichtung, http://jag.lcc.gatech.edu [letzter Abruf 14.7.2010].

29 http://urgentinvoke.com [letzter Abruf 14.7.2010].

hang mit der Berichterstattung über Piraterie im Golf von Aden das Spiel
Cutthroat Capitalism entwickeln lassen, der Nachrichtensender *CNN* in
Kooperation mit Ian Bogost ebenfalls eine Reihe von Politik-Spielen
veröffentlicht.[30]

Gerade die Komplexität der Themen Flucht, Grenzregime und Migration hat eine ganze Reihe von Spielentwicklern inspiriert.[31] Das vom
Welternährungsprogramm der Vereinten Nationen erstmals 2005 veröffentlichte *Food Force* gilt als erstes humanitäres Spiel überhaupt, Spieler setzen sich mit der Logistik der Versorgung von Flüchtlingscamps
auseinander.[32] Auch *Darfur is Dying*, im Kontext der Darfur-Krise vom
Fernsehsender MTV in Kooperation mit der *International Crisis Group*
veröffentlicht, soll Spieler zur Auseinandersetzung mit der Situation
von Flüchtlingen anregen, ebenso wie das im gleichen Jahr erschienene
Against All Odds – Last Exit Flucht des Flüchtlingskommissariats der
Vereinten Nationen.[33] *Serious Games Interactive* produziert mit *Global
Conflicts* eine Serie, die Spieler in die Rolle eines Journalisten versetzt;
in *Checkpoints* geht es um Recherchen rund um das Geschehen an der

---

30 http://www.wired.com/special_multimedia/2009/cutthroatCapitalismThe
    Game. Bogost entwickelt aber ebenso satirische *Anti-Advergames*, die sich
    kritisch mit Unternehmen auseinandersetzen; die Projekte des italieni-
    schen Entwicklerkollektivs Molleindustria verfolgen einen ebenfalls sati-
    risch-subversiven Ansatz, http://www.persuasivegames.com/games, http://
    www.molleindustria.org [letzter Abruf 14.7.2010].

31 Nicht berücksichtigt werden hier rassistische oder *white power games*, die
    Ressentiments gegen Migranten und Minderheiten mobilisieren (Beispiele
    sind z.B. *Ethnic Cleansing* oder *White Law* des suprematistischen Multi-
    media-Labels *Resistance Records*). Die Schlichtheit des Gameplay macht
    es leicht, sie als zwar extremistisches, aber letztlich marginales Phänomen
    einzuordnen; sehr viel schwerer fällt Gamern offenbar die Frage der Ein-
    ordnung allzu schematischer Darstellungen wie etwa in *Resident Evil 5*,
    der Afrika-Episode der äußerst erfolgreichen Survival-Horror-Spielreihe
    der Firma Capcom, die in Auszügen sogar der British Board of Film Clas-
    sification (BBFC) zur Beurteilung vorgelegt wurde (das dann allerdings
    keinen Grund zur Beanstandung fand). Siehe dazu z.B. Interviews mit dem
    Newsweek-Journalisten N'Gai Croal und dem britischen Anthropologen
    Glenn Bowman (Online). Siehe grundsätzlich dazu Lisa Nakamura: *Digi-
    tizing Race: Visual Cultures of the Internet* (2007), zum Thema Games vor
    allem ihren Essay »Race and Identity in Digital Media« (2010).

32 http://www.food-force.com. Eine zweite Version des Spiels steht als freie
    Software zur Verfügung http://code.google.com/p/foodforce [letzter Abruf
    14.7.2010].

33 http://www.darfurisdying.com, http://www.lastexitflucht.org/againstallodds
    [letzter Abruf 14.7.2010].

israelisch-libanesischen Grenze.[34] *Escape from Woomera* basiert auf dem PC-Spiel *Half Life* und verarbeitet journalistische Recherchen über das *Australian Woomera Immigration Reception and Processing Centre.*[35] *I Can End Deportation* spielt auf die US-Agentur *Immigration and Customs Enforcement* (ICED) an und soll durch konkrete Szenarien auf die Widersprüche im Umgang mit Immigration aufmerksam machen.[36] Bei *Homeland Guantanamo* geht es um Abschiebegefängnisse in den USA, in denen nicht anerkannte Immigranten bis zu ihrer Abschiebung festgehalten werden.[37] Und in *Rendition: Guantanamo* sollten die Verhältnisse im Gefängnis Guantanamo Bay im Vordergrund stehen.[38] Viele dieser Spiele sind von Kontroversen begleitet worden – *Escape from Woomera* sorgte für Aufregung, weil die Spielentwicklung mit öffentlichen Geldern gefördert worden war; das vom Weltbankinstitut finanzierte *Urgent Evoke* inspirierte die aktivistische Persiflage *Urgent Invoke – An ARG to Save the Worldbank*; und die Entwicklung von *Rendition: Guantanamo* wurde abgebrochen, nachdem ehemalige Gefängniswärter der Firma T-Enterprises eine Verherrlichung des Terrorismus vorgeworfen hatten.[39] Auch Künstler nutzen Spielplattformen, um mit dokumentarischem Material zu experimentieren. Das Projekt *Frontiers* von *gold extra* setzt auf dem PC-Spiel *Half Life 2* auf, um gegenüber den von der Salzburger Künstlergruppe als zu »pädagogisch« kritisierten einfachen Flash-Spielen wie *Last Exit Flucht* einen komplexeren, weniger vorhersehbaren Spielverlauf zu bieten.[40] In Vladan Jolers *Schengen Information System, Version 1.0.3* geht es darum, in das Gebäude des Schengener Informationssystems – dem automatisierten Personen- und Sachfahndungssystem der Schengen-Länder – einzubrechen und die SIS-Datenbank zu zerstören.[41] In Valeriano López' *Estrecho Adventure* versetzt sich der Spieler in

34 http://www.globalconflicts.eu [letzter Abruf 14.7.2010].

35 http://www.selectparks.net/archive/escapefromwoomera [letzter Abruf 14.7. 2010].

36 http://www.icedgame.com [letzter Abruf 14.7.2010].

37 http://www.homelandgitmo.com [letzter Abruf 14.7.2010].

38 http://www.renditionthegame.com [letzter Abruf 14.7.2010].

39 http://urgentinvoke.com [letzter Abruf 14.7.2010].

40 http://www.frontiers-game.com[letzter Abruf 14.7.2010].

41 Das Spiel wurde 2004 auf dem »Trans_European Picnic: The Art and Media of Accession« vorgestellt, http://www.transeuropicnic.org. Es steht nicht mehr zum Download zur Verfügung, ist aber regelmäßig in Game-Ausstellungen zu sehen, zuletzt u.a. in Homo Ludens Ludens (2008), LA-Boral in Gijon http://www.laboralcentrodearte.org/en/412-works. Zum SIS

die Lage des nordafrikanischen Migranten Abdul, der nach der Überque-
rung der Straße von Gibraltar versucht, sich in spanischen Gemüseplan-
tagen eine Aufenthaltserlaubnis zu erarbeiten.[42] Die spanischen Medien-
aktivisten von Fiambrera Obrera binden junge Migranten in die visuelle
Gestaltung ihrer *Bordergames* über Workshops ein, in denen diese ihre
jeweiligen Umgebungen dokumentieren und diese Darstellungen dann
in die Spielszenarien integriert werden.[43] Die *Woomera*-Entwickler ver-
gleichen Computerspiele mit »graffiti on the cultural landscape« – einer
Form der Straßenkunst also, die Games noch stärker mit den Traditionen
des Medienaktivismus verbindet.[44]

Dokumentarische Übersetzungen

Es ist kein Zufall, dass so viele *Serious Games* einen Journalisten als
Protagonisten einsetzen, um zwischen spielbasierter Recherche und er-
hoffter Wirkung im politischen Feld zu vermitteln – ein Nexus mit tiefen
Wurzeln in einer Tradition der unabhängigen »Vierten Gewalt«, die das
Funktionieren der politischen Kommunikation zwischen Staat und Bür-
gern sichern und die demokratische Selbstermächtigung garantieren soll.
Die Analyse netzkultureller Entwicklungen spiegelt ein weit verbreitetes
Unbehagen am möglichen Verlust dieser Unabhängigkeit wieder – durch
den Aufstieg interaktiver, sozialer Medien, durch Kommerzialisierung
und Privatisierung und durch die hohen Anforderungen an Bildungspro-
zesse, in denen der kritische Umgang mit Bewegtbild, Spielen und anderen Formen komplexer Visualisierung bislang nur eine marginale Rolle
spielt. Solche Ernüchterung bietet aber nicht nur Anlass zu nostalgischer
Rückschau auf tatsächliche und vermeintliche Hochzeiten des Journalismus, sondern kann die aktuelle Auseinandersetzung mit »post-journalis-
tischen« Formaten wie *Serious Games* ergänzen – und die Debatte um
die interaktive Visualisierung politischer Anliegen stattdessen als Teil
eines Experiments mit den Ästhetiken des Dokumentarischen verstehen.

---

siehe u.a. http://no-racism.net/migration, http://www.noborder.org [letzter
Abruf 14.7.2010].

42 http://www.valerianolopez.es/videos/estrecho.htm [letzter Abruf 14.7.2010].

43 http://blog.sindominio.net/blog/bordergames [letzter Abruf 14.7.2010]. Siehe dazu auch Soenke Zehle: »Border Games: Migrant Media Changes Terrain« (2008).

44 http://www.selectparks.net/archive/escapefromwoomera [letzter Abruf 14.7.
2010].

Spiele zum Thema Migration müssen sich eigentlich schon aufgrund ihres Gegenstandes mit den möglichen Grenzen einer Politik der Repräsentation auseinandersetzen. Bislang ist dies nicht der Fall, vielleicht auch, weil der Begriff des Dokumentarischen selbst von Spieltheoretikern kaum untersucht wird und ein sehr enges Verständnis des Wirklichkeitsbezugs dominiert. Die Praktiken anspruchsvoller dokumentarischer Übersetzungen – mit dem Ziel einer Öffnung aktivistischer Medien und ihrer Paradigmen der politischen Kommunikation in das Feld des Spiels, aber auch einer Anbindung der *Serious Games* an das weite Experimentierfeld des Dokumentarischen – können mit der Essayistin Hito Steyerl aber auch als »Relationalismus« verstanden werden – »eine Angelegenheit der Präsentierung und so auch der Transformation jener sozialen, historischen und auch materiellen Verhältnisse, die die Dinge zu denen machen, die sie sind.«[45] Ziel eines solchen Relationalismus ist es, »unerwartete Artikulationen zu erfinden, die nicht so sehr prekäre Formen des Lebens repräsentieren als vielmehr prekäre, riskante, gleichzeitig kühne und anmaßende Artikulationen von Objekten und ihren Verhältnissen vergegenwärtigen, die Modelle zukünftiger Formen der Verbindung darstellen könnten«[46]. Für Steyerl ist es allerdings nur dann sinnvoll, von Übersetzungen zu sprechen, »wenn sie jene anderen Formen der Verbindung, Kommunikation und Verhältnissetzung hervorbringt, die notwendig sind – und nicht neue Wege, um Kultur und Nation zu erneuern«[47]. Nur wenige Jahre nach der (erneuten) Einführung des Begriffs *Serious Games* hat sich gezeigt, dass das Feld der *Games with an Agenda* kaum unter einer Rubrik zusammenzuführen ist.[48] *Serious Games* sind, ob als *Games for Change*, *Activism Games*, *Persuasive Games*, oder *Political Games*, vielleicht nicht zu einem eigenen Computerspielgenre, wohl aber

---

45 Hito Steyerl: »Die Sprache der Dinge« (2006). Begriff und Praxis der Übersetzung sind nach meinem Verständnis zentraler Bestandteil von Ästhetiken des Dokumentarischen; die Rolle der Übersetzung als »eine Art konzeptuelle[r] Universalkleber für allerlei Risse in der gegenwärtigen Reflexion« sehe ich allerdings ebenfalls skeptisch. Siehe dazu Boris Buden/ Stefan Nowotny: *Übersetzung: Das Versprechen eines Begriffs* (2008), S. 7.

46 Steyerl, die Sprache der Dinge, ebd.

47 Ebd.

48 Games for Change (G4C), http://www.gamesforchange.org, Serious Games Summit, http://www.gdconf.com/conference/sgs.html [letzter Abruf 14.7.2010].

zu einem weiteren Experimentierfeld dokumentarischer Kommunikation geworden.[49]

Sheldon Browns *Scaleable City* ist ein experimenteller, spielbasierter Ansatz zur Visualisierung alternativer Dynamiken der Urbanisierung, der weit über das hinausgeht, was die meisten *Serious Games* an visuellem Experiment wagen. Brown spricht dabei von einer »Ästhetik des Konflikts«[50]. *Scalable City* generiert imaginäre Städte, die aus den Überbleibseln der durch einen Wirbelsturm zerstörten Vororte entstehen, mit Häusern, die an die improvisierten Unterkünfte von Migranten erinnern sollen. Migration und die mit ihr verbundenen Ängste und Sorgen werden hier zur Folie. Die Visualisierung betont die prekäre Situation jener Mittelschicht-Existenzen, deren Hoffnung auf Identität und Sicherheit durch das Eigenheim im Vorort symbolisiert wird. In *Scalable City* besteht der Wirbelsturm zwar aus Karosserien, deren Mobilitätsversprechen durch Überzeichnung ebenfalls ad absurdum geführt wird, aber Lesarten, die darin auch die Heftigkeit internationaler Finanzströme sehen, sind sicher nicht abwegig. Brown verfolgt vor allem zwei Ziele:

The gameplay of the work serves two primary functions. First, it extends the viewer's gaze into the complex realm of the work's data, algorithmic and social interactions. Only by interacting with this situation can one hope to make sense of it. Second, these interactions are implicated as the operative crux in the ongoing dilemmas of the social and cultural milieu. The game becomes a visceral engagement with these abstractions of the lived situation. Through its extensions and limitations of game transformations, the gameplay creates an enacted connection to the social roles we inadvertently perform in this matrix rather then the more empathetic role viewers typically assume in cultural inquiries taking different forms.[51]

Brown und sein Team am *Experimental Game Lab* sprechen ausdrücklich von der Notwendigkeit, die Rezeption solcher Visualisierungen zu ändern – von der empathischen Identifikation mittels einer Ästhetik des sozialen Realismus hin zum Verständnis der konstitutiven Offenheit soft-

---

49 Siehe auch Maria Lind/Hito Steyerl (Hg.): *The Green Room: Reconsidering the Documentary and Contemporary Art #1* (2008); Hito Steyerl: *Die Farbe der Wahrheit. Dokumentarismen im Kunstfeld* (2008).

50 http://www.scalablecity.net [letzter Abruf 14.7.2010]; siehe auch Sheldon Brown: »The Scalable City: Zones, Conflicts and Aesthetics« (2007), S. 476.

51 Brown, ebd.

warebasierter Prozesse kultureller Konstitution und der Öffentlichkeiten, die durch solche Medien geschaffen werden.[52]

Ein Spiel wie *Scalable City* schärft auch den Blick dafür, wie stark die Dynamik zeitgenössischer Urbansisierung mit der Ausweitung von Grenzregimen verbunden ist, wie sie in der Stadtsoziologie Saskia Sassens oder der Grenzphilosophie Etienne Balibars untersucht werden.[53] Die Konstitution von Staatsbürgerschaft geschieht nicht nur an geographischen Grenzen, sondern über sich überlappende (und gegenseitig verstärkende) Grenzregimes hinweg.[54] Über eine Politik der Grenze, die bestehende Rechte einfordert und neue entwirft, hinaus, entsteht auf diese Weise eine umfassendere Vision der konstitutiven Offenheit »begrenzter« urbaner Terrains. Migration lässt sich nicht darstellen, ohne auch die (diskursiven, juristischen) Grenzregimes sichtbar zu machen, die Menschen zu Migranten machen, und ruft dazu auf, neue Kartographien des Politischen zu entwerfen, um sich mit der Ausweitung von Grenzregimen auseinanderzusetzen. Über die Wiederbelebung situativer Urbanismen hinaus wird die Frage der Migration auch selbst zum Grenzfall für etablierte Logiken der politischen Kommunikation.

Kartographien des Politischen

Über die Verwendung neuer technologischer Plattformen hinaus stellt eine solche Verschiebung – von der Darstellung zur Simulation – letztlich alle Prinzipien aufgeklärter öffentlicher Kommunikation in Frage, auf der auch aktivistische Öffentlichkeitsarbeit oft beruht. Sowohl in der Medienpraxis der Nutzerinnen und Nutzer wie in der sie begleitenden Erarbeitung konzeptueller Begrifflichkeiten verschiebt sich der Schwer-

---

52 Zum Begriff der *algorithmic culture* siehe Alexander Galloway: *Gaming: Essays in Algorithmic Culture* (2006), Brown bezieht sich explizit auf Galloway. Zum Begriff der durch spezifische Medien geschaffenen *recursive publics* siehe Christopher M. Kelty: *Two Bits: The Cultural Significance of Free Software* (2008).

53 Siehe z.B. Étienne Balibar: »We The People of Europe. Reflexions on Transnational Citizenship« (2003); Saskia Sassen: »Toward a Multiplication of Specialized Assemblages of Territory, Authority and Rights« (2007).

54 In ihren Untersuchungen zu »Mutationen der Staatsbürgerschaft« hat Aihwa Ong ebenfalls diesen Prozess einer Dis- und Reartikulation konstitutiver Elemente der Staatsbürgerschaft beschrieben, die sich wiederum auf das Akteurs-Verständnis von Menschen mit und ohne Staatsbürgerschaft auswirkt. Siehe »Mutations in Citizenship« (2006).

punkt noch stärker von den darstellenden zu den konstitutiven Funktionen der Medien.[55] Die Tradition der interventionistischen Medien, in der ich auch Teile der *Serious Games*-Bewegung verorten möchte, hat die Praktiken und Protokolle politischer Kommunikation allerdings schon immer skeptisch betrachtet und ist daher vielleicht besser als viele etablierte Medien auf eine Ära der fragmentierten Öffentlichkeiten, des dezentralen Austausches und der Gleichzeitigkeit von Mediennutzung und -produktion vorbereitet.

In diesem Zusammenhang sind *Serious Games* vor allem als heuristische Instrumente zu sehen, die eine erneute Erkundung jener Voraussetzungen der politischen Kommunikation ermöglichen. Viele der *Serious Games*, die wir derzeit spielen können, stellen den Glauben an die Macht des Öffentlichmachens keineswegs in Frage, experimentelle Strategien, die Kritiken der Darstellung in ihren Visualisierungsstrategien aufgreifen, gibt es kaum.[56] Wozu experimentelle Ansätze wie *Scaleable City* aber schon jetzt auffordern, ist eine Auseinandersetzung nicht nur mit Politik, sondern mit dem Politischen, mit den Möglichkeitsbedingungen unterschiedlichster Formen der politischen Intervention.

Spiele ermöglichen neue Kartographien des politischen Terrains. Zu diesem Terrain gehören aber auch die Bedingungen ihrer Wiederentdeckung als Vehikel neuer Formen der Darstellung und politischen Kommunikation. Denn das Interesse an Spielbegriffen steigt zu einem Zeitpunkt, an dem die Logiken der Arbeit und des Lernens, die von fordistischen Disziplinarregimen abgeleitet wurden, durch flexiblere postfordistische Logiken ersetzt werden, die einen steten Aufruf zur Kooperation, zur Selbstverwirklichung und zur Kreativität einschließen.[57]

---

55   Siehe dazu auch Soenke Zehle/Ned Rossiter: »Organizing Networks: Notes on Collaborative Constitution, Translation, and the Work of Organization« (2009).

56   Stewart Wood: »Loading the Dice: The Challenge of Serious Videogames« (2006).

57   Solche Aufrufe haben den Umbau des Wohlfahrtsstaates begleitet und gehören zu einem Repertoire neoliberaler Sozialtechnologien, das die Krise neoklassischer Wirtschaftstheorien (dem vermeintlichen Kern neoliberaler Gesellschaftsbilder) weitgehend unbeschadet überstanden hat. Sei du selbst, geh Risiken ein, verhalte dich wie ein Kreativ-Unternehmer in eigener Sache – niedrige Löhne oder Arbeitslosigkeit sind aus dieser Sicht mangelhaftem Management des eigenen Humankapitals zuzuschreiben, nicht systemischen Mängeln. Siehe dazu Maurizio Lazzarato: »Neoliberalism in Action: Inequality, Insecurity and the Reconstitution of the Social« (2009) sowie Jason Read: »A Genealogy of Homo-Economicus: Neoliberalism and the Production of Subjectivity« (2009).

In einem solchen Kontext verleitet das zunehmende Interesse am Spiel nicht dazu, eine allgemeine Reludifizierung der Kultur oder neuer Regimes komplexer Visualisierung zu feiern, sondern mahnt zur Vorsicht in der Bewertung der Indienstnahme des Spiels im Kontext einer allgemeinen Entgrenzung von Arbeit und Spiel.[58]

Diese Entgrenzung ist bereits Gegenstand spieltheoretischer Selbstreflexion.[59] Einige Theoretiker haben untersucht, in welchem Umfang die Themen Grenzregime und Migration nicht nur thematisch im Zentrum der Spiele stehen, sondern in die transnationalen Infrastrukturen, die das digitale Spielen erst ermöglichen, eingeschrieben sind; dazu lenken sie die Aufmerksamkeit auf die zentrale Rolle migrantischer Arbeit und neue Formen der Selbstorganisation.[60] Die kulturelle Rehabilitierung des Spiels (den ewig gleichen Diskussionen um Spiele und Gewalt zum Trotz) fällt mit der Schwächung der Arbeit als zentraler kultureller Logik ebenso zusammen wie mit der Abhängigkeit von neuen transnationalen Netzwerken der Migration. Das Spiel ist so eng mit dem Nexus Arbeit/Migration verbunden, dass es hinsichtlich dieser Verstrickung weit über eine Kartographie neuer Grenzregime hinausreicht.

Wenn *Serious Games* neue Formen des politischen Engagements hervorbringen sollen, machen Spielentwickler notwendigerweise Annahmen in Bezug auf Gestaltung und Verlauf der Prozesse der Subjektkonstitution und in Bezug auf mögliche (institutionelle) Orte, an denen dieses Engagement artikuliert wird. Während Theoretiker wie Gonzalo Frasca *Serious Games* eher in einer Tradition experimenteller Medien verorten, die sich Fragen einer partizipatorischen Ästhetik widmen, sehen Kuratorinnen wie Claire Bishop noch zu wenig Beispiele einer angewandten

---

58 Es ist eine der vielen Ironien der Wiederkehr des Spiels (und in seiner Ambivalenz auch Grundlage entsprechender Détournements), dass der Erfolg des Spiels als (effektivem) didaktischem Prinzip in interaktiven »eLearning 2.0«-Strategien letztlich davon abhängt, in welchem Maße die (konstitutive) Ineffizienz des Spiels aufrechterhalten werden kann; siehe dazu z.B. Jeff Kupperman/Jeff Stanzler/Michael Fahy/Susanna Hapgood: »Games, School and the Benefits of Inefficiency« (2007).

59 Nick Yee: »The Labor of Fun: How Video Games Blur the Boundaries of Work and Play« (2006); Julian Kuecklich: »Precarious Playbour: Modders and the Digital Games Industry« (2005).

60 Greig de Peuter/Nick Dyer-Witheford: »A Playful Multitude? Mobilising and Counter-Mobilising Immaterial Game Labour« (2005); Nick Dyer-Witheford/Greig de Peuter: »Empire@Play: Virtual Games and Global Capitalism« (2009).

»relationalen Ästhetik«, die auch die Unüberwindbarkeit und Nicht-Ver-
handelbarkeit antagonistischer Beziehungen anerkennen.[61]

Die Debatte Politik *versus* Ästhetik, die auch unter den Entwicklern
der *Serious Games* weiterläuft, verdeutlicht, dass es keine Möglichkeit
gibt, zwischen konkurrierenden Ansätzen zur Subjektkonstitution zu
unterscheiden, ohne gleichzeitig auch subjektphilosophisch Position
zu beziehen. Während der Glaube an die Macht des Öffentlichmachens
vor allem auf liberale Konzepte von Staatsbürgerschaft verweist, sind
offene Simulationen der Vorstellung einer »kollaborativen Konstitution«
wesentlich näher, die Medien weniger in Bezug auf Darstellungsregime
denn als Produktionsmöglichkeiten von Subjektivität ansehen.[62] Der Me-
dienaktivist Brian Holmes verweist seinerseits auf eine Ästhetik der kritischen und dissidenten Kartographie, die neue Handlungsräume sichtbar
macht.[63] Ähnlich wie in Traditionen eines antagonistischen Realismus
oder einer relationalen Ästhetik geht es dabei immer auch um neue Formen der Kollektivität:

[These subversive strategies are] not about resisting the continual mutations of
capitalism from a retrenched identity position, a class status, a locally insti-
tuted cultural tradition [but] about allowing the inherited forms of solidarity
and struggle to morph, hybridize or even completely dissolve in the process of
encountering and appropriating the new toolkits, conceptual frames and spatial
imaginaries of the present.[64]

---

61 Zur historischen Einordnung (offenes Kunstwerk, dokumentarisches The-
    ater) aktueller Auseinandersetzungen um das Verhältnis von Ästhetik und
    Partizipation siehe: Claire Bishop (Hg.): *Participation* (2006).

62 Der Medientheoretiker Stefan Jonsson setzt daher auf Kunst statt auf Jour-
    nalismus, um sich mit dem Politischen auseinanderzusetzen. Stefan Jons-
    son: »Facts of Aesthetics and Fictions of Journalism« (2008).

63 Holmes beschreibt »an aesthetics of critical and dissident cartography,
    capable of twisting the techniques and visual languages of network maps
    away from their normalized uses, and thereby pointing to a place for auto-
    nomous agents within the global information grid.« Brian Holmes: »Net-
    work Maps, Energy Diagrams: Structure and Agency in the Global Sys-
    tem« (2007).

64 Brian Holmes: »Recapturing Subversion: Twenty Twisted Rules of the
    Culture Game« (2009). Siehe auch ders.: »Do-It-Yourself Geopolitics: Car-
    tographies of Art in the World« (2007).

Derart situative Nutzungen der *Serious Games* können inzwischen auf ein breites Spektrum von Kartographie-Projekte zurückgreifen.[65] Eine Genealogie der *Serious Games* muss solche Praktiken des ästhetischen Experiments und der Medienintervention einbeziehen, über klassische journalistische Formate hinaus, die häufig als Folie und politischer Horizont dienen, hin zu einer prozeduralen Rekonfiguration des Politischen. Im Fall jener Spiele, die sich mit den Themen Grenzregime und Migration auseinandersetzen, geht es dann allerdings nicht vorrangig um besseres Migrationsmanagement oder um eine Politik der Rechte, sondern um die grundsätzliche Vorstellung einer Gesellschaft, in der der Machtbegriff ohne den Begriff der Illegalität auskommt.[66] Wenn *Serious Games* sich tatsächlich als Medium der politischen Reflektion etablieren, werden sie – irgendwann – auch solche Fragen stellen.

Literatur

Abt, Clark C.: *Serious Games* [1970], Boston: University of America Press 1987.

Balibar, Étienne: »We, the People of Europe? Reflections on Transnational Citizenship«, in: ders. (Hg.): *We, the People of Europe? Reflections on Transnational Citizenship*, Princeton: Princeton University Press 2003, Vorwort.

Bishop, Claire (Hg.): *Participation*, Cambridge MASS: MIT Press 2006.

Bogost, Ian: »Playing Politics: Videogames for Politics, Activism, and Advocacy«, in: *First Monday* 7 2006, http://firstmondayorg/issues/special11_9/bogost/index.html [letzter Abruf 14.7.2010].

---

65 Beispiele aktivistischer Kartographieprojekte sind: *Who Rules America, PR Watch, Source Watch, They Rule* (*Horde of Directors* von Ian Bogost und T. Michael Keesay basiert auf der They-Rule-Datenbank) sowie die *Cartographies of Excess* des Bureau d'études http://www.whorulesamerica.net, http://www.prwatch.org, http://www.sourcewatch.org, http://theyrule.net, http://www.bogost.com/games/horde_of_directors.shtml, http://bureaudetudes.free.fr. Dem Thema *Mapping* als zentralem Instrument der politischen Auseinandersetzung widmen sich auch http://govcom.org und das Tactical Technology Collective http://www.tacticaltech.org/mapsforadvocacy [letzter Abruf 14.7.2010].

66 »[C]an one in effect conceptualize a society in which power has no need for illegalities?« Michel Foucault: »Alternatives to the Prison: Dissemination or Decline of Social Control?« (2009), S. 24. Foucault hielt diesen Vortrag 1976 an der Universität von Montreal auf einem Kriminologenkongress, der sich mit den Rechten von Gefangenen beschäftigte.

Bogost, Ian: *Persuasive Games: The Expressive Power of Videogames*, Cambridge MASS: MIT Press 2007.

Bogost, Ian: *Unit Operations: An Approach to Videogame Criticism*, Cambridge MASS: MIT Press 2006.

Bogost, Ian/Cindy Poremba: »Can Games Get Real? A Closer Look at ›Documentary‹ Digital Games«, in: Andreas Jahn-Sudmann/Ralf Stockman (Hg.): *Computer Games as a Sociocultural Phenomenon: Games Without Frontiers – War Without Tears*, Basingstoke: Palgrave Macmillan 2008, S. 12-21.

Brown, Sheldon: »The Scalable City: Zones, Conflicts and Aesthetics«, in: Friedrich von Borries/Steffen P. Walz/Matthias Böttger (Hg.): *Space Time Play*, Basel: Birkhaeuser 2007, S. 476-477.

Buden, Boris/Stefan Nowotny: *Übersetzung: Das Versprechen eines Begriffs*, Wien: Turia Kant 2008.

Burton, Jon: »News-Game Journalism: History, Current Use And Possible Futures«, in: *Australian Journal of Emerging Technologies and Society* 3.2, 2005, S. 87-99, http://www.swinburne.edu.au/hosting/ijets/journal/V3N2/pdf/V3N2-3-Burton.pdf [letzter Abruf 14.7.2010].

De Peuter, Greg/Nick Dyer-Witheford: »A Playful Multitude? Mobilising and Counter-Mobilising Immaterial Game Labour«, in: *Fibreculture Journal* 5, 2005, http://journal.fibreculture.org/issue5/depeuter_dyerwitheford.html [letzter Abruf 14.7.2010].

Durley, Tom: »Video Games and Relational Aesthetics«, 2007, http://www.tomdurley.com/essay_games.html [letzter Abruf 14.7.2010].

Dyer-Witheford, Nick/Greig de Peuter: »Empire@Play: Virtual Games and Global Capitalism«, in: *CTtheory* 2009, http://www.ctheory.net/articles.aspx?id=608 [letzter Abruf 14.7.2010].

Foucault, Michel: »Alternatives to the Prison: Dissemination or Decline of Social Control?«, in: *Theory, Culture & Society* 26, 2009, S. 12-24.

Foucault, Michel: »Was ist ein Autor?« [»Qu'est ce qu'un auteur?«, 1969], in: ders.: *Schriften zur Literatur*, Suhrkamp: Frankfurt a.M. 2003, S. 234-270.

Frasca, Gonzalo: *Videogames of the Oppressed*, MA Thesis 2001, http://www.ludology.org/articles/thesis [letzter Abruf 14.7.2010].

Fuchs, Matthias: »Spielraeume als Wissensräume«, in: Kunstforum 176, 2005, S. 56-69.

Galloway, Alexander: »Social Realism in Gaming«, in: *Game Studies* 4.1, 2004, http://gamestudies.org/0401/galloway [letzter Abruf 14.7.2010].

Galloway, Alexander: *Gaming: Essays in Algorithmic Culture*, Minneapolis: Minnesota University Press 2006.

Gordimer, Nadine: »Literary Witness in a World of Terror: The Inward Testimony«, in: *New Perspectives Quarterly*, 26.2 2009, http://www.digitalnpq.org/articles/nobel/321/12-09-2008/nadine_gordimer [letzter Abruf 14.7.2010].

Gowing, Nik: *Black Swans and White Lies: The New Tyranny of Shifting Information Power in Crises*, London: Reuters Institute for the Study of Journalism 2009, http://reutersinstitute.politics.ox.ac.uk/publications/skyful-of-lies-black-swans.html [letzter Abruf 14.7.2010].

Holmes, Brian: »Network Maps, Energy Diagrams: Structure and Agency in the Global System«, 2007, http://brianholmes.wordpress.com/2007/04/27/network-maps-energy-diagrams [letzter Abruf 14.7.2010].

Holmes, Brian: »Recapturing Subversion: Twenty Twisted Rules of the Culture Game«, in: ders.: *Escaping the Overcode: Activist Art in the Control Society*, 2009, http://brianholmes.wordpress.com/2009/01/19/book-materials [letzter Abruf 14.7.2010].

Holmes, Brian: »Do-It-Yourself Geopolitics: Cartographies of Art in the World«, in: Simpson, Blake/Gregory Sholette (Hg.): *Collectivism After Modernism: The Art of Social Imagination After 1945*, Minneapolis 2007, S. 273-293.

Isin, Engin F./Bryan S. Turner (Hg.): *Handbook of Citizenship Studies*, London: Sage 2002.

Isin, Engin F./Greg M. Nielsen (Hg.): *Acts of Citizenship*, London: Zed Books 2009.

Jonsson, Stefan: »Facts of Aesthetics and Fictions of Journalism«, in: Maria Lind/Hito Steyerl (Hg.): *The Green Room: Reconsidering the Documentary and Contemporary Art #1*, Berlin: Sternberg Press, S. 166-187.

Keenan, Thomas: »Mobilizing Shame«, in: *South Atlantic Quarterly* 103: 2-3, 2004, S. 435-449.

Kelty, Christopher M.: Two Bits: *The Cultural Significance of Free Software*, Durham und London: Duke University Press 2008, http://twobits.net [letzter Abruf 14.7.2010].

Kluge, Alexander: *Gelegenheitsarbeit einer Sklavin: Zur realistischen Methode*, Frankfurt a.M.: Suhrkamp Verlag 1975.

Kuecklich, Julian: »Precarious Playbour: Modders and the Digital Games Industry«, in: *Fibreculture Journal* 5, 2005, http://journal.fibreculture.org/issue5/kucklich.html [letzter Abruf 14.7.2010].

Kupperman, Jeff/Jeff Stanzler/Michael Fahy/Susanna Hapgood: »Games, School and the Benefits of Inefficiency«, in: *International Journal of Learning* 13.7.2007, S. 161-168.

Lazzarato, Maurizio: »Neoliberalism in Action: Inequality, Insecurity and the Reconstitution of the Social«, in: *Theory, Culture, Society* 26, 2009, S. 109-133.

Lind, Maria/Hito Steyerl (Hg.): *The Green Room: Reconsidering the Documentary and Contemporary Art #1*, Berlin: Sternberg Press 2008.

MacKinnon, Katherine: »The World-Wide Conversation: Online Participatory Media and International News«, *The Joan Shorenstein Center on the Press, Politics and Public Policy Working Paper Series* 2004, http://www.hks.harvard.edu/presspol/publications/papers/working_papers/2004_02_mackinnon.pdf [letzter Abruf 14.7.2010].

Massing, Michael: »A New Horizon for the News«, in: *New York Review of Books*, 5.11.2009, http://www.nybooks.com/articles/archives/2009/sep/24/a-new-horizon-for-the-news [letzter Abruf 14.7.2010].

Mouffe, Chantal: *Über das Politische: Wider die kosmopolitische Illusion*, Frankfurt a.M.: Suhrkamp 2007.

Nakamura, Lisa: »Race and Identity in Digital Media«, 2010, http://sites.google.com/site/theresearchsiteforlisanakamura [letzter Abruf 14.7.2010].

Nakamura, Lisa: *Digitizing Race: Visual Cultures of the Internet*, Minneapolis: University of Minnesota Press 2007.

Nichols, Bill: »Documentary Film and the Modernist Avant-Garde«, in: *Critical Inquiry* 27.4, 2001, S. 580-610.

Nichols, Bill: *Introduction to Documentary*, Bloomington: Indiana University Press 2001.

Ong, Aihwa: »Mutations in Citizenship«, in: *Theory, Culture & Society* 23, 2006, S. 499-505.

Polman, Linda: *War Games: The Story of Aid and War in Modern Times*, London: Penguin 2010.

Read, Jason: »A Genealogy of Homo-Economicus: Neoliberalism and the Production of Subjectivity«, in: *Foucault Studies* 6, 2009, S. 25-36, http://cjas.dk/index.php/foucault-studies/article/view/2465/2463 [letzter Abruf 14.7.2010].

Samuel, Alexandra: *Hacktivism and the Future of Political Participation*, Dissertation, 2004, http://alexandrasamuel.com/dissertation [letzter Abruf 14.7.2010].

Sassen, Saskia: »Toward a Multiplication of Specialized Assemblages of Territory, Authority and Rights«, in: *Parallax* 13.1, 2007, S. 87-94.

Sontag, Susan: *Regarding the Pain of Others*, New York: Farrar, Straus and Giroux 2003 (*Das Leiden anderer betrachten*, Frankfurt a.M.: Fischer 2005).

Steyerl, Hito: *Die Farbe der Wahrheit. Dokumentarismen im Kunstfeld*, Wien: Verlag Turia + Kant 2008.

Steyerl, Hito: »Die Sprache der Dinge«, in: *transversal: under translation*, 2006, http://translate.eipcp.net/transversal/0606/steyerl/de [letzter Abruf 14.7.2010].

UNESCO: *Model Curricula for Journalism Education*, Paris 2007, http://unesdoc.unesco.org/images/0015/001512/151209E.pdf [letzter Abruf 14.7.2010].

Wood, Stewart: »Loading the Dice: The Challenge of Serious Videogames«, in: *Game Studies* 4.1, 2006, http://gamestudies.org/0401/woods [letzter Abruf 14.7.2010].

Yee, Nick: »The Labor of Fun: How Video Games Blur the Boundaries of Work and Play«, in: *Games and Culture* 1, 2006, S. 68-71.

Zehle, Soenke: »Border Games: Migrant Media Changes Terrain«, in: Martina Ghosh-Schellhorn/Roland Marti (Hg.): *Jouer selon les règles du jeu = Playing by the Rules of the Game = Spielen nach den Spielregeln*, Münster: LIT 2008, S. 287 296.

Zehle, Soenke: »Ryszard Kapuściński and the Borders of Documentarism: Toward Exposure without Assumption«, in: John Bak (Hg.): *International Literary Journalism: Historical Traditions and Transnational Influences*, Amherst: University of Massachusetts Press 2010 (im Erscheinen).

Zehle, Soenke/Ned Rossiter: »Organizing Networks: Notes on Collaborative Constitution, Translation, and the Work of Organization«, in: *Cultural Politics* 5.2, 2009, S. 237-264.

Enklaven, Ausnahmezustände
und die Camps als Gegen-Labore

FLORIAN SCHNEIDER

Es ist die Nacht des 29. Septembers 2005: 215 Männer und Frauen, die bis dahin ein Dasein gefristet haben müssen, das sich am Rande des bloßen Überlebens bewegt, haben eine folgenschwere Entscheidung getroffen. Nachdem sie wochenlang notdürftigen Unterschlupf in Zelten oder niedrigem Gebüsch gefunden hatten und dort ausharrten, ohne an Geld, Nahrungsmittel oder gar Wasser zu kommen, soll es nun endlich weitergehen.

So nahe am Ziel einer Reise voller Gefahren und Enttäuschungen scheint die Situation plötzlich in ihr Gegenteil verkehrt: Je länger sie stillstehen, umso weiter bewegen sie sich weg vom eigentlichen Endpunkt ihres Unterfangens. Europa, oder zumindest das, was offiziell als Territorium der »Europäischen Union« bezeichnet wird, ist nunmehr wenige Meter entfernt.

Sie hatten das Problem in unzähligen nächtlichen Treffen diskutiert. Sollten sie das Risiko eingehen und in einer einzigen Nacht alle zusammen losgehen oder auf eine bessere Gelegenheit warten? Sollten sie weiter versuchen, die Grenze zu höchstens einem Dutzend zu überwinden, so dass ihre geringe Anzahl auf keinen Fall größeres Aufheben verursacht?

Die Menschen, die hier im Wald leben, haben sich in Kleingruppen mit 15 bis 20 Mitgliedern zusammengeschlossen. Die meisten von ihnen organisieren sich entlang ihrer Herkunftsländer; aber es gibt auch etliche, die sich der Gruppe eines anderen Landes anschließen. Die Gruppenmitglieder wählen Sprecher, die sich wiederum mit denen der anderen Gruppen treffen, um zu beratschlagen und weitergehende Entscheidungen zu treffen.

Die Entscheidung, die Grenze am 29. September gemeinsam zu überschreiten, wurde beinahe einstimmig getroffen, allerdings ohne das Einvernehmen der Altvorderen, die mitunter »Fathers of the Forest« genannt werden. Denen muss nämlich klar gewesen sein, was für einen Skandal eine solche Entscheidung hervorrufen würde; sie müssen die Folgen eines solchen Exodus vorhergesehen haben und vor allem, dass sich danach die Situation im Wald für alle, die zurückbleiben oder später ankommen werden, dramatisch verändern würde.

Die Bilder der Überwachungskameras der »Guardia Civil«, der spanischen Grenzpolizei, zeigen, wie einige Dutzend Menschen mit selbstgebauten Leitern über den drei Meter hohen Zaun klettern, der auf 50 Kilometern um die spanische Enklave Ceuta gezogen ist, einen militärischen Außenposten im äußersten Norden Marokkos.

Es ist nicht leicht, sich vorzustellen, wie schmerzhaft es für einen menschlichen Körper ist, sich durch den Stacheldraht zu winden, um dann drei Meter in die Tiefe zu springen – auf eine Straße, die zwischen den beiden Zäunen verläuft.

Fast alle waren verletzt. Gebrochene Arme und Beine, zertrümmerte Knöchel und auch Kopfverletzungen. Sieben Menschen verloren ihr Leben. Entweder sie überlebten nicht den freien Fall in das, was heutzutage Europa genannt wird, oder sie wurden tödlich von den Gummigeschossen der Grenzschützer getroffen.

Das Material, das die Nachrichtenagentur Reuters in den folgenden Tagen verbreitete, stellt einerseits ein Sakrileg dar in Sachen seriösen Journalismus. Es besteht aus einer gerade einmal neun Sekunden langen Sequenz von Bildern der am Zaun postierten Überwachungskameras, die im Zeitraffer beschleunigt wurden. Diese Bilder wurden über mehrere Tage in fast allen Ländern dieser Welt ausgestrahlt und stündlich wiederholt; im Off räsoniert eine Stimme vom »Sturm auf die Festung Europa«.

Andererseits handelt es sich um ein, wenn auch unfreiwilliges, Stück Medienkunst, dessen konzeptuelle Radikalität, formale Bestimmtheit und ideologische Entschlossenheit alles in den Schatten stellt, was gutgesinnte und politisch engagierte Künstler zu zahllosen Anlässen und all den einschlägigen Gelegenheiten zustande brachten, die sich seit mehr als einem Jahrzehnt in steter Regelmäßigkeit und mehr oder weniger oberflächlich mit den Themen Grenze und Migration beschäftigen.

Im Werk von Reuters wird die Grenze in ihrem beinahe perfekten postmodernen Design dargestellt: Sie wird vorgeführt als Skandal – also einen Vorfall, der zum einen weithin bekannt gemacht ist und zum anderen Vorwürfe mit sich zieht, die moralische Entrüstung auslösen sollen. Was aber ist so skandalös an diesen Bildern? Auf den ersten Blick besteht der Skandal in dem kollektiv organisierten Versuch, die Grenze zu überwinden, der selbst verantwortet und selbst durchgeführt wird, ohne die Autoritäten, die sich dafür zuständig fühlen, in irgendeiner Art und Weise in die Entscheidungsfindung einzubeziehen.

Es ist ein Skandal im wahrsten Sinne des Wortes, das sich ableitet vom lateinischen »scandere«, »Klettern«. Obendrein eröffnet sich auch die etymologische Perspektive auf das altgriechische Original: »Skandalon«, Stolperstein, oder eben die Grenze als Stein des Anstoßes.

So gesehen sind Ereignisse der Nacht vom 29. September 2005 ein Paradefall dessen, was von Theoretikern und Aktivisten der »noborder«-Netzwerke seit den frühen 1990er Jahren als »Autonomie der Migration« zu bezeichnen versucht wird. Bei dieser Parole geht es darum, Migrationsbewegungen nicht auf Flucht aus Elend und Unglück zu reduzieren, sondern als wesentlich komplexere Prozesse zu begreifen, die auf der Rückeroberung des Rechts basieren, selbst zu entscheiden, wo Menschen leben wollen und wie.

Denkmuster, die Migranten pauschal zu Opfern machen, sind ebenso weit verbreitet, aber wahrscheinlich wesentlich effektiver als das allgegenwärtige Grenzüberwachungssystem. Die Strategie der Viktimisierung vereint Verfechter und viele der Widersacher eines sogenannten neoliberalen Kapitalismus in dem Ansinnen, Migration als Resultat von Kapitalbewegungen zu verstehen, als reine Nach- oder zumindest als Nebenwirkung.

»Autonomie der Migration« fordert stattdessen von aktivistischer Praxis, aber auch von der Forschung, die auf diesem Feld unternommen wird, ein wenig Abstand zu nehmen von den ständig wiederkehrenden Tropen von Mitleid und Mildtätigkeit. Es ginge vielmehr darum, die Vielzahl von sozialen und politischen Prozessen wahrnehmen zu können, die praktischerweise vonnöten sind, eine Grenze ohne den sonst üblichen Papierkram zu überqueren, und auf theoretischer Ebene die Produktion zeitgenössischer migrantischer Subjektivität konstituieren.

Bei Migration handelt es sich eben nicht um die Aktivität von isolierten, asozialen, ausgewiesenen Individuen. Im Gegenteil, die soziale und subjektive Dimension von Migration wird in der Autonomie und Unabhängigkeit von einer Politik deutlich, die sie zu kontrollieren versucht. Ein Herkunftsland zu verlassen, Grenzen zu überschreiten und woanders ein besseres Leben zu suchen, sind von daher eminent politische Akte, auch wenn weit verbreitete Vorurteile und die allgemeine Gesetzeslage auf dem Gegenteil zu beharren versuchen.

Was aber in dieser Nacht vom 29. September geschah, hat noch wesentlich größere Bedeutung. Modernste Kontrolltechnik schien nicht in der Lage zu sein, ein paar Dutzend Menschen aufzuhalten, die sich aus abgebrochenen Ästen einfache Leitern gezimmert hatten. Schließlich wurde die redundante Ansammlung von Hightech-Gadgets vorgeführt, deren Zweck vor allem darin besteht, die technologische Überlegenheit des Grenzregimes rund um Ceuta, aber auch in vielen anderen kritischen Gegenden rund um die EU zur Schau zu stellen.

Alle paar hundert Meter steht ein Wachturm, der mit Suchscheinwerfern, Lärmsensoren, Bewegungsmeldern und Videokameras ausgestattet ist, die das Bildmaterial der permanenten Überwachung durch unterirdisch verlegte Kabel an eine zentrale Kommandostelle liefern.

Die Entscheidung der »Guardia Civil«, dieses Material zu publizieren, war bewusst gewählt, hat doch die Öffentlichkeit normalerweise keinen Zugang zu den Daten. Der Skandal besteht aber nicht in der plötzlichen Veröffentlichung der Bilder vom 29. September. Er besteht vielmehr in deren Manipulation. Die gewöhnlicherweise niedrige Bildwechselfrequenz der Aufnahmen der Überwachungskameras, die sich zwischen fünf und 15 Bildern pro Sekunde befindet, ruft bei der unkorrigierten Übertragung auf die im Fernsehen üblichen 25 Bilder pro Sekunde zwangsläufig eine unnatürliche Beschleunigung der Ereignisse hervor.

Dieser Effekt ist, wenn er bewusst eingesetzt wird, als Zeitraffer bekannt und wird für gewöhnlich dazu benutzt, um Prozesse hervorzuheben, die zu subtil sind, als dass sie das menschliche Auge noch wahrnehmen könnte.

Im Falle der Bilder aus Ceuta ist der tiefere Sinn einer solchen Operation nur allzu offensichtlich: Von den 215 Menschen, die den Zaun in dieser Nacht überquerten, sind nur ein kleiner Bruchteil in dem veröffentlichten Material festgehalten. Die nachträgliche Manipulation der Bilder transformiert nun eine bestimmte, klar umrissene Zahl von Individuen in eine unbestimmte Masse, die ausschwärmt zum »Sturm auf die Festung Europa«, wie der Nachrichtensprecher orakelt.

Im Englischen wird der Zeitraffereffekt als »Undercranking« bezeichnet: die Frequenz der Bildfolge wird sinnbildlich angekurbelt. Das Resultat verkörpert dann die ganze Heuchelei des allgegenwärtigen Geredes von der »Festung Europa«, das doch nur ein Ziel hat: Handlungsfähigkeit selbst denen abzusprechen, die sich ein Herz fassen und eine vermeintlich günstige Gelegenheit zu nutzen wagen.

Ironischerweise verwandelt ausgerechnet die Animation der Bilder die darauf eigentlich abgebildeten Menschen in etwas Unmenschliches: Das Stakkato ihrer abgehackten Bewegungen erinnert im besten Fall an wilde Tiere; aber viel eher noch kommen Assoziationen an Insekten, die in einer imaginären Plage Europa befallen und die Außenposten seiner Festungsanlagen schon überrannt haben.

Dies führt zur dritten Dimension des Skandals: Laut Definition ist ein Skandal üblicherweise das Produkt einer Mischung aus realen und imaginären Zutaten. Verdrängt oder vertuscht wird die Grenze zwischen Realität und Imagination, die beide ununterscheidbar werden. Vor diesem Hintergrund operiert der Skandal mithilfe der unausgesprochenen Gesetze, die zu regeln haben, was den einen erlaubt und den anderen nicht erlaubt ist.

Die realen Bewegungen der Menschen, die über den Grenzzaun klettern, erscheinen in den Nachrichtenbildern verhackstückt, sie wirken unwirklich, weil holprig und ruckartig. Um dennoch Kohärenz zu demonstrieren, müssen sie sich untrennbar vermischen mit den ebenso banalen wie unausrottbaren Vorurteilen und Gemeinplätzen zum Thema »illegale Migration«.

Der Skandal ist eine Reinterpretation des Geschehens mit dem Ziel, eine moralische Entrüstung hervorzurufen, deren Resultat dann die Reaffimierung der Grenze ist. Einer Grenze, die ansonsten unsichtbar sein, in Frage gestellt oder der misstraut werden könnte.

Der Skandal macht klar, dass es die Grenze noch gibt, und dass sie immer wieder wirklich ist. Die damit einhergehende Homogenisierung von Realem und Imaginärem rückversichert uns auf begrifflicher Ebene; sie erlaubt uns ferner, die Grenze zu genießen und mit einem Regime zu kooperieren, das eigentlich auf recht brüchigem Boden und ziemlich haltlosen Tatsachen besteht. Wir dürfen uns dann sogar über seine Auswüchse Sorgen machen und seinen gewalttätigen Charakter moderat kritisieren.

Außerhalb der Kadrierung des Überwachungsbildes befindet sich das, was wir nicht sehen, aber uns umso besser vorstellen können: Moderne Homogenität auf der einen, primitive Unartikuliertheit auf der anderen Seite, die ungebrochene Verlängerung von Kolonialismus in Post-Kolonialität.

Kurz zusammengefasst heißt das also: Jede der drei Dimensionen des Skandals ist durch das Bildfenster hindurch und innerhalb seiner eigenen Grenzen verwirklicht. Die Kadrierung verweist auf die notwendige Homogenisierung von realen und imaginären Elementen. Die Außengrenzen des Bildes legen nicht nur fest, was sichtbar ist und was nicht, sondern auch, was gesagt werden kann und was nicht.

Und dennoch ist da etwas, was nachhaltig verstört. Etwas jenseits des Bildes, und in der Tat jenseits der Rahmenbedingungen der Skandalisierung, die Raum und Zeit homogenisiert. Es verweist auf ein Anderswo, das sich nicht unbedingt links oder rechts des Bildfelds befindet, sondern auf einen abstrakten Raum bezieht, der sich zunächst einmal in den Richtungen befinden könnte, aus der die Grenzgänger kommen und in die sie gehen. Nichts davon existiert in der künstlich generierten Unmittelbarkeit der Nachrichtenbilder vom 29. September 2005. Beides muss ignoriert und, wenn nötig, negiert werden in der Inszenierung der Festung Europa.

Moussa K. zum Beispiel. Er floh vor dem Bürgerkrieg in Sierra Leone im Jahr 2003, um irgendwo in Europa ein anderes Leben zu beginnen. Über Guinea, Mauretanien und die West-Sahara schafft er es bis nach Marokko, wo er zuerst versucht, spanisches Territorium in Las Palmas zu erreichen. Der Versuch scheiterte, weil er von der marokkanischen Polizei gefasst und nach Oujda an der marokkanisch-algerischen Grenze abgeschoben wurde. Zusammen mit einigen Weggefährten beschloss er, es in Ceuta erneut zu versuchen.

Nach 25 Tagen Fußmarsch durch 900 Kilometer Wüste erreichten sie im Juni 2005 Castillago, die kleine marokkanische Grenzstadt nahe der Grenze zu Ceuta. »Wir lebten wie Tiere, es war wie in Kriegsgebiet«, erinnert er sich an die drei Monate, die er versteckt im Gebüsch vor der Grenze verbracht hat.

Am 28. September 2005 beschloss er, an dem gemeinsamen Versuch teilzunehmen, über den Stacheldraht des Grenzzauns zu klettern, um nach Ceuta zu kommen. Die Parole lautete: »Kein Rückzug, kein Ergeben!«

Er zimmerte sich seine eigene Leiter aus Aststücken und Zweigen und schaffte es – im Gegensatz zu dem Freund, mit dem er zusammen unterwegs gewesen war und der in dieser Nacht umkam. Ein paar Wochen später sind die Verletzungen, die Moussa K. davontrug, beinahe verheilt. Er hofft jetzt auf eine Aufenthaltserlaubnis in Spanien und will dann irgendwo in Europa Bergbau studieren.

Worum es an der Grenze wirklich geht, ist nicht das, was vielleicht nicht zu sehen, aber dennoch zu vermuten ist, weil es sich zwar im Off, aber immer noch in Bezug zum Sichtbaren setzt: Geographische Ziele, Entbehrungen, Sehnsüchte; sondern absolute Vernichtung jeglicher verbleibender Subjektivität. Jeder Mensch weiß, auch wenn er oder sie sonst nichts weiß, dass die wesentliche Funktion des Grenzregimes darin besteht, jede vormalige Erfahrung der illegalisierten Grenzgänger auszulöschen und unschädlich zu machen, ganz zu schweigen von künftigen Plänen. In dem Moment, in dem die Grenze überquert wird, werden Ingenieure zu Putzkräften, Akademiker zu Sexarbeitern, Professoren zu Gelegenheitsarbeitern in der Agrarindustrie oder privaten Haushalten – gebrauchsfertig für die Überausbeutung auf den informellen Arbeitsmärkten des späten Kapitalismus.

Weit entfernt davon, sich über mangelnde Fairness zu beklagen oder sich selbst als Opfer zu verstehen, scheint Moussa K. den Grenzübertritt als einen Prozess extremer Desubjektivierung begriffen zu haben, angesichts der über weite Strecken geradezu unmenschlichen Bedingungen. Was er beschreibt, hat nicht ansatzweise mehr mit Menschlichkeit zu tun. Wenn, dann erinnert es allenfalls an das, was Foucault womöglich mit »negativer Freiheit« beschrieben haben würde.

Die Modalitäten jeglichen Seins wirken grundlegend verändert, und es eröffnet sich ein paradoxes Potential für eine radikale Transformation im Hinblick auf ein Selbst und eine Welt. Dieses Potential existiert weder in den Bildern noch in den Vorstellungen von der Grenze und ihrem Regime, das auf deren Skandalisierung beruht; es besteht woanders fort und harrt woanders aus, in einem absoluten Off außerhalb des Bildes.

In seinen beiden Büchern über das Kino hat Gilles Deleuze dieses absolute Off mit dem Bergson'schen Begriff der Dauer in Verbindung gebracht. Anstatt aufeinander folgende Bewegungen in homogenem Raum zu messen, schlug er eine heterogene, nicht repräsentative Bedeutung von Zeit vor, die unumkehrbar, unwiederfindbar und unteilbar ist; ein manchmal schnellerer und manchmal langsamerer Fluss des Werdens oder der reinen Beweglichkeit.

In der Tat ist es nämlich sehr erstaunlich zu erleben, was passiert, wenn die Neun-Sekunden-Bildsequenz der im Zeitraffer animierten Grenzübertreter vom 29. September 2005 im Computer zurückgerechnet wird zu einer Bildfrequenz, die die Menschen, die damals über den Zaun geklettert sind, als Echtzeit erlebt haben mögen. Die Gespenster, die da angeblich die »Festung Europa« niederrennen, scheinen auf einmal stillzustehen, sobald sie eine gewissermaßen realistische Geschwindigkeit zurückerlangt haben. Jedes Einzelbild ist in eine fast unerträgliche Länge gezogen.

Wegen der niedrigen Bildfrequenz der Überwachungskameras, die in diesem Fall – ursprünglich vielleicht sogar aus technischem Unverstand – zu dem Zeitraffereffekt führte, muss jeder Versuch, die Geschwindigkeit der Bilder wieder an die Wirklichkeit anzupassen, in einer auf den ersten Blick überflüssigen Aufdopplung und schier endlosen Vervielfachung der ursprünglich verfügbaren Einzelbilder resultieren, die so insgesamt zu Standbildern mutieren.

Mit einer Ausnahme allerdings: Der einzige Teil des Bildes, der sich weiterhin bewegt, ist das oben rechts eingeblendete Laufwerk des Timecodes, der mit einem Mal sanft von Einzelbild zu Einzelbild wechselt, wobei er jedes Bild mit seiner Kopie ersetzt, eine gefälschte Identität misst, und jeden 25. Teil einer Sekunde so präsentiert, als wäre sie als reine Zeit erfahrbar, während der gesamte Inhalt des Bildes auf den nächsten Moment wartet, als ob dieser einer der Befreiung sein könnte.

Und dennoch kommt es zu merkwürdigen Erscheinungen, wenn die Bewegungen der Grenzüberschreiter für einen Augenblick angehalten werden, der jetzt wie unendlich wirkt. Die Blockierung des übermediatisierten Inhalts führt zu einem Kollaps der Zeit, der von der zweifachen Manipulation der Bilder herrührt: erst der Zeitraffer, der der Skandalisierung dient, und dann die Umkehrung des Zeitverlusts durch die Zeitlupe. Bei Letzterem handelt es sich um die mögliche und ethisch zwar notwendige, aber ganz offensichtlich willkürliche Restaurierung der Zeit, in der das, was passiert ist, auch tatsächlich passiert sein könnte – ganz als ob das noch irgendeine Rolle spielte.

Anstatt sich nun gegenseitig zu widersprechen oder aufzuheben, passiert etwas Überraschendes. Die Wiederkehr einer imaginären Echtzeit, die durch die wiederum gefälschte Zeitlupe hervorgebracht wird und in der die Zeitsprünge mit redundanten Bildern bloß aufgefüllt sind, produziert neue Blöcke von Unsichtbarkeiten: mögliche Verstecke zwischen den Bildern, die sich nicht ändern, oder unkontrollierbare Zonen zwischen den Bildern, die immer wieder dasselbe reproduzieren.

Paradoxerweise eröffnet eben der Stillstand der Bilder den Blick auf eine neue Fläche. Vielleicht als eine Allegorie zur »Autonomie der Migration«, oder zumindest aber als Antizipation einer Bewegungsfreiheit, die sicherlich noch nicht Wirklichkeit ist, aber dennoch schon jetzt etwas zu erreichen imstande ist, was eigentlich als ein Ding der Unmöglichkeit gelten sollte: Der präemptive Charakter der Überwachungstechnologie, der Anspruch der Kontrollgesellschaft, Menschen davon abzuhalten, selbst zu entscheiden, wo sie sich finden wollen und wie, droht ins Leere zu laufen.

Der Beitrag erschien erstmals in Englisch unter dem Titel »Enclaves, Exceptions and the Camps as a Counter-laboratory«, gepostet am 24.7.2006 auf http://www.kuda.org/. Wir danken Florian Schneider für seine Übersetzung.

Camps und Heterotopien der Gegenwart

À propos de RIEN NE VAUT QUE LA VIE, MAIS LA VIE MÊME NE VAUT RIEN[1]

BRIGITTA KUSTER

Letztens besuchte ich einen Workshop im Zentrum Moderner Orient (ZMO) in Berlin mit dem Titel »Vivre en transit et cosmopolitisme vécu par le bas« (Leben im Transit und von unten gelebter Kosmopolitismus). Schwerpunktmäßig sollte es um »migrations subsahariennes« (subsaharische Migrationen) über Nordafrika nach Europa gehen und um »analyses des expériences narratives« (Analyse der Erzählerfahrungen). Von beidem versprach ich mir Anregungen und vielleicht ein paar neue Fragen oder Perspektiven. Nicht zuletzt, um den vorliegenden Beitrag anzugehen – Migration und Medien/Afrika und Europa, ausgehend von der Videoarbeit, die ich zusammen mit Moise Merlin Mabouna vor mittlerweile sechs Jahren realisiert habe.

Das ZMO liegt eine Stunde S-Bahn von meinem Wohnort in Berlin entfernt, in einem Villenquartier, wo mir niemand begegnet. Hier gibt es bloß Jogger-/innen und Leute, welche an den von großen alten Bäumen gesäumten Straßen ihr Auto parken oder wegfahren. Angeblich wird in der Gegend oft gestohlen. Die Villa, in der das ZMO liegt, ist von einer hohen Mauer umgeben. Man muss erst am Tor klingeln und betritt dann die Anlage über einen Parkweg. Die Stimmung unter den Akademikern-/innen – die meisten sind mit einem Promotionsprojekt in Anthropologie

---

1 RIEN NE VAUT QUE LA VIE, MAIS LA VIE MÊME NE VAUT RIEN (NICHTS IST WIE DAS LEBEN, ABER DAS LEBEN SELBST IST NICHTS), 2-Kanal-Videoinstallation, Moise Merlin Mabouna und Brigitta Kuster, 24min., 2002/2003.

oder Geographie hier – ist nett, die Workshoporganisatorin betont zum Schluss, wie kollegial der Austausch gewesen sei. Der Kreis war sehr übersichtlich und ich die einzige, die selbst keinen Beitrag machte und nicht zum Institut gehörte, sondern als Zuhörerin gekommen war. Das verunsicherte ein bisschen: »Was führt Sie denn hierher zu uns?«

Installez-vous![2]

Eine Konfiguration von Dingen, Menschen und vielleicht auch Tieren beschreiben: weniger aus der Perspektive ihrer vorläufigen, flüchtigen, improvisierten, behelfsmäßigen, trägen, nachhaltigen oder beängstigend instabilen Anordnung, sondern aus der Perspektive der Praxen und Handlungen, die ihr vorangehen. Denn die Beschreibung einer Installation, also einer Einrichtung, scheint unweigerlich eine Tendenz zur »Wohnlichkeit« mit einzubegreifen.

Transit

Der Transit, der hier am ZMO Thema sein sollte, bezeichnet eine Art mittlere Zone in der Trias der Narrativierung von Migration, also die Lage zwischen Abreise/Herkunft und Ankunft/Diaspora. Aus diesem Term, der das Unterwegs-Sein oder die Bewegung selbst als eine Art Missing Link markiert, resultieren jedoch, so die Workshopankündigung, vor allem Missverständnisse. Woraus diese bestehen, oder besser, woran die entsprechenden Verständnisse abprallen – darüber ergab sich im Verlauf der aufeinander folgenden Präsentationen und Diskussionen nicht wirklich Verständigung. Vielleicht weil das Missverständnis zu sehr vom Verständnis her konzipiert wird, sodass anhand unterschiedlicher Fall-

---

2 Nehmen Sie Platz!

beispiele vorwiegend dargelegt wurde, dass im Transit die Begriffe und Vorstellungen von Herkunft und Zielort in Bewegung versetzt werden und dass ihre Deskriptionsfähigkeit auf Schleuderkurs gerät.

Camps

Die Topographie migrantischer Camps, die weit über das von den europäischen Außengrenzen eingefasste Territorium hinausreichen, scheint einen zentralen Aspekt der gegenwärtigen Europäisierung des Migrations- und Grenzregimes auszumachen. In der Literatur[3] wird dieser Prozess als Deterritorialisierung der Grenzen und als eine Extraterritorialisierung der Migrationskontrolle beschrieben. Solche Camps mögen allerdings nationalstaatlich angeordnet, aber von privaten Unternehmen betrieben werden oder sie sind von suprastaatlichen Organismen wie etwa dem UNHCR installiert; sie mögen als informelle oder selbstorganisierte Strukturen entstanden sein, die mit restriktiven polizeilichen Zu- und Ausgängen ausgestattet oder durch Formen der sozialen Kontrolle neuer migrantischer Communitys reguliert werden; – gemeinsam ist ihnen dabei vielleicht bloß eines: Sie können als »Entschleunigungsräume«[4] begriffen werden, als Räume, welche die Bewegungen der Migration, das Unterwegs-Sein, temporär zum Erstarren bringen.

---

3 Z.B. Helmut Dietrich: »Das Mittelmeer als neuer Raum der Abschreckung, Flüchtlinge und MigrantInnen an der südlichen EU-Außengrenze« (2005); TRANSIT MIGRATION Forschungsgruppe (Hg.): *Turbulente Ränder. Neue Perspektiven auf Migration an den Grenzen Europas* (2007); Sandro Mezzadra/Brett Neilson: *Die Grenze als Methode, oder die Vervielfältigung der Arbeit* (2008); Christopher Ndikum Nsoh: *The European Union Internal Exclusion and Extra- Territorialisation of Asylum Seekers and Migrants into Camps* (2008); William Walters: »Mapping Schengenland: Denaturalizing the Border« (2002); Rutvica Andrijasevic: »From Exception to Excess« (2010).

4 Dimitris Papadopoulos/Niamh Stephenson/Vassilis Tsianos: *Escape Routes. Control and Subversion in the Twenty-first Century* (2008), S. 197ff.

Installer une vidéo

Die Aufnahmen für die Videoinstallation RIEN NE VAUT QUE LA VIE, MAIS LA VIE MÊME NE VAUT RIEN sind im Verhältnis zu einem solchen Entschleunigungsraum entstanden. Die Terminologie, mit welcher dieser Ort in den Aufnahmen auftaucht, ist »le Heim«. »Collega« bezeichnet das Verhältnis der dortigen Bewohner untereinander. Die Kamera und ich selbst treten als Akteure von außerhalb ins Verhältnis zum Ort des Geschehens, technisch gesehen eine Unterkunft für Migranten-/innen während des Asylverfahrens in Sachsen-Anhalt in Deutschland, drei Zugstunden plus eine Dreiviertelstunde Fußmarsch ab dem Bahnhof vor Ort von meinem Wohnort in Berlin und unserem späteren Schnittplatz entfernt.

Entschleunigung

In die zeitliche Vorstellung des Transits als Move bricht im Camp eine Diskontinuität ein: warten, nachdenken und beobachten, Kontakte knüpfen, Netzwerke reaktivieren, neue Mittel besorgen, arbeiten, diffundieren, sich multiplizieren. Um-, Ab- und Rückwege oder etwa eine Art »Niederlassung« ergeben sich daraus. Dimitris Papadopoulos, Niamh Stephenson und Vassilis Tsianos schlagen vor, die Camps weniger als räumliche Konfigurationen, sondern vielmehr in ihrer Eigenschaft und Funktion als Stopover zu dechiffrieren.[5] Sie sprechen von einer »differentiellen Inklusion« in die »Zeithorizonte der entsprechenden Gesellschaften«,

---

5 Ebd., S. 197.

die allerdings einer »postliberalen Souveränität«[6] folge: Mittels der gegenwärtigen Camps werde die Determiniertheit der Migration weder ins nationalstaatliche Paradigma inkludiert noch daraus exkludiert, sondern »temporär abgelenkt« und auf diese Weise den flexiblen globalen Kapitalströmen unterworfen.[7] Mit dem Konzept der Entschleunigung wollen die Autoren-/innen Camps, welche in die Ausrichtung der Migration eingreifen und ihre »Direktionalität« modulieren, »von unten« denken und ihre Eigenschaft als »Heterotopien der Souveränität«[8] analysieren.

Wie artikuliert sich ein Entschleunigungsraum und wer/was spricht von unten?

Du hast den Weg hierher gemacht; du bist in Zerbst angekommen. Du bist am Bahnhof ausgestiegen, und du hast die Distanz gesehen.

Heterotopie

Michel Foucaults Begriff Heterotopie bietet einen Rahmen, um Camps im Transit von ihrer Einspannung in den eindimensionalen Vorstellungshorizont von Migration, der einem »methodologischen Nationalismus« unterworfen ist, herauszulösen. Heterotopien sind laut Foucault Orte (»lieux«), die außerhalb aller Orte liegen, aber geortet werden können und reale Plätze (»emplacements«) besetzen.[9] Sie lassen sich weder in ihrer eigenen Spezifik darstellen noch aus sich selbst heraus beschreiben oder identifizieren. Ihre Realität besteht weniger aus dem, was sie

---

6 Ebd., S. 197, 196 198-199, 209-210.

7 Ebd., S. 193-194, 199.

8 Ebd., S. 198, 191, 200.

9 »[...] des sortes de lieux qui sont hors de tous les lieux, bien que pourtant ils soient effectivement localisables. Ces lieux, parce qu'ils sont absolument autres que tous les emplacements qu'ils reflètent et dont ils parlent, je les appellerai, par opposition aux utopies, les hétérotopies.« Michel Foucault: »Des espaces autres« (1967).

sind, als vielmehr aus dem, was sie reflektieren und sprechen: Eine gesellschaftliche Ordnung, die in ihrer grundsätzlich lokalen Platzierung
sichtbar wird, jedoch nicht als Utopie im Sinne einer Transzendenz gegebener gesellschaftlicher Topographien, sondern im Sinne einer radikalen
Immanenz. Das Sprechen der Heterotopie, welches Michel Foucault Heterotopologie[10] nennt, bezeichnet er als ein ebenso reales wie mythisches
Anfechten des tatsächlichen Raumes, in dem wir leben. – Aber: Wer oder
was spricht hier?

Heterotopien sind Orte der Krise oder der Devianz; sie zeichnen sich
durch ein System von Öffnungen und Schließungen aus und erfüllen jeweils eine bestimmte gesellschaftliche Funktion. Darüber hinaus sind sie
jedoch auch durch besondere Formen sich zeitlich überlagernder Ereignisse gekennzeichnet. Es sei die Zeitstruktur – ein Zeitenschnitt bzw. eine
Zeitmontage – »decoupage du temps«[11] –, welche die Heterotopie nach
außen abgrenze und in Richtung Heterochronie öffne: »une rupture absolue avec le temps traditionnel«[12] (ein absoluter Bruch mit dem tradierten
Zeitbegriff). An Beispielen wie der modernen Institution des Museums,
den alljährlichen Festen oder dem touristischen Ressort macht Foucault
die Heterochronie als akkumulativen oder in die Länge gezogenen und
»chronisch« angelegten Schnitt durch die Zeit fest. Die chronologische
Anordnung der vergehenden Zeit wird im Camp aber keineswegs ausgehebelt. Sondern sie wird der Permanenz einer virtuellen Umtaktung
unterzogen. Das heißt, im Camp sind Zeitabläufe nicht grundsätzlich
aufgehoben, sondern sie werden einer radikalen Umgestaltbarkeit unterworfen. Die Heterochronie, so die Überlegung, besteht hier in der Aktivierung eines multiplen Zeitdifferentials, in dem sich temporäre Schaltstellen/Relais zu gesellschaftlichen Zeitschienen öffnen können.

---

10 Ebd.
11 Ebd.
12 Ebd.

»Nous n'avons pas d'issue, nous n'avons pas de chance en Allemagne«[13]

Unser Videoprojekt lässt sich vielleicht als ein solches Relais in den Blick nehmen. Die ihm zugrunde liegende Motivation bestand im Wesentlichen darin, das Camp und seine Lebensbedingungen zur Sprache zu bringen. Es setzte sich über das schlichte Erzählen des Camps in Gang. Die Narration folgte den zur Verfügung stehenden Zeitstrukturen Realzeit, Ex-post oder Antizipation. Allerdings wurde deren Anordnung an der permanenten Umtaktung im Verhältnis zum Erzählten gestört. Die Zeitenanordnung beugte sich gewissermaßen an sich selbst: Wir bekamen es mit Bildern zu tun, die nicht hatten gefilmt werden können, die zu filmen aber ein zentrales Verständnis des Lebens im Camp versprochen hätten. Es ging um Sprechweisen, die im Camp stattgefunden haben, ohne dass sie hier eigentlich hätten stattfinden können. – Dies, nicht das – anwesend, abwesend – sichtbar, nicht zu sehen – du, ich – drinnen, draußen – mit Kamera, ohne Kamera – sehen, gesehen werden – dort, hier – jetzt, in Zukunft … Solche Darstellungsakte, die sich im Sprechen und Schauen konstant fortzusetzen schienen, haben wir gegeneinander montiert und zu zwei Narrationsketten zusammengefügt, in denen sich der durchgehend duale Modus verschiebt, bloß um an der nächsten Anschlussstelle in anderer Weise erneut zum Tragen zu kommen.

Zwei episodische Serien ohne Beginn und Abschluss artikulieren die Gleichzeitigkeit von Unvereinbarem, einander diametral Entgegengesetztem des »emplacement«[14] namens Camp in einer Weise, die sich als ein heterotopisches Ver-Sprechen auf der Suche nach einem funktionstüchtigen Relais verstehen ließe. Das Relais selbst ist dann der Augenblick einer sich temporär öffnenden Einfügbarkeit des Bezeichneten in den Horizont des gesellschaftlichen Zeitensinns: Als spezifische Schalter stehen diesbezüglich Repräsentationen wie etwa »Afrikaner in Europa«, »Flüchtling« oder »Illegalisierter« bereit. Die Heterotopologie stottert diese Schaltstellen/Situationen entlang der Umtaktungskette als mögliche Unmöglichkeiten, als phantasmagorische Tatsachen. Sie bekräftigt die Schaltstellen der Inklusion und der Unterwerfung ebenso sehr wie sie sie negiert. Sie begehrt sie ebenso viel wie sie sie ablehnt. Sie beschreibt sie ebenso eindringlich als unweigerliche Tatsache wie als etwas, das nie-

---

13 Wir finden keinen Ausgang, wir haben kein Glück in Deutschland.
14 Ebd.

mals wird eingetreten sein dürfen. So weist das Sprechen dieser synchronen Differentiale auch eine Beschleunigung auf: Aus dieser Perspektive in den Blick genommen, bemisst die Bruchstelle mit der herkömmlichen Ordnung der Zeit – zumindest virtuell, als Film oder Video – die Abstände zwischen gesellschaftlichen Orten neu. Die differentielle Inklusion als eine Funktion des Camps erscheint nun nicht mehr als ein Ende des Transits, denn der Transit selbst beginnt die Konturen eines utopischen Horizonts der Heterochronie von Camps anzunehmen. Oder anders: Ein Ort, wo die Migration den Weggang und die Ankunft weniger als Weggang oder Ankunft spricht, sondern als ein Irgendwo, das doch irgendwo anders gelegen wäre.

Réflexion, installation

Der Bruch mit der herkömmlichen Zeitenordnung entspricht der Macht einer Heterotopie, an einem einzigen tatsächlichen Ort mehrere untereinander inkompatible Räume und Plätze mit einzubeziehen. Für den vorliegenden Fall trifft dies über das Camp hinaus auch auf die installative Anordnung als Heterotopie und sogar auf das ihr vorgängige Filmen zu. Denn die Gleichzeitigkeit des Abwesenden/Anwesenden wie der Beschleunigung und Entschleunigung wiederholen und spiegeln sich in den Videoproduktions- und -reproduktionsverhältnissen. Heterotopien verketten sich möglicherweise besonders gut mit weiteren Heterotopien. Und wenn sie dies tun, reicht ihr Sprechen über den Widerhall als Anderes in Entsprechungen hinaus – und wird vielleicht auch erst dann zur Heterotopologie. Wenn das Camp aus sich und »von unten« spricht, so meine Vermutung, spricht es exakt an der Stelle heterotopischer Überlagerungen und beschleunigt dabei das sich multiplizierende Anderswo als ein reflexives Potenzial, das sich seine Wege bahnt. – Foucault schreibt dies:

Und ich glaube, daß es zwischen den Utopien und diesen gänzlich anderen Standorten (emplacements), diesen Heterotopien, zweifelsohne eine Art vermengte gemeinsame Erfahrung gibt, die jene des Spiegels wäre. Der Spiegel ist, nach allem, was wir wissen, eine Utopie, weil es ein Ort ohne Ort ist. Im Spiegel sehe ich mich dort, wo ich nicht bin, in einem unwirklichen Raum, der sich virtuell hinter der Oberfläche auftut; ich bin dort, wo ich abwesend bin, ich bin eine Art Schatten, der mir meine eigene Sichtbarkeit gibt und der mir erlaubt, mich dort zu sehen, wo ich nicht bin – das ist die Utopie des Spiegels.

Aber es handelt sich auch um eine Heterotopie insofern der Spiegel tatsächlich existiert und insofern er an dem Platz, den ich einnehme, eine Art Umkehreffekt herbeiführt; mittels des Spiegels entdecke ich, daß ich an dem Ort abwesend bin, wo ich eigentlich bin, weil ich mich dort sehe. Mit diesem Blick, der in gewisser Weise auf mir ruht, aus den Tiefen dieses virtuellen Raums, der auf der anderen Seite des Spiegels ist, komme ich wieder zu mir und beginne erneut, mein Augenmerk auf mich zu richten und mich, dort wo ich bin, wiederzuerschaffen. Der Spiegel funktioniert wie eine Heterotopie in dem Sinne, daß er diesen Platz, den ich in dem Augenblick einnehme, in dem ich mich im Spiegel betrachte, gleichzeitig vollkommen wirklich ist in Verbindung mit dem ganzen umgebenden Raum, und vollkommen unwirklich, weil dieser Ort durch diesen virtuellen Punkt, dort, durchgehen muss, um gesehen um werden.[15]

Literatur

Andrijasevic, Rutvica: »From Exception to Excess«, in: Nicholas de Genova/ Nathalie Peutz (Hg.): *The Deportation Regime: Sovereignty, Space, and the Freedom of Movement*, Durham: Duke University Press 2010, S. 147-165.

Dietrich, Helmut: »Das Mittelmeer als neuer Raum der Abschreckung, Flüchtlinge und MigrantInnen an der südlichen EU-Außengrenze« (2005). Download unter http://www.ffm-berlin.de/mittelmeer.html [letzter Abruf am 11.02.2010].

---

15 »[…] et je crois qu'entre les utopies et ces emplacements absolument autres, ces hétérotopies, il y aurait sans doute une sorte d'expérience mixte, mitoyenne, qui serait le miroir. Le miroir, après tout, c'est une utopie, puisque c'est un lieu sans lieu. Dans le miroir, je me vois là où je ne suis pas, dans un espace irréel qui s'ouvre virtuellement derrière la surface, je suis là-bas, là où je ne suis pas, une sorte d'ombre qui me donne à moi-même ma propre visibilité, qui me permet de me regarder là où je suis absent – utopie du miroir. Mais c'est également une hétérotopie, dans la mesure où le miroir existe réellement, et où il a, sur la place que j'occupe, une sorte d'effet en retour; c'est à partir du miroir que je me découvre absent à la place où je suis puisque je me vois là-bas. À partir de ce regard qui en quelque sorte se porte sur moi, du fond de cet espace virtuel qui est de l'autre côté de la glace, je reviens vers moi et je recommence à porter mes yeux vers moi-même et à me reconstituer là où je suis; le miroir fonctionne comme une hétérotopie en ce sens qu'il rend cette place que j'occupe au moment où je me regarde dans la glace, à la fois absolument réelle, en liaison avec tout l'espace qui l'entoure, et absolument irréelle, puisqu'elle est obligée, pour être perçue, de passer par ce point virtuel qui est là-bas.« Foucault, ebd., S. 3, 2. Absatz (Übers. MG und BK).

Foucault, Michel: »Des espaces autres« (1967), Hétérotopies, in: ders.: Dits et écrits, Des espaces autres (conférence au Cercle d'études architecturales, 14. mars 1967), in: *Architecture, Mouvement, Continuité*, Nr. 5, okt. 1984, S. 46-49. Download unter http://foucault.info/documents/heteroTopia/foucault. heteroTopia.fr.html [letzter Abruf am 8.2.2010].

Mezzadra, Sandro/Brett Neilson: »Die Grenze als Methode, oder die Vervielfälti-gung der Arbeit« (2008). Download unter http://eipcp.net/transversal/0608/mezzadraneilson/de [letzter Abruf am 11.2.2010].

Nsoh, Christopher Ndikum: *The European Union Internal Exclusion and Ex-tra- Territorialisation of Asylum Seekers and Migrants into Camps*, Dok-torarbeit, Freie Universität Berlin (2008). Download unter http://www.diss. fu-berlin.de/diss/receive/FUDISS_thesis_000000004492?lang=en [letzter Abruf am 11.2.2010].

Papadopoulos, Dimitris/Niamh Stephenson/Vassilis Tsianos: *Escape Routes. Control and Subversion in the Twenty-first Century*, London: Pluto Press 2008.

TRANSIT MIGRATION Forschungsgruppe (Hg.): *Turbulente Ränder. Neue Perspektiven auf Migration an den Grenzen Europas*, Bielefeld: transcript 2007.

Walters, William: »Mapping Schengenland: Denaturalizing the Border«, En-vironment and Planning D: *Society and Space*, 2002, Bd. 20, S. 561-580. Überarbeitete Fassung als Download unter http://www.transitmigration.org/db_transit/ausgabe.php?inhaltID=132 [letzter Abruf am 11.2.2010].

Das Camp und ich

MOISE MERLIN MABOUNA

RIEN NE VAUT QUE LA VIE, MAIS LA VIE MÊME NE VAUT RIEN[1] ist heute
für mich nicht nur ein Film, sondern meine Verankerung in Deutschland.
Meine Person beginnt mit diesem Film hier zu existieren. Darüber hinaus
ist er ein Ratgeber. Häufig ruft er mich zur Ordnung, falls ich die Grund-
sätze des Lebens, die ich in Zerbst[2] erlernt habe, vergesse. Der Film, den
ich bis heute nicht ohne Heimweh sehen kann, erinnert mich jedes Mal
wieder an die Zeit, als ich von Kamerun wegging und hier noch nicht
richtig angekommen war. Ich würde sogar sagen, dass er mein geheimes
Tagebuch ist; daher auch die Beklemmung, die ich empfinde, wenn ich
ihn mit meinen Leuten ansehe – ein bisschen wie ein Kind, das nicht will,
dass irgendjemand seine Nase in sein Tagebuch steckt. Ich fühle mich
wie ausgezogen vor denjenigen, die ihn sehen; es ist aber eine Nacktheit,
die ich heute mit demselben Stolz auf mich nehme wie das Gefühl der
Beklemmung.

Im Film werden einerseits wir Asylsuchenden entblößt und andererseits das deutsche Asylsystem. Das Entscheidende ist allerdings, den
Mut gehabt zu haben, das deutsche Asylsystem enthüllt zu haben, weil

---

1 RIEN NE VAUT QUE LA VIE, MAIS LA VIE MÊME NE VAUT RIEN (NICHTS IST
   WIE DAS LEBEN, ABER DAS LEBEN SELBST IST NICHTS), 2-Kanal-Videoins
   tallation, Moise Merlin Mabouna & Brigitta Kuster, 2002/2003, 24min.

2 In Zerbst befindet sich das Asylbewerberheim, Landkreis Zerbst/Anhalt,
   Sachsen-Anhalt, ca. 140 Kilometer südwestlich von Berlin zwischen Magdeburg und Dessau gelegen. Zerbst machte Schlagzeilen, als in der Nacht
   zum 30.4.1999 Unbekannte einen Brandanschlag auf das Heim verübten.
   Vgl. hier die Chronik des Projekts »gegenPart, das Internetportal gegen
   Rechts für Dessau und Umgebung« http://wp1120467.wp165.webpack.host
   europe.de/lap/gp-chronik/front_content1cf3.html?idcat=19 (letzter Abruf
   am 7.6.2010), Anm.d.Ü.

es mies ist und vor allem unmenschlich. Das Ziel, das wir uns gesetzt hatten, war, dieses System zu entlarven, und wir freuen uns darüber, dass es uns gelungen ist. Aber ohne meine Kollegin Brigitta Kuster hätte ich niemals die Kraft gehabt, allen Tücken dieses Parcours die Stirn zu bieten. Ihre Anwesenheit und Freundschaft haben mir Gelassenheit und Mut gegeben. Denn es geht um nichts Geringeres als um den Kampf für die Menschenrechte.

Berlin, Frühjahr 2010
Aus dem Französischen von Marie-Hélène Gutberlet

Genesen

RIEN NE VAUT QUE LA VIE, MAIS LA VIE MÊME NE VAUT RIEN, Frankfurt a.M., 13.-18.12.2007

MARIE-HÉLÈNE GUTBERLET

Brigitta Kuster und Moise Merlin Mabounas gemeinsame Arbeit beginnt 2002 in einem Flüchtlingscamp in Zerbst zwischen Magdeburg und Dessau: Brigitta Kuster mit der Kamera, Moise Merlin Mabouna mit den Erfahrungen als Bewohner des Heims.

Als Künstlerin und Filmschaffende nähert sich Kuster gewissermaßen von den Rändern her dem Zentrum der gesellschaftlichen Auseinandersetzungen, wenn sie sich mit Arbeit, sexueller Identität, Migration oder Transnationalität auseinandersetzt.[1] In diesem Arbeitsfeld realisierte sie den Film S. – JE SUIS, JE LIS À HAUTE VOIX [passing for] 2005 im Kontext des Projekts *Transit Migration*[2], in dem ihre Auseinanderset-

---

1 Vgl. ihre Beteiligung an den Ausstellungen, teils auch als Kuratorin: »Atelier Europa« (Kunstverein München 2004), »Kollektive Kreativität« (Friedericianum Kassel 2005), »Projekt Migration« (Köln 2005), »Normal Love. Precarious Sex, Precarious Work« (Künstlerhaus Bethanien Berlin 2007).

2 Vgl. http://www.transitmigration.org. Die Selbstbeschreibung: »TRANSIT MIGRATION wurde im Rahmen von ›Projekt Migration‹ (www.projekt migration.de) gegründet, ein Initiativprojekt der Kulturstiftung des Bundes in Kooperation mit DOMiT e.V. (Dokumentationszentrum und Museum über die Migration aus der Türkei und dem Kölnischen Kunstverein. Im Projekt TRANSIT MIGRATION wurden von 2002 – 2006 auf der Basis einer kollaborativen Zusammenarbeit zwischen Forscher/innen, Filmemacher/innen, Medienaktivist/innen und Künstler/innen neue Forschungs- und Produktionsmethoden entwickelt und erprobt. Forscher/innen und Kulturproduzent/innen arbeiteten während zwei Jahren zur Entstehung ei-

zung mit der Frage, wie man Migration als einen definierten Wissensher-
stellungszusammenhang dokumentieren kann, ihren filmischen Anfang
nimmt. Sie schreibt dazu:

Wie lässt sich ein dokumentarisches Verhältnis herstellen zu der Wissensproduktion der Migration und ihren aktiven Strategien, trotz vielfältiger Barrieren
und Ausschlüsse Bewegungsraum zu schaffen, Kategorisierungen zu unterlau-
fen und umzuformen, das diese nicht auf direktestem Weg den Wissensformen
zuführt? [...] Wie lässt sich in einem Film der Versuch unternehmen, [...] das,
was als Autonomie [der Migration] beschrieben wird, verkörpert zum sprechen zu bringen, ohne dieser Verkörperung wieder einen Körper der Migran-
tIn anzuheften? Wie also, so liesse sich diese Frage von einer anderen Seite
her stellen, sehen ›aktive Strategien‹ der (kulturellen) Wissensproduktion aus,
die nicht *über*, sondern *mit* den Praktiken der Migration agieren? Oder: Ist der
Wunsch, etwa hinter einer Kamera zu stehen, und ›von diesseits der Grenze
aus‹ etwas über ›die Praktiken der Migration‹ kennenzulernen, um sie mittels
einer Bildproduktion in eine gesellschaftliche Debatte zu integrieren, die davon bisher wenig Notiz genommen hat, nicht bereits dasselbe wie der Wunsch,
sie zu kontrollieren und zu regulieren?[3]

In RIEN NE VAUT QUE LA VIE, MAIS LA VIE MÊME NE VAUT RIEN – Kusters
nächster Arbeit – wird die Frage nach einem dokumentarischen Zugang
zur Migrationswirklichkeit als Macht ausübende Konstellation aufgebrochen durch die Präsenz eines Mitstreiters – Moise Merlin Mabouna. Er
wird zunächst im Camp gemeinsam mit den anderen Flüchtlingen gefilmt, nimmt dann aber eine deutlich aktivere Position ein, indem er sich
an den Schnittplatz setzt und an der Fertigung des Bildes, das wir als Zuschauer vom Asylbewerberheim und den Bewohnern bekommen, teilhat.
Damit tritt er allmählich als Koautor des Films hervor.

---

nes neuen europäischen Grenzregimes und zu Bewegungen transnationa-
ler Migration über die Grenzen der EU hinweg und befragten die Darstell-
barkeit bzw. Darstellung dieser Realität im Wissenschaftsdiskurs, in den
Medien und in der Kunst. Dabei entstanden eine Reihe kultureller Produk-
tionen, Analysen und Ergebnisse, wurden Workshops und internationale
Symposien durchgeführt und Publikationen herausgegeben. Seit 2007 ist
TRANSIT MIGRATION unter dem Namen transit e.V. als unabhängiger
Verein mit Sitz in Berlin organisiert.« (letzter Abruf am 10.6.2010)

3 Brigitta Kuster: »S. – je suis, je lis à haute voix [passing for]«, 2005, unter
   http://www.transitmigration.org/db_transit/ausgabe.php?inhaltID=70 (letzter Abruf am 10.6.2010).

Entstanden ist eine dialogische Videoarbeit, die erstmals im Kontext von *Projekt Migration*[4] präsentiert wurde, wenige Jahre vor Beginn von *Migration & Media*[5] in Frankfurt am Main.

RIEN NE VAUT QUE LA VIE, MAIS LA VIE MÊME NE VAUT RIEN wurde in Frankfurt gezeigt, andernorts war das Video teils als Installation in anderer Raumgestaltung, teils als Projektion gezeigt worden. Ich hatte mit Studierenden der Filmwissenschaft überlegt, diese Arbeit zur ersten Plattform *Migration & Media* 2007, »The Location of African Migration in Cinema and Fine Arts Symposium, 14.-15.12.2007« als Installation zu präsentieren, zunächst, um herauszufinden, wie ein universitärer Raum unter Verwendung von Medien zu einem Schauplatz wird. Wir setzten uns alsbald damit auseinander, wie es gelingen kann, einen Ort so zu verwandeln, dass an derselben Stelle ein neuer Raum entsteht, wo anders als bislang über die Zeugenschaft von Bildern und deren Eignung zum Portrait von Menschen oder Landschaften nachgedacht werden kann. Es sollte ein Raum auf Zeit definiert werden, in dem jedwede Frage Platz hat.

RIEN NE VAUT QUE LA VIE, MAIS LA VIE MÊME NE VAUT RIEN: Wer ist da zu sehen? Was machen diese jungen schwarzen Männer? Wie sprechen sie? Wie fühlen sie sich? Was feiern sie für Parties? Wo ist das? Waren die im Grünen gelegenen Bauten vorher eine Jugendherberge? Eine Kaserne? Baracken für Aussiedler? Wer macht dort Bastelstunde mit Erwachsenen? Was ist das für ein postindustrielles Niemandsland?

Allein schon mit den Fragen schleicht sich eine von einer durchgeplanten Zeitverfügung sehr verschiedene Zeitökonomie und Geographie ein. Filme und allgemeiner Bewegtbilder vermögen es, ein eigenes Zeitmaß zu etablieren, das der sie umgebenden Ordnung (ihrer Zuschauer)

---

4 *Projekt Migration* ist ein Initiativprojekt der Kulturstiftung des Bundes Köln, Kölnischer Kunstverein 2002-2006 mit den Schwerpunkten Kunst, Geschichte und Wissenschaft; http://www.projektmigration.de/ (letzter Abruf am 7.6.2010).

5 Im Kontext des von Sissy Helff und mir 2006 initiierten Projekts *Migration & Media* fanden bislang zwei Plattformen statt: »The Location of African Migration in Cinema and Fine Arts« an der Goethe-Universität und im MalSeh'n Kino Frankfurt am Main 14.-15. Dezember 2007 mit dem Fokus auf die Darstellung von Migration in Kunst und Kino und die Strukturen, in denen Filme und Kunstwerke zirkulieren; »Literature of the African Diaspora: Languages of Mobility//Languages of Flight?« an der Goethe-Universität und im Hessischen Literaturforum, Künstlerhaus Mousonturm Frankfurt am Main 16.-17. Januar 2009, mit Fokus auf Autoren, Wissenschaftler, Journalisten und Literaturagenten und ihre Ansätze im Umgang mit Migration, subjektiver Sprache, Labeling und dem Literaturmarkt.

zuwiderläuft. Wo also sind wir hier gelandet? Es dauert eine ganze Weile, bis die einzelnen Einstellungen klarmachen, dass die so verschieden aussehenden Leute Bewohner der Baracken eines »Heims«, »Camps« oder »Lagers« sind. Die Wortwahl ist heikel, weil sie unwillkürlich an andere Geschichten mit Heimen, Camps und Lagern erinnert, an Landheime, Heime für Schwererziehbare oder Obdachlose, an Displaced Persons Camps, Internierungslager, Arbeitslager, Konzentrationslager, Vernichtungslager. Andererseits muss kein neuer Begriff gefunden werden, weil die Art der kasernierten Unterbringung von Asylsuchenden nun mal als Variation eines bekannten Kontrollregimes erscheint: durch Internierung an entlegenen Orten, Beschränkung des Bewegungsradius und der Arbeitserlaubnis, Rationierung von Essen und Geld. Im Film sprechen die Insassen davon, wie weit sie sich vom Heim und von Zerbst wegbewegen dürfen und ab welchem Punkt sie sich strafbar machen und ihr Asylannahmeverfahren aufs Spiel setzen. Neben der Frage, wo wir hier gelandet sind, stellt sich zudem auch die Frage, wann in unserer Wahrnehmung die Leute als Bewohner des Heims und dann als Asylbewerber und »Gefangene« – so der Ausdruck eines von Merlin Mabounas Mitstreitern im Heim – identifiziert werden. Dies sind Fragen, die in erster Instanz die Videoarbeit an die Bewohner des Heims stellt und die sich in einem zweiten Schritt aufdrängt, nochmals an das Video und an die spezifische Situation in Frankfurt zu stellen.

Die Wahl des Ausstellungsortes fiel auf den Gang unterm Dach im 7. Stock des auch euphemistisch Poelzig-Ensemble oder Campus Westend genannten IG-Farbenhauses, der die Filmwissenschaft und die Medienwissenschaft verbindet. Dort befinden sich die »Käfige«, vergitterte Abstellräume der Theater-, Film- und Medienwissenschaft, und der »Zwergengang«, der an den Käfigen entlangführt und der sehr niedrig ist, so dass Menschen, die über 1,65 Meter groß sind, sich zwangsläufig vorbeugen.[6] Es ist aber auch ein Ort, der in keinem Nutzungsplan der universitären Raumverwaltung gelistet ist, also gewissermaßen brachliegt. Hier konnten wir unbehelligt experimentieren und mit wissenschaftlichen Ter-

---

6 Die Architektur, die den Besucher zwingt, sich zu beugen, erinnert mich unwillkürlich an den malischen Toguna, jene aus Reisig gebauten Unterstände, wo man sich trifft, etwas trinkt und redet. Toguna sind bewusst so niedrig gebaut, dass man sich automatisch vor den Anwesenden verbeugt, wenn man eintritt. Auch kann man nicht aufstehen und gehen, ohne sich abermals verbeugt zu haben. Streitereien werden angesichts der Gefahr, mit dem Kopf im Geflecht steckenzubleiben, milde ausgetragen. Schließlich will sich niemand lächerlich machen.

ritorialgrenzen zwischen Film und Medien spielen. Schließlich bot einer der »Käfige« die diebstahlsichere Unterbringung der Abspieltechnik und wurde dazu mit Stoff verhängt, um das sich aufdrängende allegorische Bild vom »Asylbewerberheim« beziehungsweise »Lager« und »Gefängnis« abzumildern. Hier, mit geringem Aufwand als Raum markiert, lief die Installation für eine knappe Woche rund um die Uhr als Zweikanalvideo auf zwei voneinander abgewandten Monitoren, mit zwei Kopfhörern und zwei Sesseln aus dem Universitäts-Fundus der Kramer-Ära.

RIEN NE VAUT QUE LA VIE, MAIS LA VIE MÊME NE VAUT RIEN markierte einen Raum, veränderte ihn, besetzte ihn mit ortsfremden Ideen und ortsfremder Geschichte. Die Tatsache, dass diese Videoinstallation dort lief, bedeutete, diesem Ort eine andere Geschichte und ein anderes Licht zu geben, unsichtbare Geschichte mit anderen unsichtbaren Geschichten zu kontrastieren. Während der Besatzungszeit – das IG-Farbenhaus fungierte als Headquarter der amerikanischen Besatzung in der Bundesrepublik bis 1989 – hatte genau hier im Dachgeschoss die CIA ihre Büros und Abhöranlagen. Auch dieser Teil der Geschichte ist gegenwärtig nicht zu sehen. Eine Tafel vor dem Gebäude und die Dauerausstellung im Haus verweisen allenfalls auf die Bedeutung der IG-Farben in der Herstellung von Massenvernichtungswaffen und im Kontext von Internierung, Zwangsarbeit und Vernichtung während des NS-Regimes.

Die Geschichtsträchtigkeit des Gebäudes bildete auf diese Weise den Hintergrund für eine aktuelle Fragestellung, nämlich, welche Bilder gefunden werden können für die Realität von Menschen, deren Existenz durch die permanente Infragestellung ihres Status bedroht wird. Die Videoinstallation von Merlin Mabouna und Kuster antwortet auf die Bedrohung dieser Menschen, die zu Asylbewerbern und Insassen eines Heims gemacht werden, mit Fragmenten. Anstelle einer durchgehenden Erzählung, in der Biographien nachgezeichnet werden, werden hier unzusammenhängend wirkende Sequenzen montiert, die ein Puzzle mit vielen Löchern ergeben. Selbst der an eine Wand gefundene gekritzelte Titel »Rien ne vaut que la vie, mais la vie même ne vaut rien« erscheint wie ein Fragment, das ein Bewohner in Erinnerung an das Chanson »La vie ne vaut rien« von Alain Souchon 2002 in seinem Sinn und Gefühl weitergedichtet haben mag. Da all diese Fragmente vollkommen getrennt existieren und doch gleichzeitig wirken, entsteht ein Klima der Schichtung und der Befragung, Nähe, Irritation und der gedanklichen Fortsetzung (keines der Behauptung, Distanz und Beruhigung). Es entsteht ein Film, in den der Verweis formal eingeschrieben ist, dass es sich »nur« um Ausschnitte aus einem größeren Zusammenhang handelt, den wir aber nicht gezeigt bekommen, um Ausschnitte, die keine homogene Erzählung und keinen durchkomponierten Plot generieren.

Man hat dann für Momente Teil an der Langeweile, beobachtet Warten, verbringt mit den Leuten Zeit, nimmt sich die Zeit, weiß, dass die Zeit begrenzt ist, weiß nicht, was morgen ist und wohin die Zeit sich verflüchtigt. Das Video, die Situation in einem Transitlager und die Installationssituation entsprechen einander in einem wesentlichen Punkt: Alle drei sind flüchtig, zeitbasierte Medien, Lebens- und Präsentationsformen, eine transitäre Situation in Fragmenten, die sich formal und inhaltlich ineinander spiegelt.

Die Auseinandersetzung mit der Situation im Heim führt zwangsläufig zu einer Reflexion über die Art und Weise, wie man einen solchen Ort aufnehmen (nicht *was* macht Kuster, sondern *wie*), wie man den Bewohnern und dem Ort begegnen kann (wie wird Merlin Mabouna Videomacher), welche Sorgfalt auf die Angemessenheit der ästhetischen Form verwendet werden muss (Nähe, Distanz, Beharrlichkeit, Ruhe, Cadrage, Tempo, Rhythmus, Fluchtpunkte, Zufälle, Absicht/Absichtslosigkeit, Vorder-/Mittel-/Hintergrund etc.). Die Fragwürdigkeit des Abbildes aus der transitären Situation schließt sich zusammen mit Fragen der ästhetischen Form und der Form der Aufführung. Aus diesem Spannungsverhältnis ergeben sich Verbindungen, zum Beispiel zwischen dem ungenutzten Verbindungsgang im Uni-Gebäude und den gefundenen Bildern dieses seltsam leeren Landstrichs in Sachsen-Anhalt oder zwischen dem verhältnismäßig kleinen Monitorbild und dem offenen Brachland mit lose verteilten Baracken und einer Freifläche – wo groteskerweise erwachsene Männer dazu angehalten werden, Pappautos zusammenzustecken und anzumalen; im Hintergrund Bäume, die den Horizont säumen, und eine funktionsorientierte Architektur, die Shopping-Malls, Parkplätzen und Flughafennebengebäuden gleicht.

Als Bewohner und Betrachter lernt man allmählich die Zeichen deuten, die diesen Ort unverwechselbar machen, jeden Busch auf dem Gelände, die Planke der Bank, die Euphorie, die die Feste auszulösen scheint. In RIEN NE VAUT QUE LA VIE, MAIS LA VIE MÊME NE VAUT RIEN sieht man die Verwandlung des Nicht-Ortes zum Heimischen, mit allen individuellen Verwandlungserfahrungen, die ihm anhängen. Nicht zuletzt sieht man die Verwandlung des unbekannten Flüchtlings bzw. Asylsuchenden zum Gestalter, Sprecher und Monteur seines persönlichen Befindens. Er wird wieder Moise Merlin Mabouna.

RIEN NE VAUT QUE LA VIE, MAIS LA VIE MÊME NE VAUT RIEN *wird im Februar 2011 im Musée de Bamako in der Ausstellung »Rester et je partir/ staying and leaving/ Ka toso any Ka taka« in einer weiteren Installationsvariante präsentiert werden.*

Videoarbeiten

RIEN NE VAUT QUE LA VIE, MAIS LA VIE MÊME NE VAUT RIEN (NICHTS IST WIE DAS LEBEN, ABER DAS LEBEN SELBST IST NICHTS*)*, Moise Merlin Mabouna und Brigitta Kuster, 2002/2003, DV, 24min.

S. – JE SUIS, JE LIS À HAUTE VOIX [passing for], Moise Merlin Mabouna und Brigitta Kuster, 2005, DV, 17min.

Beide Arbeiten sind bei Arsenal Experimental, Berlin als DVD im Verleih http:// www.arsenal-berlin.de//de/arsenal-experimental/intro.html

Karola Schlegelmilch,
Mamelles Almadies/Dakar/Senegal 2003 und Kumasi/Ghana 2006.

Architekturen der Migration/Migration der Architektur

Künstlerische Annäherungen

KERSTIN PINTHER

Architektur und Migration – diese beiden Bereiche wurden lange Zeit als geradezu antagonistische Prinzipien betrachtet, als kaum miteinander zu vereinbarende Entitäten gefasst. Während Architektur als für Dauerhaftigkeit und Ortsbezogenheit stehend analysiert wurde, brachte man Migration mit Mobilität, Bewegung oder gar Entwurzelung in Verbindung. Bis heute interessieren sich vor allem Künstler-/innen und Filmemacher-/innen – beispielsweise Clara Law mit ihrem Film FLOATING LIFE (1996)[1] oder Aysun Bademsoy in AM RANDE DER STÄDTE (2006) – für das wechselseitige Zusammenspiel von transnationaler Migration und Architektur.

Eine der wenigen Versuche seitens der Wissenschaften, die Themenfelder »Architektur und Migration« systematisch aufeinander zu beziehen, stammt von dem Architekturtheoretiker Stephen Cairns.[2] Ihm zufol-

---

1 Siehe hierzu Jane M. Jacobs: »Too Many Houses for a Home. Narrating the House in the Chinese Diaspora« (2001).

2 Stephen Cairns (Hg.): *Drifting. Architecture and Migrancy* (2004), hier vor allem seine Einführung: Stephen Cairns: »Drifting. Architecture/Migrancy« (2004). Siehe auch die von Ilka und Andreas Ruby zusammengestellte Vortragsreihe zu Migration, Architektur und Urbanismus im Rahmen der Kölner Ausstellung *Projekt Migration*; http://www.koelnischerkunstverein.de/portal/deutsch/programm/rueckblick/2002---2006/iarchitecture-in-migration/i/2173,12408.html [letzter Abruf 29.6.2010].

ge lebten durch zunehmende transnationale Migration[3] eine wachsende
Anzahl von Menschen an mehreren Orten und mache die Erfahrung von
Mobilität. Ein Sachverhalt, der auch die Konzepte und Inhalte von Architekturen und damit assoziiert von »Haus« und »Zuhause« verändert
habe. Jane Jacobs schreibt: »The house becomes one point in a more
dispersed and disjunctive geography, one that is no longer bound to a
single place but sutured into a relationally linked range of localities.«[4]
Nach Cairns kristallisierten sich vier thematische Felder heraus, in denen Migration und Architektur aufeinander bezogen sind: Unter 1., den
Architekturen für Migranten, verweist er auf die auch in der kritischen
Forschung und Kunstpraxis immer wieder thematisierten Orte des Transits – Flüchtlingslager und Stationen des Übergangs.[5] 2., die *Migration
von Architekten* erfolgte nicht selten unter den Bedingungen des Exils,
etwa während der NS-Diktatur, und ist im Kontext der modernistischen
Architekturen mit Namen wie Bruno Taut, Mies van der Rohe oder Ernst
May verbunden.[6] Als Beispiel für 3., die *Migration von Architektur*, ließe sich die von Anthony King untersuchte (koloniale) Verbreitung des
indischen Bungalows in alle Teile der Welt nennen.[7] Schließlich führt er
4. die von *Migranten selbst geschaffenen Architekturen* an und verweist
auf die Chinatowns amerikanischer Großstädte als prominentes Beispiel
hierfür. Mit Mike Davis[8] ließe sich die »Latinisierung«, die sich im urbanen Raum von Miami, Los Angeles und New York materialisiere, ergänzen. Die transnationalen Verbindungen zwischen Brazzaville und Paris
schließlich scheinen an manchen Orten ähnlich immaterielle oder flüchtige Architekturen in der französischen Kapitale hervorzubringen wie
sie auch von Filip de Boeck für Kinshasa beobachtet und theoretisiert

---

3   Vgl. Ludger Pries: »Transnationale soziale Räume. Theoretisch-empirische
    Skizze am Beispiel der Arbeitswanderungen Mexiko-USA« (1996); für
    den afrikanischen Kontext siehe Bruno Riccio: »From ›Ethnic Group‹ to
    ›Transnational Community‹? Senegalese Migrants' Ambivalent Experien-
    ces and Multiple Trajectories« (2001).

4   Jacobs, Too Many Houses, a.a.O., S. 167.

5   Vgl. Michel Agier: »Between War and City. Towards an Urban Anthropo-
    logy of Refugee Camps« (2002); Regina Bittner/Wilfried Hackenbroich/
    Kai Vöckler (Hg.): *Transnational Spaces/Transnationale Räume* (2007).

6   Zu einer postkolonialen Lesart des Wirkens von Ernst May in Ostafrika
    siehe Regina Göckede: »Der Architekt als kolonialer Technokrat depen-
    denter Modernisierung – Ernst Mays Planungen für Kampala« (2010).

7   Anthony King: *The Bungalow – The Production of a Global Culture*
    (1984).

8   Mike Davis: *Magical Urbanism. Latinos Reinvent the U.S City* (2000).

worden sind.[9] Was in den »Paarungen«, die Cairns als Resultate eines »association experiments« beschreibt, jedoch völlig unbeachtet bleibt, ist die Tatsache, dass nicht nur die »Ankunftsorte« architektonische Veränderungen erfahren, sondern alle Haltepunkte auf einer Bewegungslinie der Migration – und damit auch die Orte, von denen aus transnationale Migranten aufgebrochen sind und die weiterhin Teil ihrer Realitäten darstellen.[10]

Auch für den afrikanischen Kontext, der ebenso wie fotografische Positionen zum Thema »Architektur und Migration« den Fokus meines Essays bildet,[11] sind jene Zusammenhänge evident. Besonders die urbanen Zentren und ihre unterschiedlichen historischen Layer sind geprägt durch vielfältige architektonische Formen und Erscheinungen. Provisorische Architekturen, die Wiederverwendung von Restmaterialien für Hausbauten oder die Transformation einst kolonial implantierter Gebäude durch lokale Akteure wurden bislang jedoch allenfalls als Forschungsnotiz angeführt, die Kreativität der Stadtbewohner, das »wilde Basteln« in Verbindung gebracht mit künstlerischen Praxen der Avantgarde: Pep Subiros etwa, Kurator der Ausstellung *Africas. The Artist and the City*[12], beschreibt im gleichnamigen Katalog die Banlieue von Dakar als einen Ort von überwältigendem künstlerischen Reichtum. Was man dort finden könne, sei oftmals beeindruckender als die besten Installationen in den »heiligen Hallen« westlicher Kunsttempel: Kohlehandlungen, die an die Kunst Jannis Kounellis erinnerten, kleine Kioske, angesiedelt zwischen

---

9   Vgl. Janet MacGaffey/Rémy Bazenguissa-Ganga: *Congo-Paris: Transnational Traders on the Margins of the Law* (2000); Filip De Boeck/Marie Françoise Plissart: Kinshasa. Tales of the Invisible City (2004). Auch Architekten haben auf diese Phänomene reagiert und suchen nach Strategien, wie sich jener »urban mix« – so der Titel eines Themenheftes von *Architectural Design* – in architektonische Formen und bauliche Praxis überführen ließe: Sara Caples/Everado Jefferson (Hg.): *The New Mix. Culturally Dynamic Architecture* (2005).

10 Eine Ausnahme bildet hier die Untersuchung von Gautam Bhatia für indische Städte. Er identifiziert eklektizistische Stile wie Tamil Tiffany oder Punjabi Baroque als Ausdruck einer genuinen Neureichen-Kultur, die auf Mobilität und transnationalen Kontakten beruhe: Gautam Bhatia: *Punjabi Baroque, and other Memories of Architecture* (1994).

11 Mein Essay geht unter anderem auf Forschungsaufenthalte in Accra, Kumasi und Dakar in den Jahren 2000/2001 und 2007 zurück. Für Anregungen und Kritik danke ich Lucia Obi, Karola Schlegelmilch, Tobias Wendl und Marie-Hélène Gutberlet.

12 Pep Subirós: *Africa, The Artist and the City. A Journey and an Exhibition* (2001).

Mario Merz und Ilja Kabakov, Berge von Müll und Schrott – Müll, der beinahe spontan in Schönheit verwandelt würde. Eine furchtbare, verstörende Schönheit allerdings.[13] Wenngleich weniger euphemistisch als die eben angeführte Äußerung, die mit Jean-Loup Amselle[14] als weiterer Beleg für eine Ruinenästhetik angeführt werden könnte, mit der westliche Urbanisten afrikanischen Megacities oftmals begegneten, verweisen auch andere Autoren, unter ihnen Jean-François Werner[15], auf die oftmals heterogenen Architekturen in afrikanischen Städten, die durch Migration entstanden und nicht zuletzt ihren *visual overload* ausmachen. Als expliziter Forschungsgegenstand der Afrika- oder Kunstwissenschaften jedoch scheinen urbane Architekturen und Migration kaum wahrgenommen zu werden.

Eine andere Haltung gegenüber städtischen Architekturen Afrikas existiert in der zeitgenössischen Kunst, insbesondere in der fotografischen Praxis. Nicht zuletzt unter dem Eindruck des beständigen Wachstums der außereuropäischen Metropolen stehen die selbst organisierte Stadt, Migrationen von Architekturen und ihre Resultate, aber auch staatlich implantierte Massenwohnsiedlungen oftmals im Zentrum künstlerischen Arbeitens. Fotografen und Fotografinnen wie Aglaia Konrad, Karola Schlegelmilch, Francesco Jodice, Künstlerinnen wie Hala Elkoussy oder Lara Baladi thematisieren auf unterschiedliche Art und Weise urbane Räume und seine Architekturen.

Informelle Beziehungen, Netzwerke und Strukturen, die auf lokaler wie auch transnationaler Ebene funktionieren, sind typische Kennzeichen westafrikanischer Städte, ja scheinen sie geradewegs zu konstituieren. Bis 1990 – und heute ist die Zahl um ein Vielfaches höher – war mehr als die Hälfte der städtischen Bevölkerung in nichtformellen Strukturen tätig, die ein breites Spektrum verschiedenster Motivationen und Vorgehensweisen abdecken und vom Straßenhandel bis hin zur urbanen Landwirtschaft reichen.[16] Den einstigen kolonialen und modernistischen Versuchen, Städten wie Accra oder Dakar eine »planvolle Ordnung« zu geben, steht in der Postkolonie[17] die »selbst organisierte Stadt« gegen-

---

13 Ebd., S. 22.

14 Jean-Loup Amselle: *L'art de la friche. Essais sur l'art africain contemporain* (2005).

15 Jean-François Werner: *Marges, sexe et drogues à Dakar. Enquête ethnographique* (1993), S. 48f.

16 Vgl. Abdoumaliq Simone: »Die globalisierte urbane Ökonomie« (2002).

17 Siehe hierzu Achille Mbembe: *On the Postcolony* (2001).

über – die jedoch ältere, oft aus den 1960er Jahren stammende Infrastrukturen zu nutzen weiß und sich unter Hochbrücken und anderem urbanen »Inventar« einpasst.

Um flüchtige, informelle oder temporäre Architekturen, um Fragen der Aneignung und Umnutzung, um populäre Neubauten, die sich unterschiedlicher global zirkulierender Stile bedienen, geht es in den fotografischen Serien von Karola Schlegelmilch. Die in Berlin lebende Fotografin und Experimentalfilmemacherin bereist seit vielen Jahren westafrikanische Großstädte. Ausgestattet mit einer besonderen Neugierde und einem großen Interesse an den Formen populärer Architekturen, unternimmt sie ausgedehnte fotografische Stadterkundungen. Auf diese Weise ist ein umfangreiches Archiv entstanden, welches jenseits repräsentativer Stadtansichten die Randzonen der Städte, »alltägliche« Architekturen oder periphere Infrastrukturen zeigt. Aus diesem Fundus schöpft Karola Schlegelmilch für ihre raumbezogenen Installationen und Ausstellungen.

Ihre Bilder stammen größtenteils aus Dakar (Senegal), den ghanaischen Städten Accra, Kumasi und Cape Coast sowie aus Cotonou in Benin; sie zeigen Kioske, modernistische Serienbauten, fantastische Villenarchitekturen, ungewöhnliche Anbauten, rudimentäre architektonische Gebilde im öffentlichen Raum der Stadt, auch temporäre Unterstände. In einer ihrer Dakar-Serien ist sie einem bislang völlig unbeachteten architektonischen Experiment auf der Spur. Ihre Bilder zeigen *Boules*-Architekturen (Vgl. die Abb. auf S. 94 Karola Schlegelmilch: Zone B/ Dakar/Senegal 2006), auch *Maison ballons* genannt, deren Baupläne Ende der 1950er Jahre aus der amerikanischen Suburbia nach Senegal gelangten. Dort – wie übrigens auch in Pakistan und Brasilien – wurden sie als kostengünstige Behausungen für die unteren Einkommensschichten angeboten.[18] Später wurden die Bauten, die offiziell auch als »indigene« Architekturen bezeichnet und mit prähistorischen Hütten verglichen wurden, an Privatleute verkauft, die sie in Küchen, Arztpraxen, Kioske oder – zur Hälfte »aufgeschnitten« – in einen Wohnhaus-Annex umgewandelt haben.

Doch geht es Karola Schlegelmilch nicht um jene »erforschbaren« Hintergründe, sondern um eine Auseinandersetzung mit individuellen Formen. Vielmehr fokussieren ihre Aufnahmen auf Spuren von Aneignung und Gebrauch; dabei bezeugen sie eine oft gegensätzliche Ästhetik

---

18 Unterlagen und Dokumente hierzu befinden sich im Nationalarchiv in Dakar, Senegal. Sie wurden im August 2007 eingesehen.

des Vermischens, Kopierens und Abwandelns und verweisen auf eine ganz eigenständige ästhetische Praxis der Nutzer – auf das Bewohnbarmachen von Planung. Dabei verfolgt sie eine »Strategie«, die die Manipulation am Bild nicht nur offenlegt, sondern mit der sie auch eine substantielle Aussage verbindet: Durch eine Technik der digitalen Nachbereitung nämlich, mit Hilfe derer sie Nebensächlichkeiten retuschiert, lenkt sie die Aufmerksamkeit auf die architektonische Form selbst, auf ihre Situiertheit im Stadtraum sowie auf die besondere Materialität der Gebilde. Die Fotografien erlangen so beinahe den Status von Architekturmodellen, die – ihrer Zeit enthoben – Ablagerungen verschiedener Epochen und lokale Adaptionen und Umnutzungen eines einst global zirkulierenden Stils spiegeln.[19] Menschen sind – wie auch in der klassischen Architekturfotografie – auf ihren Bildern selten zu sehen, im Zentrum ihrer Reflexionen stehen hier Migrationen architektonischer Formen und deren Überführung in lokale Idiome.

Im Einzelnen gesehen, so Petra Schöck, betonen die Aufnahmen Karola Schlegelmilchs eine eigenständige, beinahe objekthafte Präsenz der Bauten und fokussieren den Blick auf Details, auf Formgebung. »Durch das serielle Prinzip von Variation und Montage in friesartiger Wandanordnung werden die zunächst individuell erscheinenden Formen als Kontinuum vermittelt«[20] – und verweisen, etwa im Fall der später noch ausführlicher betrachteten »Streifenhäuser«, auf eigene ästhetische Konzepte oder Ideologien.

Eine weitere Prämisse ihrer Vorgehensweise besteht in der Sortierung der einzelnen Aufnahmen zu »Objektgruppen«. Entsprechend einer phänomenologischen Herangehensweise fasst sie Bilder architektonischer

---

19 Westliche modernistische architektonische Entwürfe fanden in afrikanischen Städten spätestens seit den 1940er Jahren Anwendung. Denn in kolonialen Zentren wie Dakar und Accra galten Stadtplanung und ein modernistischer Urbanismus als integraler Bestandteil kolonialer Politik. Stadtplanung wurde als Mittel eingesetzt, um (militärische) Kontrolle sicherzustellen, Aktivitäten einzuschränken, einzelne Bevölkerungsteile voneinander zu trennen und eine eigene, auf der Ästhetik des Seriellen und Geometrischen basierende Ordnung zu etablieren, die zunächst eine gewisse formelle architektonische Eintönigkeit hervorbrachte. Zu einer postkolonialen Interpretation modernistischer Architekturen vgl. Marc Crimson: *Modern Architecture and the End of Empire* (2003); Zeynep Çelik: *Urban Forms and Colonial Confrontations. Algiers under French Rule* (1997).

20 Petra Schöck: *Thema und Variation* (2007): kurzer Einführungstext zur Ausstellung von Karola Schlegelmilch *No Wonders. Populäre Neubauten in Westafrika* in der Brotfabrikgalerie.

Grundmuster – etwa Fassaden, die in ihrer äußeren Erscheinung ähnliche Merkmale aufweisen – zu einer Serie zusammen: Das Phänomen der aufgestockten Bauten (die von veränderten Raumbedürfnissen zeugen), mehrstöckige, abgerundete Eckgebäude in Kumasi (die wiederum auf ein präkoloniales Ashanti-Raumgefüge hindeuten), geflieste Vorbauten (Vgl. die Abb. auf S. 168 unten, Kumasi/Ghana 2006) oder die Gruppe der Streifenhäuser in Dakar. Letztere können in Beziehung gebracht werden zur *Négritude* als einer »nationalen Ästhetik«[21], wie sie vom ersten Präsidenten des Senegals, Léopold Sédar Senghor, forciert wurde. Mit dieser Ideologie verbunden und im Bereich der bildenden Kunst Senegals lange Zeit prägend, war die Forderung, Kunst und Architektur zu schaffen, deren Bezüge zur »traditionellen« afrikanischen Formen offensichtlich sind. Erklärtes Ziel der Architektenausbildung war es, die Kunst der »parallelen Asymmetrie«, die »Wiederholung ohne Wiederholung« als ein Merkmal eines spezifisch »afrikanischen« Gliederungselements zu schaffen. Eine andere Prämisse bestand darin, Anleihen an dem sogenannten sudanischen Stil mit seinen sich nach oben verjüngenden Stützen und dem Rhythmus, der aus dem Wechsel zwischen Stütze und Wand resultiert, zu beziehen; auch die Farbgebung der Häuser sollte mit Ocker und Brauntönen an die Lehmarchitektur angelehnt sein.[22]

Um die Zusammenhänge zwischen Architektur und Migration geht es in einer weiteren Werkgruppe (Vgl. die Abb. auf S. 168 oben Mamelles Almadies/Dakar/Senegal 2003 und die Abb. auf S. 112, Hann Marist II/Dakar/Senegal 2006). In einer fotografischen Serie, die in der beständig wachsenden Suburbia von Accra entstanden ist, bildet sie fantastische Villen in ungewöhnlichen Stilmischungen ab. Deren Erbauer sind zu mehr als 80 Prozent in der Diaspora, in Amerika und in Europa, lebende Ghanaer, die um das prächtigere Haus in einen regelrechten Wettstreit getreten sind. Was bei oberflächlicher Betrachtung als bloße Verwestlichung erscheinen mag, entpuppt sich auf den zweiten Blick als Beispiel immenser Aneignungskraft, die selbst die Handschrift berühmter Architekten bis zur Unkenntlichkeit variiert und abschleift.

21   Ima Ebong: »Négritude: Between Mask and Flag – Senegalese Cultural Ideology and the ›École de Dakar‹« (1991).

22   Moustapha Tambadou: »Politique et strategie culturelles de Léopold Sédar Senghor. Théorie et pratique« (1997). http://ethiopiques.refer.sn/spip.php?article367 [letzter Abruf 1.7.2010].

Das Phänomen der »Migranten-Postmoderne«[23], deren Kennzeichen ein neuer architektonischer Mix und eine synkretistische Formgebung zwischen lokaler, globaler und touristischer Architektur ist, bleibt keineswegs auf Accra beschränkt; auch marokkanische Städte sind, angetrieben von der Bautätigkeit der nach Europa Migrierten, ohne Stadtplanung und Kartierung und mit einer eigenwilligen Architektur weitergewachsen. Francesco Jodices Video *The Morocco Affair* (2004)[24] besteht aus einer Serie von 82 Hausporträts, die er mit Hilfe einer speziellen Infrarottechnik in den Vororten von Oujda, einem Ort in Marokko in der Nähe der algerischen Grenze, aufgenommen hat. Die meisten der teilweise noch unfertigen Häuser sind von MRE (Marocains Résidants à l'Étranger), Marokkanern, die in Belgien, Holland oder Frankreich leben, erbaut worden.

Jodice, in Mailand lebender Künstler und Architekt, ist Gründungsmitglied von »Multiplicity«, einem Netzwerk von Künstlern und Wissenschaftlern, welches sich bislang verborgenen Transformationen des urbanen Raumes widmet. *The Morocco Affair* entstand als Teil eines größeren von »Multiplicity« durchgeführten Projektes (*Solid Sea*) zu den veränderten Bedingungen des Mittelmeerraumes. Aus verschiedenen Perspektiven und mit Hilfe unterschiedlicher Repräsentationsformen, Karten, Fotografien und Videos, imaginiert »Multiplicity« das Meer als eine feste Masse und beschäftigt sich sowohl mit den vielen Bewegungsflüssen, die es durchqueren, als auch mit der Identität der Individuen, die es bewohnen.[25]

Der Beitrag Jodices, *The Morocco Affair*, zielt auf die durch Migration evozierte Veränderung des Mittelmeerraumes, respektive Marokko. Mit Karola Schlegelmilch teilt er das Interesse an sozial produzierten Landschaften und Architekturen und fokussiert auf Synkretisierungsprozesse, die im Kontext von Migration entstanden sind. »Was passiert, wenn ästhetische und soziale Erfahrungen, die die Migranten in der Diaspora gemacht haben, in einen lokalen Kontext ›rückgeführt‹ werden? Welcher Art ist das Verhältnis zu ›traditionellen‹ architektonischen Formen?« Die durch die Infrarotkamera erzielte grünliche Einfärbung verleiht den Bildern nicht nur etwas Utopisches oder Traumwandlerisches,

---

23 Tom Holert/Mark Terkessidis: *Fliehkraft. Gesellschaft in Bewegung – von Migranten und Touristen* (2006), S. 115ff.

24 Die Arbeit ist einzusehen unter: http://www.francescojodice.com/ [letzter Abruf 1.7.2010].

25 Vgl. http://www.multiplicity.it/mre.swf [letzter Abruf 1.7.2010].

was an die materiellen Verheißungen der Auswanderung denken lässt; sie rückt die nächtliche Szenerie auch in eine beabsichtigte Nähe zu den Sicherheitstechniken der Grenzkontrollen und -überwachung, wie sie – und diese Assoziationen drängen sich hier unmittelbar auf – besonders auch an den neuralgischen Punkten des Transits nach EU-Europa zu finden sind, und Oujda ist ein solcher Knotenpunkt. *The Morocco Affair* besteht aus Bildern, die einerseits, von neuen Praxen geformte und erzeugte urbane Landschaften beschreiben, zugleich aber auch auf deren politische und ökonomische Bedingtheit verweisen.

Ähnlich verhält es sich mit einem Recherche- und Buchprojekt der in Brüssel lebenden Künstlerin Aglaia Konrad. Sie bezieht sich in ihren fotografischen Arbeiten auf die Untersuchung weltweit implantierter architektonischer und städtebaulicher Ideen der Moderne. Dies ist auch das Thema ihrer im Jahr 1994 begonnenen und im Jahr 2006 erneut aufgegriffenen Arbeit *Desert Cities*.[26] Sie thematisiert darin ein Ende der 1970er Jahre in der Wüste rund um Kairo begonnenes Wohnbauprojekt, welches als Entlastung für die überquellende ägyptische Metropole dienen sollte. Angelegt als ein gigantisches Projekt der Stadtneugründung, hat es auch innerhalb der sozialwissenschaftlichen Forschung Interesse erregt. Eine Untersuchung von Bénédicte Florin[27] belegt die nur zögerliche Akzeptanz unter den (potentiellen) Bewohnern: Zu künstlich, zu wenig Vertrautes, als das man sich vorstellen könnte, sich dort einzurichten – so das hier sehr knapp zusammengefasste Fazit der Autorin. Aglaia Konrads frühe Aufnahmen vermitteln einen ähnlichen Eindruck. Ihre Bilder zeigen Bauten, die in ihrer scheinbar endlosen Reihung, unabhängig von ihrer Funktion und ihrem Kontext, eine unspektakuläre, monotone Einheitlichkeit in der Gestaltung aufweisen. Wie neuerdings auch in der Forschung thematisiert[28] scheinen Aglaia Konrads Aufnahmen beinahe zum Zeichen des Scheiterns einer global zirkulierenden, migrierenden, modernistischen Utopie zu werden. Ohne topografische Bezüge in die Wüstenlandschaft verpflanzt, bleibt für den Betrachter oft unklar, woher die Aufnahmen stammen – allein die Abbildung einer Moschee verweist auf eine Region des Islams. Ganz selten finden sich Spuren des Lebens

---

26 Christoph Keller/Aglaia Konrad/Johan Lagae (Hg.): *Desert Cities* (2008).

27 Bénédicte Florin: »Urban Policies in Cairo: from Speeches on New Cities to the Adjustment Practices of Ordinary City Dwellers« (2005).

28 Siehe etwa die Konferenz des Georg-Simmel-Zentrums für Metropolenforschung vom September 2009, Großwohnprojekte der Moderne – von der Utopie zur Dystopie.

– ein (verlassener) Verkaufsstand, ein paar Sandalen im Sand, manchmal auch Arbeiter, ein Auto auf den sonst menschenleeren, jedoch von Laternen gesäumten Straßen. Dabei findet der oftmals eigenschaftslos erscheinende Charakter der abgebildeten Architekturen und Landschaften seine Analogie in einem spezifischen, fast beiläufigen fotografischen Stil. So sucht sie nicht den privilegierten Blick auf die Bauten; vielmehr entstehen ihre Aufnahmen oft aus der Bewegung – im Vorübergehen, aus dem Auto oder dem Flugzeug heraus. Auch die Reproduktions- und Präsentationsweise ihrer Aufnahmen orientieren sich nicht an den Maßstäben einer klassischen Fotokunst (festgeschriebene Größe, limitierte Auflage etc.). Mit Schlegelmilch teilt sie eine auf den spezifischen Ausstellungsraum wie auch auf die Bildthemen rekurrierende Präsentationsweise. Die Aufnahmen sind teils direkt als Fototapete angebracht, andere lehnen, auf Trägermaterial aufgezogen, an den Wänden. Anders jedoch als Schlegelmilch ist Konrads Projekt auf längere Zeit angelegt gewesen. Mehr als zehn Jahre nach ihrer ersten Reise begab sie sich erneut in die (nun schon an die eigentliche Stadt Kairo »näher gerückten«) Satellitenstädte und findet in den Architekturen Spuren individueller Aneignung: Als quasi semiöffentliche Bereiche erlangten vor allem die Balkone eine besondere Aufmerksamkeit – es gibt geometrische oder florale Motive, manchmal Stuckelemente, optische Illusionen und Spielereien. Immer jedoch scheinen sie den Versuch der Bewohner zu dokumentieren, der Homogenisierung und Eintönigkeit zu entkommen. Der letzte Teil ihres Buches *Desert Cities* nimmt, so Eric Denis[29], rezente Entwicklungen in den Blick – *New Cairo* mit seinen *Gated Communities* und Villenneubauten – errichtet für und teils mit dem Geld der Rückkehrer aus der Arbeitsmigration in die ölproduzierenden Länder.

Weder Jodice noch Karola Schlegelmilch und Aglaia Konrad geht es in ihren Arbeiten um eine mimetische Wiedergabe des Stadtbildes und seiner Architektur. Vielmehr bewirkt nicht zuletzt auch die Aneinanderreihung der Bilder zu eigenständigen Narrationen eine Reflexion über Architektur als visueller Kultur der Stadt. In diesem Sinne ließe sich dieser künstlerische Ansatz als eine Art »visuelle Ethnographie« oder »Ethnographie in Bildern« beschreiben. Im Vergleich zu einer kulturwissenschaftlichen Perspektive könnte man sagen, die Künstler und Künstlerinnen näherten sich der Architektur (als materieller Kultur *und* ihren gesellschaftlichen, ideologischen Implikationen) gewissermaßen vom anderen Ende aus, ausgestattet mit höchstem Formenbewusstsein.

---

29 Eric Denis: »Desert: From Ghost Towns to Forbidden Cities« (2008).

In diesem Sinne ließen sich die künstlerischen Annäherungen an die Architekturen der Migration/Migration der Architektur als ein Forschungsmodus in einem anderen als wissenschaftlichen Sinne verstehen – nicht als Wissensgenerierung, sondern als ein Erkennen individueller Erscheinungsformen.

Literatur

Agier, Michel: »Between War and City. Towards an Urban Anthropology of Refugee Camps«, in: *Ethnography* 3, 2002, S. 317-341.

Amselle, Jean-Loup: *L'art de la friche. Essai sur l'art africain contemporain*, Paris: Flammarion 2005.

Bhatia, Gautam: *Punjabi Baroque, and other Memories of Architecture*, Neu Dehli: Penguin 1994.

Bittner, Regina/Wilfried Hackenbroich/Kai Vöckler (Hg.): *Transnational Spaces/Transnationale Räume*, Berlin: Jovis 2007.

Cairns, Stephen: *Drifting. Architecture and Migrancy*, London: Routledge 2001.

Caples, Sara/Everado Jefferson (Hg.): *The New Mix. Culturally Dynamic Architecture*, *Architectural Design*, 75/5, 2005.

Çelik, Zeynep: *Urban Forms and Colonial Confrontations. Algiers under French Rule*, Berkely: University of California Press 1997.

Crimson, Mark: *Modern Architecture and the End of Empire*, Aldershot: Ashgate 2003.

Davis, Mike: *Magical Urbanism. Latinos Reinvent the U.S City*, London: Verso 2000.

De Boeck, Filip/Marie Françoise Plissart: *Kinshasa. Tales of the Invisible City*, Ghent-Amsterdam: Ludion 2004.

Denis, Eric: »Desert: From Ghost Towns to Forbidden Cities«, in: Christoph Keller/Aglaia Konrad/Johan Lagae (Hg.): *Desert Cities*, Zürich: JPR Ringier 2008, S. 117-127.

Ebong, Ima: »Négritude: Between Mask and Flag – Senegalese Cultural Ideology and the ›École de Dakar‹«, in: Susan Vogel (Hg.): *Africa Explores. 20th Century African Art*, New York u.a.: Prestel 2001, S. 198-209.

Florin, Bénédicte: »Urban Policies in Cairo: from Speeches on New Cities to the Adjustment Practices of Ordinary City Dwellers«, in: Abdoumaliq Simone et al. (Hg.): Urban Africa. *Changing Contours of Survival in the City*, Dakar: Codesria 2005, S. 29-67.

Göckede, Regina: »Der Architekt als kolonialer Technokrat dependenter Modernisierung – Ernst Mays Planungen für Kampala«, in: Kerstin Pinther/ Larissa Förster/Christian Hanussek (Hg.): Afropolis. Stadt, Medien, Kunst, Köln: Walther König 2010, S. 52-63.

Holert, Tom/Mark Terkessidis: Fliehkraft. Gesellschaft in Bewegung – von Migranten und Touristen, Köln: Kiepenheuer & Witsch 2006.

Jacobs, Jane M.: »Too Many Houses for a Home. Narrating the House in the Chinese Diaspora«, in: Stephen Cairns (Hg.): Drifting. Architecture and Migrancy, London u.a.: Routledge 2001, S. 164-183.

Keller, Christoph/Aglaia Konrad/Johan Lagae (Hg.): Desert Cities, Zürich: JPR Ringier 2008.

King, Anthony: The Bungalow – The Production of a Global Culture, London: Routledge & Kegan Paul 1984.

MacGaffey, Janet/Rémy Bazenguissa-Ganga: Congo-Paris: Transnational Traders on the Margins of the Law, Oxford: James Currey 2000.

Mbembe, Achille: On the Postcolony, Berkeley: University of California Press 2001.

Pries, Ludger: »Transnationale soziale Räume. Theoretisch-empirische Skizze am Beispiel der Arbeitswanderungen Mexiko-USA«, in: Zeitschrift für Soziologie 25, 1996, S. 437-453.

Projekt Migration; http://www.koelnischerkunstverein.de/portal/deutsch/pro gramm/rueckblick/2002---2006/iarchitecture-in-migration/i/2173,12408. html [letzter Abruf 29.6.2010].

Riccio, Bruno: »From ›Ethnic Group‹ to ›Transnational Community‹? Senegalese Migrants' Ambivalent Experiences and Multiple Trajectories«, in: Journal of Ethnic and Migration Studies 27/4, 2001, S. 583-599.

Schöck, Petra: Thema und Variation, Berlin o.S. (Einführungstext zur Ausstellung von Karola Schlegelmilch No Wonders. Populäre Neubauten in Westafrika 2000).

Simone, Abdoumaliq: »Die globalisierte urbane Ökonomie«, in: Okwui Enwezor u.a. (Hg.): Documenta 11_Plattform 5: Ausstellungskatalog, Stuttgart: Hatje Cantz 2002, S. 114-121.

Subirós, Pep: Africa. The Artist and the City. A Journey and an Exhibition, Barcelona: Institut d'Edicions de la Diputació de Barcelona 2001.

Tambadou, Moustapha: »Politique et stratégie culturelles de Léopold Sédar Senghor. Théorie et pratique«, in: Ethiopiques 59, 1997 unter http://ethiopi ques.refer.sn/spip.php?article367 [letzter Abruf 8.7.2010].

Werner, Jean-François: Marges, sexe et drogues à Dakar. Enquête ethnographique, Paris: Karthala-Orstom 1993.

Filme

Floating Life
  Regie und Buch: Clara Law: Australien 1996, 35mm, Farbe, 95 Min. OmU
Am Rand der Städte
  Regie und Buch: Aysun Bademsoy, D 2006, Farbe, HD, 83 Min. Dt./Türkisch mU

  http://home.snafu.de/fsk-kino/archiv/amrandderstaedte.html [letzter Abruf 25.11.2010]

Christophe Ndabananiye: Die Schuhe *(2010), Installationsansicht,
Ausstellung* Spuren, *Iwalewa-Haus, Bayreuth 2010.*

Germination

Transitorische Verhältnisse der zeitgenössischen afrikanischen Kunst in Deutschland

ULF VIERKE

Während vor knapp einem Jahrzehnt noch diskutiert wurde, ob Deutschland ein Einwanderungsland ist oder nicht, kann man am Ende der 2000er Jahre nicht mehr umhin, vielfältige nach Afrika verweisende Bezüge der deutschen Kultur auszumachen. Auf der Seite der Kunstproduktion sind es Künstler und Künstlerinnen aus allen Teilen Afrikas, die vielleicht zum Studieren hierherkamen und blieben. Eine bemerkenswerte Zahl der heute etablierten afrikanischen Kunstschaffenden hatte bereits früh Verbindungen nach Deutschland.[1] Zu den bekanntesten, die blieben, zählen Mo Edoga, El Loko, Owuso Ankomah, Godfried Donkor, Manuela Sambo und Ingrid Mwangi. Uche Okeke, Obiora Udechukwu oder Barthémély Toguo waren nur vorübergehend in Deutschland.

Neben einer wachsenden afrodeutschen Kunstszene ist Deutschland in den letzten Jahrzehnten Standort zahlreicher global bedeutsamer Kunstereignisse gewesen. Im *museum kunst palast Düsseldorf* öffnete 2004 die Übersichtsschau »Afrika Remix«[2] ihre Pforten. Sie bezeichnete den Höhepunkt einer Entwicklung seit den 1990er Jahren, in der die Karten in dem Feld, das sich zwischen den Begriffen Kunst und Afri-

---

1 Hierzu zählen vor allem die Künstler, die als »Artist in Residence« des Iwalewa-Hauses, der Heinrich-Böll-Stiftung oder über Gastprogramme der DDR kamen.

2 Vgl. Jean-Hubert Martin: *Afrika Remix,* Ausstellungskatalog (2004).

ka aufspannt, neu verteilt wurden. Eine »post-exotische Ära« begann.[3] Künstlerische Positionen aus Afrika oder der afrikanischen Diaspora finden sich auf den Megaevents der globalen Kunstwelt wie der Kasseler *documenta* oder der *Biennale* in Venedig. Die Frage nach Afrikas Anteil an der Moderne, wie sie Enwezor in den 1990er Jahren mit seiner Ausstellung »The Short Century« stellte, scheint beantwortet, und die Position zeitgenössischer Kunst aus Afrika ist auf Augenhöhe mit der westlichen Kunst der Postmoderne.[4] Ein weiteres rezentes Beispiel ist das 2010 von Chika Okeke-Agulu gemeinsam mit Udo Kittelmann und Britta Schmitz für die Berliner Nationalgalerie kuratierte Ausstellungsprojekt »Who Knows Tomorrow«. Okeke führt einen kuratorischen Diskurs fort, der unter anderem auf die 2002 von Okwui Enwezor kuratierte Biennale in Sevilla verweist.

Als leitmotivisches Thema ist vielen Arbeiten das Thema der Be*heimat*ung und des Un*heim*lichen anzusehen – zwei Begriffe, die auf die historisch dominierenden Diskurse zu Identitätsfragen vor den neuen global-politische Horizonten abzielen. Unter der Überschrift »The Unhomely« greift auch Okwui Enwezor als Kurator dieses ungleiche und doch begrifflich verbundene Paar auf. Kunst ist stets ein Prozess der Selbstvergewisserung, des Künstlers ebenso wie des Betrachters. Sie ist Standortbestimmung auf der Suche nicht nur nach dem Selbst, sondern auch seiner Verortung im Sinne eine Heimatbestimmung. In der postkolonialen Theorie erlebt der 1919 von Sigmund Freud geprägte Begriff des »Unheimlichen« eine Renaissance. Freuds Konzept des Unheimlichen verweist über seine analytische Funktion und den Bereich der ästhetischen Erfahrung hinaus auf die Unbehaustheit des Individuums in der globalen Gesellschaft.[5]

Es gibt eine Reihe künstlerischer Werke von Künstlern afrikanischer Herkunft, die sich allesamt in Deutschland befinden und die ganz in diesem Sinne »Heimat« und »Identität« thematisieren. Ich möchte hier ei-

---

3   Vgl. Ulf Vierke: »Die postexotische Ära. Etappen zeitgenössischer Kunst aus Afrika in Deutschland« (2010), S. 139-152.

4   Okwui Enwezor (Hg.): *The Short Century*, Ausstellungskatalog (2001).

5   Dazu Siegmund Freud: »Das Unheimliche« (1919). Um die im Deutschen spannungsreiche Gegenüberstellung der etymologisch verwandten Worte »Heim« und »unheimlich« auch ins Englische zu übertragen, greift Enwezor (2006) zur Übersetzung des Letzteren nicht auf »uncanny« zurück, sondern kreierte in Analogie zum Deutschen den Begriff »unhomely«. Vgl. Okwui Enwezor (Hg.): *The Unhomely*, Ausstellungskatalog (2006). Vgl. auch Ernst Jentsch: »Zur Psychologie des Unheimlichen« (1906), auf den sich auch Freud bezieht.

nige dieser Werke vorstellen, und gleichzeitig zeigen, dass Deutschland Ort und Bezugspunkt eines mit Afrika verbundenen Kunstschaffens ist, und dies nicht erst jetzt, sondern seit über 40 Jahren. Als Leitfaden dient der »Heimat«-Begriff, der dem der »Identität« nahesteht, aber deutlicher auf das Sein, nicht wie Letzterer auf das Selbst weist.[6]

Künstlerische Positionen der 1970er Jahre bis zur Gegenwart dienen hier als Eckpunkte der Betrachtung zeitgenössischer afrikanischer Kunst in Deutschland, mit dem ethnologischen Begriff des »Feldes« ausgedrückt kann man hier eine Standortbestimmung im Feld mit den Eckpunkten Afrika, Deutschland, Kunst und Migration versuchen. Dabei möchte ich vom konkreten Werk ausgehen und mit den Koordinaten Afrika und Deutschland aus die Frage nach den künstlerischen Umgangsweisen mit dem Begriff »Heimat« erörtern.

Der Titel *Germination* bezieht sich zunächst auf die gleichnamige Arbeit von Barthélémy Toguo, die er 2003 als Beitrag zum »Kunstprojekt Heimatkunst« im südwestdeutschen Rottweil geschaffen hat. Toguo und seine Kunstprojekte, könnte man sagen, sind »typische« Vertreter kultureller Migrationen: In Kamerun aufgewachsen, studierte Toguo unter anderem an der Kunstakademie in Düsseldorf; er lebt heute in Paris, nimmt Teil an renommierten Ausstellungen rund um den Globus und betreibt ein bemerkenswertes Kulturzentrum in Bafoussam, Kamerun.[7] Er hat längere Zeit in Deutschland gelebt, er kennt dieses Land, dazu spricht er Deutsch. *Germination* lässt sich – wie ich später noch ausführen werde – als deutsch-afrikanischer Kommentar zu »Heimat« lesen. Ein zweites Kunstwerk mit dem gleichen Titel befindet sich in der Sammlung des Iwalewa-Hauses in Bayreuth[8] – es handelt sich um die Assemblage des nigerianischen Künstlers Chuka Amaefunah aus dem Jahr 1973, deren

---

6 Stuart Hall spricht von »identity as production«, Identität sei niemals vollendet, stets ein Prozess, der in und nicht außerhalb der Repräsentation angelegt sei; vgl. Stuart Hall: »Cultural Identity and Diaspora« (1994), S. 392. Gleiches lässt sich für das Konzept »Heimat« sagen. Der Heimatbegriff ist im vorliegenden Kontext fruchtbarer als der der Identität, da er in seiner Negation, der Erfahrung des Unbehaustseins eine stärkere Kontrastfolie für ästhetisches Schaffen bietet.

7 2005 legte Toguo in Bafoussam etwa 300 Kilometer westlich von Douala und Yaoundé den Grundstein zu seinem Kulturzentrum »Bandjoun Station« (http://www.bandjounstation.com), das Wohn- und Arbeitsräume für Gastkünstler wie auch Konzerte und andere Veranstaltungen bietet [letzter Abruf 20.11.2010].

8 Die Bestände der Gemäldesammlung können über das digitale Archiv DEVA (http://www.deva.uni-bayreuth.de) des Instituts für Afrikastudien der Universität Bayreuth recherchiert werden [letzter Abruf 20.11.2010].

exakter Titel *Germination II* lautet. Amaefunah beantwortet dieselbe Frage, wie sie Toguo stellt, hier aber bezogen auf seine nigerianische Herkunft und seine Identität als Igbo. Die Bayreuther Arbeit entstammt einer Serie, in der Amaefunah sich mit der alten Uli-Wandmalerei der Igbo auseinandersetzt. Der Titel verweist einerseits auf das verwendete Material der Arbeit (darunter Glasperlen und Samen), andererseits auf die Suche nach dem Ursprung, dem Keim ästhetischen Ausdrucks eines in lokalen Referenzen und in einer globalen Moderne fußenden Selbstbewusstseins.[9] Toguos und Amaefunahs Werke sind über den gemeinsamen Titel hinaus auch auf ikonographischer Ebene miteinander verbunden.

Germination – Barthélémy Toguo

Barthélémy Toguos Installation *Germination* war in einem wenige Kubikmeter großen weißen Ausstellungskubus vor dem Dominikanermuseum im württembergischen Rottweil platziert. Es ist einer von fünf identischen Kuben, die 2003 im Stadtgebiet von verschiedenen Künstlern gestaltet wurden. Diese *white cubes* sind aber keine Boxen, in denen Kunst eingeschlossen ist, sondern Ausgangspunkte, von denen sich Kunst in den städtischen Raum ausdehnt. Auch Toguo lässt sein Werk gleichsam aus dem Kubus heraus in den öffentlichen Raum wachsen. Um den Kubus herum sammelt er Blumen, die ihm die Bürger auf einen Zeitungsaufruf hin bringen. Im Inneren führen mäandernde rote Linien an Wand und Decke das vegetative Thema fort. Von der Decke hängen, den Früchten der rankenden Linien entwachsend, Steine, Mineralwasserflaschen, Bierdosen und andere Dinge des Alltags.

Die Blumen rund um den Kubus verweisen, so Toguo, auf die Begräbnisstätte des alten Klosters, die heute nicht mehr erkenntlich ist, auf der sich nun Toguos Installation befindet. Toguo meint, er habe sich als Afrikaner verpflichtet gefühlt, den Toten seine Ehrerbietung zu erweisen. Den Rottweilern leuchtet diese Idee ein und sie bringen viele Blumen.[10]

---

9   Amaefunahs Werk gelangte Ende der 1970er Jahre als Teil der Sammlung *Ulli Beier* nach Deutschland. Lange Zeit unbeachtet, hat es jüngst der Kunsthistoriker und Kurator Chika Okeke-Agulu wiederentdeckt. Für ihn ist Amaefunah eine Ikone der Uli-Malerei. Während die anderen Vertreter der *Nsukka-Schule* vor allem die Uli-Körpermalerei als Quelle heranzogen, richtete sich Amaefunahs Interesse auf die Wandmalerei der Igbo.

10 Die Ausstellung »Heimatkunst« war von Juni bis Oktober 2003 im württembergischen Rottweil zu sehen. Beteiligt waren neben Toguo die Künst-

Toguos künstlerisches Verfahren dient dazu, vegetabile Linien zwischen Vergangenheit und Gegenwart sichtbar zu machen; aus ihr entspringen eine einfache Formensprache und prägnante Symbole, die mehrdeutige Assoziationen zulassen. So mögen die im Inneren des Kubus aufgehängten Gegenstände einfache Kulturgüter deutscher Gegenwart sein, die über die gemalten Linien mit der im Erdreich geborgenen Vergangenheit verbunden werden, aber sie lassen sich auch als Opfergaben zu Ehren der Toten verstehen. Die ebenfalls verwendeten einfachen grauen Gesteinsbrocken erinnern ebenso an die Steine, die Besucher auf jüdischen Gräbern niederlegen, wie sie auf die Trümmer in der deutschen Geschichte verweisen.

Germination ist eine Arbeit, die den Blick eines Beobachters zu erkennen gibt, der aus der distanzierten Warte des Fremden auf Deutschland und hier auf den konkreten Ort des klösterlichen Gräberfeldes in Rottweil schaut. Toguos besondere Sicht hilft dabei, Dinge zu erkennen, die den Menschen vor Ort aus dem Blick geraten sind. Toguo legt in Bezug auf seine deutsche Wahlheimat auf Zeit eine bemerkenswerte Sicherheit an den Tag, mit der er die Fäden der ästhetischen Referenzen seiner verschiedenen Heimaten zusammenführt.

Wahlverwandtschaften – Obiora Udechukwu

Die Arbeit *Wahlverwandtschaften* des nigerianischen Künstlers Obiora Udechukwu von 1993 markiert die künstlerische Position für eine zweite Ebene im Feld der Bezüge Deutschland und Nigeria, Kunst und Migration. *Wahlverwandtschaften* ist ein in seiner Grundstruktur einem Schachbrett ähnelndes Muster aus Tinte auf Papier. Die Bildfläche, ein Querformat mit fünf horizontal und elf senkrecht angeordneten Reihen, besteht aus pflastersteingrau marmorierten Feldern. Die feinen Linien der Tintenzeichnung schlängeln sich in den Zwischenräumen wie Pflanzen in einem Gemäuer, zart und kraftvoll zugleich. In diesen kleinen Strichzeichnungen finden sich Formen, Figuren und sogar ganz kleine Landschaften. In jedem Feld entfalten sich Bildergeschichten einer deutschnigerianischen Wahlverwandtschaft.

---

ler Vernon Ah Kee (Australien), Zoltán Jókay (Deutschland), Sen-Hao Lo (Taiwan) und Jeremy Lynch (Kanada) Siehe http://www.heimatkunst.com/ indexstart.htm [letzter Abruf 4.7.2010].

Zwei wiederkehrende Symbole in Udechukwus Bild sind der Spiegel und die Kolanuss. Die Kolanuss kann als Verweis auf die Weisheit gelesen werden, die im Kern einer jeden Kultur zu finden ist, aber verschiedene Bilder und Symbole dafür ausbildet. Der Spiegel lässt vielfältige Deutungen zu, er wird dem Betrachter ebenso vorgehalten wie den Mächtigen, die Udechukwus Arbeiten mahnen sollen. Auch in *Wahlverwandtschaften* tauchen beide Zeichen mehrfach auf, zumeist allein; an einer Stelle entspricht der Spiegel auch der Form des Segels eines kleinen Schiffes. Neben diesen wiederkehrenden Formen arbeitet der Künstler mit plakativen Zeichen und Idiomen nigerianischer und deutscher Provenienz. Gleich neben dem größten Spiegel in der obersten Reihe umschlingen zwei Linien einander wie Liebende. An ihren Enden befinden sich zwei Fahnen, eine quer-, die andere längsgestreift wie die deutsche und die nigerianische Flagge. Auch gibt es einzelne Gesichter und Gruppen von Menschen, die eines der Felder füllen. Eine Gruppe ist an den Gefäßen, die auf den Köpfen balanciert werden, als afrikanische erkennbar, ein anderes Feld enthält als Deutschlandbezug Maßkrug und Würste.

Udechukwus Arbeit *Wahlverwandtschaften* entstand während eines Aufenthalts in Bonn. Er war in den 1980er und 1990er Jahren wiederholt längere Zeit in Deutschland, etwa als Gastprofessor an der Universität Bayreuth oder als Stipendiat der Heinrich-Böll-Stiftung in Bonn. Er führt damit eine Traditionslinie fort, die mit Uche Okeke, seinem wichtigsten Lehrer, begann, der von 1962 bis 1963 in München arbeitete,[11] und von späteren Künstlergenerationen der *Nsukka-Gruppe* fortgesetzt wurde. Olu Oguibe, Marcia Kure und Dill Humphrey Umezulike zum Beispiel haben wiederholt in Deutschland ausgestellt und längere Zeit hier gearbeitet.[12]

Die meisten der in der Bonner Zeit entstandenen Arbeiten Udechukwus befassen sich weniger explizit als eine vorher entstandene Werkgruppe mit sozialen und politischen Themen,[13] nämlich mit der Frage

---

11 Simon Ottenberg: »Uche Ukuke. The Early Years« (1997), S. 45f. sowie ders.: »The Christian Element in Uche Ukeke's Art« (2003).

12 Zur Nsukka-Gruppe zählt außerdem der ghanaische Künstler El Anatsui, der 2010 als einer von fünf Künstlern an der Berliner Ausstellung »Who Knows Tomorrow« beteiligt ist. Deren Kurator Chika Okeke-Agulu, wiederum ein Schüler der Nsukka-Schule, hat seit seiner Mitarbeit an der Ausstellung »The Short Century« 2001 ebenfalls an verschiedenen Projekten in Deutschland mitgearbeitet.

13 Mitte der 1980er Jahre widmet er beispielsweise eine Serie von Lithographien den »People of the Night«, den Arbeitern, die nachts im Schein ihrer Lampen die Latrinen leeren. Diesen »Night Soil Men« ist bereits 1964 ein Ölgemälde gewidmet (siehe Ottenberg 1997, S. 112) und auch danach tau-

nach der *conditio humana*. Sein Umgang mit Themen wie Liebe oder das Verhältnis von Mann und Frau zeigt seine Suche nach dem über kulturelle Grenzen hinweg Verbindenden. In *Wahlverwandtschaften*, wie in anderen Arbeiten, thematisiert Udechukwu seine persönliche, gesellschaftliche und mentale Verwandtschaft mit Aspekten der deutschen Kultur.

In ihrer Entstehungszeit, Anfang der 1990er Jahre, galten viele Arbeiten im akademischen Duktus der *Nsukka-Gruppe*, zu der Udechukwu gehört, als Opponenten gegen die westlich-modernistischen Vorgaben und Erwartungen, dass die zeitgenössische afrikanischen Kunst Medienkunst sein müsse. Udechukwu verweigert sich bis heute diesem malereifeindlichen Diktat. Olu Oguibe verweist in diesem Zusammenhang in seinem Buch »The Burden of Painting«[14] auf die lange, weit in vorkoloniale Zeit reichenden Traditionen der nigerianischen Malerei, und misst ihrer aktuellen akademischen Ausprägung eine herausgehobene Bedeutung bei. Diese wird von den dominanten westlichen Kunstdiskursen in Perpetuierung kolonialer Hegemonie geleugnet.[15] Inzwischen ist gegenständliche Malerei, nicht zuletzt im Fahrwasser der *Leipziger Schule*, auch in der globalen Kunstwelt wieder salonfähig,[16] auch eine Renaissance der *Nsukka-Schule* scheint sich – etwa in den Erfolgen von El Anatsui – anzukündigen.

Disasters of War – Marcia Kure-Okeke

Krieg ist ein Thema, das erstaunlich selten in der zeitgenössischen afrikanischen Kunst aufgegriffen wird und wenn, dann erstaunlicherweise mit Bezug auf den deutschen Kontext und die Nachkriegszeit. Fernando Alvim, der Leiter der *Trienal de Luanda*, setzt die angolanische Triennale in Bezug zur *documenta* in Kassel, stehen doch beide Kunstereignisse in ihren Anfängen nicht nur im Schatten des jeweils vorangegangenen Krieges, sondern verstehen sich als substanzielle Beiträge zum Aufbau ihrer Nachkriegsgesellschaften.[17]

---

chen sie immer wieder in seinen Arbeiten auf, ebenso wie die politischen und wirtschaftlichen Machthaber. »The General Is Up«, eine Tintenlavierung aus dem Jahr 1987, zeigt die erdrückend große Figur des militärischen Führers bedrohlich erhoben über die Silhouetten der kleinen Leute.

14 Olu Oguibe: »The Burden of Painting« (2000), S. 139-148.

15 Vgl. Oguibe, ebd., S. 145f.

16 Dazu Joseph Filipp/Hans-Werner Schmidt (Hg.): *sieben mal malerei*, Ausstellungskatalog (2003).

17 Vgl. Fernando Alvim/Heike Munder/Ulf Wuggenig: *Next Flag* (2005).

Okwui Enwezor zeigte in der Ausstellung »Unhomely« (2006) die Udechukwu-Schülerin Marcia Kure-Okeke[18] in einem Raum gemeinsam mit Arbeiten von Gerhard Richter. Kure-Okeke präsentierte neben dessen Jagdflieger-Bildern[19] ihre großformatigen graphischen Arbeiten *Disasters of War* aus dem Jahr 2006: Überlebensgroße Wolfsköpfe sind mit aufgerissenen Mäulern und gebleckten Zähnen in einem für Kure-Okeke neuen Gestus des schnellen und kraftvollen Striches ausgeführt. In dieser Arbeit reflektiert Kure-Okeke sicherlich die gewaltsamen Unruhen in ihrer nigerianischen Heimat, wie in vielen ihrer früheren Arbeiten, darüber hinaus aber auch die globalen Kriege im Irak, in Afghanistan und anderswo.[20]

Kure-Okeke verarbeitet in dieser Arbeit ganz unmittelbare Erfahrungen. Im Sommer 1998, während sie für einen mehrwöchigen Arbeitsaufenthalt in Deutschland ist, brechen in Nordnigeria blutige Unruhen aus. Sie erhält in Briefen und Telefonaten ihrer Freunde und Verwandten Nachrichten, dass sie bedroht werden, Angst haben und Bekannte auch zu Tode kommen. In einem in dieser Zeit entstehenden Bildzyklus setzt sie sich mit dieser Fern-Erfahrung und der eigenen Hilflosigkeit fern der Heimat auseinander. Fast täglich telefoniert sie mit dortigen Freunden und Verwandten. Die reale Erfahrung des Todes von Freunden, die in einem vom Mob angezündeten Haus umkommen, vollzieht sie bildlich symbolhaft nach. Das zentrale Motiv ist der Kreis, in dem und um den sich Figuren gruppieren. Er steht für das Eingeschlossensein und die Bedrohung durch den lynchwütigen Mob auf den Straßen und verdichtet sich zu einem kreisförmig geschlossenen Pinselstrich. Auf einem der Bilder ist der Strich unterbrochen, die Flucht nach draußen kann gelingen, aber auf der anderen Seite wartet der Mob.[21] Statt Menschen malt Kure-Okeke Tiere, um die Erfahrungen vor den voyeuristischen Blicken zu schützen, wohl aber auch, um die Entmenschlichung der Opfer auszudrücken.

---

18 Marcia Kure führt seit ihrer Heirat mit dem ebenfalls der Nsukka-Gruppe angehörenden Maler und Kurator Chikka Okeke-Agulu den Doppelnamen Kure-Okeke.

19 Gerhard Richter: »Mustangs« (2005) ist eine Neubearbeitung des Jagdflieger-Geschwader-Motivs des Zweiten Weltkriegs, »Mustang Squadron (Mustang-Staffel)« von 1964.

20 Vgl. Ulf Vierke: »Bilder vom Krieg. Krieg als Phänomen der Gewalt in der zeitgenössischen bildenden Kunst Afrikas« (2004), S. 141-152.

21 Vierke, ebd., S. 146ff.

The Entire World – António Ole

Vermutlich mehr noch als Fernando Alvim hegt der ebenfalls in Angola lebende Künstler António Ole eine enge Beziehung zu Deutschland. Zusammen mit Alfons Hug arbeitete er 1997 am Projekt »Die anderen Modernen«[22]. Seine Arbeit *Township Wall* gehörte 2004 zu den meistbeachteten Werken der Ausstellung »Afrika Remix«[23]. 2009 hatte er eine große Einzelausstellung in Bayreuth[24] und 2010 gestaltet er für das Projekt »Who Knows Tomorrow«[25] in Berlin eine monumentale Installation aus Containern an der Fassade des Hamburger Bahnhofs. Oles Arbeit mit dem Titel *The Entire World/Transitory Geometry* erstreckt sich über den gesamten Westflügel der Ausstellungshalle. Die nüchterne und doch auch vom Reichtum der Stadt kündende neoklassizistische Fassade verdecken aufgetürmte alte Container. Zwischen den Containern sind große rechteckige Piktogramme und monochrome Felder aus Plexiglas angebracht. Nachts von hinten beleuchtet, transformieren sie die Containerwand in monochrome Farbflächen.

Oles Installation rückt die Themen Migration und Moderne in unübersehbarer, fast einschüchternder Massivität in den geschützten Innenhof des Kunsttempels. Die Container stehen nicht nur für den Transfer von Waren, sondern auch und in besonders zugespitzter Weise für das Unbehaustsein in den Peripherien der ökonomischen Zentren. Die Container stehen, so die Lesart, die Ole selbst anbietet, ebenso für die Migranten aus Afrika in Berlin wie für die Menschen in den »Museques«, den informellen Siedlungen Luandas. Zunächst habe er vorgehabt, die Schriftzüge auf den Containern zu belassen oder in Einzelfällen zu modifizieren und damit auf konkrete Orte und Migrationslinien zu verweisen, dann habe er

---

22 Vgl. hier Fei Dawei/Michael Haerdter/Alfons Hug: *Die anderen Modernen. Zeitgenössische Kunst aus Afrika, Asien und Lateinamerika* (1997).

23 Vgl. Martin, *Afrika Remix*, Ausstellungskatalog (2004).

24 Ulf Vierke/Johannes Hossfeld (Hg.): *Hidden Pages – Stolen Bodies* (2009).

25 Initiator der von Chika Okeke-Agulu kuratierten Ausstellung war Bundespräsident Horst Köhler. An vier Standorten der Nationalgalerie sind Arbeiten von fünf international anerkannten Künstlerinnen und Künstlern zu sehen, deren Arbeiten durch ihre afrikanische Herkunft geprägt sind. El Anatsui (Alte Nationalgalerie), Pascale Marthine Tayou (Neue Nationalgalerie), Yinka Shonibare (Friedrichswerdersche Kirche) und Zarina Bhimji und António Ole (beide Hamburger Bahnhof). Zur Ausstellung erschien 2010 ein von Udo Kittelmann herausgegebener gleichnamiger Textband. Vgl. http://www.whoknowstomorrow.de/ [letzter Abruf 4.7.2010].

sich aber für eine allgemeinere Aussage entschieden und alle übermalt.[26] Die tägliche Verwandlung des Erscheinungsbildes der Installation zum Tag und zur Nacht hin zeigt die zwei Gesichter der Arbeit. Tagsüber dominieren die Container mit ihren von Sonne und See gebleichten Farben, in der Nacht verlieren sie ihre Wuchtigkeit und es leuchten die großformatigen Piktogramme auf transluzenten, monochromen Quadraten. Oles Installation ist ein monumentales zeitgenössisches Fresko, in dem er den instabilen Kräften nachspürt, »die sich aus der unvermeidlichen Existenz von politisch und sozial entmündigten und enttäuschten Einwandererkulturen und Völkern im Herzen Europas ergeben«[27].

Down by the River – Ingrid Mwangi Robert Hutter

Die Einschreibung von Vergangenheit, Gegenwart und Zukunft innerhalb des Spannungsfeldes afrodeutscher Identität werden von Ingrid Mwangi Robert Hutter[28] auf eindrückliche Weise thematisiert. Ihre Installation *Down by the River* von 2001 war in »Afrika Remix« (2004) zu sehen.

Die Installation ist eine mehrschichtige Anordnung von Materialien (Sand, der ebenerdig zu einem definierten Feld ausgebreitet ist, eine Glühbirne in Metallfassung) und Projektionen (über der Sandfläche ist eine fahnenartige Projektionsfolie angebracht, die von oben mit einem Videoloop bespielt wird). In großen Blockbuchstaben sind die Worte des Songs »Down by the River« von Neil Young geschrieben.[29] Die Projektion gibt ein Bild eines fluiden dunkelroten blutähnlichen Stroms. Weil nicht klar auszumachen ist, woher dieser kommt, beschleicht einen doch das Gefühl, er komme aus einer Wunde. Dann schimmern schwarze Haare wie Tentakel eines Ungeheuers durch den Strom. Eine Frauengestalt mit dunkler Haut und imposanter Haarpracht steigt aus ihm empor. Ein kathartisches Moment scheint durchschritten, denn nun vollführen Hände und Arme Bewegungen der Reinigung, um in eine nächste Metamor-

---

26 Vgl. António Ole, in: Udo Kittelmann/Chika Okeke-Agulu/BrittaSchmitz (Hg.): *Who Knows Tomorrow* (2010), S. 29.

27 Antònio Ole, ebd.

28 Ingrid Mwangi Robert Hutter, im Folgenden in der Kurzform als Mwangi-Hutter bezeichnet, verstehen sich weniger als ein Künstlerkollektiv denn vielmehr als ein Künstler.

29 In dem 1969 auf dem Album *Everybody Knows This Is Nowhere* erschienen Song erzählt Young die Geschichte eines Mannes, der, von Eifersucht getrieben, seine Frau am Fluss erschießt.

phose der Frauengestalt zum Monster mit Tentakeln umzuschlagen. Der Kreis schließt sich. Der Videoloop beginnt nach 22 Sekunden erneut.

Die Installation ruft verschiedene Referenzen auf den Plan, etwa »Rhine Maiden/Mami Wata«, ein Aquatinta-Druck von Obiora Udechuk-wu aus dem Jahr 1993, in dessen Zentrum sich eine anmutige Frauenge-stalt über einen mit Symbolen gefüllten Strom erhebt.[30] Eine wichtige narrative Referenz ist hier die Mami Wata-Figur. Mami Watas Gestalt, halb Fisch, halb Frau, ist entlang der westafrikanischen Küste von Se-negal bis nach Angola bekannt.[31] Ihr langes Haar kämmend, blickt sie barbusig verführerisch den Betrachter an und lockt mit körperlichen Reizen und der Aussicht auf Reichtum und Wohlstand. Ikonographisch geht Mami Wata, das ist in unserem Zusammenhang höchst interessant, auf ein Hamburger Zirkusplakat zurück und macht die Figur damit auch zu einer deutsch-afrikanischen Erzählung. Mit dem Plakat (einer Chro-molithographie) wirbt Carl Hagenbeck für die Schlangenbeschwörerin indischer Herkunft Maladamajaute.[32] Eine Photographie der in Hamburg lebenden Maladamajaute bildete die Vorlage für das Plakat, auf dem sie mit schwarzer Haarpracht und zwei Schlagen, eine mit dem Kopf auf ihrem Brustbein, die andere mit der Rechten über den Kopf erhoben, zu sehen ist. Ein Spiegel, den sie in der zweiten Hand hält, verweist auf ihre Schönheit und ihre sinnlichen Verführungskünste. Dazu kommen heute Mobiltelefone und Geldbündel, Zeichen für Lust und Reichtum dazu. Der Preis für derlei Verlockungen ist hoch: bezahlt wird mit Leib und Seele, nicht unbedingt mit denen des Verführten, sondern mit denen der Ehefrau oder eines nahen Verwandten.

Die ikonographische Kontinuität der Darstellungen vom Plakat der Maladamajaute über zahllose afrikanische Darstellungen der Mami Wata bis in die Gegenwart und die Arbeit von MwangiHutter ist verblüffend. In den Mami Wata-Darstellungen sind Schönheit und drohende Gefahr ikonographisch zur Darstellung der fremden Frau verschmolzen. Mwan-giHutters Arbeit geht den umgekehrten Weg, aus dem Bedrohlichen er-

---

30 Udechukwus Frauengestalt ist die Synthese aus Fritz Langs Maria in Metropolis und einer afrikanischen Skulptur. Mit all ihren Assoziatio-nen afrodeutscher Verschränkungen ist Udechukwus Frauengestalt über die geschichtlichen Erfahrungen des Leids erhoben und zur Souveränin geworden.

31 Vgl. Bogumil Jewsiewicki: *Mami Wata. La peinture Urbaine au Congo* (2003).

32 Henry J. Drewal: *Mami Wata. Arts for Water Spirits in Africa and Its Dias-pora* (2008), S. 67.

hebt sich die Schönheit, deren dunkle Haut sich nur wenig vom blut-
dunklen Strom unterscheidet. Die betörenden Versprechen der Moderne
verlocken, sind aber auch längst als Abgrund entlarvt. In MwangiHutters
Arbeit verbleibt als letzte Bastion das Selbst, der Körper, das nun zum
Ausgangspunkt ästhetischer Erkundungen wird.

Spurensuche – Christophe Ndabananiye

Einen wiederum anderen Weg der Auseinandersetzung mit dem Gefühl
der Unbehaustheit beschreitet der deutsch-ruandische Künstler Christophe Ndabananiye[33] in seinen auto- und objektbiographischen Arbeiten.
In seiner Rauminstallation *Die Schuhe* von 2009 bedient sich Ndabananiye zweier Medien, um, wie er selbst sagt, »das Persönliche dem Unpersönlichen gegenüberzustellen«[34]. Zur Darstellung des Persönlichen
werden ebenerdig unterschiedliche Schuhpaare präsentiert. Kaum ein
Kleidungsstück zeigt so markant die Spuren des täglichen Gebrauchs wie
Schuhe. Jedes der Schuhpaare wurde von Menschen aus Ndabananiyes
persönlichem Umfeld getragen. Der sprichwörtlich ausgelatschte Schuh
macht nicht nur die Objektbiographie sichtbar, sondern verweist auch
unweigerlich auf den jetzt unsichtbaren Träger. Jedes Schuhwerk hat seine eigene persönliche Geschichte und vermittelt einen kleinen Eindruck
dessen Existenz in die Welt. Im Kontrast dazu malt Ndabananiye kleine
gegenständliche Bilder von Schuhtypen (Lack bzw. Öl auf Spanplatte),
die zur Darstellung des Unpersönlichen an die Wand gehängt werden.
Beide Schuhformen kommen in der Ausstellungssituation zusammen.
Ndabananiye stellt das »persönliche« Objekt dem vertrauten und »unpersönlichen« in der Malerei gegenüber.

Ndabananiyes Arbeiten vermessen den eigenen Standort der eigenen
Identität zwischen Ruanda als alter Heimat und als gegenwärtiger Be-
zugsgröße und Deutschland als aktuellem Handlungsfeld. Dabei geht es
gar nicht so sehr um die (nationale) Identität wie dies der zentrale Topos
für die vorangegangene Generation afrikanischer Künstler der Diaspora

---

33 Ndabananiye studierte an der *École d'Art de Nyundo* in Ruanda, der *Hoch-
    schule der Bildenden Künste* in Saarbrücken und der *École Supérieure des
    Beaux Arts* auf der Insel La Réunion. Heute lebt und arbeitet er in Berlin.

34 Ndabananiye im Begleittext zur Installation.

in den 1990er Jahren gewesen war,[35] sondern Ndabananiye durchmisst sein unmittelbares Umfeld und macht den einzelnen Menschen in seinen sozialen Beziehungen zu anderen Menschen wie auch zu Dingen als Topographie sichtbar. So harmlos seine Arbeiten auf den ersten Blick scheinen mögen, so entschieden nehmen sie Stellung gegen Bilder des Grauens, die mit den Schuhbergen der Opfer des Völkermords nicht nur in Ruanda verknüpft sind.[36]

Ebenfalls Teil der Installation sind eine Reihe Lackarbeiten auf Holz, Selbstporträts, die Zeit als Verlaufsform sichtbar machen. Ndabananiye trägt in rascher Folge Bootslack und Öllackfarben in dicken Schichten auf, ohne dass die einzelnen Schichten aushärten können. Die sich in der Folge extrem langsam vollziehende Trocknung der Lackschichten trägt das Prozessuale der Entstehung in den Zeitraum der Rezeption hinein. Die sich beständig verändernde und sich wellende Oberfläche erinnert an die menschliche alternde Haut. Die Arbeit »lebt« und trägt die sichtbaren Spuren dieser Prozesse mit sich. So, wie die getragenen Schuhe nicht nur auf die vergangenen Prozesse des Tragens verweisen, sondern diese als Materialität in die Gegenwart transferieren, so sind die Lackbilder, in dem Sinne wie Alfred Gell es für die traditionale Kunst der Maori aufzeigt, selbst zu Trägern von »agency« geworden.[37]

---

35 Ihnen ging es um die Frage nach der eigenen Identität – doch mit unterschiedlichen Akzentuierungen: Getragen vom postkolonialen nationalen Aufbruch richtet sie sich bis in die 1980er Jahre entweder auf eine panafrikanische Utopie oder auf die jeweils eigene Nation.

36 Ihm sei es vorderhand um die Vermessung seines sozialen Umfelds gegangen, gleichwohl werde ihm zusehends bewusst, wie stark diese Arbeit mit seinen persönlichen bildhaften Erinnerungen der Schuhberge der namenlosen Ermordeten in Ruanda verknüpft ist. Die Schuhe mit Namen und damit mit Menschen und Biographien zu verknüpfen ist daher auch eine Auseinandersetzung mit diesen Erinnerungen. Hinzu kommen noch die Bilder der Kleiderberge in deutschen Konzentrationslagern, die als Teil des deutschen kulturellen Gedächtnisses auch für Ndabananiye zum ikonographischen Rahmen dieser Arbeit gehören. (Persönliches Gespräch anlässlich der Bayreuther Ausstellung am 27.4.2010.)

37 Vgl. hier Alfred Gells zum Klassiker der Kunstethnologie avanciertes Buch *Art and Agency* (1998), in dem er aufzeigt, wie ästhetische Objekte zu Handelnden werden. Es ist einer der wenigen Versuche, Kunst und Ethnologie nicht nur in einem sozialwissenschaftlichen Sinne zu verbinden, sondern aus einer Handlungsperspektive den Blick auf das Verhältnis Mensch-(Kunst-)Werk zu richten.

Schlussbetrachtungen

Längst geht es nicht mehr nur um die Fragen, welches Bild von Afrika den größten Geltungsanspruch hat und wer diese Bilder beherrscht,
sondern vielmehr um eine Verortung im Sinne einer Heimatbestimmung
innerhalb kultureller Migrationsprozesse und die Auseinandersetzung
mit dem Heimlichen/Unheimlichen, das wir in dieser Bewegung erleben. Selbst in der postexotischen Zeit, in der wir uns wähnen, scheint
es schwer, essentialistischen Bestimmungen des Afrikanischen oder des
Deutschen aus dem Weg zu gehen. Mein Beitrag versuchte eine Annäherung nicht über die Kunstwelten und auch nicht über die Ausstellungen und Kunstereignisse, sondern setzte bei den Werken selbst an. Die
leitmotivische Frage hierbei zielte darauf, unterschiedliche Bilder und
Entwürfe von Heimaten und Identitäten in der Kunst entlang der Verbin-
dungslinien zwischen Afrika und Deutschland zu identifizieren.

Udechukwus und MwangiHutters Arbeiten kartographieren durch
sehr unterschiedliche künstlerische Strategien afrodeutsche ikonographische Bezüge. Während Udechukwu die Beziehungen vordergründig
rein abstrakter Zeichen als Chiffren kultureller Prägung auslotet, stellen MwangiHutter den eigenen Körper als letzte Bastion des Diskurses
ins Zentrum ihrer Standort- und letztlich Heimatbestimmungen. Beider
Arbeiten lassen sich als Bilder des postmodernen Unbehaustseins lesen,
in denen Heimat und sicher geglaubte Identitäten zerfließen und ein Gefühl der Bedrohung zurücklassen. Sie thematisieren die Prozesse und
Verwandlungen, in denen Identitäten und Identifizierungen in ständiger
Bewegung sind. Die alten Heimaten sind vielleicht noch sichtbar, doch
nicht mehr erreichbar.

Mit seinen Arbeiten schafft Ndabananiye wiederum ein Archiv ima-
ginierter Bildspuren menschlicher Interaktionen, die in einem zumeist
biographischen Sinn Aspekte der Veränderung, Alterung, Erneuerung
und Erinnerung bergen. Ähnlich wie in MwangiHutters *Down by the River* geht es auch ihm um eine Standortbestimmung in der Gegenwart,
aber auch um einen Akt des sich gegen den Strom der Zeit Stemmens.

Die vorgestellten künstlerischen Positionen bieten einen Ausgangspunkt,
von dem aus sich nicht nur das Fremde, als dessen Projektionsfläche Afrika allzu oft herhalten muss, sondern durchaus auch das Eigene bestimmen lässt. Inmitten der drei verwendeten Koordinaten werden sich post-
modernes Unbehagen und Unbehaustsein nicht aufheben, gleichwohl

zeigt sich hier das Projekt der Heimatbestimmung als ein gemeinsames afrodeutsches.

Literatur

Alvim, Fernando/Heike Munder/Ulf Wuggening: *Next Flag: The African Sniper Reader*, Zürich: Migros Museum für Gegenwartskunst 2005.

»Bandjoun Station«, http://www.bandjounstation.com, [letzter Abruf 20.11. 2010].

DEVA, http://www.deva.uni-bayreuth.de, zentrales Archiv und Datenbanksystem der Afrikawissenschaften der Universität Bayreuth [letzter Abruf 20.11.2010].

Dawei, Fei/Michael Haerdter/Alfons Hug: *Die anderen Modernen. Zeitgenössische Kunst aus Afrika, Asien und Lateinamerika*, Heidelberg: Edition Braus 1997.

Drewal, Henry J.: »Mami Wata. Arts for Water Spirits in Africa and Its Diasporas«, in: *African Arts Summer* 2008, S. 60-83.

Enwezor, Okwui (Hg.): *The Short Century. Independence and Liberation Movements in Africa 1945-1994*, Prestel: München 2001.

Enwezor, Okwui (Hg.): *The Unhomely. Phantom Scenes in Global Society*, Sevilla: Actar-D 2006.

Filipp, Josef/Hans-Werner Schmidt (Hg.): *sieben mal malerei*, Ausstellungskatalog Museum der Bildenden Künste, Leipzig: Kerber 2003.

Freud, Sigmund: »Das Unheimliche« (1919), in: *Gesammelte Werke* Bd. XII, Frankfurt a.M.: Suhrkamp 1999, S. 227-278.

Gell, Alfred: *Art and Agency. An Anthropological Theory*, Oxford: Oxford University Press 1998.

Hall, Stuart: »Cultural Identity and Diaspora« (1990), Reprint in: Patrick Williams/Laura Chrisman (Hg.): *Colonial Discourse and Post-Colonial Theory*, London: Harvester Wheatsheaf 1994, S. 392-401.

Jentsch, Ernst: »Zur Psychologie des Unheimlichen«, in: *Psychiatrisch-neurologische Wochenschrift* Bd. 22, 1906, S. 203-205.

Jewsiewicki, Bogumil: *Mami Wata. La Peinture Urbaine au Congo*, Paris: Gallimard 2003.

Martin, Jean-Hubert: *Afrika Remix*, Ausstellungskatalog, Stuttgart: Hatje Cantz 2004.

Oguibe, Olu (Hg.): *Culture Game*, Minneapolis: University of Minnesota Press 2000.

Oguibe, Olu: »The Burden of Painting«, in: ders.: *Culture Game*, Minneapolis: University of Minnesota Press 2000, S. 139-148.

Ole, Antonio: o.T., in: Udo Kittelmann/Chika Okeke-Agulu/Britta Schmitz (Hg.): *Who Knows Tomorrow*, Köln: Verlag der Buchhandlung Walter König 2010, S. 29.

Ottenberg, Simon: »Uche Okeke. The Early Years«, in: ders. (Hg*.): New Traditions from Nigeria. Seven Artist of the Nsukka Group*, Washington: Smithsonian Institute 1997, S. 27-48.

Ottenberg, Simon: »The Christian Element in Uche Okeke's Art«, in: Krydz Ikwuemesi (Hg.): *The Triumph of Asele: An Anthology on Uche Okeke and Modern Art in Nigeria*, Lagos: Pendulum Art Gallery 2003, S. 45-59.

Vierke, Ulf: »Bilder vom Krieg. Krieg als Phänomen der Gewalt in der zeitgenössischen bildenden Kunst Afrikas«, in: Tobias Wendl (Hg.): *Africa Screams. Das Böse in Kino, Kunst und Kult*, Wuppertal: Peter Hammer Verlag 2004, S. 141-152.

Vierke, Ulf/Johannes Hossfeld (Hg.): *Hidden Pages – Stolen Bodies*, Wuppertal: Peter Hammer Verlag 2009.

Vierke, Ulf: »Die postexotische Ära. Etappen zeitgenössischer Kunst aus Afrika in Deutschland«, in: Udo Kittelmann/Chika Okeke-Agulu/Britta Schmitz (Hg.): *Who Knows Tomorrow*, Köln: Verlag der Buchhandlung König 2010, S. 139-152.

Abb. 23 Tayo Adenaike, Night Soil Man (1979); Öl auf Leinwand, 91,4 cm x 60,9 cm

Adenaike, an der Universität von Nsukka als Maler und Textildesigner ausgebildet, aktualisierte das Thema der nächtlichen Unrat-Sammler, die schon Anfang der 1960er Jahre seinen Lehrer Obiora Udechukwu und andere nigerianische Künstler beschäftigt hatte. Am sozialkritischen Motiv von Arbeit in Dunkelheit und Armut brechen formale Gestaltungen auf, deren präzise Linienführung im Konflikt mit einer pastosen an Van Goghs Werken entwickelten Malweise liegt, die zum Mosaik erstarrt.

Visuelle Kontaktzonen in der bildenden Kunst, Europa – Afrika

BÄRBEL KÜSTER

Visuelle Kontaktzonen zwischen der Kunst der europäischen Moderne und afrikanischen Kunstwerken entstanden über reisende Kunstobjekte, über Reproduktionen, Ausstellungen und durch reisende Künstler. Sie sind in drei oder vier Generationen zu finden. Zugleich korrelieren diese in loser Form auch mit unterschiedlichen Zeitzonen kunsthistorischen Epochenverständnisses; so verstehen afrikanische Kritiker heute zeitgenössische Kunst in Afrika synonym zur Kunst des 20. Jahrhunderts.[1] Zu den bedeutendsten Orten, an denen die Begegnung mit europäischer Kunst stattfanden, zählen Kunstschulen in verschiedenen afrikanischen Ländern, an denen zugleich lokale Kunstauffassungen unterrichtet wurden.[2] Erst in jüngerer Zeit ist die Aufmerksamkeit auf die Geschichte der Kunsterziehung im höheren Ausbildungswesen gelenkt worden. Eine Konferenz des *Pan-African Circle of Artists* in Nigeria widmete sich 2002

---

1 Folgt man Nkiru Nzegwu, wird »zeitgenössisch« im Sinne von »modern« verwendet; vgl. das Interview mit Kazeem Adeleke: »Interviewing Professor Nkiru Nzegwu« (o.S. 2005). Das Interview wurde 1999 geführt und erstmals publiziert. Nzegwu ist Professor am *Department of African Studies* in Binghampton, USA.

2 Es kann hier keine vollständige Auflistung der afrikanischen Kunstschulen gegeben werden. Sie stellen jedoch mit Ausstellungen die zentralen Institutionen für nigerianische Künstler seit Beginn des 20. Jahrhunderts, um sich selbst einen Ort zu geben und auf einem internationalen Kunstmarkt zu verorten. Vgl. Olu Oguibe: *Finding a Place. Nigerian Artists in the Contemporary Art World* (2002), S. 261f.

der Rolle des Künstlers in Afrika.[3] Eines der Ergebnisse der Konferenz war, wie John Picton und Ola Oloidi zusammenfassen, »[...] a clear need for the authoritative documentation of the art media of more recent inception, i.e. since the 1850s«[4]. In dem Maße, wie man sich heute bewusst wird, dass Künstler auch in Afrika eine Rolle bei der Formulierung von Identitäten, des Kulturverständnisses und des politischen Bewusstseins spielen, wurde deutlich, dass das Ausbildungssystem, wie es in den meisten Staaten durch die Kolonialmächte eingeführt wurde, neu konzipiert werden muss.[5] Vielleicht bedeutet diese beginnende Historisierung auch, dass eine bestimmte Phase der Migration von Künstlern, die sich stark mit westlichen Autoritäten der klassischen Moderne wie Pablo Picasso oder Paul Klee beschäftigten, und der Abbildungen ihrer Werke aus und nach Afrika abgeschlossen ist.

Die Rezeption westlicher Modernismen in Afrika zu würdigen, jenseits einer Interpretation als bloßes Epigonentum, heißt, die hier entstandenen Interpretationen der Moderne gleichermaßen als Tradition ernst zu nehmen wie solche in Europa. Ein Blick auf die Orte der Vermittlung, die Kunstschulen in Afrika, verdeutlicht wie im Brennglas die gegenseitigen Imaginationen zwischen Archaismen und Universalismen. Die Geschichte der bildenden Kunst Afrikas im 20. Jahrhundert über die Kunstvermittlung arbeitet der Utopie einer universellen Kunst zugleich entgegen wie sie ihr auch Argumente zuspielt, weil hier die visuellen Interpretationen kulturell-lokal konkretisiert und differenziert und zugleich gemeinsame Ideen in Vorgängen von Übertragung und Gegenübertragung verständlich gemacht werden können.

Aina Onabolu (1882-1963), der in Nigeria als Vater der modernen Kunst gilt,[6] machte seine ersten Erfahrungen mit westlicher Kunst als Leser populärer Zeitschriften und religiöser Bücher. Mit zwölf Jahren begann er zu malen und hatte schon einen Status als etablierter (Portrait-)Künstler

---

3   *Reports on the Pan-African Conference on the Status, Role and Working Condition of the Artist in Africa* (2002).

4   *Reports on the Pan-African Conference*, ebd., »Report 1« von John Picton und Ola Oloidi, Nr. 5.

5   *Reports on the Pan-African Conference*, ebd., »Panel Report 2« von Margaret Nagawa und Frank Ugiomoh.

6   Vgl. hierzu Everlyn Nicodemus: *The Black Atlantic and the Paradigm Shift to Modern Art in Nigeria* (2009), der auf verschiedene Titel der nigerianischen Forschung zu Aina Onabolu hinweist, wie zum Beispiel Uche Okeke: »History of Modern Nigerian Art« (1979).

in seiner Heimatstadt Ijebo, später in Lagos, als er 1918 zur Ausbildung nach Paris fuhr, um dort an der *Académie Julian* zu studieren, dann am *St. John Woods College* in London, wo er 1922 sein Diplom erhielt. Onabolu spielt in der Kunstgeschichte Nigerias eine bedeutende Rolle, nicht nur, weil ein 1905 entstandenes Porträt als Geburtsstunde der modernen Kunst in Nigeria dargestellt wird.[7] Onabolu hat nach seiner Rückkehr aus London die Kunsterziehung seines Landes begründet. Vor dem Hintergrund des *Phelps-Stokes-Report*, eines großen Erziehungsplanes, wurde erlaubt, ausgebildete Kunsterzieher ins Land zu holen. Der einflussreichste unter ihnen war der Engländer Kenneth C. Murray (1902-1972). Er förderte ab 1933 in seiner Schule in Ibadan den Unterricht in den Handwerkstechniken ebenso wie auch an den höheren Schulen. Die Ausbildung von nigerianischen Künstlern als Kunstlehrer am *Government College*, Umuahia, war ein weiterer bedeutender Baustein in der Geschichte der Kunst in Nigeria. Während der Nigerianer Onabolu westliche Kunst unterrichtete, betonte der Engländer Murray die »traditionellen« nigerianischen Techniken[8] – beendet wurde diese Doppelgleisigkeit durch die Einführung eines für alle weiterführenden Schulen bindenden Curriculums im Rahmen des *Cambridge University School Leaving Certificate Examination*, ein Abziehbild des englischen Curriculums. Es spielte auch im 1949 eingerichteten *Nigerian College of Arts, Science and Technology* in Ibadan, Zaria und Enugu eine zentrale Rolle und blieb bis zur Unabhängigkeit 1960 bindend. Mit der Unabhängigkeit rückte auch das nationale Interesse am Kunsterbe Nigerias in den Blick der nigerianischen Regierung, fand in administrativer Hinsicht jedoch erst Niederschlag, als die seit 1966 herrschende Militärregierung 1969 das *Nigerian Educational Research Council* einberief. In der Nachfolge wurde ab 1973 die Kunsterziehung in einem Dualismus zwischen Traditionalismus und Modernismus eingerichtet. Man kann also davon ausgehen, dass jeder Schüler Nigerias seit 1973 sowohl mit einheimischen wie auch mit westlichen Beispielen der Kunstgeschichte konfrontiert gewesen ist.[9]

---

7 Olu Oguibe: »Painting and graphic arts«, hier S. 135. Vgl. Grove Art Online unter http://www.oxfordartonline.com [letzter Abruf 25.6.2010].

8 Chidum Onuchukwu: »Art Education in Nigeria« (1994), S. 57.

9 Über die Ausbildungssituation der zweiten bedeutenden nigerianischen Kunstschule, der *Nsukka-University* informiert der 2002 erschienene Ausstellungskatalog: Simon Ottenberg (Hg.): *The Nsukka Artists and Nigerian Contemporary Art*, Ausstellungskatalog (2002).

Ein zweites Beispiel gibt die *Margaret Trowell School of Industrial and Fine Arts* in Uganda, die unter dem Namen *Makerere University School of Art* 1937 von Margaret Trowell in Kampala ins Leben gerufen wurde. Trowell (1904-1985) lebte von 1929 bis 1958 in Kenia und Uganda. An der Makerere-Schule hatte sie zum einen die Möglichkeit, jenseits staatlicher Curricula zu arbeiten, da es sich um eine private Schule handelte. Zum anderen lag ihr Interesse von Beginn an in der Förderung ugandischer Techniken und Ästhetiken. Trowell selbst hatte in London an der *Slade School* Kunst und dann am *London University Institute of Education* Kunsterziehung studiert. Sie war ausgebildet worden im Umfeld des »child art movement« und Teil einer neuen Generation, die vor allem um die Stimulation des Selbstausdrucks in der Kunst bemüht war; ihr Ziel definierte sie folgendermaßen: »I must put all effort into seeing the visual world through African eyes, and further into trying to understand their spiritual and social attitudes towards their own works of art.«[10] Vor ihrer Abreise aus England jedoch sah Trowell in London noch eine Ausstellung nigerianischer Studenten von Kenneth C. Murray. Und hier schließen sich die Kreise, denn Murray wurde von Aina Onabolu eingeladen in Nigeria zu unterrichten. Das Curriculum Trowells war zwar auf der Basis einer europäischen Kunstschule aufgebaut mit einem vierjährigen Kurssystem aus Malerei, Zeichnung, Bildhauerei und Textilkunst[11] – anders als in Nigeria wurde aber zum Beispiel darauf verzichtet, Perspektive zu unterrichten, wie Trowell feststellt: »There is certainly no need to foist our conventions, such as perpective, on them.«[12] Andererseits hat Trowell aber neue Medien wie Malerei und graphische Drucktechniken in den Unterricht eingeführt.

In der Zeit, als die Trowell-Schule nach Uganda transferiert wurde (1937-1945), führte sie auch eine »experimental art class« ein, in der zunächst innere Bilder gemalt, und dann gemeinsam Reproduktionen von Kunstwerken aus der griechischen Antike, dem Mittelalter, Asiens und

10 Elsbeth Joyce Court: *Margaret Trowell and the Development of Art Education in East Africa* (1985), S. 36-37. Das »child art movement« war Teil des in Europa in den 1880er Jahren beginnenden Interesses an Kinderkunst, sogenannter primitiver Kunst und Kunst »fremder« Kulturen allgemein, welche daran die grundlegende menschliche Kreativität und ihre »unverstellten« Produkte jenseits eines akademischen Kunstgeschmacks und zentraleuropäischer Ästhetik schätzten.

11 Elizabeth Harney: *In Senghor's Shadow. Art Politics and the Avant-Garde in Senegal* (2004), S. 68.

12 Elsbeth Joyce Court: »Margaret Trowell and the Development of Art Education in East Africa« (1985), S. 39.

auch solche von »African carvings and patterns« betrachtet und diskutiert wurden. Sie betonte in ihrer Autobiographie *African Tapestry* von 1957, dass die meisten Studierenden die afrikanischen Arbeiten am meisten geschätzt hätten. Auch hier wurde durch die britische Administration in Großbritannien und seinen Kolonien nach 1945 eine Angleichung erzwungen, die die Absolventen einem Londoner Diplom in *Fine Arts* gleichstellen sollte. Trowell konnte nur mit Hilfe Londoner Kollegen die Inhalte vor einem Zugriff aus London retten.[13]

Im Zusammenhang mit der *Négritude*-Bewegung steht die Berufung des französischen Amateurkünstlers, Mathematik- und Kunstlehrers Pierre Lods (1921-1988), an die *École Nationale des Beaux-Arts* nach Dakar, Senegal. Lods hatte zuvor gemeinsam mit Rolf Italiander die *Poto-Poto-Schule* in Brazzaville gegründet und bei einem Kongress in Rom einen Vortrag über seine Unterrichtsmethoden gehalten, wo Léopold Sédar Senghor ihn hörte und nach Dakar einlud. Auch Lods verfolgte das unbedingte Ziel einer »afrikanischen Authentizität« und einen weitgehend offenen Unterrichtsstil.[14] Neben ihm waren Iba Ndiaye (1928-2008) und Papa Ibra Tall (geboren 1935) die wichtigsten Lehrer der *École de Dakar*. Iba Ndiaye war von der europäischen Kultur geprägt, hatte im Senegal und dann in Montpellier und Paris Architektur und Kunst studiert und war durch Europa gereist, bevor er 1959 wieder nach Dakar kam. Für ihn war – anders als für Pierre Lods – die afrikanische Kunst weltoffen und nicht in einer vermeintlichen Authentizität gefangen, was 1966 zum Bruch mit Lods führte und Ndiaye zur Rückkehr nach Paris bewegte.

Valentin Yves Mudimbe weist auf eine weitere Kunstschule hin, die Pierre Romain-Desfossés im damaligen Elizabethville, heute Lubumbashi, Demokratische Republik Kongo, in den 1950er Jahren gründete.[15] In seinem Atelier »Le Hangar« (*Académie d'Art Populaire*) wollte Romain-Desfossés die Malerei aus Katanga fördern, indem er ein ästhetisch Unbewusstes seiner Schüler anzusprechen versuchte, welches er in einem »asiatic complex« mit einem »nilotic etiquette« sah. Diese Begriffe, die einem dumpfen vorurteilsgeladenen afrikanischen bzw. asiatischen »Primitivismus« zuarbeiten, sieht Mudimbe für Romain-Desfossés wie auch

---

13 Vgl. ebd., S. 38-39.

14 Vgl. Harney, *In Senghor's Shadow*, a.a.O., S. 65ff.

15 Vgl. auch Joseph-Aurélien Cornet (Hg.): *60 ans de peinture au Zaïre* (1989).

Frank McEwens Arbeit in Salisbury in Rhodesien (heute Harare, Simbabwe) getragen von einem Ursprünglichkeitsideal, das Letzterer wiederum als »mexican period« oder auch präkolumbianisch bezeichnete.[16] Mudimbe führt diese reichlich unklaren Vorstellungen zurück auf C. G. Jungs Archetypenlehre.[17] Die Archetypenlehre kann man als eines von vielen möglichen Konzepten verstehen, Authentizität zu produzieren und die verschiedenen Kultur-Zitate auf eine gemeinsame visuelle Basis (in diesem Fall phylogenetischer) Prägung zu stellen. Die genannten Kulturen werden von Europa aus als »primitive« verstanden, jenseits ihrer konkreten Realität. Sie verschaffen in dieser Vorstellung visuell Zugang zum (Mythos des) Archaischen, an dem in den Augen der genannten Kunstlehrer in besonderem Maße auch Künstler in Afrika partizipierten. Der Anspruch der modernen Künstler in Europa auf Universalität konkurrierte gewissermaßen mit dieser quasi als biologisch imaginierten Nähe zu einem universellen Archaischen. Das Primitivismuskonzept wiederum, also die Idee einer besonderen Nähe afrikanischer Künstler zu einer (nicht näher definierten) Ursprünglichkeit, und damit die Nähe zu einer zutiefst menschlichen Kreativität, für die unter anderem die afrikanische Kunst stehen sollte, wurde mit den Kunstlehrern nach Afrika getragen.

Euromodernismus

Der nigerianische Historiker, Philosoph und Kunstkritiker Nkiru Nzegwu schlug vor, die in Paris und andernorts entstandene Kunst der klassischen Moderne als Derivate der afrikanischen Kunst zu verstehen und somit die Hierarchisierungstendenzen des Primitivismus einfach umzukehren. Dementsprechend ist der Modernismus der Picassos und Klees von ihm als »Euromodernismus«, eine Spielart der Moderne, bezeichnet worden.[18] Zwar kann man die Bedeutung der afrikanischen Kunst sicherlich nicht derart ins Zentrum rücken,[19] aber die Relativierung der Moderne

---

16   Valentin Y. Mudimbe: »Reprendre, Enunciations and Strategies in Contemporary African Arts« (1999), S. 32f.

17   Vgl. ebd., S. 33.

18   Kazeem Adeleke: »Interviewing Professor Nkiru Nzegwu« (2005).

19   Unter den Kunstwerken, die zum Beispiel die Künstler des Blauen Reiter im Almanach von 1912 belehnten, waren ebenso japanische Holzschnitte, Bronzen aus Benin, bayerische Hinterglasmalerei wie malayische Holzfiguren und gotische Grabmäler. Vgl. Wassily Kandinsky/Franz Marc (Hg.):

hat ihren Sinn genau darin, die Absolutheitsansprüche dieser Kunstströmung, die weite Teile des 20. Jahrhunderts dominierte, abzulegen. Okwui Enwezor spricht von »großen und kleinen Modernen«, um die Heterotopien und vor allem auch die Ungleichzeitigkeiten zu umschreiben. Die kleinen Modernen sind die Exporte (er spricht hier von »quotations«) aus der europäischen Moderne, die sich an anderen Orten, innerhalb anderer Geschichten weiterentwickelten.[20] Und: Enwezor kappt den Faden einer universal gültigen Moderne, »[…] there is no red line running from modernism to contemporary art«, wertet die lokalen Entwicklungen auf und fordert, den Modernismus radikal auf kleinste Einheiten herunterzubrechen, »we need then to provincialise modernism«.[21]

Inzwischen hat sich eine pluralistische Sicht der Moderne durchgesetzt – auch wenn zum Beispiel Rosalind Krauss, Hal Foster, Benjamin H. Buchloh und Yve-Alain Bois in ihrem College Art Reader *Art since 1900* den Modernismus als strikt euro-amerikanische Erscheinung verstehen.[22] In Publikationen wie Kobena Mercers *Cosmopolitan Modernisms* sind die kulturspezifischen Interpretationen lateinamerikanischer, indischer, afrikanischer und afroamerikanischer Künstler genauer untersucht worden.[23] Eine weitere Studie, die diesen Prozess anhand eines afrikanischen Künstlers nachzeichnet, ist Sylvester Okwonudu Ogbechies Monographie über den nigerianischen Künstler Ben Enwonwu (1921-1994) und die Inkorporation der europäischen Moderne in eine Philosophie der Igbo, in ihre künstlerischen Traditionen und Wissenssysteme.[24]

Toma Muteba Luntumbue, Kunstkritiker, Künstler und Lehrer für Kunstgeschichte in Brüssel, fasste jüngst die Situation für heutige Künstler aus Afrika so zusammen: »Ihr Werk gehört der zeitgenössischen Kunst

---

Der Blaue Reiter (Neuausgabe von Klaus Lankheit, 1984/2000). Auch in der französischen Primitivismus-Debatte herrschte eine solche Bandbreite rezipierter Kulturen, vgl. Bärbel Küster: *Matisse und Picasso als Kulturreisende. Primitivismus und Anthropologie um 1900* (2003).

20 Okwui Enwezor: »Modernity and Postcolonial Ambivalence« (2009), S. 25. Enwezor folgt hier im wesentlichen Dipesh Chakrabarty: *Provincializing Europe, Post-colonial Thought and Historical Difference* (2007) und ders.: *Habitations of Modernity; Essays in the Wake of Subaltern Studies* (2002).

21 Enwezor: »Modernity and Postcolonial Ambivalence«, ebd., S. 28.

22 Rosalind Krauss u.a.: *Art since 1900. Modernism, Antimodernism, Postmodernism* (2004).

23 Kobena Mercer (Hg.): *Cosmopolitan Modernisms* (2005).

24 Sylvester Okwunodu Ogbechie: *Ben Enwonwu. The Making of an African Modernist* (2008).

an, aber diese Zugehörigkeit ist eingeschrieben in den Anspruch einer multiplen und flexiblen Identität, angesiedelt in einer transnationalen Gleichzeitigkeit, in der alle kulturellen Bezüge breit gefächert sind.«[25]

Die Kunst der Moderne ist sowohl in der Ausbildung an europäischen Akademien als auch in der Praxis heutiger Künstler stark in den Hintergrund getreten, ihre Rolle relativiert und ihr universaler Anspruch längst gebrochen – an deutschen Kunsthochschulen spielt beispielsweise der Kubismus wenn überhaupt nur noch eine marginale Rolle. Dennoch gehört er zum kulturellen Erbe und dem kollektiven Gedächtnis. Gerade für Künstler, die sich mit Fragen der Identität beschäftigen, könnten diese historischen Kontaktzonen und die verschiedenen Generationen nicht nur europäischer Kunstrezeption von ebenso großem Interesse sein, wie die Phasen der Auseinandersetzung mit afrikanischer Kunst und Kunstkonzeptionen in Europa für hiesige Künstler.

Medialität, Materialität und Übermittlung

Für Künstler heute stellt sich das Problem der Appropriation in einer anderen Form. Die Aneignungsprozesse sind weniger von direkten kolonialen Hierarchien geprägt als vielmehr von unterschiedlichen Zugängen zur globalisierten Welt vor dem Hintergrund einer alltäglich-realen, partikularen Erfahrung. Sie bleibt in der Ausbildungssituation an konkrete Vermittler wie an Medien gebunden. Die Medien der Übermittlung haben sich von den schlechten Autotypien der Wochenpresse vom Anfang des 20. Jahrhunderts bis zum Internetauftritt in ihrer materiellen Qualität stark gewandelt. Aber die Frage, ob und welches Bildmaterial für Anregung und Austausch künstlerischer Ideen benutzt wird, bleibt eine ganz konkrete.

Als Beispiel mag hier noch einmal ein Blick zurück dienen: Die künstlerische Farbgebung vieler Kunstwerke der 1950er Jahre ähnelt sich in der matten Farbpalette und der starken Abtönung zu Schwarz hin. Man kann darin ein Echo der Farbgebung schlechter Drucke aus der damaligen Reproduktionstechnik wiedererkennen – sei es bei Pablo Picasso, Georges Rouault, Christian Rohlfs einerseits oder bei Ben Enwonwu, Ahmed Cherkaoui, Erhabor Ogieva Emokpae und Gazbia Sirry anderer-

---

25 Toma Muteba Luntumbue: »Verschränkte Aneignungen. Künstlerische Dialoge zwischen Afrika und dem kolonialen Europa« (2006), S. 60.

seits.[26] Sie wie auch die europäischen Künstler hatten ihre Bildbände und Postkartensammlungen, anhand derer sie sich fremde, alte und zeitgenössische Kunst ansahen.[27] Ebenso wie in Europa, rezipierten Künstler in Afrika Fotos und Reproduktionen von Kunstwerken. Diese mediatisierte Prägung zeithistorischer Stile, jenseits der Frage, ob Globalisierung oder Lokalisierung, jenseits der eigentlich selbstverständlichen Rezeption anderer Kunstwerke in Europa wie in Afrika, stellt eine eigene Dimension in der Forschung über Kontaktzonen dar. Welche eigene Ästhetik die technische Übersetzung des Bildes hervorgebracht hat, bleibt eine Frage, die noch zu erforschen ist. Ebenso könnte man in der heutigen Perspektive danach fragen, welche Rolle die zeitgenössischen Medien in der kulturellen Begegnung und in der Ausbildung von Studierenden tatsächlich spielen, und welche ästhetischen Konsequenzen die Auseinandersetzung mit digitalen Bildmedien auch interkulturell hat. Das konkrete Trägermaterial künstlerischer Auseinandersetzung über Archive oder vielleicht auch Interviews zu rekonstruieren, könnte ein weiterer Schlüssel sein für die Aufarbeitung einer Geschichte der gegenseitigen Rezeption und Interpretation, deren Bezugspunkte auf die Moderne und die nachfolgenden Kunstkonzepte nicht mit einem »post-« ad acta zu legen sind.

Literatur

Adeleke, Kazeem: »Interviewing Professor Nkiru Nzegwu«, in: *Africa Resource*, http://www.africaresource.com, geposted am 12. 5. 2005 [letzter Abruf 10.6.2010].

Adenaike, Tayo: »Between Two Careers«, in: Simon Ottenberg (Hg.): *The Nsukka Artists and Nigerian Contemporary Art*, Ausstellungskatalog, Washington: National Museum of African Art 2002, S. 123-131.

Chakrabarty, Dipesh: *Provincializing Europe: Post-colonial Thought and Historical Difference*, Princeton: Princeton University Press 2007.

Chakrabarty, Dipesh: *Habitations of Modernity; Essays in the Wake of Subaltern Studies*, Chicago: University of Chicago Press 2002.

---

26 Vgl. z.B. die Abbildungen in Okwui Enwezor (Hg.): *The Short Century. Independence and Liberation Movements in Africa 1945-1994*, Ausstellungskatalog (2001).

27 Vgl. Küster, Matisse und Picasso, a.a.O. und Dorothy Kosinsky (Hg.): *The Artist and the Camera* (2000).

Cornet, Joseph-Aurélien (Hg.): *60 ans de peinture au Zaïre*, Ausstellungskatalog, Brüssel: Éditeurs d'Art Associés 1989.

Court, Elsbeth Joyce:»Margaret Trowell and the Development of Art Education in East Africa«, in: *Art Education*, 38, 6, Nov. 1985, S. 35-41.

Enwezor, Okwui (Hg.): *The Short Century. Independence and Liberation Movements in Africa 1945-1994*, Ausstellungskatalog, Berlin: Martin-Gropius-Bau 2001.

Enwezor, Okwui:»Modernity and Postcolonial Ambivalence«, in: Nicolas Bourriaud (Hg.): *Altermodern*, Ausstellungskatalog, London: Tate Britain, Tate Triennial 2009, S. 27-40.

Harney, Elizabeth: *In Senghor's Shadow. Art Politics, and the Avant-Garde in Senegal*, Durham: Duke University Press 2004.

Kandinsky, Wassily/Franz Marc (Hg.): *Der Blaue Reiter* (1912), Neuausgabe v. Klaus Lankheit, München/Zürich: Piper (1984) 2000.

Kosinski, Dorothy (Hg.): *The Artist and the Camera. Degas to Picasso*, Ausstellungskatalog, Dallas: Museum of Art 2000.

Krauss, Rosalind/Hal Foster/Yve-Alain Bois/Benjamin H. Buchloh: *Art since 1900. Modernism, Antimodernism, Postmodernism*, London/New York: Thames & Hudson 2004.

Küster, Bärbel: *Matisse und Picasso als Kulturreisende. Primitivismus und Anthropologie um 1900*, Berlin: Akademie Verlag 2003.

Luntumbue, Toma Muteba:»Verschränkte Aneignungen. Künstlerische Dialoge zwischen Afrika und dem kolonialen Europa«, in: Marjorie Jongbloed (Hg.): *Entangled. Annäherungen an zeitgenössische Künstler aus Afrika*, Köln: Volkswagen Stiftung 2006, S. 22-60.

Mercer, Kobena (Hg.): *Cosmopolitan Modernisms*, Cambridge/Mass./London: MIT Press 2005.

Mudimbe, Valentin Yves:»Reprendre, Enunciations and Strategies in Contemporary African Arts«, in: Olu Oguibe (Hg.): *Reading the Contemporary. African Art From Theory to the Marketplace*, London: Institute of International Visual Arts 1999, S. 30-47.

Nicodemus, Everlyn:»The Black Atlantic and the Paradigm Shift to Modern Art in Nigeria«, in: *Critical Interventions*, 3/4, 2009, S. 7-20.

Ogbechie, Sylvester Okwunodu: *Ben Enwonwu. The Making of an African Modernist*, Rochester: University of Rochester Press 2008.

Oguibe, Olu:»Painting and Graphic Arts«, in: *Dictionary of Art*, hg. v. Jane Turner, Artikel »Nigeria«, S. 128-139, New York: Grove 1996, S. 135-137.

Oguibe, Olu:»Finding a Place. Nigerian Artists in the Contemporary Art World«, in: Simon Ottenberg (Hg.): *The Nsukka Artists and Nigerian Con-*

temporary Art, Ausstellungskatalog, Washington: National Museum of African Art 2002, S. 257-278.

Okeke, Uche: »History of Modern Nigerian Art«, in: *Nigeria Magazine*, Lagos, 128/129, 1979, S. 100-118.

Onuchukwu, Chidum: »Art Education in Nigeria«, in: *Art Education,* 47, 1, Jan. 1994 (»Art International«), S. 54-60.

Ottenberg, Simon (Hg.): *The Nsukka Artists and Nigerian Contemporary Art*, Ausstellungskatalog, Washington: National Museum of African Art 2002.

»Reports on the Pan-African Conference on the Status, Role and Working Condition of the Artist in Africa«, in: *IJELE*, 4, 2002.

Trowell, Margaret: *African Tapestry*, London: Faber 1957.

Udechukwu, Obiora: »Of Nightsoilmen, Refugees, and Politicians: Or, Peculiar Situations, Peculiar Responses«, in: Simon Ottenberg (Hg.): *The Nsukka Artists and Nigerian Contemporary Art*, Ausstellungskatalog, Washington: National Museum of African Art 2002, S. 100-116.

MOBILE NARRATIVE

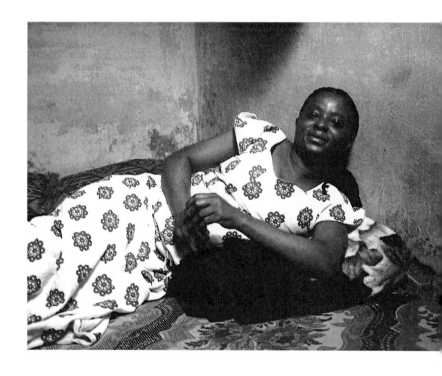

Ausbruch aus den Kerkern der Differenz

Wilfried N'Sondés Roman
Le cœur des enfants léopards

Thorsten Schüller

In einer Besprechung zu Wilfried N'Sondés 2008 auf Deutsch erschienenen Roman *Le cœur des enfants léopards* (*Das Herz der Leopardenkinder*)[1] zeigt sich der Rezensent oder die Rezensentin eines unsignierten Artikels der Westdeutschen Zeitung enttäuscht, der Inhalt des Buchs könne »so viel hergeben«, dem Roman fehle aber eine »authentischere Note«, der »Ton« des Buchs mache dem Leser zu schaffen.[2] Dabei ist es gerade der »Ton« des Romans, seine thematische und vor allem stilistische Vielfalt, der als bewusste ästhetische Deutung einer afrikanischen Diasporakultur zu verstehen ist, und so einer monolithischen und essentialistischen Authentizität entgegenarbeitet. *Le cœur des enfants léopards* stellt sich geographischen, rassifizierenden und anderen essentialisierenden Etikettierungen entgegen. Inhaltlich und ästhetisch reflektiert und verhandelt der Roman Differenzen und Zwischenräume, nicht zuletzt durch das Motiv der (Grenzen überwindenden) Liebe. Ästhetisch zeichnet sich der Roman durch die Polyphonie von Vorstadtjargon, intertextuellen Strukturähnlichkeiten zu Klassikern der französischen und deutschen Literatur und der Stimme eines afrikanischen Ahnen aus, die sich als Ausdruck einer

---

1 Wilfried N'Sondé: *Le cœur des enfants léopards* (2007), *Das Herz der Leopardenkinder* (2008).

2 O.A.: »Buch des Autors Wilfrid (sic!) N'Sondé. Schade um die Leopardenkinder«, in: *Westdeutsche Zeitung*, 26.1.2009, Online unter: http://www.wz-wuppertal.de/?redid=417145 [letzter Abruf 28.7.2009].

Poetik der Diaspora lesen lässt. Monolithisch organisierten Konzepten der Authentizität steht Wilfried N'Sondés Text also diametral entgegen.

Der Ich-Erzähler findet sich nach einer berauschten Nacht, in der er einen Mord begangen hat, in einer Gefängniszelle eingeschlossen wieder, fühlt sich aber auch, in einer abstrakteren Perspektive, in »Kerkern der Differenz«[3] gefangen. In der Zelle versucht er die Ereignisse des Vorabends zu rekonstruieren und reflektiert dabei seine Herkunft und die Peripetien seiner unruhigen Biographie. Diese heterogenen identitätskonstitutiven Komponenten schlagen sich auch codiert auf der Formebene des Textes nieder, in der die »Kerker der Differenz« eine ästhetische Gestalt finden.

Der vorliegende Beitrag macht es sich zur Aufgabe, die Szenographie des Romans auszukundschaften, das heißt inhaltliche und formale Aspekte des Textes zu verorten. Das Phänomen der Verortung von Kultur, also der Bezug von Texten zu realen und diskursiven Orten, ist in den Kulturwissenschaften, dabei vor allem in den *Postcolonial Studies*, allgegenwärtig.[4] Texte werden dabei auf ihre Positionierung zu diskursiv konstruierten Orten wie Kolonie und Metropole oder Peripherie und Zentrum abgefragt. Auch das Modell der Szenographie versucht, Fragen der Verortung zu erfassen. Als Szenographie lassen sich nach dem französischen Linguisten und Diskurstheoretiker Dominique Maingueneau die örtlichen Inszenierungen im literarischen Text bezeichnen; sie ist Ausdruck des Bezugs einzelner struktureller Textelemente zu spezifischen Orten.[5] Im Anschluss an Dominique Maingueneau hat Jean-Marc Moura 1999 eine spezielle, auch auf Migrationsliteraturen applizierbare »scénographie postcoloniale«[6] entwickelt. Er untersucht dabei textliche Positionierungen in Romanen, die aus Kontakten zwischen (post-)kolonial geprägten Kulturen hervorgehen. In dieser Perspektive fragt Moura nach Merkmalen im Text, die auf den ehemaligen Kolonisator hinweisen, oder nach solchen, die der Herkunft des Autors zugerechnet werden können. Überträgt man das Modell auf Migrationsliteraturen, so konsti-

---

3   N'Sondé: *Leopardenkinder*, S. 76. Siehe auch Petra Kasslers Interview »Raus aus den Kerkern der Differenz« in diesem Buch.

4   Der Titel der kanonischen Aufsatzsammlung von Homi Bhabha *The Location of Culture* mag dies exemplarisch verdeutlichen, vgl. Homi Bhabha: *The Location of Culture* (1994).

5   Dominique Maingueneau: *Le contexte de l'œuvre littéraire* (1993).

6   Jean-Marc Moura: *Littératures francophones et théorie postcoloniale* (1999).

tuieren sich zwei Pole in der Szenographie: Auf der einen Seite treten Aspekte zutage, die der Herkunftskultur des Autors zuzurechnen sind, und auf der anderen Seite sind Aspekte zu erkennen, die auf die Zielkultur des Aufnahmelandes hinweisen. Ein Autor wie Wilfried N'Sondé transzendiert freilich sowohl mit seiner Biographie als auch mit der Ästhetik seines ersten Romans eine solche binäre Konstruktion. Dennoch kann Mouras eher statisches Modell methodisch dabei helfen, die komplexe Dynamik kultureller Spuren unterschiedlicher Provenienz in *Le cœur des enfants léopards* strukturell zu erfassen. Die Szenographie Mouras versucht die Erzählerinstanz des Textes zu verorten (in welchen diskursiven Ort schreibt sich die Erzählerfigur ein?) und den räumlichen und zeitlichen Kontext zu erfassen (wo und wann findet die Handlung statt?).[7] Diese ästhetische Verortung lässt sich auf jegliches interkulturelle[8] Spannungsverhältnis anwenden. Schließlich führt nicht nur in postkolonialen Konstellationen das Zusammentreffen von Gemeinschaften verschiedener kultureller Prägung zu ästhetischen Besonderheiten: In Zeiten einer beschleunigten Globalisierung tragen auch Migrations-, Exil- und Diasporaerfahrungen zu spezifischen Ästhetiken des Kulturkontakts bei. Die Szenographie lotet die Spannung zwischen Sprache und Ort im Text aus (z.B. die Spannung, die entsteht, die eigene Sprache im fremden Land zu sprechen oder zu schreiben), die intertextuellen Referenzrahmen und deren Geschichte sowie die inhaltlich evozierten Handlungsorte.

Hieraus ergeben sich eine Reihe interessanter Fragen an den Roman *Le cœur des enfants léopards* und seinen Autor. Welche lokalisierbare literarische Strömung dient als literaturgeschichtliches Vorbild? Welche Autoren werden intertextuell verarbeitet? Welche außerliterarischen Referenzen sind im Text auszumachen? Alle diese möglichen Fragen nach der Situierung des Textes sollen klären, welche literarischen Referenzsysteme N'Sondés Roman verarbeitet, und zeigen auf, dass die ästhetischen und inhaltlichen Verortungen in *Le cœur des enfants léopards* von Pluralität und Polyphonie geprägt sind.

N'Sondé, der sich auch als Punkmusiker und Chansonnier einen Namen machte und noch immer, gemeinsam mit seinem Bruder, als »Wilfried et Serge Duo« auftritt, greift in seinem Roman auch auf Strate-

---

7 Moura, ebd., S. 120.

8 Im Sinne von Ettes Definitionen der Präfixe »inter« und »trans«, bei denen der Begriff des Transkulturellen im Kontakt der Kulturen eine gegenseitige Durchquerung impliziert, während Interkulturalität ein Miteinander bei gleichzeitigem Beharren der Zugehörigkeit bedeutet. Vgl. Ottmar Ette: *ZwischenWeltenSchreiben* (2005), S. 20-22.

gien der Popmusik zurück. Dies äußert sich nicht nur im Zitieren von Songzeilen, sondern auch im Vermischen unterschiedlichster Stile. Eine solche Ästhetik kann nicht mit einem Begriff wie Authentizität erfasst werden, mit dem zeitgenössische Autoren nichtsdestotrotz noch immer konfrontiert werden.

Der Begriff der Authentizität

In den letzten Jahrzehnten ist der Begriff Authentizität zu einem *Passepartout*-Begriff avanciert. Gerade wegen seiner Allgegenwart und der daraus resultierenden semantischen Unschärfe erweist er sich als unbrauchbare Analysekategorie; trotzdem hält sich der Begriff vor allem im Kontext afrikanischer Literaturen oder afrikanischen Literaturen nahestehenden Texten der Migration. »Offensichtlich gibt es in westlichen Kulturräumen eine weit verbreitete, sozial und kulturell erzeugte Sehnsucht nach Unmittelbarkeit, nach Echtheit und Wahrhaftigkeit und nicht zuletzt nach Eigentlichkeit [...]«, stellt Susanne Knaller in ihrer ausführlichen Abhandlung *Geschichte und Theorie des Begriffs der Authentizität*[9] fest. Wilfried N'Sondé mag als in Berlin lebender, in Frankreich sozialisierter und in Kongo-Brazzaville geborener Schriftsteller national und kulturell wenig fassbar sein. Es ist aber kein Zufall, dass ein Autor mit afrikanischer Herkunft mit dem Etikett des afrikanischen Schriftstellers versehen und stets mit seiner Herkunft und somit auch mit Problemen der afrikanischen Literaturen konfrontiert und identifiziert wird.[10] »Afrikanisches Schreiben« ist seit den Anfängen von der Suche nach der »wahren« Ausdrucksform geprägt,[11] stets sind afrikanische Autoren, aber auch

---

9 Susanne Knaller: *Ein Wort aus der Fremde. Geschichte und Theorie des Begriffs der Authentizität* (2007), hier S. 7.

10 N'Sondé wird in Buchbesprechungen und in allgemeiner gehaltenen Artikeln zu »Dritt-Welt-Problematiken« immer wieder mit seiner afrikanischen Herkunft konfrontiert oder wird als »Stimme Afrikas« zitiert. Vgl. o.A.: »Afrika-Literatur« (2009) S. 54; Hans-Christoph Buch: »Licht im Herzen der Finsternis« (2008), S. 34; Hans-Christoph Buch: »Nach Miami, nach Miami!« (2008), S. 33. Siehe auch N'Sondés Bemerkungen in seinem kurzen Artikel mit dem Titel »Ethnidentité« (2010) zu einengenden Repräsentationen, mit denen er zeit seines Lebens, aber vor allem seit seiner Karriere als Schriftsteller konfrontiert ist.

11 Man denke an die »Négritude«, den »tropicalisme« von Sony Labou Tansi oder den Versuch einer Afrikanisierung des Französischen im Romanwerk von Ahmadou Kourouma.

westliche Intellektuelle auf der Suche nach einem adäquaten Afrika-Bild, eine Suche, die allzu oft wieder zu essentialistischen Festlegungen wie der Authentizität führt. So kann auch Bernard Mouralis in einem frühen Text eine Tendenz der afrikanischen Literatur in den 1960er Jahren ausmachen, die ein »approfondissement de l'africanité véritable« (Vertiefung der wahrhaften Afrikanität) anstrebt.[12] Vielen zeitgenössischen afrikanischen Schriftstellern muss diese postulierte Afrikanität suspekt sein,[13] einem Autor, der wie N'Sondé von der Diaspora und einem Leben in Europa geprägt ist, umso mehr.

Die eingangs erwähnte Rezension offenbart zudem ein weiteres allgemeines Problem der Rezeption von Migrationsliteraturen. Wenn in der Rezension mangelnde Authentizität bedauert wird, dann impliziert dies die Erwartung eines semantisch wahren Bildes der dargestellten Welt. Eine solche Perspektive degradiert den Text, ein eigentlich fiktionales, codiertes Werk, zu einem zeithistorischen anthropologischen Quellentext.[14] Nimmt man den Text als literarisches und ästhetisches Kunstwerk wahr, dann ist es weniger möglich, das Phänomen der Migration in einem empirischen Sinn zu erfassen, als eine ästhetische Codierung der Interkulturalität herauszulesen.

Afrika ist überall

N'Sondés Roman beginnt mit einem programmatischen Vorwort, in dem er Orte (Brasília, New York, Lagos, Amsterdam, Paris etc.), Personengruppen (aidskranke Waisenkinder, Banlieue-Bewohner, Tirailleurs sénégalais etc.) und historische Ereignisse (Erster Weltkrieg, Genozid in

---

12 Bernard Mouralis: *Individu et collectivité* (1969), S. 145 (Übers.d.A.).

13 Vgl. Nimrod: *La nouvelle chose française*, S. 220: »Pour être authentiquement africaine, notre littérature devrait être écrite en nos langues. Constatons seulement que nous en sommes encore bien loin, heureusement. Car »l'authenticité«, ici comme ailleurs, accouche toujours de pires malheurs.« (Um authentisch afrikanisch zu sein, müsste unsere Literatur in unseren Sprachen geschrieben sein. Halten wir einfach mal fest, dass wir davon noch weit entfernt sind, glücklicherweise. Weil »Authentizität«, hier wie auch woanders, immer schlimmstes Unheil gebärt. Übers.d.A.)

14 So unterscheidet der Literaturkritiker Romain Leick in seinem Spiegel-Artikel über den Überraschungserfolg *Le Ventre de l'Atlantique* von Fatou Diome nicht zwischen Autorin und Erzählinstanz und liest den Roman als autobiographisches Zeugnis der Autorin, Romain Leick: »Hindernis vor dem Paradies« (2004), S. 202.

Ruanda) aneinanderreiht, die auf ihre jeweils eigene Weise einen Bezug zu Afrika oder zur afrikanischen Emigration haben, und dabei sowohl auf dem afrikanischen Kontinent als auch auf anderen Kontinenten zu situieren sind. Der letzte Satz des Vorworts hingegen weist auf Afrika hin: Alle diese Elemente haben nämlich eines gemeinsam, »l'Afrique erre sur nos peaux«; die deutsche Übersetzung fokussiert die entgrenzende Hautfarbe noch weiter: »Afrika spielt auf unserer *schwarzen* Haut.«[15] Die Szenographie des Textes stärkt also von Beginn an afrikanische Elemente. Diese sind allerdings nicht länger auf den afrikanischen Kontinent beschränkt, sondern gehen in einer Art schwarzen Weltkultur auf.

Dies lässt sich als literarische Inszenierung eines Gedankens des Soziologen Ulrich Beck lesen. Für den Globalisierungstheoretiker Beck ist der gesamte afrikanische Kontinent in Zeiten der Globalisierung topographisch nicht mehr messbar. In seinem Buch *Was ist Globalisierung?*[16] versucht Beck, die Globalisierung in ihren verschiedenen Ausprägungen zu erfassen, und stellt sich die Frage: »Was, wo ist ›Afrika‹ im transnationalen sozialen Raum?«[17]. Beck glaubt, dass Afrika in der Globalisierung nicht länger auf seine geographische Realität beschränkt ist, sondern eine weltweit zirkulierende diskursive Konstruktion geworden ist.[18]

Im Anschluss an Patricia Alleyne-Dettmers Studie *Tribal Arts* sieht Beck Afrika als eine »transnationale Idee und ihre Inszenierung«; diese Inszenierungen als Ausdruck eines »kulturellen Ideenreservoir[s] Afrika«[19] könnten auch außerhalb Afrikas stattfinden. So fragt er polemisch:

Wo (be)findet sich Afrika in der grenzendurchlöcherten Weltgesellschaft? In den Ruinen, welche die Kolonialherren in Afrika hinterlassen haben? In den großstädtischen Gesichtern des auf halbem Wege modernisierten Afrikas? In den afrikanischen Viersternehotels? Auf den organisierten Safaris? In den back-to-the-roots-Hoffnungen und -Illusionen der Negro-Americans? In den Büchern über Afrika, die an westlichen Universitäten verfasst wurden? Oder

---

15 N'Sondé: *Enfants léopards*, S. 11; N'Sondé: *Leopardenkinder*, S. 7. Hervorh.d.A.

16 Ulrich Beck: *Was ist Globalisierung? Irrtümer des Globalismus – Antworten auf die Globalisierung* ([1997] 1998).

17 Ebd., S 57.

18 Siehe auch Thorsten Schüller: *Wo ist Afrika? – Paratopische Ästhetik in der zeitgenössischen Romanliteratur des frankophonen Schwarzafrika* (2008).

19 Beck: *Was ist Globalisierung*, S. 55

in der Karibik und ihrer kulturellen Kunterbuntheit? Oder gar im Ringen um eine nationale Identität in den britischen Schwarzen-Subkulturen?[20]

N'Sondés Roman ist Ausdruck eines vergleichbaren subkulturell funktionierenden deterritorialisierten Afrikas. Der Protagonist hört zwar in einer Pariser Gefängniszelle die Stimmen des Ahnen seiner Herkunftskultur. Doch die vom Protagonisten in der Zelle reflektierte Sozialisierung zeigt, dass die prägenden Einflüsse und Referenzen verschiedenster Herkunft sind; seine große Liebe ist eine französisch-algerische Jüdin, in seiner Freizeit hört er den Reggae Bob Marleys, seine Heimat ist ein Pariser Vorort, in dem eine Vielzahl an Kulturen und Nationalitäten eine nicht immer nur konfliktuell geprägte Lebensgemeinschaft bildet, ja sogar eine multikulturelle, romantisch verklärte Form von Weltkultur annimmt. In *Le cœur des enfants léopards* wird Afrika außerhalb des afrikanischen Kontinents und in seinen Wechselbeziehungen zu anderen Kulturen inszeniert.

Afrika im Roman

Auf der Inhaltsebene sehen sich die Hauptfiguren ständig mit essentialistischen Afrika-Klischees konfrontiert. Die Gedanken und Äußerungen des Polizisten, der die Gefängniszelle überwacht, in der der Ich-Erzähler sich ausnüchtert, können stellvertretend für europäische Afro-Stereotype stehen. Er übt sich in Afromiserabilismus, behauptet, dass Afrika der Welt bis auf Musik und Sport wenig von bleibendem Wert hinterlasse und fürchtet sich vor möglichen übersinnlichen Kräften des Inhaftierten.[21] Die allgegenwärtigen Afrika-Klischees führen zu der leitmotivischen Frage des Erzählers nach der Identität in der Fremde: »C'est quoi un vrai Noir?« (»Wie sieht ein wahrer [=echter, T.S.] Schwarzer aus?«)[22]

Die Protagonisten durchschauen die Klischees und spielen das Spiel mit. Als Drissa, der gute Freund und *Alter Ego* des Protagonisten, während seiner Grundschulzeit gebeten wird, der Schulklasse von seiner »afrikanischen Heimat« zu berichten, erfindet er ein exotistisches Setting, um die Zuhörer zufrieden zu stellen: »Comme il ne savait pas trop quoi dire, il a souri, bredouillé deux, trois lambeaux d'histoire de l'ancêtre,

---

20 Ebd., S. 56.
21 N'Sondé: *Enfants léopards*, S. 44f.
22 Ebd., S. 48; N'Sondé: *Leopardenkinder*, S. 43.

puis a inventé un lion par-ci, un bananier par-là, un village de terre cuite qu'il avait vu la veille à la télévision.« (Er lächelte, weil er nicht recht wusste, was er sagen sollte, stammelte zwei, drei Bruchstücke aus der Geschichte des Ahnen, erfand dann einen Löwen da, eine Bananenstaude dort und schließlich ein Dorf aus gebranntem Lehm, das er aus dem Fernsehen kannte.)[23] Drissa spielt auf diese Weise mit der Reproduktion der exotischen Erwartungen, die medial vermittelten Afrika-Klischees, um die Wünsche seiner Mitschüler und seiner Lehrerin zu befriedigen. Offensichtlich sind seinen Zuhörern die Ausführungen aber nicht »authentisch« genug: »Quand il se tut quelques instants plus tard, tout le monde resta sur sa faim.« (Als er kurz darauf verstummte, blieben alle auf ihrem Hunger sitzen.)[24]

Die Figuren des Romans sind also ständig mit Stereotypen konfrontiert, die sie davon ablenken, zu artikulieren, was sie selbst erleben und was sie selbst bewegt. Die Festlegung auf einengende Klischees und Repräsentationen steht ihrer dynamischen und multikulturellen Lebenswelt diametral entgegen. Die Inszenierung von Afrika-Klischees steht demnach szenographisch trotz der immerwährenden Evozierung Afrikas für eine Inszenierung der europäischen Wahrnehmung. Die Vorurteile des Polizisten wie auch Drissas fingierte Heimatgeschichte sind nicht nur exotistische Klischees und Projektionen, sondern auch ironische Provokationen; der Blick auf Afrikaner charakterisiert Europäer und umgekehrt. Obwohl sich die Figuren also in den besagten Textstellen mit Afrika auseinandersetzen, fingiert der Text durch die Darstellung westlicher Stereotype die Stärkung des europäischen Pols der Szenographie.

Gleichwohl bilden viele afrikanische Referenzen im Text die afrikanische szenographische Seite. Die Ahnenfigur taucht häufig in der Handlung auf und repräsentiert den Bereich des Übersinnlichen und den Glauben daran, dass die Toten weiterhin die Handlungen der Lebenden begleiten. Dies lässt sich als szenographische Bezugnahme auf Gesamtafrika lesen. Auch die Herkunft von Wilfried N'Sondé ist im Roman auszumachen und steht im Bezugsnetz des Textes gleichberechtigt neben anderen Referenzen. So ist der im Roman an prominenter Stelle evozierte Fluss klar als Kongo zu erkennen und auch der dem Roman den Titel gebende Leopard ist ein prominentes Totemtier der Bakongo-Mythen,

---

23 N'Sondé: *Enfants léopards*, S. 30; N'Sondé: *Leopardenkinder*, S. 25. (Eigentlich: »[…] die er am Abend zuvor im Fernsehen gesehen hatte.« Die deutsche Übersetzung leistet sich gelegentlich einige Freiheiten.)

24 N'Sondé: *Enfants léopards*, S. 30; N'Sondé: *Leopardenkinder*, S. 25.

das durch die Leopardenmütze Mobutus auch in der Weltöffentlichkeit als genuin kongolesisches Attribut wahrgenommen wurde.[25] Dennoch sind diese Elemente nur ein Teil eines Netzes von Bezugnahmen.

Intertextuelle Referenzen

Formalästhetisch und motivisch erinnert der Roman an vielerlei Texte. Der Topos der zunächst glücklichen, dann aber unglücklich verlaufenden Liebe lässt beispielsweise an Texte der europäischen Romantik denken.[26] Zudem lassen sich Strukturähnlichkeiten zu den Texten zweier *enfants terribles* der französischen Literatur aufzeigen, zu Texten von Louis-Ferdinand Céline und Arthur Rimbaud. Auf Céline wird immer wieder zur Beschreibung unkonventioneller Strömungen zeitgenössischer französischsprachiger Literatur zurückgegriffen, wie das gehäufte Auftauchen des Adjektivs »célinien« in Artikeln zu Autoren wie Michel Houellebecq oder Ahmadou Kourouma in den Feuilletons beweist[27]. N'Sondés Text lässt sich auch mit dem Begriff »célinien« charakterisieren: Vor allem seine Darstellung der emotional aufgewühlten inneren Zustände des Protagonisten erinnert an den Stil Célines, der in den 1930er Jahren mit seinem Roman *Voyage au bout de la nuit*[28] die französische Romanliteratur um eine neuartige Sprache bereicherte und die er selbst als einen »métro émotif«[29] bezeichnete. Der Stil Célines versucht, die Emotionen und das Innere der Figuren gleich einer hektisch dahinfahrenden und ständig stoppenden Untergrundbahn abzubilden. Konkret bedeutet das, dass Céline eine »fingierte Mündlichkeit«[30] in eine geschriebene Form übersetzt. Dabei wird mit segmentierten, fehlerhaften Sätzen die gesprochene

---

25 Vgl. Anna-Maria Brandstetter: *Leben im Regenwald. Politik und Gesellschaft bei den Balongo* (1998), S. 307f. und Winfried Speikamp: »›Authentizität‹ und Nation: Kollektivsymbolik und Geschichtspolitik in postkolonialen afrikanischen Staaten« (2005), S. 235.

26 Beispielsweise die *Méditations poétiques* von Alphonse de Lamartine [1820] oder auch Goethes präromantische *Die Leiden des jungen Werther* [1774].

27 Siehe die Vergleiche der jeweiligen Autoren mit Céline in Catherine Bedarida: »Ahmadou Kourouma, le guerrier-griot« (2000); O.A.: »Les enfants de la mort« (2000), oder Kollektiv: »Houellebecq et l'ère du flou« (1998).

28 Louis-Ferdinand Céline: *Voyage au bout de la nuit* (1990).

29 Ebd., S. 34 und 68.

30 Andreas Blank: *Literarisierung von Mündlichkeit: Louis-Ferdinand Céline und Raymond Queneau* (1991).

Sprache imitiert und werden redundante Sprachelemente, wie das erste Verneinungspartikel der »ne…pas«-Verneinung, einfach weggelassen. Auf Ebene der Bilder wird das Innere des Körpers (Gedärme, Erbrochenes, Blut etc.), das aus dem Körperinneren hervordringt, dargestellt. Julia Kristeva schreibt in *Pouvoirs de l'horreur*, dass solche provozierenden und Ekel erregenden Bilder ein kathartisches Potential besitzen: Bilder für den Schrecken zu finden, kann unter Umständen eine Qual erleichtern und helfen, ein Trauma zu verarbeiten.[31]

Ein emotiver Stil mit kurzen oder segmentierten Sätzen und sogenannten Fehlern im korrekten Gebrauch der französischen Sprache, der an die mündliche Sprache angelehnt ist, findet sich auch in *Le cœur des enfants léopards* (beispielsweise: »J'y arrive pas«[32]), ebenso wie Bilder von Körpersäften und Urin. Die Evozierung von Urin und Erbrochenem trägt auch im Falle von N'Sondés Protagonist zur allmählichen Läuterung bei, er erleichtert sich förmlich, er entleert sich, er »kotzt sich aus«. Es sei dahingestellt, ob N'Sondé bewusst auf *Voyage au bout de la nuit* anspielt; festzuhalten ist, dass er hier, ähnlich wie Céline, einen Stil verwendet, um Wut und Katharsis zur Sprache zu bringen, und auf den Körper rekurriert, um seelische Verarbeitungsprozesse des Protagonisten auszudrücken.

Eine weitere, in diesem Falle motivische Analogie besteht zu Arthur Rimbauds Gedicht »Le Bateau ivre«[33]. Rimbauds lyrische Beschreibung eines jugendlichen Ausbruchsversuchs, das Motiv eines führerlosen Schiffs, das auf die hohe See herausfährt, dort die Freiheit erlebt, aber auch mit Gefahren und auf der Strecke gebliebenen Ertrunkenen konfrontiert ist, findet eine Entsprechung in einer mythischen Episode in *Le cœur des enfants léopards*, in der sechs Kinder einer Mutprobe wegen in einer gefährlichen Stelle des großen Flusses baden. Kurz vor der Episode behauptet der Erzähler: »[J]e suis comme dans un bateau sous la tempête, mon corps à la merci de forces plus violentes que moi […].« (Ich fühle mich wie in einem Boot auf stürmischer See, mein Körper ist Kräften ausgesetzt, die stärker sind als ich […].)[34] Auch wenn in diesem Fall nicht, wie in Rimbauds Gedicht, eine völlige Übereinstimmung von Ich und Boot hergestellt wird (»je suis le bateau«), sondern nur ein metaphorischer Vergleich hergestellt wird (»je suis comme dans un bateau«),

---

31   Julia Kristeva: *Pouvoirs de l'horreur: Essai sur l'abjection* (1980).

32   N'Sondé: *Enfants léopards*, S. 18.

33   Arthur Rimbaud: »Le bateau ivre« [1871].

34   N'Sondé: *Enfants léopards*, S. 78; N'Sondé: *Leopardenkinder*, S. 72.

fällt die motivische Nähe auf. Auch in N'Sondés Roman werden junge Menschen inszeniert, die einen Ausbruchsversuch aus ihrem Leben unternehmen und gleichfalls das Gefühl haben, die Schreie Ertrunkener zu hören. Alles in allem durchzieht den gesamten Text N'Sondés, wie auch »Le bateau ivre«, ein Gefühl des berauschten Schwankens nach ungestümem Verhalten. Ob die motivische Übernahme bewusst oder ein zufälliger Rekurs auf die seit Jahrhunderten literarisierte Ikonographie der Schiffsreise und des Schiffbruchs ist: *Le cœur des enfants léopards* lässt sich wie Rimbauds Gedicht als Allegorie einer jugendlich unvernünftigen und berauschten Reise verstehen.

Eine weitere Anspielung auf ein populäres Lied von Alpha Blondy mag exemplarisch für die Verarbeitung von Popmusik stehen. Während einer Begegnung des Protagonisten mit Polizisten fürchtet der Protagonist Gewalt, eine »opération coup de poing« (Operation Faustschlag)[35]. »Opération coup de poing« ist eine prominente Stelle des Songs »Brigadier sabari«[36] von Alpha Blondy, in dem ebenfalls eine gewaltsame Konfrontation mit der Staatsmacht thematisiert wird.

Die Szenographie der intertextuellen Referenzen erweist sich als schwierig und zeigt dem Moura'schen Modell die Grenzen auf. In N'Sondés Roman kann von binär organisierten Polen wie Ausgangskultur und Zielkultur keine Rede mehr sein. Ein Gedicht wie »Le bateau ivre« ist in einer solchen Perspektive auch weniger ein kanonisierter Bestandteil der französischen Literatur als vielmehr Ausdruck eines universellen Gefühls, das überall erlebbar ist. N'Sondés Roman zeigt auf, wie sich die Pole in einem Bezugsnetz vermischen, in dem Hierarchien zwischen Hoch- und Populärkultur, zwischen Zentrum und Peripherie oder Alterität und Identität nicht mehr dieselbe Rolle spielen wie beispielsweise vor 20 Jahren.

Liebe und Interkulturalität

Le cœur des enfants léopards ist trotz der etwas einschränkenden Rezeption als sozialkritischer Banlieue-Roman in erster Linie ein Liebesroman und erst in zweiter Linie ein Roman über Lebensumstände in den Vorstädten.

---

35 N'Sondé: *Enfants léopards*, S. 26; N'Sondé: *Leopardenkinder*, S. 21.
36 Alpha Blondy, »Brigadier Sabari«, *Rasta Poue*, EM (MP Media), Audio CD, 2003.

Carmine Chiellino hat in seiner Untersuchung »Liebe und Interkulturalität« die Funktion der literarisierten Liebe im Kontext von Interkulturalität untersucht.[37] Nach der Untersuchung unterschiedlicher Romane, von Salman Rushdie über Martin Walser zu Albert Memmi (um nur einige zu nennen), kommt er zu dem Ergebnis, dass in literarischen Texten, die das Zusammentreffen mehrerer Kulturen thematisieren, die Liebe und auch der sexuelle Akt als »schöpferische Urkraft«[38] mit Symbolkraft verstanden werden. Mag in N'Sondés Roman auch die Symbolkraft der Liebe in »interkultureller Literatur« eingelöst sein, so überwindet er doch die Vorstellung von eindeutig definierten Kulturen, die Chiellinos Modell implizit zu Grunde liegt.

Chiellino geht in seiner Theorie von einer als »Urmodell« bezeichneten Konstellation aus: Die Liebenden mit unterschiedlicher kultureller Herkunft treffen sich in einem »Zustand der beglückenden ›Unzugehörigkeit‹«[39] in einer Kontaktzone, die Bestandteil keiner der beiden Ursprungskulturen ist. In diesem idealtypischen Zustand zwischen den Kulturen spürt keiner der beiden Liebenden das Gewicht der eigenen Kultur. So kann sich das Paar leicht einer neuen Vermischung widmen. Konfliktpotential sieht Chiellino nur dann, wenn das Paar an den »Ort der Zugehörigkeit«[40] eines der Liebenden zurückkehrt. Sobald die kulturelle Herkunft der Liebenden wieder virulent wird, ist die Liebe und somit das Projekt der interkulturellen Vermischung laut Chiellino gescheitert.

Die beiden Liebenden aus *Le cœur des enfants léopards* können Chiellinos Idee illustrieren. Mireille ist eine weiße, algerische Jüdin, Französin in der zweiten Generation; der Ich-Erzähler ist, wie der Autor, ein gebürtiger Kongolese und gehört gleichfalls zur zweiten Generation. Das Banlieue-Setting wird ganz im Sinne Chiellinos nicht nur zu ihrem Zuhause, sondern auch zu einer Kontaktzone der Unzugehörigkeit. Auch die Urlaubsreise durch mehrere Länder Europas lässt sich als eine solcher »Dritter Raum der Liebe« lesen. Im Sinne von Chiellino befinden sich die Liebenden fern ihrer Ursprünge und genießen ihre symbiotische Beziehung. Zwar planen sie, ihre jeweiligen Herkunftsländer zu besuchen, um diese dem jeweils anderen zu zeigen, tun dies aber nicht, denn wegen unterschiedlicher Lebenspläne und intellektueller Unterschiede kommt

---

37   Carmine Chiellino: »Liebe und Interkulturalität« (2001).
38   Ebd., S. 23.
39   Ebd., S. 24.
40   Ebd., S. 25.

es zur Trennung. Auf der Symbolebene ist die Vermischung der Kulturen also, trotz der nach Chiellino optimalen Bedingungen, gescheitert. Alles in allem dekonstruiert N'Sondés Roman aber feste Zuschreibungen und damit implizit auch Chiellinos kulturalistisches Modell.

Die Liebesgeschichte in einer Pariser Vorstadt transzendiert jedwede Verwurzelungsmythen; Hautfarbe und Herkunft haben für die Liebenden keine Wichtigkeit. Mireille küsst den Menschen und nicht den Schwarzen: »Mireille, elle, ce n'est pas du noir qu'elle embrasse quand elle dit timidement qu'elle a envie de moi.« (Mireille meint nicht den Schwarzen, wenn sie schüchtern sagt, dass sie Lust auf mich hat.)[41] Szenographisch sind die beiden Liebenden schwerlich einem eindeutigen Pol zuzuordnen. Die Liebe unterwandert stereotype Identitätskonstruktionen und eröffnet eine dritte Sphäre.

Schlussfolgerung

Die Szenographie des Textes zeigt, dass Aspekte mannigfachen Ursprungs dargestellt werden. Der Ich-Erzähler ist zwar, wie N'Sondé selbst, kongolesischer Herkunft, doch diffundiert diese im multikulturellen Referenzrahmen der Banlieue.

Ulrich Beck hat versucht, diese neuen »transportierbaren« und sich weiterentwickelnden Kulturen begrifflich zu erfassen. Er erkennt im Zeitalter der Globalisierung einen Übergang von einer »Kultur 1« zu einer »Kultur 2«[42]. Im Konzept der »Kultur 1« ist diese an ein Territorium gebunden und in sich geschlossen. Die darauf folgende »Kultur 2« definiert Beck als die »allgemeine menschliche Software«, die grenzenlos und nach außen offen ist. Der Begriff der Software verdeutlicht, dass es kulturelle Inhalte gibt, die, um das Bild fortzuführen, auf identitären Datenträgern gespeichert sind. Diese sind aber nicht an feste Orte gebunden. Die »Kultur-2-Software« ist überall vorhanden und kann mit anderen Datenträgern vermischt werden und etwas Neues bilden.

Im Roman wird diese Absage an Verwurzlungsmythen an vielen Stellen reflektiert. Wenn der Erzähler behauptet, sich allmählich in den Kerkern der Differenz einzurichten (»lentement, je m'installai dans les geôles de la différence«/nach und nach richtete ich mich in den Kerkern der

---

41   N'Sondé: *Enfants léopards*, S. 50; N'Sondé: *Leopardenkinder*, S. 45.
42   Beck: *Was ist Globalisierung*, a.a.O., S. 118f.

Differenz ein)[43], dann sind diese Kerker von anderen errichtet, sind es die Franzosen, die ihn dort einsperren und ihn auf sein Anderssein festlegen. An anderer Stelle ist dieses Bild für die Erfahrung der Migration weiter gefasst: Dem Protagonisten wird prophezeit, dass er zu einem Seiltänzer werde, ein »funambule au-dessus des continents, des mondes et du temps« (Du wirst über die Kontinente, die Welt und die Zeit tanzen)[44]. Der Seiltänzer bewegt sich also oberhalb der Kontinente, der Welten und der Zeiten, er steht über den Dingen und illustriert als literarische Szene bildlich den Zirkus als Welt, in die der Mensch sich hinauswagt und in der sein Leben einem Seiltanz gleicht, wie es seinerzeit Friedrich Nietzsche in *Also sprach Zarathustra*[45] beschrieb.

Außertextuell zeigt Wilfried N'Sondés Signatur unter den »Manifeste pour une littérature-monde en français«, dass ihm Etikettierungen suspekt sind. Das Manifest erschien am 16. März 2007 in *Le Monde*[46] und wurde von zahlreichen frankophonen Autoren aller Horizonte unterzeichnet. Es versteht sich unter anderem als Forderung nach einer neuen Weltliteratur, die die Konstruktion der Francophonie überwindet. Etikettierungen wie »afrikanisch« und »frankophon« sollen aufgebrochen werden. Ebenso wie das Attribut »afrikanisch« ist für viele Autoren auch das Attribut »frankophon« eine einengende Definition[47]; mit den Worten N'Sondés sind auch solche Attribute institutionell errichtete »Kerker der Differenz«. *Le cœur des enfants léopards* ist in jeglicher Hinsicht ein Ausbruch aus diesen Kerkern.

Literatur

O.A.: »Buch des Autors Wilfrid (sic!) N'Sondé. Schade um die Leopardenkinder«, in: *Westdeutsche Zeitung*, 26.1.2009, Online unter: http://www.wz-wuppertal.de/?redid=417145 [letzter Abruf 28.7.2009].

O.A.: »Afrika-Literatur«, in: *Frankfurter Allgemeine Zeitung*, 16.1.2009, Nr. 13, S. 54.

O.A.: »Les enfants de la mort«, in: *Le Nouvel observateur*, 7.9.2000, S. 120.

---

43   N'Sondé: *Enfants léopards*, S. 82; N'Sondé: *Leopardenkinder*, S. 76.

44   N'Sondé: *Enfants léopards*, S. 17; N'Sondé: *Leopardenkinder*, S. 13.

45   Friedrich Nietzsche: *Also sprach Zarathustra* [1883], S. 8f.

46   »Manifeste pour une littérature-monde en français« (2007).

47   Freilich verselbständigt sich auch die »littérature monde« oder »culture monde« immer mehr zu einem essentialisierenden Etikett.

Beck, Ulrich: *Was ist Globalisierung? Irrtümer des Globalismus – Antworten auf die Globalisierung*, Frankfurt a.M.: Suhrkamp 1998 [1997].

Bedarida, Catherine: »Ahmadou Kourouma, le guerrier-griot«, in: *Le Monde*, 1.1.2000, S. 15.

Bhabha, Homi: *The Location of Culture*, London/New York: Routledge 1994.

Blank, Andreas: *Literarisierung von Mündlichkeit: Louis-Ferdinand Céline und Raymond Queneau*, Tübingen: Narr 1991.

Brandstetter, Anna-Maria: *Leben im Regenwald. Politik und Gesellschaft bei den Balongo (Demokratische Republik Kongo)*, Hamburg: Lit 1998.

Buch, Hans-Christoph: »Licht im Herzen der Finsternis«, in: *Frankfurter Allgemeine Zeitung*, 4.9.2008, Nr. 207, S. 34.

Buch, Hans-Christoph: »Nach Miami, nach Miami!«, in: *Frankfurter Allgemeine Zeitung*, 8.1.2008, Nr. 6, S. 33.

Céline, Louis-Ferdinand: *Voyage au bout de la nuit*, Paris: Gallimard 1990.

Céline, Louis-Ferdinand: *Entretiens avec le Professeur Y*, Paris: Gallimard 1983.

Chiellino, Carmine: »Liebe und Interkulturalität«, in: ders.: *Liebe und Interkulturalität. Essays 1998-2000*, Tübingen: Stauffenberg 2001, S. 22-52.

Ette, Ottmar: *ZwischenWeltenSchreiben. Literaturen ohne festen Wohnsitz* (ÜberLebenswissen II), Berlin: Kadmos 2005.

Goethe, Johann Wolfgang: *Die Leiden des jungen Werther* [1774], Ditzingen: Reclam 2004.

Knaller, Susanne: *Ein Wort aus der Fremde. Geschichte und Theorie des Begriffs der Authentizität*, Heidelberg: Winter 2007.

Kollektiv: »Houellebecq et l'ère du flou«, in: *Le Monde*, 10.1998; http://aeamh.free.fr/ereduflou.html [letzter Abruf 6.6.2010].

Kristeva, Julia: *Pouvoirs de l'horreur: Essai sur l'abjection*, Paris: Seuil 1980.

de Lamartine, Alphonse: *Méditations poétiques* [1820], Paris: Gallimard 2004.

Leick, Romain: »Hindernis vor dem Paradies«, in: *Der Spiegel*, 45/2004, S. 202.

Maingueneau, Dominique: *Le contexte de l'œuvre littéraire*, Paris: Dunod 1993.

»Manifeste pour une littérature-monde en français«, in : *Le Monde des livres*, 16.3.2007.

Moura, Jean-Marc: *Littératures francophones et théorie postcoloniale*, Paris: PUF 1999.

Mouralis, Bernard: *Individu et collectivité dans le roman négro-africain d'expression française*, Abidjan: Université Nationale de Côte d'Ivoire 1969.

Nietzsche, Friedrich: *Also sprach Zarathustra* [1883], Stuttgart: Kröner 1988.

Nimrod: »La Nouvelle Chose française. Pour une littérature décolonisée«, in: Michel Le Bris/Jean Rouaud (Hg.): *Je est un autre. Pour une littérature-monde*, Paris: Gallimard 2007, S. 217-236.

N'Sondé, Wilfried: *Le cœur des enfants léopards*, Arles: Actes Sud 2007.

N'Sondé, Wilfried: »Ethnidentité«, in: Michel Le Bris/Jean Rouaud (Hg.): *Je est un autre. Pour une identité monde*, Paris: Gallimard 2010, S. 95-100.

N'Sondé, Wilfried: *Das Herz der Leopardenkinder*, aus dem Französischen von Brigitte Grosse, München: Kunstmann 2008.

Rimbaud, Arthur: »Le bateau ivre«, in: ders.: *Poésies. Une saison en enfer. Illuminations*, Paris: Gallimard 1984, S. 94-97.

Schüller, Thorsten: *Wo ist Afrika? – Paratopische Ästhetik in der zeitgenössischen Romanliteratur des frankophonen Schwarzafrika*, Frankfurt a.M.: IKO 2008.

Speikamp, Winfried: »›Authentizität‹ und Nation: Kollektivsymbolik und Geschichtspolitik in postkolonialen afrikanischen Staaten«, in: Claudia Knabel/Dietmar Rieger/Stephanie Wodianka (Hg.): *Nationale Mythen – Kollektive Symbole. Funktionen, Konstruktionen und Medien der Erinnerung*, Göttingen: Vandenhoeck & Ruprecht 2005, S. 225-243.

Orte aus Sprache und Liebe

Der Schriftsteller Wilfried N'Sondé

JAN WILM

Wilfried N'Sondé wird 1968 in Brazzaville in der Republik Kongo geboren und wächst in einem von Kunst und Literatur geprägten Umfeld auf. N'Sondés Vater, der Maler und Bildhauer Simon Wapiti N'Sondé, erhält in den 1970er Jahren ein Stipendium an der Pariser Kunstakademie *Ecole Nationale Supérieure des Arts appliqués et Métiers d'Art* und siedelt mit der Familie nach Frankreich über. Wilfried N'Sondé studiert späterhin Politikwissenschaft an der Sorbonne, wo er 1991 graduiert. In den frühen 1990er Jahren reist er nach Berlin und lässt sich bald in der wiedervereinten Stadt nieder, wo er heute lebt und arbeitet.

Der junge Schriftsteller, der früh eine Leidenschaft für Kunst, Musik und Literatur verspürt, unternimmt die ersten Schreibversuche im Alter von 15 Jahren auf Französisch. Er schreibt Lyrik und Chansons und macht bis heute Musik: Gemeinsam mit seinem Bruder Serge leitet er die Band »Wilfried Serge Nsondé«, in der die Geschwister eine Mischung aus Punk und afrikanischen Rhythmen mit Jazz- und Blues-Elementen kreuzen; sie selbst nannten ihre Musikrichtung früher einmal »Afro-Punk«.[1]

Aus diesen Tätigungsfeldern erwächst der eigensinnig poetische Stil des Schriftstellers Wilfried N'Sondé, den er 2007 in seinem viel gepriesenen Debütroman *Le Cœur des enfants léopards* unter Beweis stellt.

---

1 Unter dem Namen Wilfried Serge Nsondé erschienen bisher die Alben: *Afro-Punk: Live at the Orange Club, London, 1999*; *Afro-Punk: Mama's Blues (2000-2006)*; *Afro-Punk: La Rage* (2002-2006); *Amours et larmes d'exil* (2010).

Aufgelegt im Verlag *éditions Actes Sud*, erzielt das Debüt in Frankreich
sowohl kritischen wie kommerziellen Erfolg. Von Brigitte Große wird
der Roman 2008 ins Deutsche übersetzt und erscheint als *Das Herz der
Leopardenkinder* im *Kunstmann Verlag*. Auch in N'Sondés Wahlheimat
Deutschland wird das Buch mit großem Lob begrüßt. Bei Schriftsteller-
kollegen findet sein Werk große Beachtung und gewinnt in kurzer Folge
mehrere Preise, darunter den *Prix Senghor de la Création Littéraire* und
den renommierten *Prix des Cinq Continents de la Francophonie* im Jahre
2007.

N'Sondés eklektischer Stil und die Musikalität seiner Sprache haben
ihre Referenzen in der klassischen und romantischen Literatur Frankreichs und Deutschlands, aber auch im Chanson, er verwendet Neologismen und Worte aus Umgangssprache und Slang. Die plötzlichen Ser-
pentinen von N'Sondés Syntax muten an wie die Improvisation und Call
and Response des Jazz und machen sich die befreiende Wirkung und
die Sprachgewalt des Rap zu eigen. N'Sondés Prosa beinhaltet Riffs und
Variationen von erlebter Rede und *stream of consciousness* und erinnert
zuweilen an den *style indirect libre* eines Flaubert oder die Proust'schen
Erinnerungsströme. N'Sondés Stil und sein Sujet feiern die Freuden der
Liebe und Jugend ebenso wie sie die Niederträchtigkeit und Nüchtern-
heit einer brutalen Realität bezeugen.

Von der ersten Zeile wirft N'Sondé seine Leser tief in die Gedanken
seines Ich-Erzählers, der verstört und unter dem Einfluss von Drogen und
Alkohol in einer winzigen Gefängniszelle im Herzen von Paris erwacht.
Der schwarze junge Mann, der in der Banlieue vor Paris aufwächst, mo-
nologisiert über sein Leben und seine Vergangenheit, verfolgt retrospek-
tiv die verschiedenen Fäden seines Daseins bis zu jenem Abend in der
Zelle.

Man beschuldigt ihn eines furchtbaren Verbrechens, und der Leser
lernt mit dem teilweise amnesischen Protagonisten erst im Laufe des Romans, worin dieses Verbrechen besteht und wie es dazu kommen konnte.
Alleine in der Zelle, seinen Selbstvorwürfen und den Anschuldigungen
der Polizei ausgesetzt, stellt der innere Monolog zunächst nur Zeitvertreib dar, doch schon bald wird er zur einzigen Überlebensstrategie. In
der Einsamkeit und Stille der Gefängniszelle, wo die Bilderflut seines
Geistes unablässig tobt, findet eine Stimme zu diesem einsamen, jungen Mann. In seinem von Drogen und Schmerzen geplagten Kopf spricht
ein ferner Ahne wie ein verloren geglaubtes Gewissen. Einem modernen
Vergil vergleichbar führt der Ahne den Protagonisten aus seiner eigenen Dunkelheit heraus und konfrontiert ihn mit Fragen. Er fordert den

jungen Protagonisten auf, seine Entscheidungen zu verantworten und dabei herauszufinden, wer er ist, was ihn hierher gebracht hat, in diese Gesellschaft, in diese Zelle, an diesen Punkt seines Lebens. Und obwohl der Ahne den jungen Mann läutert, erlebt er eine Befreiung durch die Sprache der Gedanken. Es sind die Stimme dieses Ahnen, aber auch die Erinnerungen an seinen Freund Drissa und seine große Liebe Mireille, die den Einsamen in seiner Isolation trösten. In der Verkörperung des Ahnen, der wie ein geisterhafter Schatten mit dem Protagonisten verbunden zu sein scheint und seine Gedanken lenkt oder auslegt, liegt die Personifizierung einer inneren Größe, die sich erst langsam und unter Schmerzen entwickelt und schließlich aufbäumt. Der Ahne und der Protagonist analysieren akribisch die Schritte und Handlungen, die in dieses Gefängnis in einer Pariser Nacht geführt haben. Ist es das, wofür der junge Mann nach Frankreich gekommen ist, verhört ihn der Ahne, ist diese Schande das Ergebnis eines wertvollen Lebens, ist das alles, wozu er in der Lage war?

Es ist N'Sondés subtiler Erzähltechnik zu verdanken, dass er die Anschuldigungen in den Geist und das Herz des Beschuldigten legt, anstatt die französische Gesellschaft zu einer moralischen Instanz zu erheben. Der Ahne ist somit gleichzeitig eine Instanz der Innerlichkeit, welche die Einsamkeit des Protagonisten verdeutlicht, und eine externe Perspektive, die den Protagonisten in Frage stellt und charakterisiert. Der Ahne verkörpert die Verwandtschafts- und Familienbande des Protagonisten; er symbolisiert die afrikanische Vergangenheit, die durch die lyrische zärtliche Sprache getaucht scheint in eine mystische Schönheit, gekennzeichnet von familiärer Gebundenheit und Freundschaft. N'Sondés lyrischer Umgang mit Sprache bringt ihn in die Nähe von Autoren, für die Rhythmus, Flexion, der Klang von Worten und Sätzen ein unerlässlicher Teil eines Textes sind, gerade so notwendig wie die packende Geschichte, die mit dieser Sprache erzählt wird. Die Schönheit und Musikalität von N'Sondés Prosa rühren aus dieser Klangästhetik. Die Kühnheit des Romans liegt auch und vor allem darin, die Schönheit der französischen Sprache in der Banlieue des Lebens zu finden, in den Peripherien der Gesellschaft und den Gefängnissen der Stadt. N'Sondés Sprache erschafft ein Gravitationszentrum für einen strauchelnden Antihelden, und zeigt, dass Erinnerung und Sprache innere Landschaften bilden, in die man sich zurückzieht und die man abreißt, umbaut und verändert, in denen man aber stets alleine lebt.

N'Sondés zweiter Roman, *Le silence des esprits*, im März 2010 ebenfalls bei *Actes Sud* erschienen, schildert die Geschichte eines jungen

Südafrikaners, der durch die Schrecken des Bürgerkrieges gegangen ist; er trifft auf eine ältere Französin, die zurückgezogen und einsam in ihrer eigenen Welt lebt. Wilfried N'Sondé erzählt erneut eine Liebesgeschichte, zeigt aufs Neue, wie die Liebe zum Kraftzentrum zweier Menschen wird, ganz gleich, welche Herkunft sie haben oder in welchen sozialen oder politischen Gegebenheiten sie aufwachsen oder leben. Der Autor gibt dem Bild der Banlieue Innerlichkeit und Liebe und offenbart, fernab vom Schlagzeilenkitsch der Medienwelt, wie durch die Beschreibung dieser Kräfte allerorts eine innere Heimat entstehen kann.

Literatur

N'Sondé, Wilfried: *Le Cœur des enfants léopards*, Paris: Actes Sud 2007 (dt. übers. von Brigitte Große, *Das Herz der Leopardenkinder*, München: Kunstmann 2008).

N'Sondé, Wilfried: *Le silence des esprits*, Paris: Actes Sud 2010.

Raus aus den Kerkern der Differenz

Interview mit Wilfried N'Sondé

PETRA KASSLER

Wilfried N'Sondé lebt seit 17 Jahren in Berlin, wo er auch als Musiker und Sozialarbeiter tätig ist. Mit seinem Romandebüt *Das Herz der Leopardenkinder* war er auf Anhieb erfolgreich, in Frankreich erhielt er den *Prix Senghor de la Création Littéraire* und den *Prix des Cinq Continents de la Francophonie*. Petra Kassler hat ihm bei der Auftaktlesung zum Symposium »Literatur der afrikanischen Diaspora: Sprachen der Mobilität, Sprachen der Flucht?« in Frankfurt am Main.[1] zugehört und ihn danach gesprochen.

Petra Kassler: Herr N'Sondé, nach der Lesung wurden Sie gefragt, »wo Sie die Figuren Ihres Romans kennengelernt« haben. Sie fragten zurück, was denn so Besonderes an den Migranten sei, Leopardenkinder träfe man doch überall. Sie sagten außerdem, dass viele Journalisten sich schon auf Sie gestürzt hatten, noch bevor das Buch überhaupt erhältlich war – eben weil Sie eine so spannende Biografie haben. Stört es Sie, wenn Sie als »Stimme einer neuen Migrantengeneration« gehört werden? Ist Ihnen das zu exotisch?

Wilfried N'Sondé: Es stört mich nicht, allerdings möchte ich damit sehr vorsichtig umgehen. Ich finde wichtig, dass durch meinen Roman viele Leser eine neue Idee von »Migranten« bekommen. Ich allein kann aber

---

1 »Migration & Media: Literature from the African Diaspora: Language of Mobility, Language of Flight?«, Goethe-Universität, Frankfurt a.M. im Januar 2009.

nicht die Stimme einer ganzen Generation sein! Ich nehme ja keine Analysen vor, ich interessiere mich eben für Vielfalt. Der einzelne Mensch ist spannend, Intimität ist der Rahmen des Buchs, es geht um verschiedene Stimmen. Ziel war, die Komplexität des Empfindens in dieser Situation wiederzugeben. Es wäre also ein Widerspruch, wenn das Ganze nur noch auf meine Person reduziert wäre.

Meine Biografie scheint spannend, weil sie bekannt wurde. Ich war mein ganzes Leben mit Menschen zusammen, die ein oder zwei Mal das Land gewechselt haben. Wir sind heutzutage viel dynamischer und beweglicher, als man denkt. Gerade in großen Metropolen wie Frankfurt, Paris, Berlin oder Abidjan findet man kaum jemanden, der dort geboren wurde, mit Eltern, die ebenso von dort stammen. Ich sehe diese Entwicklung als positiv, da wir gemeinsam und ständig voneinander lernen können und somit unser Leben mit immer neuen Impulsen bereichern dürfen (man nehme nur einmal die Gastronomie). Ich stelle mir nicht die Frage, ob etwas exotisch ist oder nicht. Je nachdem, mit wem ich zu tun habe, ändert es sich sowieso. Der Vorname Wilfried war im Kongo damals superexotisch, in Deutschland ist er altmodisch, in Frankreich eher romantisch. Es ist einfach mein Rufname, mehr Bedeutung soll er auch nicht haben.

Der Protagonist in Ihrem Roman, der wie Sie als Kind nach Frankreich, in die triste Betonburg einer Pariser Vorstadt kam, erkennt an einer Stelle, dass er sich nach und nach in den »Kerkern der Differenz« eingerichtet hat. Das scheint nicht für Sie zu gelten, oder nicht mehr? Sie lassen sich nicht auf bestimmte Merkmale reduzieren, Sie möchten nicht kategorisiert werden. Ist es das, was Sie auch den ausländischen Jugendlichen in Berlin beibringen wollen: Sei anders, sei was du bist und steh dazu?

Sie haben es verstanden! Das ist genau die Botschaft, die ich den Jugendlichen zu vermitteln versuche, denn es gibt keine passenden Kategorien für neue Identitätsmuster. Man versucht immer noch, Menschen in Klischees zu stecken, die die Vielfältigkeit von immer zahlreicheren Profilen und Lebenswegen nicht umfassen können.

Ich höre oft, dass wir aber doch gewisse Merkmale brauchen, um jemanden zu identifizieren. Es müsste aber genau geschaut werden, welche wirklich relevant sind, um eine Person zu erkennen. Gerade die äußerlichen Merkmale wie Hautfarbe oder die bürokratischen wie Nationalität beinhalten für immer mehr Bürger einfach keine ausreichenden Informationen, um sie zu beschreiben.

Ich denke, dass die Welt sich rasch verändert hat in den letzten 50 Jahren, nur die Art und Weise, wie wir sie betrachten, ist noch die alte. Und genauso verhält es sich mit den mentalen und sprachlichen Werkzeugen, die wir dafür benutzen. Ich habe selber viele Jahre gebraucht, um mir dessen bewusst zu werden. Das Umdenken ist ein wichtiger und gleichzeitig langer Prozess. Ich habe erst leiden müssen, ehe ich es in eine positive Dynamik umwandeln konnte. Als Jugendlicher habe ich genauso gelitten wie die Figuren in meinem Buch, also wollte ich über diese mentalen und intimen Qualen berichten.

Sie schilderten recht witzig, wie Sie dieses Etikett der Migration prima vermarkten: Ihr koreanischer Verleger hielt sie aufgrund der Spiritualität im Buch für einen Buddhisten, in Frankreich sind sie ein deutscher Afrikaner, in Deutschland ein auf Französisch schreibender schwarzer Deutscher. Sie sind eben für alle überall per se »interessant«. Dass diese vermeintlichen Identitätskerker und die Fragerei, was und wer Sie denn nun aber sind, auf Dauer – gelinde gesagt – langweilen, ist klar. Sind nicht all diese Facetten, die Identitäts-Ingredienzien auch von Vorteil bei der Konstruktion der eigenen Persönlichkeit, ganz abgesehen davon, was sie an Input zum Schreiben liefern?

Es ist ja ein interessanter Prozess. In meiner Jugend wurde ich als Problemfall angesehen, es hieß, ich gehöre nirgendwohin. Heute stelle ich fest, dass ich mit vielen etwas gemeinsam habe, und das freut mich. Es bestätigt mich darin, dass man zu sich stehen muss, man sollte sich behaupten wie man ist, Differenzen sind keine Hindernisse, die machen uns aus. Die Vielfalt ist keine Zerrissenheit, es ist eine Bandbreite. Ich sprach doch vom Umdenken. Mein Vorteil liegt darin, dass ich mir diese Gedanken bereits früh machen musste; meine Persönlichkeit habe ich zwangsläufig jenseits der bekannten Muster aufbauen müssen – schön, dass das jetzt anerkannt wird. Es war und ist immer noch ein harter Weg.

Auf die Frage nach der Rezeption Ihres Romans und Ihrer Beziehung zu anderen Autoren erklärten Sie, Sie seien da eigentlich gar nicht richtig »im Geschäft«, man habe Ihnen vielmehr irgendwann gesagt, sie sollten doch einfach mal einen Roman schreiben, nachdem Sie schon sehr früh Gedichte und Kurzgeschichten verfasst hatten. Wie kamen Sie dann darauf, eine Geschichte aus der Pariser Banlieue zu erzählen?

Meine Absicht war auf keinen Fall eine solche Geschichte zu schreiben,
ich wollte vielmehr die intimen, ganz persönlichen Lebenswege von vier
Jugendlichen beschreiben, von jungen Leuten, von denen die Mehrheit
nur aus dem Blickwinkel der Politik oder durch die Medien erfährt und
hier »Stopp« zu sagen: Es handelt sich sehr wohl um menschliche Wesen und nicht nur um Statistiken oder Problemfälle. Die Geschichte hätte
genauso gut in Berlin, Dakar oder London stattfinden können. Denn das
Aufeinandertreffen von wirtschaftlich schwachen Menschen verschiedener Herkunft in Großstädten ist eine Weltdynamik, die nicht nur in der
Pariser Banlieue zu finden ist. Daher sind auch die Figuren etwas klassisch: Kamel ist Moslem, Mireille ist Jüdin, der Ich-Erzähler Afrikaner,
Ludovic Europäer und so weiter.

*Eigentlich wollten Sie doch eine Liebesgeschichte schreiben. Das Herz
der Leopardenkinder liest sich in jedem Fall auch als eine sehr nahege-
hende Lovestory.*

Es ist in der Tat eine Lovestory, mit einem gewissen sozialen Hintergrund. Das Spannende beim Schreiben war die ständige Suche nach dem
Gleichgewicht zwischen diesen beiden Aspekten. Einerseits die starken
Gefühle, die Poesie, die Erotik und gleichzeitig eine soziale Kritik zu
schreiben, ohne dabei Lektionen zu erteilen. Mir war es auch sehr wichtig, dass ich in der Literatur bleibe, das heißt, auf die Form des Textes
zu achten und an meiner Sprache zu arbeiten, damit sie sowohl poetisch
als auch kraftvoll und dynamisch bleibt. Schließlich muss der Leser das
Buch an erster Stelle genießen, ich möchte weniger, dass er versteht, sondern, dass er mitfühlt. Als Schriftsteller bin ich stolz darauf, dass ich mit
Mireille die weibliche zentrale Figur so geschaffen habe, dass sie für
viele Frauen irgendwie real geworden ist. Ich bin sehr froh, dass mir das
gelungen ist!

*Sie, und alle Leopardenkinder, werden ständig ausgefragt, wo sie her-
kommen, was sie sind, warum sie sind, wie sie sind usw., und dauernd
müssen sie gegen Stereotypen antreten. Sie schildern das sehr eindringlich in Ihrem Roman. Bestimmt bekommen Sie persönlich auch oft die
Frage gestellt, wie es eigentlich um Ihre afrikanische Muttersprache be-
stellt ist, warum Sie denn nicht auf Lingala, Kikongo oder einer anderen
Sprache des Kongo schreiben. Mich würde interessieren, ob es Sie nicht
auch mal reizen würde, direkt auf Deutsch zu schreiben.*

Ich kann gar nicht auf Kikongo schreiben, ich wurde in Frankreich auf Französisch alphabetisiert. Was meine Ausbildung betrifft, bin ich wohl ein Produkt des französischen Bildungssystems, vom Kindergarten bis zur Universität. Französisch ist einfach die Sprache, die ich am besten beherrsche. Klar reizt es mich, eines Tages auf Deutsch zu schreiben – wie ich mich kenne, wird es auch mal Realität! Nun lassen Sie mich zuerst einige Bücher auf Französisch vollenden und sicherer im schriftlichen Deutsch werden. *Das Herz der Leopardenkinder* ist ein Debütroman; ich weiß jetzt, dass er mir gelungen ist, aber das bedeutet, dass ich für die nächsten Bücher noch mehr auf Französisch arbeiten muss.

Wie finden Sie eigentlich die Übersetzung Ihres Romans?

Ich nutze jede Gelegenheit, um die Übersetzung von Brigitte Große zu loben, sie ist einfach großartig! Als ich zum ersten Mal die deutsche Version gelesen habe, wurde mir klar, dass ich niemals mein Buch hätte übersetzen können. Bewundernswert ist die Art, wie Brigitte den Rhythmus des Textes perfekt hingekriegt hat, die gesamte Atmosphäre hat sie wiedergeben können. Ihre Arbeit war ausschlaggebend für den Erfolg meines Romans in Deutschland, ich bedanke mich nochmals bei ihr.

Das Interview erschien erstmals in Literaturnachrichten Afrika, Asien, Lateinamerika, 26. Jg., Nr. 100, Frühjahr 2009, S. 16-17.

Wir danken der Autorin und LITPROM, Gesellschaft zur Förderung der Literatur aus Afrika, Asien und Lateinamerika e.V. für die freundliche Genehmigung des Abdrucks.

Manifesto/Ars Poetica

Raptor Mudra und andere Gedichte

Uche Nduka

1

I understand and regard poetry as a mission. The ambience I find myself in while writing a poem is obsessive, absorbing, immersional, non-linear. I believe a poem — a successful poem — hypnotises and permeates a reader. Its presence influences a reader sometimes logically and sometimes illogically. Poetry aids life by keeping our desires and visions sharp. My fleshly dissatisfactions act as spur to write. In my poetry meaning expresses itself through both versifying and mystical gropings. As a poet at work, I am easily bored with uniformity, cynicism, parochialism, cowardice, solemnity, self-inflicted joylessness. I like to believe that I write unclassical, accelerative, and interrogative poetry at this phase of my work. My poetry tend to be at the verge of developing or changing or even heading for different directions at the same time. My texts prefer crisis to formal resolutions. Only tension, it seems, can do justice to my poetic enterprise. Writing poetry is my way of participating and working towards a productive, humane and ethical change in society.

2

I write poetry to deprogram myself. Perhaps poetry is the deeper purpose of my existence. Thus the way to a poem's arousal is always unfolding in my writing. I try to write a poem that is true to the joy or the pain in my being each moment. Poetry is its own reward. It is imperative to write that poem that demands to be written. I know that a poem is journeying to no certainty. I keep knocking at the door to the depth of a poem; a poem that will go around. The reason I write poetry is that I love poetry. Poetry is more of a passion to me than a career.

TOUCH

IT'S BECAUSE

wearing your slip at half mast
romancing a riptide
that speaks to you

in the skin of the sky
this counsel of your hands
this counsel of your breasts

tasting yeast
feeling a tease
slip into a landing strip

you tumble you hedge

goldenbrown
goldenbrown

THRICE AS MUCH

tincans in reeds, candywrapper, neontube.
stealing back the past.
why not go berserk.
i don't like biographies.
i come from a family of freaks.
it doesn't make sense not to go crazy now and then.
i know the licks you know
but do you know the licks i know.
syllables eating figs.
neontube, burrs, croissants inside your sheepskin coat
ebbing then rising then ebbing.

THERMAL NOISE

the taxi didn't come.
did it matter.

the nipple of the rosary
between thumb and forefinger.

craving for diamonds
in the rough
a poem stands outside itself
and laughs at itself

and fallibility
keeps fiddling with me

as i oil the door hinge
in a butcher's shop.

it is our nakedness
that infinity yearns for

SEAWEED AND SKELETON

there i leave you
iguanas in a codex
rice paper paying
homage to a cathode
where two halves
of our sisterhood
fuse into one
there i leave you
a grave i leave
you a cradle
accept this abundance
accept this drought
for after all
you only asked
to be allowed to
wed my skeleton to your seaweed

RAPTOR MUDRA

i am not an idea
so i

seek the ascent
to your nakedness

you are not an idea
so you

lose and find
yourself in me

Postkoloniale Situationen, postkoloniale Erinnerungen

Großbritannien und Ostafrika
in Abdulrazak Gurnahs Romanen

EVA ULRIKE PIRKER

Dottie, die in Nordengland aufgewachsene Protagonistin aus Abdulrazak Gurnahs gleichnamigem Roman, ist Tochter einer Prostituierten, deren Familienbande von Cardiffs Hafensiedlung *Tiger Bay* nach Ostafrika und (Süd-)Asien reichen. Dottie und ihre beiden Geschwister Sophie und Hudson wissen nichts von ihrem Großvater Taimur Khan, der, von »Wanderlust«[1] gepackt, zunächst für das koloniale Mutterland in den ersten Weltkrieg zog, um sich schließlich in der walisischen Hafenstadt niederzulassen, von der er gehört hatte »that in Cardiff there were many black and brown people, some of whom had been living there for decades and generations. Many of them were Somalis and were Muslims […], so he would not lack hospitality.«[2] Taimurs Wanderung bildet eine klassische Einwanderungsgeschichte nach Großbritannien, aber gleichzeitig eine, die im Vergleich zu anderen Migrationsnarrativen wenig erinnert wird. Dottie und ihre Geschwister wissen ebenso wenig über ihre eigenen Vorfahren wie die britische Gesellschaft über die Irrungen und Wirrungen in ihrer Vergangenheit, denn es fehlt die entscheidende Ebene der Vermittlung. Dotties Mutter kannte zwar einst

---

1 Vgl. engl. »wanderlust«, Abdulrazak Gurnah: *Dottie* (1990), S. 17.
2 Ebd., S. 18.

the name of the village where her father was born and could recite the names of her mother's family to fifteen generations, she told them, but she had forgotten all that. She did not understand [...] that her children would need these stories to know who they were. The children learned not to ask questions, accepting [...] that these were not things their mother could happily talk about.[3]

Stattdessen konstruieren die vaterlosen Kinder ihre eigene Version von Vorfahren, Vergangenheit und Wanderung, vor allem Dotties Bruder Hudson, der seinen Vater als »American Negro [...] a fabulous creature [...] who rode in huge white Cadillacs«[4] imaginiert.

Dottie und andere Werke Gurnahs erzählen Geschichten abseits dominanter Narrative im Diskursfeld »Großbritannien und Migration«. Ziel meines Beitrags ist es, Gurnahs literarische Texte innerhalb dieses Diskursfeldes zu positionieren. Gurnah betrachtet den Bereich Migration und Gesellschaft, das heißt Prozesse kollektiver Identifikation und Integration, mit geradezu soziologischem Interesse, verarbeitet seine Beobachtungen aber mit literarischen Mitteln. Seine Romane können, um mit Gayatry Chacravorty Spivak zu sprechen, uns zu besseren Lesern von sozialen Wirklichkeiten machen:[5] Wirklichkeiten, die Migration provozieren, beeinflussen oder umgekehrt Wirklichkeiten, die sich als Folge von Migration formieren.

Die von Gurnah gewählten Wirklichkeitssituationen bewegen sich vorwiegend entweder in britischen oder in ostafrikanischen Räumen. Gurnah wird als Schriftsteller, der in Sansibar aufgewachsen ist und in Großbritannien lebt, von beiden Räumen appropriiert, wird ebenso als wichtige Stimme Ostafrikas[6] gehandelt wie als Vertreter einer postko-

---

3 Ebd., S. 15-16.

4 Ebd., S. 13.

5 Schriftsteller können, so Spivak, als kulturelle Übersetzer fungieren. Vgl. Spivak: »Translator's Preface« (1995), S. xxiii.

6 Mit der Verwendung des Begriffs »Ostafrika« soll keinesfalls suggeriert werden, es handle sich hierbei um eine einheitliche kulturelle Region. Auch die Verwendung des Begriffs »Region« (im Gegensatz zu »Nation«) soll nicht wertend verstanden werden, sondern orientiert sich an Gurnahs Entwürfen der jeweiligen Räume, der jegliche Art der nationalen Identifikation bei Gurnah (sei es die europäische Nation oder die postkoloniale afrikanische Nation) als künstlich demaskiert. Die Eingangsreferenz zum Roman *Dottie*, wo die walisische Hafenstadt Cardiff – und nicht London – zunächst als kolonialer Ankunftsort und Zentrum fungiert, verweist bereits auf die Notwendigkeit, zwischen vielen Geschichten eines Raums zu differenzieren, der mit anderen Räumen in Verbindung steht.

lonialen Literatur Großbritanniens. Umgekehrt setzt er sich mit beiden Räumen, die ihm als Schriftsteller sehr konkrete Herausforderungen bieten, auseinander.

Das westliche Bild von Ostafrika ist nach wie vor in erster Linie mit exotischen Klischees beladen. Die Geschichte der Region und Migrationsbewegungen aus bzw. nach Ostafrika werden allenfalls innerhalb von Expertendiskursen wahrgenommen. Gurnah setzt genau hier an und betätigt sich gewissermaßen als literarischer Archivist, der unzählige Einzelaufnahmen und Einzelnarrative sammelt, um so ein differenzierteres Bild der Region und der Menschen, die sie geprägt haben und von ihr geprägt wurden, zu zeichnen. Seine »Archivarbeit« muss nicht in Konkurrenz zur dokumentarischen Beschreibung und Historiografie verstanden werden, sondern kann diese anstoßen, kann unseren Blick für Bedeutsames schärfen. So gesehen fungiert Gurnah – abgesehen von seiner formalen schriftstellerischen Leistung –[7] als beispielhafter kultureller Übersetzer. Dies gilt auch für den anderen dominanten Bezugsraum, den Gurnah imaginiert: die britische Umgebung. Auf einen ersten Blick mag es zwar viele Bilder einer britischen Kultur geben, und auch die Betrachtung Großbritanniens als einem Einwanderungsland ist eine vielbesprochene Thematik. Bei genauerem Hinsehen stellt man allerdings fest, dass selbst die bislang vorgenommene kulturelle Diversifizierung von britischen Wirklichkeiten festgefügten Strukturen folgt.

Obwohl die britischen Inseln seit jeher von »Migranten« aus vielerlei Regionen aufgesucht wurden,[8] dominiert in der Geschichtskultur nach wie vor die Thematik der postkolonialen Einwanderung *nach* dem Zweiten Weltkrieg den britischen Migrationsdiskurs. Tatsächlich gab es in Großbritannien in der zweiten Hälfte des 20. Jahrhunderts mehrere Immigrationswellen aus kolonialen und später postkolonialen Räumen, die die britische Gesellschaft nachhaltig und spürbar verändern sollten. Schriftsteller-/innen mit postkolonialem Migrationshintergrund spielten von Anfang an eine wichtige Rolle in diesem Veränderungsprozess, wie Salman Rushdie bereits 1982 bemerkte: »[I]t may be that English literature will benefit from the presence in these islands of observers with beady eyes and without Anglo-Saxon attitudes. It's possible to argue that

---

7   Diese kann im vorliegenden Artikel nicht im Detail gewürdigt werden. Allerdings existiert mittlerweile zu allen Romanen Gurnahs kritische Literatur, die sich auch mit formalen Aspekten auseinandersetzt.

8   Vgl. hierzu bereits Colin Holmes: *A Tolerant Country? Immigrants, Refugees and Minorities in Britain* (1978) oder zuletzt Robert Winder: *Bloody Foreigners. The Story of Immigration to Britain* (2005).

Britain needs decolonizing, too.«[9] In der Tat hat die postkoloniale Migration nach Großbritannien die literarische Landschaft nicht allein als neue Variante des traditionsreichen literarischen Topos des Wanderns in der englischen Literatur geprägt: Die von Rushdie beschriebenen Autoren-/innen haben neue literarische Sprachen und Stile gefunden, sind konzeptionell neue Wege gegangen und haben dazu beigetragen, dass Literatur aus Großbritannien weltweit als vielfältig und facettenreich wahrgenommen wird. Die seit den 1950er Jahren entstandene Literatur von Autoren mit postkolonialem Migrationshintergrund lässt sich mittlerweile als »tradition in its own right« in Epochen untergliedern. Ein dominantes (literatur-)geschichtliches Narrativ hat sich vor allem um Autoren-/innen mit afro-karibischem und südasiatischem Hintergrund gebildet. Dieses beschreibt eine Entwicklung von einer um Integration bemühten *first generation* über die aufbegehrende *second generation* bis hin zu einer *post-ethnic generation*.[10]

Zur *first generation*, oft auch als *Windrush generation*[11] bezeichnet, zählen vor allem karibische Schriftsteller wie Edward Kamau Brathwaite, V. S. Naipaul und Sam Selvon, deren selbsterklärtes Ziel es unter anderem war, den Kanon der englischen Literatur umzuschreiben. Dieses Unterfangen war durchaus nicht rein literarisch motiviert, sondern durch eine doppelte Verfremdung inspiriert: Zunächst hatte der Kanon zur Konstruktion eines literarischen Bildes des kolonialen »Mutterlandes« beigetragen, das mit dem Leben in der Kolonie kaum Gemeinsamkeiten hatte, gleichzeitig aber als Orientierung und Maßstab diente. Ein zweites Moment alteritärer Erkenntnis ergab sich durch den Schock, den Migranten bei der Ankunft in der britischen Wirklichkeit in den 1940er und 1950er Jahren erlebten: Das Auseinanderklaffen des Bildes vom fürsorglichen, hehre zivilisatorische Werte, Schriftkultur und Bildung verströmenden »Mutterland« und der Realität zerbombter, schmutziger Städte, einer rigiden Klassengesellschaft, in der Arbeitsmigranten sich auf der

---

9   Vgl. Salman Rushdie: »The Empire Writes Back With a Vengeance« (1982), S. 8.

10   Eine ebenfalls prominente Art der Beschreibung ist die Suggestion einer Entwicklung vom Diasporischen zum Nationalen, von »postcolonial literature« hin zu einer »black British literature«, (vgl. Kadija Sesay [Hg.]: *Write Black, Write British. From Postcolonial to Black British Literatutre* [2005]), in Widerspruch zu Stimmen, die Großbritannien selbst (und zwar bis heute) als postkolonialen Raum betrachten (vgl. John McLeod: *Post-Colonial London. Rewriting the Metropolis* [2004]).

11   Benannt nach dem Schiff, das 1948 zum ersten Mal eine bemerkenswerte Zahl an Einwanderern aus der Karibik nach Großbritannien brachte.

untersten Stufe wiederfanden, und vor allem der ablehnenden Haltung der Bevölkerung den Neuankömmlingen gegenüber – all dies prägte die literarische Produktion der *first generation* mindestens ebenso nachhaltig wie die Lektüre der Klassiker der englischen Literatur im kolonialen Bildungslehrplan.

Während die Literatur der ersten Generation von Migranten/-innen sich als Migrantenliteratur im eigentlichen Sinne beschreiben lässt, in der die Ankunft imaginativ verarbeitet und allegorisiert wird, greifen die literarischen Stimmen der *second generation* auf eine gänzlich andere Erfahrungswelt zurück, die bestimmt ist von intergenerationalen Konflikten, dem Versuch der Einforderung gesellschaftlicher Teilhabe und einem latenten Gefühl der *in-betweenness*. So vernehmen wir die Protagonistin von Andrea Levys Debütroman *Every Light in the House Burnin'* folgendermaßen:

I knew this society better than my parents. My parents' strategy was to keep as quiet as possible in the hope that no one would know that they had sneaked into this country. They wanted to be no bother at all. But I had grown up in its English ways. I could confront it, rail against it, fight it, because it was mine – a birthright.[12]

Die Selbstverständlichkeit, mit der gegen gesellschaftliche Diskriminierung rebelliert wird, schlägt sich in der Literatur der *second generation* teilweise als aktivistische Schreibhaltung nieder (wie etwa in den Gedichten Linton Kwesi Johnsons oder Benjamin Zephaniahs), wird aber auch als gesellschaftliches Dilemma literarisch verarbeitet, wie beispielsweise in Hanif Kureishis Roman *The Buddha of Suburbia* und seinen wie auch Caryl Phillips' frühen Theaterstücken, Andrea Levys zweitem Roman *Never Far from Nowhere* und nicht zuletzt in Gurnahs *Dottie*. Dottie und ihre Geschwister, bei denen der Bezug zur Elterngeneration wegfällt, kennen nur die unmittelbare Auseinandersetzung mit gesellschaftlichen Phänomenen: »They didn't know who they were, or what people they belonged to. They knew this place and it was all they had. There was no choice but to hang on here, and make room for themselves.«[13] Dieses Raumschaffen manifestiert sich einerseits in Dotties Entwicklung von (subversiven) Überlebensstrategien im Großbritannien der 1960er Jahre, und andererseits in der Affirmation ihrer ambivalenten Identität. Die Ein-

---

12 Andrea Levy: *Every Light in the House Burnin'* (1994), S. 88.
13 Gurnah, *Dottie*, S. 170.

bettung von Dotties Suche und Überlebenskampf in einer ablehnenden Umwelt sowie die minutiöse Beschreibung dieses Schauplatzes ist Gurnahs implizites Mittel der Gesellschaftskritik.

Allerdings ist die im Roman dargestellte Gesellschaft zum Zeitpunkt des Schreibens bereits eine historische. Die Verarbeitung sich zunehmend entfernender Vergangenheiten haben sich viele Autoren-/innen der zweiten und mittlerweile auch dritten Generation zur Aufgabe gemacht: Caryl Phillips, Fred D'Aguiar und David Dabydeen setzen sich in ihrer Romanliteratur kontinuierlich mit der Annäherung an geschichtliche Thematiken im Kontext der schwarzen Diaspora auseinander. Andrea Levy hat mit ihrem »Weltkriegs- und Windrush-Roman« *Small Island* (2004) geradezu einen Klassiker hervorgebracht, der ebenso wie Zadie Smiths Bestseller *White Teeth* (2000) Eingang in schulische Lehrpläne gefunden hat. Während die Einordnung der dritten Generation oder der Literatur der 1990er Jahre als »post-ethnic« oder »post-black« voreilig und fragwürdig erscheint,[14] verlangt die literarische Beschäftigung mit Geschichte durchaus eine kritische Betrachtung, bietet sie doch sowohl die Möglichkeit zum Engagement *mit* gegenwärtigen Problematiken als auch zur Flucht *vor* gegenwärtigen Problematiken. Zudem ist die soeben nachgezeichnete generationale Einteilung unter Vorbehalt zu sehen, denn das von ihr gestützte teleologische Entwicklungsnarrativ trifft nur für sehr spezifische Migrantengruppen und Migrationskontexte zu und versperrt den Blick auf ebenso komplexe wie persistente Strukturen, die Migrationsprozessen zugrunde liegen und sich immer wieder aufs Neue

---

14 Eine Erörterung des Begriffs »post-ethnic« in der Literatur (als Spiel eines Autors im Spannungsfeld von äußeren Zuschreibungen und der eigenen Entscheidung für oder gegen die Annahme einer politischen oder »ethnischen Identität«) bietet Stein (vgl. Mark Stein: *Black British Literature, Novels of Transformation* [2004], S. 112ff.). Der britische Autor Diran Adebayo beansprucht für sich dezidiert die Möglichkeit eines »post-black« writing (Vgl. Diran Adebayo: »Pretty Is The New Black« [2007]). Eine undifferenzierte Verwendung dieser Begriffe bleibt problematisch, insbes. wenn sie sich nicht auf individuelle Autoren/-innen bezieht, sondern auf einen gesellschaftlichen Zustand, der von diesen Autoren-/innen gespiegelt wird. Die britische Gesellschaft als eine »post-ethnische« Gesellschaft zu bezeichnen, wäre falsch. Ein hilfreicher Ansatz, der die Möglichkeit eines »post-ethnischen« Zustandes ebenso impliziert wie er Praktiken der Zuschreibungen und performativen Aneignungen von *race* und *ethnicity* offenlegt, findet sich in Hazel Rose Markus und Paula Moyas Aufsatzsammlung *Doing Race* (2010).

zeigen, wenn die sozialen Formen der Gesellschaft und des Fremden, um mit Simmel zu sprechen, einander begegnen.[15]

Abdulrazak Gurnah malt die Begegnung zwischen Figuren des »Fremden« und der Gesellschaft in immer neuen Abwandlungen aus: In *Dottie* ist es ein Mädchen, das in der dritten Generation von Migranten abstammt, die nicht Teil *einer* gleichsam homogenen ethnischen *Community* sind, aber aufgrund ihrer Hautfarbe gesellschaftliche Diskriminierung erfahren. Die besondere Außenseiterposition Dotties wird durch die kontrastive Darstellung anderer Charaktere, wie beispielsweise der karibischen *Community* in Notting Hill, hervorgehoben.

Der Migration innerhalb Ostafrikas zum Zeitpunkt seiner Kolonisation widmet sich Gurnah in *Paradise* (1994), wo die Geschichte des versklavten Jungen Yusuf entlang der Reisetätigkeit seines »Herren«, des feinsinnigen arabischen Händlers »Uncle Aziz«, erzählt wird, der Yusuf mit auf eine seiner Geschäftsreisen in das Hinterland nimmt.

Admiring Silence – Gurnahs nächster Roman – stellt die Erfahrungen eines namenlos bleibenden sansibarischen Migranten dar, der in London als Lehrer arbeitet und in wilder Ehe lebt. Von seiner muslimisch geprägten Familie und Herkunft zunehmend entfremdet, hat er sich in Großbritannien keine ideale, aber eine lebbare Alternative kreiert. Wesentlicher Bestandteil seiner Rolle als integrierter Migrant in der britischen Gesellschaft ist seine eigene Konstruktion seiner persönlichen Geschichte:

For my alienness was important to all of us – as their alienness was to me, though it took a long time for me to say that even to Emma. […] It was from these beginnings that it became necessary later to invent those stories of orderly affairs and tragic failure. I was allowed so much room that I could only fill it with invention. […] In my stories I found myself clarifying a detail, adjusting it so that its impact was unobscured, even at times adding a variation that added irony and a note of bitterness to what might otherwise have seemed banal. I found the opportunity to rewrite my history irresistible, and once I began it became easier and easier, I did not mean to lie […]. Perhaps it was to straighten out my record to myself […], to construct a history closer to my choice than the one I have been lumbered with.[16]

Nach zwanzig Jahren reist der Protagonist als Besucher erstmals zurück nach Sansibar und sieht sich mit sehr konkreten Folgen seiner erfunde-

---

15 Vgl. Georg Simmel: »Exkurs über den Fremden« ([1908] 1983).

16 Abdulrazak Gurnah: *Admiring Silence* (1996), S. 62.

nen Geschichten, die ihm geholfen haben, in beiden Welten zu funktionieren, konfrontiert.

In *By the Sea* (2000) werden die Geschichten des politischen Flüchtlings Saleh Omar und des Bildungsmigranten Latif Mahmoud gegenübergestellt. Beide Figuren kommentieren die Besonderheiten ihrer Migrationssituation: Saleh Omar stellt sich unvermittelt als »refugee, an asylum seeker« vor und bemerkt: »These are not simple words, even if habit of hearing them makes them seem so.«[17] Die Worte, die ihn definieren, suggerieren eine traumatische Vergangenheit, aber zugleich auch eine Vergangenheit, die losgelöst ist von der Identität des neuen Subjekts, das nicht mehr, und gleichzeitig noch nicht, Teil eines sozialen Gefüges ist. Der Detailreichtum von Saleh Omars Geschichte sowie die Etablierung einer Kontinuität zwischen Vergangenheit und Gegenwart durch die Verknüpfung seiner Geschichte mit der Latif Mahmouds, die im Zusammentreffen der beiden kulminiert, sind Teil von Gurnahs kritischer Auseinandersetzung mit dem Bild des entwurzelten und nicht verwurzelbaren »refugee«. Latif Mahmouds Geschichte ist untypisch aufgrund des Weges, auf dem es ihn nach Großbritannien verschlägt – über die ehemalige DDR.[18] Interessanterweise nimmt Latif sein DDR-Umfeld auf ähnliche Weise wahr wie der Protagonist von *Admiring Silence* England. Beide verbringen ihre Zeit nach der Ankunft in von der Gesellschaft abgeschotteten Wohnheimen; beide haben Zimmergenossen, die als Mentoren fungieren; beiden wird die fremde Welt, die sie umgibt, durch Beziehungen zu anderen Menschen nähergebracht. Vollkommen aufgelöst wird die Distanz allerdings nicht: Vor allem in *Admiring Silence* scheitert der Protagonist an der Unmöglichkeit (vielleicht auch seiner eigenen Unfähigkeit), anderen mit seinen »ungefilterten« Erfahrungen zu begegnen.

Gurnahs bislang jüngster Roman, *Desertion* (2005), widmet sich der Figur des Fremden in Gestalt des fiktiven Forschers und Reiseschriftstellers Martin Pearce, der sich im 19. Jahrhundert aufmacht, den afrikanischen Kontinent zu erkunden. Er gerät in eine prekäre Situation und bekommt Hilfe von Hassanali und dessen Familie. Eine langfristig folgenreiche Liebesbeziehung entspinnt sich zwischen dem Fremden und Hassanalis Schwester Rehana: Das Leben ihrer Enkeltochter Jamila

---

17 Abdulrazak Gurnah: *By the Sea* (2001), S. 4.

18 Für eine kurze Analyse dieses Strangs von *By the Sea*, vgl. Eva Ulrike Pirker: »The Unfinished Revolution. Black Perceptions of Eastern Europe« (2010).

wird noch nach drei Generationen von dem »skandalösen Leben«[19] ihrer Großmutter bestimmt.

Insgesamt erscheinen alle Romane Gurnahs als Teil eines größeren Projekts, der Auseinandersetzung mit unterschiedlichen Facetten des Wanderns und der Migration im kolonialen und postkolonialen Kontext. Zentrale, wiederkehrende Schauplätze sind Großbritannien und Ostafrika. Die Wanderungen der Charaktere beginnen aber auch an anderen Orten und führen über andere Regionen. Damit setzt Gurnah einen wichtigen Impuls für eine facettenreichere Migrationsgeschichte, die die Dominanz des »Windrush«-Narrativs[20] in der Migrationsgeschichte des postkolonialen Großbritannien relativiert. Letzteres blendet nicht allein frühere und spätere Epochen der Einwanderung aus, sondern auch die Einwanderung aus anderen geografischen Regionen wie dem indischen Subkontinent, Ostasien, Süd- und Osteuropa und Afrika und – nicht zuletzt – die Auswanderung aus Großbritannien. Weiter verschleiert es wichtige Akzente der Differenz wie soziale Klasse, Geschlecht, ethnische, religiöse und politische Affiliation. Die so weitgehend einseitige Wahrnehmung von Nachkriegsmigration als Einwanderung jamaikanischer Männer, die später ihre Familien nachgeholt haben, wird beispielsweise in *Admiring Silence* thematisiert, wo der Ich-Erzähler einen Arztbesuch in London folgendermaßen erlebt:

»Afro-Caribbean people have Dickey hearts«, he [the doctor] said, smiling [...]. [...] Of course, after all this drama I did not have the heart to tell him that I was not Afro-Caribbean, or any kind of Caribbean, not even anything to do with the Atlantic – strictly an Indian Ocean lad, Muslim, orthodox Sunni by upbringing, Wahhabi by association and still unable to escape the consequences of these early constructions. [...] He didn't mean *Afro-Caribbean people* anyway. He meant darkies, hubshis, abids, bongo-bongos, say-it-loud-I'm-black-and-I'm-proud victims of starvation and tyranny and disease and unregulated lusts

---

19 Abdulrazak Gurnah: *Desertion* (2005), S. 166.

20 Vgl. hierzu etwa Mike Phillips/Trevor Phillips: *Windrush. The Irresistible Rise of Multi-Racial Britain* (1998) oder, für den Bereich der Literatur, Onyekachi Wambu: *Empire Windrush. Fifty Years of Writing about Black Britain* (1998). So wichtig die Etablierung einer Geschichte der *Black Community* auch nach wie vor ist, ist doch festzuhalten, dass das »Windrush-Narrativ« Einwanderer aus disparaten Regionen der Karibik homogenisiert, die Wahrnehmung eines bestimmten Moments der Ankunft stabilisiert und die Integrationsproblematik auf den gesellschaftlichen Kampf gegen Rassismus fixiert, der, so die Suggestion des Begriffs »post-black«, mit den 1990er Jahren hinfällig geworden ist.

and history etc. You know, my race. I could see he approved of my respectful silence, because he smilingly issued his prohibitions and instructions, wagging his finger now and then to warn me off naughty temptations.[21]

Gurnah wurde 1948 in Sansibar geboren und kam als Student nach Groß-britannien. Dort lebt er bis heute, lehrt an der University of Kent postkoloniale Literatur und veröffentlicht kritische Texte, wie zuletzt den *Cambridge Companion to Salman Rushdie* (2007). Neben dieser Tätigkeit geht er dem literarischen Schreiben nach – und dies nicht ohne Erfolg bei der Kritik: Mehrere seiner Romane sind preisgekrönt, *Paradise* fand Eingang in die Shortlist des *Booker Prize*. Dennoch wird er auch in denjenigen Bereichen, in denen sein Werk hauptsächlich rezipiert wird, in den *Commonwealth* oder *Postcolonial Literatures* oder (seltener) den *Black British Studies*, als »Sonderfall« gehandelt, möglicherweise gerade weil sein Werk die Begrenzungen dieser Kategorien konsequent sprengt. In der Tat ist das Verständnis von Literatur über solche Labels (ähnlich der von Rushdie beschriebenen »folly of trying to contain writers inside passports«)[22] begrenzend. Die Praxis der Vermarktung und Rezeption von Literatur in gewissen Nischen hat dazu geführt, dass gerade »postkoloniale« oder »schwarze« Autoren-/innen um eine »eigene« Stimme innerhalb (oder abseits) der für sie etablierten Diskursfelder ringen. Gurnah ist es bislang gelungen, seinen eigenen Weg zu gehen und universale Bedeutungsstrukturen in spezifischen Migrationsgeschichten herauszuarbeiten, ohne sie in ihren partikulären, konkreten Kontexten simplifizieren zu müssen: »I have no means to describe the deep poison that runs through the experience of flight and homelessness, but I didn't know that then either. How could I have known?« bricht es aus Rashid, einer der Erzählerfiguren in *Desertion*, heraus, bevor er sich wieder der besonderen Geschichte seiner Familie zuwendet.[23] Dieser unvermittelte Einwurf beschreibt Gurnahs eigenen Versuch, die Erfahrung von Entwurzelung, Flucht und Heimatlosigkeit sowie die Erinnerung an diese Erfahrung literarisch einzufangen – ein zu großes Projekt, dem sich anzunähern nur mit kleinen Schritten, vielen Geschichten und immer neuen Perspektiven möglich ist. Seine kontinuierliche Kreation von Geschichten der ostaf-

---

21 Gurnah, *Admiring Silence*, S. 9-10.

22 Vgl. Salman Rushdie: »›Commonwealth Literature‹ Does Not Exist« (1991), S. 67.

23 Gurnah, *Dersertion*, S. 200.

rikanischen Migration nach Europa und nach Großbritannien zeigt eine
Rastlosigkeit, die er wieder Rashid in *Desertion* kommentieren lässt:

[O]nce I began writing about arriving here, it seemed I could not stop myself
saying other things. I could not stop myself living that time again, and tasting
the bitterness and disappointment of it even after all these years. It is my ego-
tism – when I start talking about myself I ramble on endlessly, silencing everyone else and demanding attention.[24]

Ein Grund für das rastlose Schreiben über die Ankunft ebenso wie die
»other things« liegt darin, dass der Erinnerungsdiskurs um die postkoloniale Migration nach Großbritannien Geschichten wie die Gurnahs nicht
differenziert betrachtet. Er lässt Rashid über die begrenzenden Identifi-
kationsmuster berichten, die schwarzen Migranten zur Verfügung stehen:
»Soon I began to say black people and white people, like everyone else,
uttering the lie with increasing ease, conceding the sameness of our difference, deferring to a deadening vision of a racialised world.« Dieses
Muster erweist sich als unvereinbar mit seiner persönlichen Erinnerung
und der Situation in seiner Heimat: »In the midst of the uproar about
wars, and civil rights and apartheid, […] I was drawn away from the
complicated cruelties that were happening at home. They could not be
inserted into this conversation, with its pared-down polarities and un-
cluttered certainties […].«[25] Gurnahs wiederholte Bezugnahme auf gesellschaftliche Diskurse um *race relations* in Großbritannien rechtfertigt
eine kurze Zusammenfassung derselben, um Gurnahs Standpunkt und
seinen alternativen Entwurf eines Narrativs um Migration verständlicher
zu machen.

Exkurs:
»Race Relations« und der »Rise of Multiracial Britain«[26]

Die britische Gesellschaft ist eine multiethnische, in der Angehöri-
ge »nichtweißer« Gruppen etwa neun Prozent der Gesamtbevölkerung

---

24 Ebd., S. 228.
25 Ebd., S. 222.
26 Phillips/Phillips, *Windrush*, a.a.O.

ausmachen.[27] Bei weitem nicht alle, aber viele von ihnen haben einen familiären Hintergrund in einer der ehemaligen Kolonien Großbritanniens. Wie in anderen europäischen Ländern leben sie vorwiegend in städtischen Räumen, was dazu führt, dass viele ländliche Regionen eine nahezu homogene Bevölkerungszusammensetzung haben. Rassismus und Xenophobie gären gerade hier, wo die Kontaktfläche am geringsten ist. Die Städte hingegen, insbesondere Industriezentren wie Manchester, die großen Häfen wie Bristol und Liverpool und die Metropole London, sind seit Jahrhunderten Kontaktzonen für Menschen unterschiedlichster Herkunft gewesen.[28] In der ersten Hälfte des 20. Jahrhunderts entwickelten sich antiimperialistische Bewegungen in den Kolonien. Nach dem Zweiten Weltkrieg war die Auflösung des Empire, das in Großbritannien selbst zunehmend eher als Bürde denn als Quell des Profits und Zeichen der Größe empfunden wurde, nicht mehr aufzuhalten.

Dass das Erbe des Empire qua Migration das Mutterland noch nachhaltig beschäftigen und verändern würde, war eine Einsicht, die erst Jahrzehnte später Akzeptanz fand. In den 1950er Jahren breiteten sich zunehmend Ressentiments gegen die Neuankömmlinge aus, die 1958 in den Notting Hill und Nottingham Riots kulminierten. Aus diesen konzertierten Angriffen weißer Jugendbanden auf schwarze Einwanderer entwickelten die Medien paradoxerweise einen über die kommenden drei Jahrzehnte meinungsbildenden »black as problem«-Diskurs[29], an dem sich nichtweiße Personen der Öffentlichkeit (und dies schließt Schriftsteller und Künstler mit ein) bis heute abarbeiten. Politisch reagierte man auf die problematischen »race relations« – ein weiterer Begriff, der sich in

---

27 Nach der Volkszählung aus dem Jahre 2001 waren es ca. acht Prozent mit steigender Tendenz. (Vgl. »Census 2001«: National Statistics). Die hier bereitgestellten Zahlen können nur eine sehr grobe Orientierung bieten. Die Gruppe der »weißen« Briten ist allerdings ebenso wenig homogen wie die der »schwarzen« Briten: Erstere schließt Einwanderer und deren Nachkommen aus unterschiedlichsten europäischen Regionen (neuerdings vor allem wieder aus osteuropäischen Räumen) ein; Letztere unterteilt sich in Migranten und deren Nachkommen aus Afrika, der Karibik und Süd(ost)-asien. Der nicht unwesentliche Teil der »mixed-race population« ist kaum erfasst.

28 Mitte des 18. Jahrhunderts hatte London zehntausende Bewohner mit afrikanischem Hintergrund, die in erster Linie über die Wege des transatlantischen Sklavenhandels dorthin verschleppt wurden oder eigenständig dorthin fanden. Insbesondere die Abschaffung der Sklavenhaltung auf den britischen Inseln im Jahre 1772 machte das koloniale Zentrum zu einem Zufluchtsort zahlreicher vormals versklavter Afrikaner.

29 Vgl. hierzu Susan Hayward: »Blacks in Britiain« (1997), S. 50.

Großbritannien in dieser Zeit etablierte – nach außen mit einer Reihe von Gesetzen, die die Einwanderung aus den ehemaligen Kolonialgebieten beschränken sollten,[30] doch auch im Innern durch eine verschärfte Sicherheitspolitik. Zum zentralen Instrument einer solchen Sicherheitspolitik entwickelte sich in den 1970er Jahren das sogenannte SUS-law, das eine präventive Festnahme von Personen gestattete. Das Verdachtsmoment unterlag der Einschätzung einzelner Polizeibeamter. Leidtragende der Gesetzgebung waren insbesondere schwarze Jugendliche und junge Männer, die mit Anschuldigungen und Drangsalierungen bis hin zu körperlichen Übergriffen zu rechnen hatten. Einzelne Politiker profilierten sich, indem sie regelmäßig Öl ins Feuer gossen, wie zum Beispiel 1968 der rechtskonservative Enoch Powell mit seiner mittlerweile berüchtigten »Rivers of Blood«-Rede[31] und einer Repatriierungskampagne. Auch Margaret Thatcher behauptete in einem Interview 1978, die Menschen in England befürchteten, von Migranten »überschwemmt« zu werden.[32] Diese Entwicklung resultierte zunächst in einer starken Politisierung, bzw. überhaupt erst der Formierung einer *black community*, wie A. Sivanandan betont:

That community – of Black, of Afro-Caribbean-Asian – had been created in the post-war years by a culture of resistance to racism in the factories and the neighbourhoods of the inner cities to which Afro-Caribbeans and Asians had been condemned to work and live. [...] as denizens of the same ghetto, they found common cause against a racism that denied them their basic needs in housing, schooling and social and welfare services and brought them up

---

30 So zum Beispiel der *Commonwealth Immigration Act 1962*, der Migration einschränkte, sich allerdings nicht auf politische Flüchtlinge erstreckte: So kamen in den frühen 1970er Jahren zehntausende südasiatische Flüchtlinge ins »Mutterland«, die sich in Ostafrika angesiedelt hatten und von dort im Zuge einer neuen nationalistischen Politik (insbesondere in Uganda) vertrieben wurden. Mit der Neudefinition des Staatsangehörigkeitsstatus (British Nationality Act 1983) wurde solch »automatischen Verpflichtungen« gegenüber Angehörigen des Commonwealth ein Riegel vorgeschoben. Insgesamt sorgten diese und andere Gesetze nicht allein für eine tatsächliche Beschränkung der Einwanderung, sondern vermittelten den bereits im Land lebenden Migranten nachhaltig das Gefühl, nicht willkommen zu sein.

31 Die Worte »I see the River Tiber foaming with much blood« entstammten einer Passage, die Powell nicht vortrug, die aber den Medien zugänglich gemacht wurde und sofortige Verbreitung fand.

32 Das Interview wurde 1978 im Programm *World In Action* über Granada Television verbreitet.

against racist landlords, racist teachers, racist social workers and racist poli-
cemen. Common problems and common interests led to a common culture of
resistance and to community.[33]

Die in den späten 1970er Jahren eingeführte und unter Thatcher konsequent praktizierte Politik des »Multikulturalismus« führte allerdings zur
gegenläufigen Tendenz einer ethnischen Diversifizierung. In Reaktion
auf die andauernde Diskriminierung kehrten einige Gruppen der weißen
Mehrheitsgesellschaft den Rücken und begannen, statt auf Konfrontation
zu gehen, sich in Parallelgesellschaften einzurichten. Insbesondere mus-
limische Gruppen hatten in Reaktion auf Ausgrenzung und in Affirmation
der religiösen und kulturellen Werte ihrer unterschiedlichen Herkunfts-
regionen bereits früh intensive Netzwerke geknüpft, die den Rückzug in
eine Mikrokultur innerhalb der britischen Gesellschaft erleichterten und
in wenigen Fällen den Nährboden für fundamentalistische Gruppen be-
reiteten. Die Faszination religiös-extremistischer Gruppen vor allem auf
junge, in Großbritannien aufgewachsene Muslime wurde literarisch von
Hanif Kureishi bereits Mitte der 1990er Jahre thematisiert;[34] auch Zadie
Smiths Bestseller *White Teeth* parodiert Extremisten. Nach den Terroran-
schlägen in New York (2001) und London (2005), die eine massive Stig-
matisierung nicht allein muslimischer Briten, sondern der *British Asians*
generell zur Folge hatten, wurde die Thematik von Fundamentalismus
und Parallelgesellschaften, die bei Kureishi und Smith noch scharfsin-
nigen und kontrastreichen Charakterisierungen gedient hatte, in anderen
Tonlagen verhandelt, etwa in Monica Alis *Brick Lane* (2003) oder Nade-
em Aslams *Maps for Lost Lovers* (2004).

Institutioneller Rassismus ist, wie die angesprochene Sicherheitspolitik der 1970er Jahre zeigt, kein neues Problem. Erst in den 1990er Jahren
fand er jedoch durch den »Stephen Lawrence«-Fall größere Beachtung:
Der achtzehnjährige Lawrence war 1993 von rassistischen Jugendlichen
auf offener Straße erstochen worden. Anstatt Zeugen der Tat zu befragen,
deckte die Polizei die Tatverdächtigen. Die 1998 zum Abschluss gebrach-

---

33 Die wohl am nachhaltigsten bekannt gewordene kulturelle Artikulation
von »resistance« und »community« ist der karibische Karneval, der 1959
von der trinidadischen Aktivistin Claudia Jones initiiert wurde, »um den
Geschmack von Notting Hill loszuwerden« (vgl. Gary Younge: »The Politics of Partying« [2002], S. 28). Zit. hier Ambalavaner Sivanandan: »RAT
and the Degradation of Black Struggle« (1985), S. 2.

34 Beispielsweise in dem Roman *The Black Album* (1995) oder der Kurzge-
schichte »My Son the Fanatic« (1994).

te öffentliche Untersuchung[35] wies der Polizei auf allen Ebenen ihrer Organisation institutionellen Rassismus nach. Dieses Problem trug im Kontext einer sich globalisierenden Welt und eines zusammenwachsenden Europas zum Bild einer rohen und rückständigen Gesellschaft bei. Die New-Labour-Partei trat 1997 deshalb mit einer Imagekampagne an, die ein neues dezidiert multiethnisches Bild Großbritannien propagierte;[36] 2000 veröffentlichte die *Commission for the Future of Multiethnic Britain* ein Grundlagenpapier, in dem Handlungsanleitungen für ein radikales Neuverständnis britischer Identität und gesellschaftlicher Inklusion formuliert wurden.[37] Institutionell umgesetzt wurden diese Entwürfe durch neue Förderrichtlinien und »Diversity Units«, die »Mainstreaming«-Prozesse auf organisationaler Ebene einleiten sollten.[38]

Infolge des veränderten politischen Klimas der Millenniumswende erschien der Zugang für postkoloniale Autoren/-innen in Großbritannien zu breiteren Leserschichten vereinfacht – konnten sie doch im Lichte einer grundsätzlich positiven Einstellung zu Differenz und Vielfalt neu und anders vermarktet werden. Einen nicht geringen Anteil an dieser Einstellung hatte möglicherweise der bekannte Essay »New Ethnicities« des Kulturwissenschaftlers und Soziologen Stuart Hall, der bereits Mitte der 1980er Jahre eine neue Ära für schwarze Literatur und Kunst anbrechen sah, die sich von einer Widerstandskultur und den damit einhergehenden Essentialismen ablöse.[39] Während nichtweiße Autoren-/innen mit Migrationshintergrund in den 1980er Jahren klar in begrenzten Nischen arbeiteten und rezipiert wurden, wurden sie im Zuge der neuen Politik der 1990er Jahre zunehmend für eine breitere Leserschaft entdeckt und vermarktet. So positiv diese Entwicklung auf einen ersten Blick erscheinen mag, ist doch festzustellen, dass es sich hierbei kaum um ein veritables oder gar nachhaltiges Mainstreaming innerhalb des Literaturmarktes handelt. Neue Zwänge sind im Zuge dieser Entwicklung deutlich gewor-

---

35 Vgl. Sir William Macpherson of Cluny: »The Stephen Lawrence Inquiry« (1999).

36 Vgl. Mark Leonard: Britain ™. *Renewing Our Identity* (1997).

37 Vgl. Runnymede Trust: *The Future of Multiethnic Britain* (2000).

38 Diese Prozesse umfassen u.a. *positive action* im Bereich der Personalstruktur und die Verbreitung von neuen Inhalten und Werten auf allen Ebenen einer Organisation.

39 Vgl. Stuart Hall: »New Ethnicities« (1996 [1987]); zum gesellschaftlichen und kulturellen Einfluss Stuart Halls und insbesondere der Argumentation, die sich in »New Ethnicities« niederschlägt, vgl. Bhrigupati Singh: »Narrating Injustice« (2006), S. 139-140.

den: Wer im Mainstream nicht besteht, wird es schwer haben, in eine
Nische (wie in die des politischen Widerstandes) zurückzukehren. Innerhalb des Mainstream hingegen werden, wie Graham Huggan treffend
dargestellt hat, Prozesse einer geradezu kolonial anmutenden Exotisie-
rung offenkundig, die – unberührt von Dekonstruktivismus oder von den
gesellschaftlichen Bewegungen des Antiimperialismus und Antirassis-
mus – seit den 1990er Jahren eine neue Blüte erleben.[40]

Kaum ein postkolonialer Autor kann sich dem Moment der »Exoti-
sierung« gänzlich entziehen, wenn er sein Werk aus der Hand gibt: So
wird auch Gurnahs in Ostafrika handelnder Roman *Paradise* als »vio-
lent, beautiful and strange« vermarktet, mit dem Versprechen der »He-
raufbeschwörung« eines Porträts des Kontinents und der »brodelnden
Kraft des Unbekannten«[41]. Klischeebeladene Afrikabilder, die mit den
Assoziationen des Abenteuers und der Entdeckung spielen, dominieren
den Klappentext, der Leser durchaus glauben machen kann, dass sie es
hier mit einem traditionellen Text der Kolonialliteratur zu tun haben, dessen Beschreibungen zwischen Allegorien exotischer Schönheit und dem
unbekannt Sublimen oszillieren. Tatsächlich ironisiert Gurnah solche
Bilder stark – sie dienen ihm allerhöchstens als Aufhänger für die tatsächlichen Dramen seiner Protagonisten. Gurnahs literarisches Ostafrika
wird von ihm ebenso ausdifferenziert gezeichnet wie das Großbritannien,
in dem Dottie aufwächst: als glaubhaftes Bezugs- und Interaktionsfeld
für die literarischen Figuren.

Der »andere« Ort der Erinnerung: Gurnahs Ostafrika

In der Tat könnte man Gurnahs Projekt als eine ständige literarische
Rückkehr nach Ostafrika verstehen, die ein Gegengewicht zum Moment
der Migration bildet; damit verbindet sich auch der Wunsch nach der
Errichtung eines fiktionalen Archivs der Herkunftsregion, der dortigen
Kulturen und der Menschen, die von ihm selbst und von seinen literarischen Migrantenfiguren zurückgelassen wurden. So arbeitet er immer
wieder an einem Erinnerungsbild von Ostafrika, das die (auch durch Negation letztlich affirmierte und) persistierende Suggestion der Überlegenheit einer westlichen Zivilisation und eines westlichen Herrschaftsstils in

---

40 Vgl. Graham Huggan: *The Postcolonial Exotic. Marketing the Margins*
    (2001).

41 Vgl. Gurnah, *Paradise*, Umschlagstext.

Frage stellt. Vor allem die in Gurnahs Romanen ständig wiederkehrende Figur des Händlers fungiert als Gegenentwurf sowohl zur Figur des europäischen Kolonisators als auch zu der des afrikanischen Nationalisten, die beide in unterschiedlicher Weise »ethnische Absolutismen«[42] auf den Plan gebracht haben. Handel wird ebenso als prägendes Merkmal der ostafrikanischen Küstenregion beschrieben wie als gesellschaftsstrukturierendes Moment: Händler, so erzählt der Migrant Saleh Omar in *By the Sea*,

had come to our part of the world with the musim, the winds of the monsoons, [...] thousands of [...] traders from Arabia, the Gulf, India and Sind, and the Horn of Africa. They had been doing this every year for at least a thousand years. (14) [...] They brought with them their goods and their God and their way of looking at the world, their stories and their songs and prayers, and just a glimpse of the learning which was the jewel of their endeavours. And they brought their hungers and greeds, their fantasies and lies and hatreds, leaving some among their numbers behind for whole life-times and taking what they could buy, trade or snatch away with them including people [...]. After all that time, the people who lived on the coast hardly knew who they were, but knew enough to cling to what made them different from those they despised, among themselves as well as among the outlying progeny of the human race in the interior of the continent. Then the Portuguese [...] wreaked their religion-crazed havoc on islands, harbours and cities [...]. Then the Omanis came to remove them and take charge in the name of the true God, and brought with them Indian money, with the British close behind, and close behind them the Germans and the French and whoever else had the wherewithal. New maps were made, complete maps, so that every inch was accounted for, and everyone knew who they were, or at least who they belonged to. [...] And so it came to pass that in time those scattered little towns by the sea along the African coast found themselves (15) part of huge territories stretching for hundreds of miles into the interior, teeming with people they had thought beneath them, and who when the time came promptly returned the favour. Among the many deprivations inflicted on those towns by the sea was the prohibition of the musim trade.[43]

---

42 Vgl. hierzu Paul Gilroy: *The Black Atlantic. Modernity and Double Consciousness* (1993).

43 Vgl. Gurnah, *By the Sea*, S. 16.

Saleh Omars semantische Vermengung von Handel mit dem Monsun und einer langen Zeitspanne (»at least a thousand years«) machen diesen zu einem quasi-naturgegebenen, in die Lebenswelt der Küste eingepassten Phänomen, das die Küstenbewohner als Grenzgänger und hybride Gesellschaften von den Menschen des Hinterlandes unterscheidet. Händler sind bei Gurnah (und generell) Figuren, die Welten verbinden, die verschiedene Sprachen sprechen und sich unterschiedlichen Konventionen anpassen können.

Das Hinterland wird vor allem in *Paradise* als Kontrastfolie zur hybrideren, beeinflussbareren Küstenregion gezeichnet, als Fixum, dessen primordiale, tribalistische Zugehörigkeitsstruktur durch Fremde (wie beispielsweise Händler) bedroht ist. Allerdings hat diese Bedrohungsempfindung ihren Ursprung nicht in naturgegebenen Antagonismen, sondern ist eine Folge historischer Ereignisse, wie der Dialog zwischen dem Stammesältesten Chatu und dem Händler Aziz zeigt.

»We have only come to trade«, the merchant said, but Chatu did not wait for this to be translated. »He doesn't want to hear you, bwana tajiri«, Nyundo explained hastily […]. »He says we will not wait until you have made slaves of us and swallowed up our world. When your like first came to this land you were hungry and naked, and we fed you. […] Then you lied to us and cheated us. […] He says do you think we are beasts that we should go on accepting treatment like that? […]«[44]

Ebenso wie Chatu als Kontrastfigur zu Aziz aufgebaut wird, fungiert das Hinterland als Kontrast zur Küstenregion, die ein hybrides, durch universale Werte (wie beispielsweise die des Islam) determiniertes Identitätsmodells anstelle des Tribalismus ermöglicht.[45] Darüber hinaus erfüllt die Begegnung mit dem Hinterland in *Paradise* allerdings auch eine literarische Funktion: Sie kann als Engagement mit Joseph Conrads *Heart of Darkness* und damit eines ebenso paradigmatischen wie außergewöhnlichen Textes der Kolonialliteratur gelesen werden. Ein gemeinsames Interesse (unter vielen anderen) manifestiert sich in Gurnahs Behandlung

---

44 Vgl. Gurnah, *Paradise*, S. 160.

45 Das Meer steht als Bild für genau diese hybride Bedingung, für die ständige Vermischung und Verbindung von Sphären. In *By the Sea* fungiert das Meer, das Saleh Omar von der englischen Küste aus sieht, als Erinnerungsort für die gekappten und zerstörten Verbindungen, und ein Spaziergang am Meer besiegelt Saleh Omar und Latif Mahmouds Erneuerung ihrer Verbindung.

von Geografie. Die Aussage über die »complete maps« aus *By the Sea*, in denen »every inch was accounted for«,[46] und Saleh Omars Begeisterung für Karten nehmen das Motiv von Conrads Marlow auf, den die »blank spaces«[47] auf der Weltkarte schon als Kind fesseln. Die Kartenleser und Erkunder sind hier allerdings nicht europäische Kolonisatoren oder Seeleute, sondern Handelsreisende aus den Regionen um den Indischen Ozean. Zum Zeitpunkt von Marlows Seemannskarriere hat die Transformation der letzten »leeren« Flächen durch europäische Mächte freilich längst begonnen. Marlows vielsinniger Feststellung, der »white patch [...] had become a place of darkness«[48] entsprechend, bringen die Erfahrungen des Hinterlandes die Mitglieder von Aziz' Handelskolonne, die sich im Hinterland trotz lokaler Führer verirrt, an ihre physischen wie psychischen Grenzen.[49]

Die Figur des Händlers Aziz, der in jeder Situation die Kontrolle behält und umsichtig für die mit ihm reisenden Arbeitskräfte sorgt, ist eine ambivalente Figur, hält er doch eine besondere Machtposition inne: Er lebt vom ständigen Austausch, gibt nicht nur Dienste in Auftrag, sondern bringt durch (in erster Linie finanzielle) Gefälligkeiten Menschen in seine Abhängigkeit. Der Handel schließt die Nutzung von menschlicher Arbeitskraft als Ware ein. Der Protagonist Yusuf, der als Kind für die Schulden seines Vaters eingelöst wird und Uncle Aziz im Glauben folgt, auf eine Reise mitgenommen zu werden, ist nur ein Beispiel von vielen in Abhängigkeit geratene Figuren in *Paradise*. Auch in *By the Sea* finden Tauschgeschäfte statt, wo der Händler Hussein, eine Nebenfigur des Romans, eine für den Plot entscheidende Rolle spielt.[50] Der Händler zieht durchweg Bewunderung, aber auch Neid und Ressentiments auf sich, und die in seiner Abhängigkeit Befindlichen sind ihm letztlich ausgeliefert. Dennoch entwirft Gurnah eine Figur des »benevolent slavemaster«,

---

46 Gurnah, *By the Sea*, S. 15.

47 Vgl. Joseph Conrad: *Heart of Darkness* ([1902] 2002), S. 108.

48 Vgl. ebd.

49 Karten und Kartografie sind ein wichtiger Topos der kolonialen wie postkolonialen Literatur, der auch in dem Roman *Maps* (1986) des somalischen Autors Nuruddin Farah verhandelt wird. Kurze Interpretationen von Gurnahs *Paradise* und Farahs *Maps* sowie einen umfassenderen Einblick in die anglophone ostafrikanische Literatur bietet ein Artikel von Eckart Breitinger und Pia Thielmann: »East Africa« (2007).

50 Auch hier verlässt der Händler die Familie Latifs mit einem Kind; die Hintergründe um das Verschwinden von Latifs Bruder bleiben allerdings ungeklärt.

der für seine Untergebenen sorgt und sie führt. In seiner Handelswelt wird der Dienst des Menschen selbstverständlich mit Waren in Austausch gebracht.[51]

Die Leser, die – gelenkt entweder durch eine homodiegetische Erzählsituation oder durch eine heterodiegetische mit interner Fokalisierung – erhalten keine Innensicht des Händlers, sondern beobachten ihn mit den Protagonisten. Andere Figuren werden ähnlich äußerlich beschrieben, etwa Machthaberfiguren. Zu ihnen zählen die »Stammesoberhäupter« des Hinterlandes (wie Chatu in *Paradise*) ebenso wie Vertreter der europäischen Kolonialmächte (wie die Figuren des deutschen Offiziers und des Seargeant in *Paradise*, die Figuren britischer Lehrer sowie britische Institutionen in *By the Sea* und *Admiring Silence*, die Figur des Kolonialverwalters Frederick Turner in *Desertion*) und Funktionäre der Unabhängigkeit (wie der Kulturattaché und der Prime Minister in *Admiring Silence* sowie der »Minister« in *By the Sea*). Ihnen ist gemein, dass ihre Machtposition eher auf einer Repräsentation von Strukturen basiert als auf sinnvollen Handlungen. Die Ablehnung, Restriktion und letztlich Zerstörung von über Jahrhunderte gewachsenen Handelsbeziehungen und Strukturen, die Reisen, Interaktionen und Vermischungen ebenso notwendig voraussetzen wie sie die Rahmen ethnischer oder nationaler Begrenzungen sprengen, haben das Leben an der ostafrikanische Küste nachhaltig negativ beeinflusst.

Das Modell einer erstrebenswerten Zukunft wird nahezu ausschließlich, so eine weitere Erkenntnis von Gurnahs Protagonisten, mit dem Leben im Westen assoziiert. Doch der Westen hat sich in der postkolonialen Situation zunehmend in eine Festung verwandelt: So berichtet der Protagonist von *Admiring Silence* noch »how I came to Blighty: a travel permit to Mombasa, a fake Kenyan passport, a tourist visa to England, and then secretly living in Ahmed Hussein's college room for a year« und kommentiert:

At that time, despite hysteria in the newspapers about naked foreigners taking over the land, the immigration services were not as efficient and brutal as they

---

51 Parallel zum Modell des Miniimperiums eines Händlers konstruiert Gurnah die Familie als straff organisierte soziale Gruppe, die Beziehungen ritualisiert und so Individuen klar definierte Rollen zuweist, ihnen Schutz gewährt und sie gleichzeitig in Abhängigkeit hält. Auch die Wilde Ehe, in der der Protagonist von *Admiring Silence* lebt, kann sich ritualisierten Formen der Gemeinschaft und der Entstehung von Abhängigkeiten nicht entziehen, hat für diese aber keinen definierten Rahmen und scheitert.

were to become later. We lived in a college house with twelve postgraduate students, all of them foreigners, and nobody betrayed me, not even the cleaning ladies.[52]

Eine Generation später hingegen muss Saleh Omar in *By the Sea* erfinderisch sein, um den Einwanderungsbeamten in Heathrow zu »überwinden«,

Kevin Edelman, the bawab of Europe, and the gatekeeper to the orchards in the family courtyard, the same gate which had released the hordes that went out to consume the world and to which we have come sliming up to beg admittance. Refugee. Asylum-seeker. Mercy.[53]

Wenn das Leben in Großbritannien auch keinesfalls als paradiesisch dargestellt wird, sondern bestenfalls als wenig erfüllt und ständig Kompromisse abverlangend (dies ist ein zentraler Aspekt in *Admiring Silence*) und schlimmstenfalls als bedrohlich für die Seele (z.B. in *Dottie*), so bietet es doch zumindest das Versprechen einer relativen Sicherheit. Die Macht des Immigrationsbeamten, der den grundlegenden Anspruch des Einzelnen auf Unversehrtheit von Fall zu Fall nach Gutdünken entscheiden kann und Saleh Omar unterstellt, er bringe sich durch seine Flucht nach Großbritannien um einen friedlichen Lebensabend in seiner Heimat, bringt diesen in Rage:

At what age are you not supposed to be afraid for your life? Or not to want to live without fear? [...] And why was it immoral to want to live better and in safety? [...] I [...] wished I could break my silence [...]. I dropped my eyes in case their alertness should reveal that I understood him.[54]

Das Schweigen ist Teil von Saleh Omars Einwanderungsstrategie, darüber hinaus aber ein rekurrierender Topos in Gurnahs Werk. Das Schweigen wird häufig mit der Figur des Händlers assoziiert, der auf vielfältige Allianzen angewiesen ist und sich zu diesem Zweck zum zurückhaltenden Beobachter und Kenner ganz unterschiedlicher Regionen und Kultu-

---

52 Gurnah, *Admiring Silence*, S. 80.
53 Gurnah, *By the Sea*, S. 31.
54 Ebd., S. 11.

ren entwickelt.[55] In *Paradise* ist Schweigsamkeit neben seiner fesseln-
den Schönheit ein wesentlicher Zug Yusufs. Sprache und Worte hingegen sind unzulänglich und werden bei Gurnah oft mit einer destruktiven
Kraft assoziiert: »The man is just words«[56] wird in *Admiring Silence*
über den sansibarischen Kulturattaché gesagt, der dem Protagonisten
eine aussichtsreiche Arbeit in einem ebenso prestigeträchtigen wie skandalös irrelevant anmutenden Übersetzungsprojekt anbietet. Worte sind
das Kerngeschäft seiner cleveren Partnerin Emma, einer Literaturwis-
senschaftlerin, und es sind Worte, die ihn verletzen, als sie ihn verlässt:
»I wish I could unhear what she said, so that my silences are not filled
with her words and her voice. […] She talked for hours […] and went on
pouring poisoned words in my protecting ear«.[57]

Während sich Emma längst von ihm und seinen Geschichten abge-
wendet hat, ist der Durst ihres Vaters, Mr Willoughby, nach Geschichten,
die sein unumstößliches Bild von einem fürsorglichen *British Empire* bestätigen, geradezu unstillbar.[58] Der Protagonist nimmt diese Gelegenheit
der Flucht in eine verklärte Vergangenheit nur zu gern wahr, um sich
mit den unbequemen Aspekten seines Alltags – wie beispielsweise seiner
feindseligen Schwiegermutter und seinen unterschiedlichen Rollen in der
britischen Gesellschaft: als Partner, Vater, Lehrer – nicht aktiv auseinandersetzen zu müssen. So bleibt seine »alienness«, geschaffen durch die
Konstruktionen anderer sowie durch seine eigene Kollaboration, »important to us all«,[59] auch wenn die Strukturen, in denen diese Fremdheit
eine Rolle spielt, längst hinfällig geworden sind. Andere Geschichten der
Vergangenheit, die Mr Willoughbys Lieblingsnarrativ über das *Empire*
konterkarieren, finden sich in mannigfaltigen Abwandlungen in Gurnahs
selbstgeschaffenem literarischem »Archiv«. Es geht ihm dabei nicht allein um eine alternative Darstellung des britischen Kolonialismus und
seiner Folgen, sondern um die Erweiterung des Verständnisses koloni-
alistischer Strukturen und postkolonialer Situationen über den Kontext
des britischen Kolonialismus hinaus. *Paradise* beispielsweise spielt zur

---

55 Anders als der Orientalist Pearce (in Gurnahs *Desertion*), für den die Be-
    obachtung zum Selbstzweck wird.

56 Gurnah, *Admiring Silence*, S. 158.

57 Ebd., S. 210-211.

58 Zur Beharrlichkeit der postkolonialen Melancholie vgl. Paul Gilroy: *After
    Empire. Melancholia or Convivial Culture?* (2004).

59 Gurnah, *Admiring Silence*, S. 62.

Zeit der deutschen Kolonisierung Ostafrikas[60] im Zusammenhang des *scramble for Africa* und der Kongo-Konferenz. Nach deren Richtlinien gelang die Okkupation afrikanischer Territorien durch europäische Staaten nicht allein durch die Besetzung der Küstenregionen, sondern erst durch eine nachweisliche Präsenz im Hinterland. In *By the Sea* wird die vergleichsweise wenig beachtete Verbindung postkolonialer Regionen zu Staaten des kommunistischen Ostblocks über Latifs Geschichte hergestellt. Diese Geschichten – abseits der üblichen Narrative des Britischen Empire – zeigen nicht zuletzt die Vielfalt und Komplexität der Bedingungen auf, denen Individuen in der postkolonialen Situation ausgesetzt waren und sind.

Gurnahs literarische Texte bieten nicht nur eine konsequente Kritik westlicher Diskurse um Migration, »schwarze« Subjektivität und westlicher Bilder des kolonialen und postkolonialen Ostafrika, sondern füllen diese Begriffe mit alternativer Bedeutung abseits dominanter Diskurse. Die Dramen seiner Protagonisten entfalten sich entlang der Grenze zwischen der Erinnerung an eine einst lebbare Vergangenheit und der Realität einer modernen Welt, in der die Bedingungen für die menschliche Koexistenz einschneidende Veränderungen erfahren haben und in der der Einzelne nicht mehr als einer von vielen ist, die nicht gebraucht werden. So zumindest beschreibt der Permanent Secretary des Kulturministeriums, der den Protagonisten von *Admiring Silence* nach Hause zu holen versucht, die Lage:

»It will make a difference here, rather than being another anonymous contribution to the petty comfort and well-being of a society that does not care for you.« I couldn't have put it better if I'd tried, although of course he could not know the fertile subtleties and complexities that enriched my condition.[61]

Die Einladung entpuppt sich als wertlos, als die Regierung kurz darauf gestürzt wird. Dies ist nur eines von vielen Beispielen, an denen Gurnah das individuelle Ausgeliefertsein an soziale Syseme, die zwar von Menschen gemacht wurden, den Menschen aber nicht gerecht werden, hervorhebt. Insbesondere in der postkolonialen Situation, in der die

---

60 Nicht nur die wiederkehrende Erwähnung der Grausamkeit deutscher Truppen (vgl. Gurnah, *Paradise*, S. 176), die bis zum Ende der Erzählung eine abstrakte Bedrohung darstellen, sondern auch Details wie die Präsenz von deutschen Reichsflaggen und Stationen (vgl. ebd., S. 17 und 176) deuten diesen Kontext an.

61 Gurnah, *Admiring Silence*, S. 154.

Zerstörung ehemals vorhandener Verbindungen und Strukturen nicht
rückgängig gemacht werden kann, aber von außen kommende Modelle
keinen wirklichen Ersatz bieten, bleiben Individuen »beggar pawns in
someone else's plans«[62].

»Rambling on« in England

Der Protagonist in *Admiring Silence*, Latif Mahmoud und Saleh Omar
in *By the Sea* und Rashid in *Desertion* sind in Großbritannien geblieben
und haben sich mit britischen Gegebenheiten auseinanderzusetzen. Doch
wie steht es mit Gurnah selbst? Schreibt er sich, wenn er den Rassismus
der britischen Gesellschaft thematisiert, nicht in einen Kanon der *Black
British Literature* ein? Seine Protagonisten passen, wie gezeigt wurde,
nicht in die einfache antagonistische Struktur des »black struggle«. Sie
sind gewissermaßen Repräsentanten einer komplexeren *in-betweenness*,
die impliziert, dass es zahlreiche Dotties und Rashids in Großbritannien
gibt, die ebenfalls zwischen allen Stühlen sitzen. Gurnahs Hinwendung
zu verschiedenen historischen Phasen in *Admiring Silence* und all seinen
späteren Werken kann als typische Entwicklung im Kontext eines rezen-
ten Geschichtsbooms gelesen werden, der auch die postkoloniale Literatur Großbritanniens erfasst hat. Wieder ist es jedoch Gurnahs Suche
nach »anderen« Geschichten und die Komplexität seiner Darstellungen
der kolonialen und postkolonialen Geschichte, die ihn in Distanz zu den
Black and *Asian writers* stellt. Innerhalb seines Werks sind Kontinuitäten
erkennbar, die sein Interesse am Motiv des Wanderers und des Fremden in unterschiedlichen Kontexten belegen. So wird das Wandern, bei
Dottie noch ein unbestimmter Hintergrund, in den späteren Romanen
zentral. Der weltgewandte Händler, der oft als »Onkel« auftritt, Räume
und Menschen verbindet, ist eine ständig wiederkehrende Figur, ebenso wie versagende Väter und innerhalb eines begrenzten Aktionsradius
erfinderisch handelnde Mütter. Meist fungieren sie jedoch als Teil eines
vielschichtigen Hintergrunds für die Geschichte eines Protagonisten. Mit
By the Sea widmet sich Gurnah zwei oszillierenden, homodiegetischen
Perspektiven, die einander als gleichwertige Erfahrungs- und Erlebnis-
berichte ergänzen. Hier werden Versionen von Geschichte und disparra-
te Entwicklungen in einen Dialog gebracht. *Desertion* eröffnet mit einer polyphonen Erzählstruktur eine Vielfalt von Perspektiven auf zwei

---

62 Gurnah, *By the Sea*, S. 115.

zentrale, zusammenhängende Ereignisse, zeigt aber eindringlich, dass ein wahrhaftiger Dialog jenseits der Möglichkeiten ist: Pearce (im 19. Jahrhundert) und Rashids Bruder Amin (im 20. Jahrhundert) sind »Deserteure«, die ihre Liebe familiären und gesellschaftlichen Erwartungen opfern. Rashid, der in Großbritannien lebt und als Mann mittleren Alters mit seiner neuen englischen Partnerin nach Sansibar reisen möchte, beendet Desertion mit der Aussage »›You'll have to sleep in a separate room, you know‹, I told her, and the comedy of that at our ages made us both smile.«[63]

Die Protagonisten von Gurnahs Romanen sind allesamt den Entwicklungen ihrer historischen Situation und den sie umgebenden Gesellschaftsstrukturen ausgesetzt. Doch auch ihr ständiges Bemühen, die erlebten Begrenzungen mit den ihnen zur Verfügung stehenden Mitteln zu überwinden, verbindet sie. Dotties Erfindungsreichtum, Saleh Omars und Yusufs Schweigen in *By the Sea* und *Paradise*, die »Geschichten« des Protagonisten von *Admiring Silence* und Rashids Suche nach einer erklärenden Geschichte in *Desertion* – so unterschiedlich diese Strategien sein mögen, sie haben doch alle dasselbe Ziel: einen lebbaren Ort zu finden.

Wie Rashid kann auch Gurnah als Sammler und Archivar gelesen werden, der dominante Diskurse um eine »schwarze Geschichte« und postkoloniale Literatur mit »anderen« Erzählungen und Vergangenheiten ergänzt und herausfordert. Als Autor, der möglicherweise die Selbstbeschreibung seiner Figur als »a stranger in the middle of nowhere«[64] teilt, macht er sich doch, wie Rashid, zum Sprachrohr der Erinnerung und verschafft sich Gehör. Sein »rambl[ing] on endlessly« ist eine notwendige Intervention in einem sich zwar ändernden, doch ständig neuen Fixierungen verfallenden Kanon der Literatur Großbritanniens.

Literatur

Adebayo, Diran: »Pretty Is the New Black: New Directions In Black British Aesthetics«, in: Victoria Arana (Hg.): ›Black‹ *British Aesthetics Today*, Newcastle upon Tyne: Cambridge Scholars 2007, S. 170-173.

Ali, Monica: *Brick Lane*, London: Doubleday 2003.

---

63 Gurnah, *Desertion*, S. 262.
64 Ebd., S. 222.

Breitinger, Ekart/Pia Thielmann: »East Africa«, in: Lars Eckstein (Hg.): *English Literatures Across the Globe: A Companion*, Paderborn: Fink 2007, S. 108-132.

»Census 2001«: National Statistics, http://www.statistics.gov.uk/census/default.asp [letzter Abruf 1.3.2010].

Conrad, Joseph: *Heart of Darkness* [1902], Oxford: Oxford University 2002.

Farah, Nuruddin: *Maps*, London: Pan Books 1986 (dt. Maps, 1992).

Gilroy, Paul: *The Black Atlantic. Modernity and Double Consciousness*, Cambridge MASS: Harvard University Press 1993.

Gilroy, Paul: *After Empire. Melancholia or Convivial Culture?*, London: Routledge 2004.

Gurnah, Abdulrazak: *Admiring Silence*, London: Hamish Hamilton 1996.

Gurnah, Abdulrazak: *By the Sea*, London: Bloomsbury 2001.

Gurnah, Abdulrazak (Hg.): *The Cambridge Companion to Salman Rushdie*, Cambridge: Cambridge University Press 2007.

Gurnah, Abdulrazak: *Desertion*, London: Bloomsbury 2005.

Gurnah, Abdulrazak: *Dottie*, London: Jonathan Cape 1990.

Gurnah, Abdulrazak: *Paradise*, London: Bloomsbury 1994.

Hall, Stuart: »New Ethnicities« [1987], in: David Morley/Kuan-Hsing Chen (Hg.): *Stuart Hall: Critical Dialogues in Cultural Studies*, London: Routledge 1996, S. 465-475.

Hayward, Susan: »Blacks in Britain: Racial Discourse in UK Politics and Media«, in: Jump Cut 41. 5, 1997, S. 49-58.

Holmes, Colin: *A Tolerant Country? Immigrants, Refugees and Minorities in Britain*, London: Faber & Faber 1991.

Huggan, Graham: *The Postcolonial Exotic. Marketing the Margins*, London: Routledge 2001.

Kureishi, Hanif: *The Black Album*, London: Faber&Faber 1995.

Kureishi, Hanif: »My Son the Fanatic«, in: New Yorke, 28.3.1994, S. 92-96.

Leonard, Mark: *BritainTM. Renewing Our Identity*, London: Demos 1997.

Levy, Andrea: *Every Light in the House Burnin'*, London: Headline Review 1994.

Macpherson, Sir William of Cluny: »The Stephen Lawrence Inquiry«, *Official Documents Archive* 1999, http://www.archive.official-documents.co.uk/document/cm42/4262/4262.htm [letzter Abruf 2.2.2006].

Markus, Hazel Rose/Paula M. L. Moya: *Doing Race. 21 Essays for the 21st Century*, New York: Norton 2010.

McLeod, John: *Post-Colonial London. Rewriting the Metropolis*, London: Routledge 2004.

Pirker, Eva Ulrike: »The Unfinished Revolution. Black Perceptions of Eastern Europe«, in: Barbara Korte/Eva Ulrike Pirker/Sissy Helff: *Facing the East in the West: Images of Eastern Europe in British Literature, Film and Culture*, Amsterdam/New York: Rodopi 2010, S. 123-143.

Phillips, Mike/Trevor Phillips: *Windrush. The Irresistible Rise of Multi-Racial Britain*, London: Harper Collins 1998.

Rushdie, Salman: »The Empire Writes Back With a Vengeance«, in: *London Times*, 3.7.1982, S. 3, 8.

Rushdie, Salman: »›Commonwealth Literature‹ Does Not Exist«, in ders.: *Imaginary Homelands, Essays in Criticism 1981-1991*, London: Penguin 1991, S. 61-70.

Sesay, Kadija (Hg.): *Write Black, Write British. From Post Colonial to Black British Literature*, Hertford: Hansib 2005.

Simmel, Georg [1908]: »Exkurs über den Fremden«, in ders.: *Soziologie. Untersuchungen über die Formen der Vergesellschaftung*, Berlin: Duncker & Humblot 1983, S. 509-512.

Singh, Bhrigupati: »Narrating Injustice«, in: *Television & New Media, 7.2*, 2006, S. 135-153.

Sivanandan, Ambalavaner: »RAT and the Degradation of Black Struggle«, in: *Race & Class*, 26.1, 1985, S. 1-33.

Smith, Zadie: *White Teeth*, London: Hamish Hamilton 2000.

Spivak, Gayatry Chakravorty: »Translator's Preface«, in: Mahasweta Devi: *Imaginary Maps. Three Stories by Mahasweta Devi*, New York: Routledge 1995, S. xviii-xxix.

Stein, Mark: *Black British Literature: Novels of Transformation*, Columbus, OH: Ohio State University Press 2004.

Trust, Runnymede: *The Future of Multiethnic Britain*, London: Profile 2000.

Wambu, Onyekachi: *Empire Windrush. Fifty Years of Writing about Black Britain*, London: Victor Gollancz 1998.

Winder, Robert: *Bloody Foreigners. The Story of Immigration to Britain*, London: Little Brown 2005.

Younge, Gary: »The Politics of Partying«, in: *The Guardian*, 17.8.2002, S. 28.

Die Macht des Ungesagten

Uganda im Krieg in der Erzählung *Waiting*

Doreen Strauhs

Goretti Kyomuhendos viertes Werk, *Waiting* (2007)[1] spielt im Jahr 1979 in einem Dorf im westugandischen Distrikt Hoima. Es beschreibt die Brutalität des Bürgerkriegs zur Zeit des Zusammenbruchs von Idi Amins Regime und dessen Folgen für eine ugandische Dorfgemeinschaft. *Waiting* ist eine Erzählung, in der kein Wort redundant ist und in der entscheidende Aspekte der Charaktere und ihrer Leben durch die Macht des Ungesagten kommuniziert werden.[2] Hier entsteht eine Welt aus Grauen und Gewalt, aus Liebe und Hoffnung. In ihrem Nachwort zu *Waiting* bemerkt Margaret Daymond über die Erzählweise: »It is what remains unsaid that [...] holds us in suspense.«[3] Während Daymonds Aussage im Generellen verbleibt, wird im vorliegenden Artikel analysiert, wie in dieser Erzählung die Stille, das Ungesagte und Ungeschriebene zu einem Instrument werden, um die Situationen und Emotionen offenzulegen, mit denen die Charaktere konfrontiert sind. Auf diese Weise wird gezeigt, wie das Ungesagte in *Waiting* als Verständnisschlüssel für Angstzustände und traumatische Erlebnisse, aber auch für die Neugier und Hoffnung der Charaktere fungiert.

Die Erzählung beginnt im Präteritum; die Situation, die dem Leser präsentiert wird, liegt offensichtlich bereits in der Vergangenheit. Wir erfah-

---

1 Goretti Kyomuhendo: *Waiting* (2007).

2 Zur Bedeutung von Schweigen siehe Eva Ulrike Pirkers Aufsatz in diesem Buch.

3 Margaret Daymond: »Afterword« (2007), S. 121.

ren: »It was a Saturday evening. Tendo was perched up high up on one of the inner branches of the big mango tree, which threw hazy shadows over the large compound.«[4] Bereits in diesen ersten Sätzen entsteht eine Spannung aus dem, was dem Leser vorenthalten wird. Sofort stellen sich Fragen wie: Wer ist Tendo? Und warum befindet sich Tendo »perched up *high up*[5] on one of the *inner* branches of the big mango tree«? Ist Tendo ein kleines Kind, welches aus einer Laune heraus auf den Baum geklettert ist, oder ist er bereits erwachsen und versteckt sich, oder versucht womöglich, geschützt aus der Baumkrone heraus etwas ungesehen zu beobachten? Das Spannungsgefühl wird im zweiten Teil des Satzes verstärkt; wir erfahren, dass der Mangobaum »*hazy* shadows« über das Dorf wirft. Dieses Adjektiv weist auf die untergehende Sonne hin, unterstreicht aber gleichzeitig die Tatsache, dass die Siedlung durch die herannahende Nacht bald in vollkommene Dunkelheit gehüllt sein wird, und bringt so eine Ahnung einer noch nicht zu benennenden Gefahr mit sich.

Am Ende dieser einleitenden Sätze wird der Leser in einem Zustand der Unsicherheit gelassen, die sich bei der Lektüre des nächsten Satzes allerdings ins Unbehagliche steigert: »[L]eaves *trembled despite* the lack of wind, and one *wafted slowly down* from the branch and fell before *us.*«[6] Automatisch entstehen im Kopf des Lesers neue Fragen: Warum zittern die Blätter des Mangobaums an einem windstillen Abend? Liegt der Grund in einem Erdbeben oder in etwas Übersinnlichem? Zittern die Blätter, gleich einem Menschen, aus Angst oder Erregung? Wieso schwebt das eine Blatt langsam zu Boden und zieht damit die gesamte Aufmerksamkeit auf sich, als ob es dadurch, dass es direkt vor den offensichtlich nicht weit entfernt vom Baum sitzenden Menschen zu Boden fällt, etwas ankündigen wollte?

An dieser Stelle führt die Erzählerin eine Figur namens Kaaka ein, die, »picking up the leaf and turning it slowly over in her hand«, uns eine Erklärung liefert: »It's announcing a visitor […]. A visitor who comes from far away and has no intention of returning – like the leaf.«[7] Durch die Verwendung des unbestimmten Artikels in Kaakas Hinweis auf »a visitor« entsteht der Eindruck, dass dieser Besucher unbekannt und vielleicht sogar unerwünscht ist. Darüber hinaus erscheint der Be-

---

4 Kyomuhendo, *Waiting*, S. 3.

5 Sofern nicht anders vermerkt sind alle Hervorhebungen innerhalb der Zitate die der Autorin.

6 Kyomuhendo, ebd. S. 3. [Hervorh. i.O.]

7 Ebd.

sucher durch Kaakas Bemerkung, dass er keine Rückkehr plane, als Eindringling, dessen Motive unklar bleiben: Wird er dort bleiben oder eine Weiterreise antreten? Ist er gefährlich oder harmlos? Kaakas langsames Drehen des Blattes verweist darauf, dass sie nachdenklich ist und vielleicht mehr weiß, als sie sagt.

Mit der Verlagerung des Fokus auf die Gruppe von Menschen, die unter dem Mangobaum sitzen, verstärkt sich beim Lesen das Gefühl, dass diese nicht minder nervös sind. In den Worten der Erzählerin:

Suddenly, a whistle rang out from the mango tree. Startled, we all looked up expectantly. »What is it, Tendo?« Father asked sharply, nervously. »Nothing«, Tendo answered with a light laugh.»Nothing«, he repeated as if we had not heard him the first time.[8]

Zu diesem Zeitpunkt verstärkt sich unser Unbehagen weiter. Offensichtlich saß Tendo nicht zum Spaß auf dem Baum, sondern um Ausschau zu halten und die Leute, die hier leben, zu warnen – eventuell vor dem angekündigten Besuch. Als Tendos Pfeifen die Stille des Abends wie ein Warnsignal durchbricht, sind die Leute beunruhigt. Sie schauen voller Erwartung auf, wissen also, nach wem oder was Tendo Ausschau hält. Die Frage des Vaters, in einem scharfen Tonfall geäußert, nach dem Grund für Tendos Pfeifen kann als Warnung gelesen werden, in einer solchen Situation nicht zu scherzen, und gibt gleichzeitig sein eigenes Unbehagen preis. Die Beschreibung des Gesprächs zwischen Tendo und seinem Vater lässt die Leser zum unmittelbaren Zeugen einer alltäglichen Familiensituation werden. Darüber hinaus zeigt die Verwendung der ersten Person Plural und die Vorstellung des Vaters als großgeschriebener »Father«, dass es sich bei der Erzählerin um ein Mitglied dieser Gruppe von Menschen oder vielleicht sogar ein Familienmitglied handelt.[9] An diesem Punkt stellen wir als Leser die Vermutung an, dass die Geschichte aus der Perspektive einer Person erzählt wird, die in direkter Verbindung mit diesen Menschen und dieser Situation steht.

Die Spannungskurve, die seit Beginn der Geschichte ansteigt, erreicht ihren ersten Höhepunkt gegen Ende der ersten Seite, als die Er-

---

8 Ebd.

9 In Anlehnung an die Erzählerin, die im Originaltext die Wörter »Father« und »Mother« durchgehend wie Namen verwendet – entweder aus Respekt vor ihren Eltern, oder aber, weil die tatsächlichen Namen ihr nicht bekannt sind –, werden in diesem Artikel die deutschsprachigen Entsprechungen »Vater« und »Mutter« verwendet.

zählerin sich von Tendo und Vater abwendet und sich Kaaka und Mutter zuwendet:

We were all eating our evening meal in the yard between the main house and the kitchen. Mother pushed away her plate. Kaaka turned and looked at her. »You must finish that food,« she said tersely. »You'll need energy to push out that child... or,« she paused, »to run.«[10]

Während es bis zu diesem Zeitpunkt nicht klar war, welche Art Gefahr lauert, wird nun deutlich, dass diese von der Familie als lebensbedrohlich angesehen wird. Kaakas Bemerkung zeigt, dass alle, einschließlich der schwangeren Mutter, laufen müssen – um ihr Leben. Obwohl die Familienmitglieder den Grund ihrer Angst offensichtlich bereits kennen, werden die Leser zwar noch im Unklaren über die Gründe gelassen, nichtsdestoweniger aber mit der angespannten Atmosphäre und dem Angstgefühl der Charaktere konfrontiert.

Dies geschieht in erster Linie durch die Verwendung einer sehr bildhaften Sprache und ideophoner und onomatopoetischer Wörter. Obwohl der Dialog zwischen den Charakteren sich auf ein Minimum beschränkt, erwecken ideophone Verben und Kombinationen aus Adjektiv und Nomen oder Verb und Adverb wie etwa »perched«, »tremble«, »hazy shadows« und »wafted slowly« sinnliche Assoziationen beim Leser, so dass die Atmosphäre der Erzählung stärker empfunden bzw. »gesehen« wird. Zusätzlich unterstreichen die für die Äußerungen der Charaktere verwendeten Adverbien wie »sharply«, »nervously« und »tersely« deren Unbehagen, welches sich auf diese Weise direkt auf die Leser überträgt.

Eine zentrale Strategie ist weiterhin die der Aposiopese,[11] die in *Waiting* im Schriftbild durch drei Punkte ausgedrückt wird, als wollten oder könnten die Charaktere nicht weiter sprechen. Durch diese Strategie werden innere Ängste, Erschöpfungszustände, Trauer und Trauma, mit denen die Charaktere zu kämpfen haben, ausgedrückt. Erstmalig begegnen wir der Strategie der Aposiopese in Kaakas Bemerkung zu Mutter und werden im weiteren Verlauf der Erzählung immer wieder darauf stoßen. Als Kaaka Mutter dazu mahnt, ihre Mahlzeit zu beenden, weisen Punkte

---

10 Kyomuhendo, *Waiting*, S. 3.

11 Aposiopese (von griech. »abbrechen«, »verstummen«): »A rhetorical device in which speech is broken off abruptly and the sentence is left unfinished.« John A. Cuddon: *The Penguin Dictionary of Literary Terms and Literary Theory*, S. 51.

in ihrer Äußerung auf eine Sprechpause hin: »You'll need energy to push out that child … or […] to run.«[12] Kaaka, die, wie wir später erfahren, Vaters Tante ist[13] und als alte Frau[14] die Rolle der erfahrenen und weisen Großmutter in der Erzählung übernimmt,[15] erinnert Mutter daran, gut zu essen, um für die anstehende Geburt und das ungeborene Kind gesund zu sein. Während sie ihren Satz ausspricht, wird sie jedoch offenbar plötzlich von der Realität erfasst und hält den Atem für einen Moment an, bevor sie ihre Befürchtung ausdrückt, dass unter den gegebenen Umständen auch die schwangere Mutter wird laufen müssen. Als Antwort auf Kaakas Aussage erwidert Mutter seufzend: »›Potatoes give me such heartburn and beans make me break wind the whole night …!‹«[16] Die Punkte am Ende ihrer Äußerung weisen auf ihre Erschöpfung hin, während das Ausrufezeichen ihr Seufzen wiedergibt.

An einer späteren Stelle der Erzählung verdeutlichen die Punkte im Text Vaters Trauer und Trauma, wenn er sich erinnert: »›We used to hide in the banana plantation at night, but since the death … since the killings … nd the baby …‹«[17] Überwältigt von seinen Emotionen ist er nicht in der Lage, weiterzusprechen. Was die Punkte ungesagt lassen, aber die Aposiopese insinuiert, ist der Schockzustand, in dem er sich befindet. Als Folge der traumatischen Ereignisse, die die Familie durchleben musste, kann Vater nicht aussprechen, wer starb und wer getötet wurde.

Neben den Ängsten und Traumata illustriert die Aposiopese auch die emotionale Belastung, unter der vor allem die Kinder in diesen Zeiten des Krieges zu leiden haben. In Gesprächen mit Vater gelingt es den Kindern Tendo und Maya wiederholt nicht, ihre Sätze zu beenden, da Vater sie nicht ausreden lässt. Als Tendo sich gegen einen weiteren Befehl seines Vaters verteidigen will, schneidet Vater ihm das Wort ab: »›But you told me not to come down, Father!‹ Tendo answered, defensively. ›I'm supposed to …‹ ›I know bloody well what you're supposed to be doing!‹ […] Father looked as if he would have hit Tendo if he'd been within

---

12 Kyomuhendo, ebd.

13 Vgl. ebd. S. 16.

14 Vgl. ebd. S. 6.

15 Obwohl es sich bei ihr um Alindas Großtante handelt, wird sie von allen Familienmitgliedern als »Kaaka« bezeichnet, was wörtlich übersetzt »Großmutter« hieße; hierdurch wird ihr Status als Großmutterfigur innerhalb der Familie unterstrichen.

16 Kymohuendo, *Waiting*, S. 3.

17 Ebd., S. 63.

reach.«[18] Maya wird mit einer ähnlichen Situation konfrontiert, als es ihr eines Tages nicht gelingt, ihrer Aufgabe, ihrer älteren Schwester zu helfen, nachzukommen:

> »Have you prepared the evening meal yet?« »No«, Maya answered. »Alinda hasn't told us what to cook. She was sleeping the whole afternoon. She was even dreaming and...« »Why do you wait to be told? Can't you see Alinda is minding the baby? You must help her, Maya.«[19]

Während diese kurzen Wortwechsel in der erzählten Geschichte den Status des Vaters als dominantes Familienmitglied unterstreichen und gleichzeitig seine innere Anspannung und Angst um seine Familie verdeutlichen, erzeugt die Aposiopese in den Äußerungen der Kinder eine Stille, die auf ihren unterdrückten Status innerhalb der Kriegssituation hinweist. Das Ungesagte, verdeutlicht durch die Aposiopese, steht für die Frustration und Erschöpfung, mit denen Tendo weiteren Befehlen durch seinen Vater begegnet. Im Falle von Maya wird ihr kindlicher, unbeschwerter Redefluss durch den Vater erstickt, der sie daran erinnert, dass Maya in dieser schweren Situation verantwortungsbewusster agieren muss und so die Familie stärker unterstützen muss. Das Ungesagte impliziert, dass es auch für Kinder in einer Kriegssituation keinen Raum und keine Zeit dafür gibt, Kind zu sein. Die Kinder müssen sich erwachsen verhalten, werden aber nicht voll akzeptiert, weil sie ihren Gefühlen von Widerstand, Angst und Freude keinen Ausdruck zu verleihen vermögen. Das Schweigen erweckt hier ein Bewusstsein für die »Deemotionalisierung« der Kinder, die sich im Ungesagten Raum verschaffen und durch diesen Mangel die Aufmerksamkeit des Lesers auf sich ziehen.

Die Unsicherheit und Angst der Charaktere vor der Ankunft von Amins Soldaten im Dorf wird durch die Verwendung von Personalpronomen und Demonstrativpronomen weiter illustriert. Im ersten Kapitel warnt Kaaka ihre Familie beim Abendessen erneut: »»No one seems to be eating these days. I've told you again and again, if *these* men come, they'll kill you unless you have enough energy to run and run fast.‹«[20] Als Leser fragen wir uns, ob es eine Verbindung gibt zwischen »these men« und dem »visitor«, den Kaaka bereits angekündigt hat, oder ob es sich aufgrund der Verwendung des Plural in dem einen Falle und des

---

18 Ebd., S. 4.
19 Ebd., S. 48.
20 Ebd., S. 4.

Singular im anderen Falle um unterschiedliche Menschen handelt. Während wir die Familie nach dem Abendessen zu ihrem Schlafplatz in der Bananenplantage begleiten, teilt uns die Ich-Erzählerin mit: »I put the garden tools and other sharp implements in the store and locked it – just in case *they* came tonight.«[21] Am Schlafplatz treffen wir auf weitere Mitglieder der Dorfgemeinschaft, die Lendu-Frau und Nyinabarongo. Als Mutter ihnen erzählt, dass Kaaka beim Haus zurückgeblieben ist, da sie aufgrund ihres Alters des Packens müde ist, gibt die Lendu-Frau ihrer Sorge Ausdruck: »But suppose *they* come tonight?« Zu einem späteren Zeitpunkt in derselben Nacht bemerkt Nyinabarongo: »If *they* want to find us, *they* will find us.«[22]

Im zweiten Kapitel schließlich gibt uns die Ich-Erzählerin einen Hinweis auf den Zeitpunkt des Geschehens, wenn sie sagt, dass »a month before [...] President Idi Amin was about to be overthrown«[23]. Der Leser erkennt damit, dass mit »these men« und »they« die Soldaten Amins gemeint sind:

Our district was situated on one of the highways that led, via Lake Albert, to the West Nile and northern regions, and so, Amin's soldiers were using it as their exit route. And they had come in large numbers, invading the town of Hoima, looting and killing people at night. The bush and banana plantations were the safest place to sleep and during the day most homes posted a sentry in the tree to watch out for the soldiers.[24]

An diesem Punkt wird deutlich, dass das Unbehagen, das der im Mangobaum sitzende Tendo bei uns ausgelöst hat, berechtigt war, dieser als Wache diente, um die Familie rechtzeitig vor Amins Soldaten zu warnen, und dass die »hazy shadows« der nahenden Dunkelheit tatsächlich eine Gefahr in sich bergen, da die Soldaten in der Nacht einfallen und töten. Nichtsdestotrotz verwenden die Charaktere beständig Pronomen, wenn sie über die Soldaten reden, anstelle sich direkt auf sie zu beziehen: »›I'm ready for *them*‹, [...] Tendo said, continuing to punch the air with both fists.«[25] Dies ändert sich erst, als die Soldaten in der Siedlung der Familie ankommen: »›It's the soldiers‹, Father answered. ›I think they

21 Ebd., S. 5.
22 Ebd., S. 8.
23 Ebd., S. 11.
24 Ebd., S. 11-12.
25 Ebd., S. 17.

are coming. The gunshots sound so near.«»[26] An dieser Stelle werden die Pronomen erstmalig durch das Wort »soldiers« ersetzt.

In den obigen Äußerungen der Charaktere fungieren die Personalpronomen »they« und »them« als linguistische Markierungen des Widerstands und der Bedrängnis, und enthüllen dadurch die Angst davor, welche Schrecken Amins Soldaten mit sich bringen können. Aus Beunruhigung darüber, welche Folgen eine Begegnung mit den Soldaten für sie haben könnte, vermeiden die Charaktere es, die Urheber ihrer Angst beim Namen zu nennen. In dieser Weise dienen die Pronomen für die Charaktere als Euphemismen, mit deren Hilfe sie sich über die lauernde Gefahr austauschen können. Dass diese Gefahr eine reelle ist, wird deutlich durch Kaakas Hinweis auf »these men«. Durch das Demonstrativpronomen »these« warnt Kaaka ihre Familie, dass die Soldaten sowohl zeitlich als auch räumlich nahe sind, ohne direkt auf sie Bezug zu nehmen. Als Effekt der Personalpronomen und Demonstrativpronomen gerät das Ungesagte in den Vordergrund und dominiert die erzählte Geschichte durch einen Subtext von Emotionen und Informationen.

Die Geschichte, die uns Lesern vermittelt wird, ist dabei erstaunlich knapp, rudimentär. In ihrem Nachwort spricht Daymond diesen Aspekt bereits kurz an, wenn sie anführt: »[I]t is not until Chapter Two […] that we learn something of the larger context, but our knowledge is still limited to what the village characters themselves can find out.«[27] Auch wenn dies auf den ersten Blick so scheinen mag, so beschränkt sich unser Leser-Wissen tatsächlich nicht auf das, was die Dorfbewohner herausfinden können, sondern vielmehr auf das, was die Ich-Erzählerin uns mitteilt. Erst nach einigen Seiten, als bereits alle Mitglieder der Kernfamilie, Vater, Mutter, Kaaka, Tendo und Maya, dem Leser bekannt sind, stellt sich die Ich-Erzählerin als »I«[28] vor. Im dritten Kapitel erfahren wir, dass Tendo der ältere Bruder und Maya die jüngere Schwester der Erzählerin ist, aber erst im vierten Kapitel wird der Name der Erzählerin, Alinda, preisgegeben;[29] und erst im zwölften Kapitel, nach der Hälfte der Erzählung, erfahren wir, dass Alinda zum Zeitpunkt des Geschehens dreizehn Jahre alt ist.[30] Alinda ist derart mit den Ereignissen, die sich ereignen könnten, beschäftigt, dass sie über keinen Raum für sich selbst

---

26 Ebd., S. 23.
27 Daymond, »Afterword«, S. 122.
28 Vgl. Kyomuhendo, *Waiting*, S. 5.
29 Vgl. ebd., S. 22.
30 Vgl. ebd., S. 63.

verfügt, da alle ihre Sinne voll auf die Außenwelt und die Gefahren, die dort lauern können, konzentriert sind. Durch die ganze Erzählung hindurch werden Details individueller Lebensgeschichten und Fakten über die Situation nur dann Stück für Stück offengelegt, wenn eine Begebenheit eine Erinnerung bei Alinda auslöst. So wird etwa der alte Mann in der Siedlung von Alindas Familie erstmalig im fünften Kapitel eingeführt, als Alinda uns mitteilt, dass er nur dann kommt, »when Father was around [since] Mother did not like him«[31]. Sie erinnert sich: »Mother [...] kept saying that he was ›a dangerous man‹, and [...] never allowed us to go near his house.«[32] Allerdings erfahren wir erst in Kapitel vierzehn, warum der alte Mann gefährlich ist. Hier erzählt uns Alinda, wie sie und Nyinabarongo in seinem Haus für den alten Mann, der durch eine angeblich von Amins Soldaten gelegte Landmine ein Bein verloren hatte, sorgten. Alinda erinnert sich:

»It's some kind of punishment from God«, Nyinabarongo said as we walked towards our house. »Why do you say that?« I asked, surprised. »You don't know his story?« »No.« [...] »That man! He came to live in our village about six years ago, soon after he had been released from prison. When Idi Amin came to power in 1971, he wanted to convert the people to Islam. [...] Then the prisoners who were serving life sentences were told that if they converted to Islam, the president would pardon them. The old man fell into that category. [...] He murdered his wife!« Nyinabarongo answered bluntly.[33]

Alindas Bericht über ihren Besuch im Haus des alten Mannes ruft ihre Erinnerung an die Unterhaltung zwischen ihr und Nyinabarongo über die Geschichte des alten Mannes und die Umstände des Regimes von Idi Amin wach. In den vorangehenden Kapiteln ist Alinda damit beschäftigt, über ihre Familie und die Geschehnisse vor der Ankunft der Soldaten zu berichten, da ihre Sorge primär dem Wohlergehen ihrer engen Angehörigen und den grausamen Folgen der Begegnung mit den Soldaten gilt. Die Erzählung ist nicht nur verzögert, sondern wird auch immer wieder unterbrochen, als würde das »Versprachlichen« dieser Erfahrungen Alinda daran hindern, in ihrer Erzählung fortzufahren oder Details offenzulegen. Dies zeigt sich am deutlichsten in ihrem Bericht über die Tötungen, die das Eintreffen der Soldaten zur Folge hatte. Als die Soldaten kamen, war

---

31 Ebd., S. 25.
32 Ebd.
33 Ebd., S. 75.

Alindas Großtante Kaaka zusammen mit Mutter im Haus, während Alinda, Onkel Kembo und Vater es nicht mehr rechtzeitig zum Haus geschafft hatten und sich in einiger Entfernung versteckten. Alinda berichtet, was sie von Kaakas Widerstand gegen die Soldaten sah und hörte:

»Heeeeh«, [Kaaka] laughed. »If you are real men, go and fight with your enemy, instead of coming here to terrorize a poor harmless old woman like me. Eh?« [...] The soldier whom she had addressed pointed the gun at her and fired. [...] The soldier kicked Kaaka once more and she screamed loudly. [...] Kaaka was covered in blood.[34]

Anstatt uns jedoch zu sagen, ob Kaaka überlebte oder starb, bricht Alinda hier ab und wendet sich ihrer Mutter zu, die in dieser Nacht in den Wehen liegt. »I ran inside the house to find Mother [who] [...] was gasping, and calling out softly for help. I saw a cushion of blood and heard a baby crying.«[35] Sie erinnert sich: »Mother was talking to me. Her voice seemed distant and weak. [...] The words seemed to be falling from her lips.«[36] Erneut überlässt Alinda die Leser ihren Spekulationen über diesen letzten Satz am Ende des Kapitels, anstatt uns mitzuteilen, was Mutter passierte. Zu Beginn des achten Kapitels sind wir als Leser erleichtert, wenn Alinda ihre Erzählung wieder aufnimmt und beschreibt: »Mother sings as she works. [...] I am seated next to her, holding the baby.«[37] Offenbar hat Mutter die Geburt trotz der Ankunft der Soldaten überlebt. Allerdings erweist sich unsere Vermutung einige Sätze später als falsch, wenn Alinda uns erzählt, wie Maya mit einem Krug Wasser auf dem Kopf vom Brunnen zurückkommt:

She asks me to help her put it down. Stupid girl, can't she see I am holding the sick child? »Ask Mother«, I tell her. »Mother is not here!« Maya yells at me. »You're dreaming!« Maya cried out. I opened my eyes. The baby was lying next to me, crying silently without tears.[38]

Der Wechsel zwischen Präteritum und Präsens, als Alinda ihre Mutter sieht, ist der einzige Tempuswechsel, der in der Erzählung vorkommt,

---

34 Ebd., S. 39.
35 Ebd., S. 41.
36 Ebd., S. 42.
37 Ebd., S. 45.
38 Ebd., S. 47.

wodurch deutlich wird, dass Alinda entweder noch nicht wirklich verstanden hat, dass ihre Mutter tot ist, oder dass es für sie noch zu schmerzhaft ist, dies in Worte zu fassen. Dieser Schmerz verschafft sich Ausdruck in ihrem Tagtraum über Mutter; nur hier scheint Alindas Trauer Platz zu haben und ihre Sehnsucht danach, dass ihre Mutter wieder bei ihr ist und sich um sie und das kranke Neugeborene kümmert. Im Ungesagten verbirgt sich also nicht nur die Belastung, der sie dadurch ausgesetzt ist, dass sie für das Baby die Ersatzmutter ist, während sie selbst erst ein dreizehnjähriges Kind ist, sondern auch die Sehnsucht und das tiefe Leid, mit denen der Verlust der Mutter sich in ihre Seele eingegraben hat.

Durch die ganze Erzählung hindurch verzögert Alinda den Erzählprozess, indem sie auf Details zurückkommt oder sich während der Vergegenwärtigung der Ereignisse des Bürgerkriegs an weitere einzelne Fakten erinnert. Ihre Sprache und ihr verzögerter Erzählmodus erwecken den Eindruck, dass Alinda den Leser in einem Zustand des Wartens lässt, wobei hierdurch sowohl die Atmosphäre der Erzählung sich auf den Leser überträgt als auch tatsächlich ihr langsamer Bewältigungsprozess der schockierenden Erlebnisse ihrer Vergangenheit abgebildet wird. Bei ihrer Rückkehr in die eigene Vergangenheit, die gleichzeitig eine Suche nach einem Ausdruck für das, was sie damals fühlte, ist, braucht sie Zeit, um sich zu erinnern und auf Details zu konzentrieren. So wird zum Beispiel das Blut auf dem Boden zur symbolischen Entsprechung für ihre tote Mutter. Die Tatsache, dass ihre Mutter tot ist, in Worte zu fassen, ist zu viel für Alinda. Die Zeit, die Alinda braucht, um ihre Vergangenheit offenzulegen, und die immer wieder durch das Ungesagte innerhalb der Erzählung deutlich gemacht wird, trägt also nicht nur zur Spannungskurve bei, sondern stellt eine Übertragung der emotionalen und psychischen Anstrengungen dar, denen Alinda sich stellt, um eine Sprache zu finden für die Schrecken, die sie erleben musste. Es wird also deutlich, dass das Ungesagte, welches die gesamte Erzählung durchzieht, auf einer Metaebene das Trauma repräsentiert, unter welchem Alinda noch immer leidet, während sie die Geschehnisse durch ihre retrospektive Erzählung erneut durchlebt. Das Ungesagte findet seinen Raum dabei in den Momenten des Schweigens, die auf die wiederholten Brüche und Verzögerungen in der Erzählung folgen, und in den äußerst begrenzten Beschreibungen und Andeutungen der Geschehnisse.

Die traumatisierende Situation und die Suche nach einer geeigneten Sprache für ihre Repräsentation wird in *Waiting* auch durch einen Wechsel der sprachlichen Modi nachvollziehbar: Alindas Kontakt mit Kiswahili unterbricht die direkte Erzählung ihrer schrecklichen Erlebnisse und führt zu einer Diskussion über Sprache. Innerhalb der Erzählung stellt Kiswahili einerseits einen weiteren Auslöser für Alindas Auseinandersetzung mit den schockierenden Kriegserinnerungen dar, steht aber andererseits auch für eine positive Erfahrung, die Alinda durch den kulturellen Austausch zu Zeiten des Krieges macht: Alindas erster Kontakt mit Kiswahili findet statt, als sie es als Sprache der Soldaten hört, die Kaaka brutal angreifen und, wie Onkel Kembo übersetzt, »women, food, and money«[39] fordern. Zu diesem Zeitpunkt ist die Sprache ungewohnt und furchteinflößend, nicht nur für sie, sondern auch für Kaaka,[40] und wird von Onkel Kembo als »language mainly spoken by Amin's soldiers«[41] bezeichnet.

Zum zweiten Mal hört Alinda Kiswahili jedoch in einer Unterhaltung mit Bahati, einem jungen Tansanier, der mit den *Liberators* – »a combined force of Ugandans who lived in exile and the Tanzanian soldiers who were assisting them«[42] – in ihr Dorf gekommen ist. Als Alinda Bahati und Jungu, ihren Schulfreund, auf Englisch und Kiswahili reden hört, wird sie neugierig. Alle ihre Sorgen scheinen für einen Moment zu verschwinden: »›Teach me a little of Kiswahili‹, I said to him after a time. ›What do you want to know?‹ ›What does *kanga* [Hervorherbung im Original] mean?‹ ›It means hen. […]‹ ›What about Swahili?‹ I asked, laughing.«[43] Durch die Begegnung mit Bahati und dem *kanga*, welches er Jungu zum Geschenk macht: »Kiswahili can be recognized as one of the languages of friendship and love [in the novel], instead of only death.«[44] Diese Aussage wird auch durch das Ungesagte, welches in den Dialogen zwischen Bahati, Jungu und Alinda mitschwingt, gestützt. In Alindas zweiter Begegnung mit Kiswahili wird diese Sprache zum Symbol für Vitalität, gegenseitigen Austausch und positive Gefühle und spiegelt dadurch auch Alindas Lebensmut und ihr Bestreben, den Schmerz zu bewältigen.

Die Repräsentation des Kiswahili impliziert letzten Endes auch Alindas begrenzten Kontakt zu anderen Kulturen und Sprachen. Wie sich am Anfang des achten Kapitels, als Alindas Mutter den »Song of Doves« singt, zeigt, ist Alindas erste Sprache Runyoro, die wichtigste Sprache des Distrikt Hoima. Für sie ist Englisch die *lingua franca*, die von den

---

39   Ebd., S. 47.

40   Vgl. ebd., S. 37.

41   Ebd., S. 37.

42   Ebd., S. 11.

43   Ebd., S. 90.

44   Daymond, »Afterword«, S. 127.

Menschen in Uganda mit den unterschiedlichsten sprachlichen Hinter-gründen als gemeinsames Kommunikationsmedium genutzt wird.[45] Als Alinda Jungu fragt, warum Bahati nur wenig Englisch spricht, obwohl er zur Schule gegangen ist, antwortet Jungu:

»Yes, he did [go to school], but you see, everyone in Tanzania speaks Kiswa-hili. It is used in offices, schools, and even among the village people who never went to school. English is only taught in private primary schools as a language of instruction. But in the government ones where the majority go, they use and teach Kiswahili only.«[46]

Alindas Antwort zeigt ihr Erstaunen: »»But what about their own lan-guages? I mean the languages of their tribes? [...] [H]ow can they tell what tribe someone belongs to?«««[47] Alindas Fragen, in denen sie den Zu-sammenhang von Sprache und Identität aufwirft, machen deutlich, dass sie noch nicht mit der Welt außerhalb ihres Dorfs im Westen Ugandas konfrontiert wurde. Erst durch ihre Gespräche mit Bahati erfährt sie von den geopolitischen Umständen, die Uganda und seinen Nachbarstaat Tansania betreffen. Diese Entdeckung einer neuen Sprache trägt dazu bei, ihren Hunger nach Wissen, Lernen und Sprechen neu zu erwecken.

Es sind die Verzögerungen und Unterbrechungen in der Erzählung, die deutlich machen, dass die Ich-Erzählerin Alinda die Geschehnisse traumatisierend erlebte. Da die Geschichte aus der Retrospektive von Alinda erzählt wird, können wir annehmen, dass sie die Geschehnisse überlebt hat, können uns jedoch nicht sicher sein, zu welchem Zeitpunkt ihre Erzählung stattfindet. Nimmt man zum Beispiel an, dass Alinda zum Entstehungszeitpunkt der Erzählung, 2007, spricht, so wäre sie bereits eine Frau von über 40 Jahren. Zieht man die emotionalen und psychischen Anstrengungen in Betracht, die für Alinda als erwachsene Erzählerin vonnöten sind, um über ihre Vergangenheit zu sprechen, so wird deutlich, dass der Bürgerkrieg immense langfristige Folgen für sie hat. *Waiting* greift damit die dauerhaften Auswirkungen auf, unter denen Uganda als Folge des Bürgerkriegs bis heute zu leiden hat, und kann gleichzeitig auf einer Metaebene gelesen werden als Text über die psychischen Fol-gen, die eine jegliche Kriegssituation bei Menschen hinterlassen kann. Dieser Aspekt verbindet eine soziopolitische Bedeutung des Textes als

---

45 Vgl. Kyomuhendo, *Waiting*, S. 82.
46 Ebd.
47 Ebd.

Zeugenbericht mit dem der literarischen Relevanz: Die Suche nach einer individuellen Ausdrucksweise für die traumabehafteten Situationen, Gedanken und Geschichten der Ich-Erzählerin der Erzählung trägt dazu bei, dem Ungesagten nicht nur eine Stimme zu verleihen, sondern eine Form zu geben. Die Besonderheit und Spezifik der Erzählung liegt darin, dass es Kyomuhendo gelingt, ihrer Protagonistin eine Sprache, einen Stil und Zeit zu geben, ihre traumatischen Erfahrungen weiterzugeben. Dass Alindas Ängste, ihre Erinnerungen an die Schrecken und auch ihre Emotionen, die sie noch nicht vollständig artikulieren kann, sich direkt auf die Leser übertragen, ist empathisches Programm. Im Leseprozess findet eine Verschmelzung der ausgelassenen Gefühle von Alinda und den eingebrachten Gefühlen der Leser statt, die Alindas Rückkehr zu ihren traumatischen Erfahrungen aus ihrer Perspektive miterleben. Durch diese Erzählweise werden die Leser unweigerlich zu Zeugen zweiten Grades und das traumatisierte Opfer zum Gestalter der Erinnerung.

Aus dem Englischen von Swantje Möller

Literatur

Cuddon, John A.: *The Penguin Dictionary of Literary Terms and Literary Theory*, London: Penguin 2000 (4. Aufl.).

Daymond, Margaret: »Afterword«, in: Goretti Kyomuhendo: Waiting, New York: The Feminist Press/City University of New York 2007, S. 113-134.

Kyomuhendo, Goretti: *Waiting*, New York: The Feminist Press 2007.

Englisch ist ein untrennbarer Teil von mir

Goretti Kyomuhendo über die Bedeutung von Sprache in der ugandischen Literatur

Doreen Strauhs

Das folgende Gespräch mit Goretti Kyomuhendo wurde am 17. Januar 2009 während des Symposiums »Migration & Media: Literature from the African Diaspora: Language of Mobility, Language of Flight?« an der Goethe-Universität in Frankfurt am Main aufgezeichnet.

Im Kontext der afrikanischen Literatur wird die Frage, in welcher Sprache geschrieben werden soll, seit jeher kontrovers diskutiert: Sollen afrikanische Schriftsteller überhaupt in einer europäischen Sprache schreiben – »a language that is not one's own«[1] – einer Sprache, die die Kolonisierung in sich trägt?[2] In den 1960ern und 1970ern sprach sich der nigerianische Schriftsteller Chinua Achebe für die Aneignung und Verwendung des Englischen als literarisches afrikanisches Ausdrucksmittel aus, sofern dies in verständlichem Englisch geschehe.[3] Die *bolekaya*-Kritiker[4] hingegen, eine Gruppe nigerianischer Schriftsteller wie Jemie O. Chinweizu und Ihechukwu Madubuike, betrachteten die Verwendung

---

1 Raja Rao: *Kanthapura* (1967), S. vii.

2 Vgl. Ngugi wa Thiong'o: *Decolonizing the Mind* (1986), S. 90.

3 Chinua Achebe: *Morning Yet on Creation Day* (1982), S. 12.

4 Der Begriff *bolekaya* lässt sich mit »Kommt her, lasst uns kämpfen!« übersetzen. Kadiatu Kanneh zufolge wurde der Begriff von den *bolekaya*-Kritikern verwendet, um ihren Anspruch gelten zu machen: »»We are bolekaya critics, outraged touts for the passenger lorries of African literature««, in: Kadiatu Kanneh: *African Identities: Race, Nation, and Culture in Ethnography* (1998), S. 46.

des Englischen oder das Vermischen des Englischen mit einer einheimischen afrikanischen Sprache als *bad writing*.[5] In ihren Augen blieb Englisch eine elitäre und westliche Sprache. Afrikanische Schriftsteller, die von ihrer lokalen Leserschaft gelesen werden wollten, müssten einen deutlich antielitären Ansatz in ihrer Literatur verfolgen und deshalb in ihren afrikanischen Sprachen schreiben.[6]

Ngugi wa Thiong'o, der bekannteste kenianische Schriftsteller, verfolgte diesen antielitären Ansatz. Seiner Meinung nach sei das Englische als gesprochene Sprache und als Schriftsprache den Afrikanern auferlegt worden, und diese seien gezwungen, die Welt durch die Kolonialsprache zu sehen.[7] Ngugi wa Thiong'os These lautet: »Language as communication and language as culture are products of one another.«[8] Er folgerte daraus, dass afrikanische Schriftsteller sich in erster Linie vornehmen sollten, sich in ihren eigenen Sprachen mitzuteilen. Seitdem er 1977 die englische Sprache als Ausdrucksmittel offiziell aufgab, schreibt er nur noch in seiner Muttersprache Gikuyu.

Fast zwanzig Jahre später betont Goretti Kyomuhendo im hiesigen Interview, dass Englisch, obwohl es immer noch soziale Autorität und höhere Bildung signalisiert, für viele Afrikaner heute selbstverständlich geworden ist und dadurch auch als ein unproblematisches Ausdrucksmittel in der Literatur verstanden wird. Im Verlauf des Gesprächs wird klar, dass Kyomuhendo die Verwendung des Englischen in der Literatur nicht als elitäre Sprache betrachtet, sondern dass sie vielmehr die bereits seit Jahren vorgebrachten Ansichten des Soziolinguisten Oluwole Adejare teilt. Adejare macht darauf aufmerksam, dass »[since] [l]anguage is a social phenomenon, serving to transmit the totality of experience of its users […], [l]iterature [as] a variety of language use, does not exist in a cultural or linguistic vacuum«[9]. Daher ist Literatur immer beeinflusst von dem linguistischen Diskontinuum der Umgebung, in der sie entsteht.

Im Falle Ugandas ist das Schreiben auf Englisch, wie Kyomuhendo bemerkt, der Struktur des linguistischen Kontinuums geschuldet. Auf Englisch zu schreiben ist hier entscheidend, um sich erfolgreich über die

---

5   Vgl. Jemie Onwucheka Chinweizu/Ihechukwu Madubuike: *Toward the Decolonization of African Literature* (1986), S. 242.

6   Ebd.

7   Vgl. wa Thiong'o, *Decolonizing the Mind*, S. 91.

8   Vgl. ebd., S. 90.

9   Oluwole Adejare: »Translation: A Distinctive Feature in African Literature in English« (1998), S. 36.

Grenzen der ugandischen Sprachgruppen hinweg mitteilen zu können. Da es in Uganda keine Nationalsprache gibt, die überall im Land verstanden würde, hat Englisch einen halboffiziellen Status als *qua* Amtssprache. Während es als Unterrichtssprache in Schulen verwendet und dadurch von einem Großteil der Menschen verstanden wird, ist Englisch laut Kyomuhendo außerdem frei von ethnischen Merkmalen, die zu entsprechenden Spannungen führen könnten, wenn eine der afrikanischen Sprachen als Amtssprache ausgewählt werden würde.

Im folgenden Interview spricht Kyomuhendo über die Funktion der englischen Sprache als Kommunikationsmittel in der ugandischen Literatur. Sie erläutert ihre Haltung zu dieser Frage in ihrem Werk und schildert die persönlichen Herausforderungen, wenn sie sich sowohl über Sprachgruppen hinweg mitzuteilen als auch den Interessen der internationalen Verlage entgegenzukommen versucht, während ihr die ugandische Leserschaft besonders am Herzen liegt.

Goretti Kyomuhendo: Wenn mich Leute außerhalb Afrikas fragen, *Warum schreiben Sie eigentlich nicht in ihrer afrikanischen Sprache?*, erkläre ich ihnen zunächst einmal, dass es so etwas wie eine *afrikanische* Sprache gar nicht gibt, genauso wie es auch keine *europäische* Sprache gibt. Warum schreibt man also auf Englisch? Welchen Schwierigkeiten begegnet man, wenn man in einer Sprache schreibt, die nicht die eigene ist, einer Sprache, die weder Muttersprache noch Zweitsprache ist? Englisch ist heute keine Fremdsprache mehr für mich. Sie ist ein untrennbarer Teil von mir und zudem eine Sprache, in der ich mich problemlos ausdrücken kann. Der Roman *Waiting* spielt in Uganda im Jahre 1979, in der Zeit, als Idi Amin von vereinten Kräften der tansanischen Armee und ugandischen Exilanten gestürzt wurde. Ich erinnere mich, dass wir damals zum ersten Mal junge Tansanier trafen – Soldaten. Manche von ihnen waren damals in meinem Alter. Ich war vielleicht dreizehn Jahre alt. Als wir also auf diese junge tansanische Armee trafen, die gekommen war, um Uganda zu befreien, war ihre Sprache das erste, was uns auffiel. Wir waren erstaunt, dass wir uns nicht verständigen konnten, obwohl Tansania direkt an Uganda angrenzt. Sie sprachen Swahili und verstanden unsere Muttersprache nicht. Darüber hinaus sprachen sie kein Englisch, denn in Tansania wurde mit Ausnahme von Privatschulen nur in ihrer Nationalsprache Swahili unterrichtet. Im Roman verliebt sich also dieser junge Tansanier, der in Uganda landet, in eines der jungen Mädchen, die er trifft. Er schenkt dem Mädchen einen *Kanga*. Weil aus dem Kontext ersichtlich wird, was ein *Kanga* ist, habe ich im Buch durchweg das Wort *Kanga* benutzt und auf eine Erklärung oder Übersetzung verzichtet.

Doreen Strauhs: Als wir uns über Sprache verständigten, waren die ersten Fragen, die uns beiden in den Sinn kamen: Welche Bedeutung hat Sprache für den Menschen? Welche Rolle spielt sie aus soziolinguistischer Perspektive im ugandischen Kontext?

Ganz grundsätzlich glaube ich, dass Sprache ein Ausdrucksmittel ist. Sie ermöglicht mir, mich mitzuteilen. Sie gibt mir eine Identität im Sinne eines Zugehörigkeitsgefühls. In Uganda haben wir zum Beispiel keine Nationalsprache, im Gegensatz zu Tansania und Kenia, wo Swahili die Nationalsprache ist. Wir haben eine quasi-Amtssprache, Englisch, die in Schulen als Unterrichtssprache und auch in der Verwaltung verwendet wird, aber als ugandische Gesellschaft haben wir keine Nationalsprache. Es gibt über fünfzig unterschiedliche Sprachen, die in Uganda in den jeweiligen Regionen des Landes gesprochen werden. Im Norden gibt es also eine Sprache, die dort fast alle verstehen können, aber das bedeutet nicht, dass sie diese bestimmte Sprache auch sprechen. Diese eine Sprache ist allerdings nur im Norden verbreitet. Das Gleiche gilt für den Süden, den Osten und den Westen. Jemand wie ich, die aus dem Westen kommt, kann sich muttersprachlich nicht mit einer Person aus dem Norden verständigen. Wir könnten es nur auf Englisch tun. Die Herausforderung, eine Nationalsprache für ein Land wie Uganda zu schaffen, liegt darin, die Identitätsfrage zu klären. Die Sprache, die von einigen Leuten als Nationalsprache vorgeschlagen wird, heißt Luganda und wird in Zentral-Uganda gesprochen. Fast jeder kann sie verstehen oder sich durch sie verständigen. Einige Baganda, mit denen ich gesprochen habe, sind über diesen Vorschlag jedoch nicht besonders erfreut, da sie fürchten ihre eigene ethnische Identität zu verlieren, falls ihre Sprache, Luganda, zur Nationalsprache ernannt werden würde. Wenn alle im Land diese Sprache sprächen, ließe sich nicht mehr feststellen, wem die Sprache eigentlich gehört. Sprache gibt dir also eine Identität. Sie ist Träger deiner Kultur. Sprache und Kultur lassen sich nicht trennen. Sprache vermittelt deine Emotionen.

Als ich in die Schule kam, war ich etwa sechs Jahre alt und hatte noch kein Wort Englisch gehört, da wir zuhause immer nur unsere Muttersprache sprachen. Als ich eingeschult wurde, sagte man mir, dass ich diese fremde Sprache, die Englisch genannt wurde, lernen müsse. Damals wusste ich nicht wieso. Und da man es für sehr wichtig hielt, dass ich Englisch lernte, wurde ich bestraft, wenn man mich auf dem Schulgelände beim Sprechen meiner Muttersprache erwischte. Es war strafbar. Solange man auf dem Schulgelände war, musste man sich auf Englisch ausdrücken. Eine Zeit lang habe ich es gehasst, weil Englisch fremd und schwierig war, weil ich nie ein Buch gelesen und niemals eine weiße Person Englisch sprechen gehört hatte. Ich hasste es. Doch als ich Schreiben lernte, wurde ich zwangsläufig mit dem Englischen vertraut, da alle Schulprüfungen auf Englisch waren. Mittlerweile denke ich, dass ich für den Rest meines Lebens Englisch sprechen werde. Heute ist es mir so nah wie meine anderen sprachlichen Identitäten.

Wie wichtig ist Sprache als Werkzeug für Sie als Schriftstellerin? Was bereitet Ihnen Schwierigkeiten und wo denken Sie, dass Sie über Kulturen und Sprachen hinweg arbeiten können?

Beim Schreiben schöpfe ich aus beiden Sprachen und Kulturen. Englisch ist ein Teil von mir geworden, seitdem ich Englisch spreche und auf Englisch schreibe. Gleichzeitig ist aber meine Muttersprache, die ich mit meiner Familie spreche, auch ein Teil von mir. Wenn ich schreibe, dann gibt es zum Beispiel immer das Problem mit den Sprichwörtern. Für Sprichwörter in meiner Muttersprache gibt es oft keine Entsprechung im Englischen. Damit habe ich zu kämpfen. Wie kann ich meine Gefühle, meine wirklichen Gefühle mitteilen, wenn ich sie in einem Sprichwort, einem Lied oder einer Redensart wiederfinde, zu denen es keine Entsprechungen im Englischen gibt? In meiner Sprache handelt es sich manchmal um ein Wort oder eine Zeile. Sobald ich diese ins Englische übersetze, muss ich sie in Satzteile zerlegen und die Bedeutung geht verloren. Dann versuche ich Sprichwörter zu beschreiben. Im schlimmsten Falle lasse ich sie fallen, weil ich sie nicht erklären will oder weil ich manchmal einfach nicht die Worte finde, sie zu erklären. Wenn ich sie weglasse, fühle ich mich unwohl, weil ich denke, dass ich meine Perspektive nicht wirklich habe ausdrücken können, einfach weil ich nicht die Sprache verwende, in der ich das kann. Auch gibt es in Uganda bestimmte Arten von Lebensmitteln und Gemüse, die es nirgendwo sonst auf der Welt gibt und die keine Entsprechung im Englischen haben, jedoch wesentlicher Bestandteil eines ugandischen Gerichtes, ugandischer Kultur, ugandischer Tradition oder einer ugandischen Sprache sind. Man kann keine Mahlzeit kochen, ohne über das Essen zu reden. Aber es gibt für diese ugandischen Spezialitäten keine Entsprechung im Englischen. Diese Lücke zu schließen, ist eine Herausforderung beim Schreiben.

Welche Strategien haben Sie entwickelt, um diese Herausforderung zu bewältigen?

Manchmal schreibe ich einfach, »ein bitteres grünes Gemüse«, was eigentlich gar nichts bedeutet. Das ist eine Strategie. Eine andere Strategie ist es, Wendungen einfach in der Originalsprache auszuschreiben und unerklärt zu lassen. In *Waiting* gibt es ein Lied, das in meiner Muttersprache geschrieben ist. Ich sollte es ins Englische übersetzen, denn meine amerikanischen Verleger sagten, dass ihre Leser es sonst nicht verstehen würden. Das wiederum wollte ich nicht, da das Lied dann seine ursprüngliche Bedeutung verloren hätte. Es ist schließlich ein Lied und man kann ein Lied doch auch dann wertschätzen, wenn man seine Bedeutung nicht versteht. Da ich die entsprechenden Worte dafür auf Englisch nicht finden konnte, habe ich englische Kursivtexte als eine Art freie Übersetzung an das Ende jeden Satzes gestellt. Wie man sieht, ist das auch eine Strategie: Ich übersetze eine Redewendung oder ein Wort direkt und ergänze es in Kursivschrift. Der Roman *Secrets No More* enthält ein Glossar, das ich abgelehnt hatte. Die ugandischen Verleger dachten, es sei hilfreich Worte zu klären, die nicht aus dem ugandischen Sprachraum stammen. Manchmal frage ich mich jedoch: Wäre dieser Ausdruck auf Französisch, müsste ich ihn dann übersetzen? Wenn man zum Beispiel einen europäischen Roman liest, sind manche der französischen Worte nicht übersetzt und es wird einfach erwartet, dass sie irgendwie verstanden werden. Ich denke, dass es nicht immer notwendig ist, alles zu übersetzen, weil wir als Leser nicht jedes Wort der Geschichte verstehen müssen, solange die Bedeutung der Worte aus dem Kontext klar wird. Wenn ich schreibe, muss ich mich also Tag für Tag mit der Frage der Sprache und Kultur auseinandersetzen.

Wie finden Sie in Bezug auf die Sprache persönlich einen Ausgleich zwischen den Marktinteressen der Verlage, dem Interesse an Ihrer Leserschaft und Ihren eigenen literarischen Vorstellungen?

Ich muss hier mit zwei Dingen zurechtkommen, dem Markt und der Leserschaft. Der senegalesische Schriftsteller Ousmane Sembene, den ich gerne zitiere, weil er es so treffend formuliert hat, hat auf diese Frage geantwortet: »Für uns afrikanischen Schriftsteller ist Afrika unsere Leserschaft, aber der Westen unser Markt.«

Ich bin bei meiner Großmutter aufgewachsen, die eine Geschichtenerzählerin war. Ich war ihr Liebling, weil ich Geschichten liebte. Ich war jeden Tag bei ihr, bat sie Geschichten zu erzählen und sie erzählte mir alle unsere Überlieferungen, die sie kannte. Weil ich jung war, glaubte ich alles. Ich wuchs also mit dem Brauch des Geschichtenerzählens meiner Großmutter auf. Aus diesen Überlieferungen und aus meiner Kultur schöpfe ich noch immer für jedes meiner Bücher. Ich beziehe mich auf eine Kultur, mit der ich vertraut bin. Ich stelle mir meine Leserschaft zuerst als eine ugandische Leserschaft vor, weil es ihre Geschichten sind. Ich habe mit meiner Familie, meinen Freunden, meinen Nachbarn Gespräche geführt, um Anregungen zu bekommen. Ich gehe ins Dorf zurück, wenn ich schreibe und recherchiere, ich lebe mit diesen Menschen und esse mit ihnen. Derzeit bin ich in London und schreibe an einem neuen Roman. Ich muss sie nur anrufen, um zu hören, wie sie in unserem ugandischen Englisch reden. Ich rufe sie an und spreche mit ihnen für dreißig Minuten. Das hilft mir.

Ich weiß noch genau, wie schwierig es war, die englischen Klassiker wie Charlotte Brontë und Shakespeare zu lesen und wie ich mit der Schreibweise der Namen, die man beherrschen musste, um die Literaturessays in der Schule zu bestehen, zu kämpfen hatte. Beim Schreiben hatte ich Aussetzer und fragte mich, wie dieser oder jener Name geschrieben würde. Ich hatte Angst, dass ich die Prüfungen nicht bestehen würde. Manche meiner Bücher wie *The First Daughter* werden in Schulen gelesen, die ich, wenn ich in Uganda bin, auch besuche. Die Kinder freuen sich so, mich zu sehen und sie können die Namen der Figuren aussprechen. Sie können sie buchstabieren, sie können sich mit all dem, worüber ich spreche, identifizieren. Ich bin froh, dass dies meine ersten Leser sind. Doch dann kommt der Verleger, der sich um die Verkaufschancen des Buches sorgt und sagt: »Wir müssen es allgemeiner halten, es ist zu ortsgebunden und richtet sich nur an Uganda.« In der Tat muss man sich fragen, wie viele Menschen in Uganda, mit seinen 30 Millionen Einwohnern, lesen und schreiben können. Und wie viele von denen, die lesen und schreiben können, sich ein Buch leisten können – geschweige denn, dass sie Lust haben, es zu lesen? Die größte Zeitung in Uganda verkauft weniger als fünfzigtausend Ausgaben pro Tag an dreißig Millionen Ugander. Für die internationalen Verlage existiert Uganda als Markt überhaupt nicht. Sie werden dir raten, einen für Amerika und Europa akzeptablen Standard für das Buch zu schaffen, damit es dort verkauft werden kann. Das ist dann der zweite Schritt.

Es stellt sich als Problem dar zum Beispiel ein Gefühl für ugandische Kultur durch Uganda spezifische englische Ausdrücke zu vermitteln wie »Kannst du etwas riechen hören?« (Can you hear something smelling?)

Ich komme aus einer Gesellschaft, in der wir uns Englisch angeeignet haben, weil es uns nicht länger fremd ist. Im Alltagsgebrauch übersetzen wir also direkt aus der Muttersprache ins Englische. Der Satz *Can you hear something smelling?* ist direkt aus einer Sprache übersetzt, in der die Worte »hören« und »riechen« ein und dasselbe Wort sind. Der amerikanische oder europäische Verleger würde sagen, »Nein, es muss heißen ›Can you smell something?‹« Wenn jedoch die ugandischen Leser das lesen würden, würde es sie überhaupt nicht stören. Sie würden es sofort verstehen. Aber die Verleger möchten, dass man eine Leserschaft über Uganda hinaus erreicht. Dessen bin ich mir bewusst. Als ich zum Beispiel Arundhati Roys *The God of Small Things* gelesen habe, war ich fasziniert. Sie schrieb über eine Gesellschaft, mit der ich nicht vertraut bin, aber weil Roy sich so wirksam mitteilte, fing ich an diese zu verstehen und zu lieben. Vor Kurzem habe ich auch den Roman *A Thousand Splendid Suns* des afghanischen Autors Kalled Hosseini gelesen – eine vollkommen andere Kultur, doch ich hatte keine Probleme sie zu verstehen, da sich der Autor ebenfalls so gut mitteilen konnte. Wenn ich schreibe, bin ich mir also des Mitteilens bewusst. Ich möchte eine gute Geschichte erzählen, die die Schranken zwischen den Leserschaften lüftet. Mir ist wichtig, eine Geschichte zu erzählen, die auf meiner Kultur beruht, und zwar in lebendigen Bildern und mit Mitteilungskraft. Aber zugleich möchte ich ortsverbunden sein, wie diese anderen Autoren auch. Die Verleger sehen Standardisierung als einen Weg, Schranken zwischen den Leserschaften zu durchbrechen. Wenn ich an das Lied denke, das ich in *Waiting* verwende und dessen Übersetzung ich abgelehnt hatte, haben die Verleger und ich mit der von mir eingebrachten freien Übersetzung einen Kompromiss gefunden.

In *Waiting* beziehe ich mich auf eine Kultur, die in Liedern überliefert ist, in der man eine Geschichte nicht ohne Lieder erzählen kann. Darauf möchte ich hinaus. In der ugandischen Kultur erfüllen Lieder, Sprichwörter und das Geschichtenerzählen Funktionen. Für uns hat Kunst eine Mitteilungsfunktion und selbst die komplexeste Verständigung in Uganda würde in Theater, Gesang, Gedichten und Sprichwörtern stattfinden. Wenn die Ugander Informationen über AIDS vermitteln wollen, würden sie Theater, Gedichte und Geschichtenerzählen dem Schreiben eines Lehrbuchs vorziehen. In *Waiting* gibt es ein Sprichwort: »Die, die fragen was sie wissen, suchen nur nach Gelächter.« Das ist ein verbreiteter Ausdruck in Uganda. Ich bin sehr froh, diese Passage nicht herausgestrichen zu haben, weil ich es genau so in meiner Sprache sagen würde.

Unabhängig von der verlegerischen Standardisierungspraxis habe ich im Laufe der Jahre gelernt, dass Texte wie *Waiting* davon leben, dass es Dinge gibt, die verschwiegen werden, also dass das, was man auslässt, die Geschichte stärker macht als das, was man schreibt. Dinge, die nicht geschrieben stehen, sind bisweilen von tieferer Bedeutung als die Dinge, die man letztendlich liest.

Aus dem Englischen von Jan Philipp Richter

Literatur

Achebe, Chinua: *Morning Yet on Creation Day*, London: Heinemann 1982.

Adejare, Oluwole: »Translation: A Distinctive Feature of African Literature in English«, in: Epstein, Edmund/Robert Kole (Hg.): *The Language of African Literature*, Trenton/New Jersey: Africa World Press 1998, S. 19-38.

Chinweizu, Onwucheka Jemie/Ihechukwu Madubuike: *Toward the Decolonization of African Literature: African Fiction and Poetry and their Writers*, London: KPI 1986.

Hosseini, Kalled: *A Thousand Splendid Suns*, London: Bloomsbury 2008.

Kanneh, Kadiatu: *African Identities: Race, Nation, and Culture in Ethnography*, London/New York: Routledge 1998.

Kyomuhendo, Goretti: *Waiting*, New York: The Feminist Press, 2007.

Kyomuhendo, Goretti: *Secrets No More*, Kampala: Femrite Limited 1999.

Kyomuhendo, Goretti: *The First Daughter*, Kampala: Fountain Publishers 1996.

Rao, Raja: *Kanthapura*, New York: New Directions Publications 1967.

Roy, Arundhati: *The God of Small Things*, New York: Random House 1997.

wa Thiong'o, Ngugi: *Decolonizing the Mind: The Politics of Language in African Literature*, London: Currey 1986.

Schreiben ist wie eine Berufung

Die Schriftstellerin Goretti Kyomuhendo

DOREEN STRAUHS

Goretti Kyomuhendo wurde 1965, knapp drei Jahre nach der Unabhängigkeit, in Hoima in West-Uganda geboren, in einer Zeit, in der Uganda in großem Optimismus politischer Freiheit entbrannte. Dieser Optimismus fand auch Ausdruck im Journalismus und in der Literaturszene; Uganda wurde von einer wahren Welle der literarischen Kreativität und intellektuellen Auseinandersetzung erfasst, die damals innerhalb der Ostafrikanischen Union auch auf Kenia und Tansania ausstrahlte. Allerdings schwand diese Euphorie bald, als die ugandische Regierung von Milton Obote zunehmend autokratischer wurde und immer schärfer gegen jegliche Art freier Meinungsäußerung vorging.[1] Ende der 1960er Jahre gingen seine Kräfte gegen Schriftsteller wie zum Beispiel Rajat Neogy, Gründer und Herausgeber der Zeitschrift *Transition*, und Okot p'Bitek, Direktor des *Uganda Cultural Center*, vor, weil diese Kritik an der Regierung geübt hatten. Gefolgt von anderen Schriftstellern und Akademikern wie Austin Bukenya, Okello Oculli und John Nagenda gingen beide daraufhin ins Exil. Etliche intellektuelle verließen Uganda in der Absicht, zurückzukehren.[2] Aber dies wurde bald unmöglich, als Idi Amin 1970 für

---

1 1962 wurde Uganda mit Milton Obote als Premierminister unabhängig; der vormalige englische Generalgouverneursposten wurde durch den des Präsidenten ersetzt; Edward Mutesa II wurde der erste ugandische Präsident nach der Unabhängigkeit (1963-1966), zweiter Präsident war Milton Obote in zwei das Regime Idi Amins (1971-1979) einrahmenden Amtszeiten, 1966-1971 und 1980-1985.

2 Vgl. Goretti Kyomuhendo: »FEMRITE and the Politics of Writing in Uganda« (2003).

neun Jahre an die Macht kam und die freie Meinungsäußerung in Uganda nahezu verbot. Er ließ kritische Intellektuelle, insbesondere Schriftsteller, einschüchtern, inhaftieren und grausam ermorden. Während der 1970er Jahre schwiegen die meisten der noch in Uganda verbliebenen Schriftsteller und schrieben im Untergrund, wenn auch wenig. Uganda, das einst Zentrum einer reichen englischsprachigen Literatur und intellektuellen Szene gewesen war, wurde so zum Schauplatz einer Zerstörung, die von einem politischen Klima der Angst, Zensur und politischer Unterdrückung gezeichnet war.[3] Wie einige ihrer Werke zeigen, wurden auch Kyomuhendos Kindheit und Jugend im ländlichen West-Uganda vom harschen politischen Klima unter Obote und Amin nachhaltig beeinflusst.

Uganda und seine geistige Elite begann sich erst Mitte der 1980er Jahre zu erholen. Mit dem Aufstieg von Yoweri Museveni im Jahre 1986 zum dritten ugandischen Präsidenten, traten erstmals auch Frauen, die bislang höchstens als Lehrerinnen im Staatsdienst tätig gewesen waren, als Parlamentsmitglieder in die Öffentlichkeit. Infolge der Internationalen Frauenkonferenz, die 1985 in Nairobi stattfand, hatte Museveni ugandischen Frauenrechtlerinnen mehr Teilhabe im politischen Leben versprochen. So wurde Uganda zu einem der ersten afrikanischen Länder, wo Frauen schon in den 1980er Jahren in politischen und akademischen Führungspositionen vertreten waren.

Kyomuhendo studierte in dieser Zeit Marketing am *National College of Business Studies* in Nakawa.[4] Nebenher und im Anschluss daran arbeitete sie als Journalistin für ugandische Zeitungen. Ihr Leben änderte sich schlagartig, als im Jahre 1996 *Femrite*, eine ugandische Vereinigung zur Förderung ugandischer Schriftstellerinnen, die literarische Bühne betrat.[5]

---

3 Ebd.

4 Das College ist heute Teil der Makerere Universität; siehe M. J. Daymond: »Afterword« (2007), S. 113.

5 Die Idee zu *Femrite* kam ursprünglich von Mary Karoro Okurut, damals Professorin für englische Literatur an der Makerere Universität. Anfang 1990 hatte Okurut einen Traum: Sie wollte eine Organisation für Frauen, in der sie schreiben und ihre Werke veröffentlichen konnten. 1995 brachte sie schließlich einige Frauen des Fachbereiches Literatur von Makerere zusammen, darunter Hilda Twongyeirwe, Anne Ayeta Wangusa, Lillian Tindyebwa, Martha Ngabirano, Judith Kakonge, Susan Kiguli, Margaret Ntakalimaze, Philo Rwabukuku, Rosemary Kyarimpa und Goretti Kyomuhendo. Monica Chibita, Lektorin für Massenkommunikation an der Makerere Universität, schlug den Namen FEMRITE vor. Twongyeirwe betont, dass »FEM für unsere Identität mit unserem Geschlecht stand, während WRITE unsere berufliche Identität bedeutete«; vgl. Hilda Twongyeirwe: »The Beginning of a Dream« (2006). Zurzeit ist *Femrite* die aktivste Or-

Kyomuhendo war eine der Mitgründerinnen und aktiven Triebkräfte von *Femrite*. Von 1996 bis Anfang 2007 war sie die leitende Programmdirektorin. Viele junge Schriftstellerinnen, wie Jackee Budesta Batanda,[6] Beatrice Lamwaka, Monica Arac de Nyeko[7] und Glaydah Namukasa, die allesamt von Kyomuhendo gefördert wurden, sind heute national wie international angesehene Schriftstellerinnen. Im Jahre 2007 zog Kyomuhendo aus privaten Gründen nach London. Dennoch ist sie *Femrite* als Mitglied weiterhin eng verbunden. Seit Anfang 2010 ist Kyomuhendo zudem Direktorin der neu gegründeten Stiftung für afrikanische Schriftsteller und Schriftstellerinnen, der *African Writers Trust* (AWT), die afrikanische Schriftsteller und Schriftstellerinnen der Diaspora mit Schriftstellern und Schriftstellerinnen auf dem afrikanischen Kontinent zusammenbringt. AWT hat ihren Sitz in London und konzentriert sich auf die Förderung der literarischen Szene in Uganda.

Kyomuhendos Mitwirken bei *Femrite* stellte auch die Weichen für ihre eigene Karriere als national und international angesehene Schriftstellerin. So erhielt sie 1997 als erste Frau aus Uganda ein Stipendium für ein internationales Schriftstellerprogramm an der University of Iowa, USA.

Ein Jahr zuvor, 1996, war ihr Erstlingsroman *The First Daughter* bei *Fountain Publishers*, Kampala, erschienen.[8] Erzählt wird hier die Geschichte eines jungen Mädchens, Kasemiire, die als erste ihrer Familie eine höhere Schule besucht, und sehr gute Ergebnisse erzielt. Doch kurz vor Abschluss der mittleren Reife wird sie schwanger, und ihr Vater wirft sie hinaus. Trotz Enttäuschungen und Schwierigkeiten findet Kasemiire schließlich ihren eigenen Weg zum verdienten Erfolg.

Kyomuhendos zweiter Roman *Secrets No More*, 1999 von *Femrite Limited,* dem Verlagshaus der Organisation, veröffentlicht, wurde mit dem *Uganda National Literary Award* in der Kategorie »bester Roman« ausgezeichnet. Er wird seither in ugandischen Schulen unterrichtet, wo Werke von weiblichen Autoren aus Uganda bislang kaum eine Rolle ge-

---

ganisation zur Literaturförderung in Kampala. Durch *Femrite* dominieren derzeit Frauen die Literaturszene Ugandas.

6 Doreen Strauhs: »›Guys, We Are Really Not Like This‹: Jackee Budesta Batanda in Conversation« (2010).

7 Doreen Strauhs: »You Don't Have to Be a Dead, Old English Man to Be a Writer: Monica Arac de Nyeko in Conversation with Doreen Strauhs« (2010).

8 Alle hier folgenden Ausführungen und Zusammenfassungen zu Kyomuhendos Romanen *The First Daughter*, *Secrets No More* und *Whispers from Vera* sind einem unveröffentlichten Dokument, das von Kyomuhendo selbst verfasst wurde, entnommen. Ich möchte Goretti Kyomuhendo danken, dass sie das Dokument für diesen Artikel zur Verfügung gestellt hat.

spielt hatten. *Secrets No More* zeichnet das Leben des Flüchtlings Marina nach. Als einzige Überlebende ihrer Familie nach dem Genozid in Ruanda 1994 kommt Marina zunächst in ein Waisenhaus in Uganda und muss von dort aus später nach Kampala fliehen. Dort kreuzt sich ihr Weg mit dem eines weiteren Flüchtlings, George, der wesentlichen Einfluss auf ihr Leben hat.

Kyomuhendos drittes Werk, *Whispers from Vera*, erschien im Jahre 2002. Die Erzählung war ursprünglich eine Kolumne in Kampalas Zeitung *The Crusader* und handelt von Vera, einer emanzipierten Karrierefrau, die in Briefform zum Teil sehr humorvoll, aber auch kritisch, aus ihrem Leben berichtet.

Teile ihres vierten Romans *Waiting* reichte Kyomuhendo zum Abschluss ihres Masterprogramms für kreatives Schreiben an der *University of KwaZulu-Natal* in Südafrika ein. In einer vollständigen Version wurde der Roman schließlich 2007 von *The Feminist Press* publiziert.[9] *Waiting* ist deshalb das erste von Kyomuhendos Büchern, das auch außerhalb Ugandas leicht erhältlich ist.

Neben ihren Romanen hat Kyomuhendo viele Kurzgeschichten, Kinderbücher und Aufsätze geschrieben.[10] Die meisten ihrer Werke handeln von weiblichen Protagonisten, die trotz sozialer Widrigkeiten und Diskriminierung überleben und dabei selbstbestimmt einen Weg wählen, der sie in die persönliche Freiheit als emanzipierte Frauen führt.

Rückblickend bezeichnet Kyomuhendo die Lektüre von Chinua Achebes Roman *Things Fall Apart* (1958) im Alter von 15 Jahren als den Moment, der ihr die Augen für die Welt der Literatur öffnete und ihren Werdegang als Schriftstellerin vorzeichnete, auch wenn es ihr damals nicht bewusst war. Als sie sich in den 1990er Jahren schließlich entschloss, Romanschriftstellerin zu werden, war Kyomuhendo klar, dass ihre Berufung darin liegt, Geschichten zu schreiben, die in Uganda spielen – Geschichten, wie sie ihr von ihrer Großmutter weitergegeben worden waren.

Ich danke Goretti Kyomuhendo und Jan Wilm für die Bereitstellung von unveröffentlichtem Interviewmaterial

---

9   Daymond, »Afterword«, S. 113.

10 Kinderbücher: *Hidden Identity* (1996), *Different Worlds* (1998), »I Watch You My Sister« (2001), *Do You Remember?* (2003), *Hare and the King's Cow* (2006), *A Chance to Survive* (2008), *Justus Saves His Uncle* (2008); Aufsätze: »To be an African Woman Writer: Joys and Challenges« (2007), »FEMRITE and the Politics of Writing in Uganda« (2003).

Literatur

Achebe, Chinua: *Things Fall Apart*, Oxford: Heinemann 1958.

Daymond, M. J.: »Afterword«, in: Goretti Kyomuhendo: *Waiting*, New York: The Feminist Press 2007, S. 113-134.

Kyomuhendo, Goretti: *A Chance to Survive*, Oxford: Macmillan Publishers 2008.

Kyomuhendo, Goretti: *Different Worlds*, Kampala: Monitor Publications 1998.

Kyomuhendo, Goretti. »Do You Remember?« *Discovering Home: Stories From the 2002 Caine Prize for African Writing*, Bellevue, SA: Jacana, 2003, S. 175-181.

Kyomuhendo, Goretti: »FEMRITE and the Politics of Literature in Uganda«, in: *Feminist Africa Changing Cultures*, 2003, http://www.feministafrica.org/index.php/femrite/ (letzter Abruf am 1.6.2010).

Kyomuhendo, Goretti: *The First Daughter*, Kampala: Fountain Publishers 1996.

Kyomuhendo, Goretti: *Hare and the King's Cow*, Kampala: NetMedia Publishers 2006.

Kyomuhendo, Goretti: »Hidden Identity«, in: *A Woman's Voice*. Kampala: FEMRITE 1996.

Kyomuhendo, Goretti: »I watch you my Sister«, in: *Words from a Granary*. Kampala: FEMRITE 2001, S. 1-3.

Kyomuhendo, Goretti: *Justus Saves his Uncle*, Oxford: Macmillan Publishers 2008.

Kyomuhendo, Goretti: *Secrets No More*, Kampala: FEMRITE 1999.

Kyomuhendo, Goretti: »To be an African Woman Writer: Joys and Challenges«, in: *Words and Worlds*, New Jersey: African World Press 2007, S. 186-194.

Kyomuhendo, Goretti: *Waiting,* New York: The Feminist Press 2007.

Kyomuhendo, Goretti: *Whispers from Vera*, Kampala: Monitor Publications 2002.

Strauhs, Doreen: »›Guys, We Are Really Not Like This!‹: Jackee Budesta Batanda in Conversation«, in: *Wasafiri*, Jahrgang 25, 1, 2010a, S. 69-74.

Strauhs, Doreen: »You Don't Have to Be a Dead, Old English Man to Be a Writer: Monica Arac de Nyeko in Conversation with Doreen Strauhs«, in: *The Journal of Commonwealth Literature*, Bd. 45, 1 (2010), S. 151-157.

Twongyeirwe, Hilda: »The Beginning of a Dream«, in: Violet Barungi (Hg.): In Their Own Words, Kampala: Femrite Limited, 2006, S. 1-4.

Preise und Auszeichnungen

(2004) Reiseförderung, *Prince Claus Fund for Arts and Culture Development*

(2003) Stipendium für ausgezeichnete akademische Leistung, University of KwaZulu-Natal, Durban, Südafrika

(1999) *Uganda National Literary Award* in der Kategorie »best novel« für *Secrets no More*

(1997) *International Writing Program Fellowship* der University of Iowa, USA.

Mediterranea

Ein nicht endendes Konzeptkunstprojekt[1]

RASHEED ARAEEN

Als ich mich am 14. Mai 2001 auf dem Patio unseres Hauses in Karachi entspannte und durch das Terrassendach den mit Drachen gefüllten
strahlend blauen Himmel betrachtete, während Vogelgeschrei gleiche
Geräusche an meine Ohren drangen, fingen meine Gedanken an, ziellos
umherzuschweifen. Plötzlich erschien etwas vor meinen Augen, das nur
als eine Art Offenbarung bezeichnet werden kann. Was ich in meiner
Vision sah, war zu weit weg und konnte nicht zu dem gehören, was ich
gerade betrachtet, oder über das ich gerade nachgedacht hatte. Auch war
ich zu diesem Zeitpunkt mit rein gar nichts beschäftigt, das mit dem, was
ich sah, hätte in Zusammenhang gebracht werden können: Ich sah eine
ausgedehnte blaue Wasserfläche, nicht irgendein Gewässer, sondern das
Mittelmeer. Und an all den Küsten Südeuropas, des vorderen Orients und
Nordafrikas hatten sich Menschen versammelt, die sich über das Meer
hinweg mit ausgestreckten Armen gegenüberstanden. Warum waren diese Menschen dort und warum hielten sie ihre Arme ausgestreckt?

---

1 A.d.Ü.: Rasheed Araeen verwendet Begriffe in ihrer ganzen Bedeutungs-
breite, z.B. »imagination« im Sinne von Vorstellung, Vorstellungskraft,
Vorstellungsvermögen, Vision, »civilisation« im Sinne von Zivilisation,
zivilisierte Welt, Kultur, Menschheit, »idea« im Sinne von Idee, Gedanke,
Überlegung, Entwurf, Konzept.

Ohne weiter darüber nachzudenken, stand ich vom Sofa auf und ging die Treppe hinunter, öffnete den Schrank in meinem Schlafzimmer und nahm ein Notizbuch heraus. Dann ging ich wieder nach oben, setzte mich auf das Sofa und fing an Notizen hineinzukritzeln, die zum ersten Text zu einem neuen konzeptionellen Kunstwerk im Mittelmeerraum werden sollten.

Als ich im Mai 2001 nach London zurückkehrte, fing ich an, die Versatzstücke des Textes zu ordnen. Zuerst ging es um den Zusammenschluss aller Mittelmeerländer in eine politische Union (vielleicht ein unmöglicher Traum!); dann folgten weitere Ausführungen, die nach und nach zu einem fortwährenden endlosen Projekt heranwuchsen. Wesentlich für das Grundkonzept waren der kollektive Wille und die Mitwirkung der Menschen nicht nur im Hinblick auf die Umsetzung des Projektes und seines Entwicklungsprozesses, sondern auch um einen Rahmen zu schaffen, aus dem und in dem sich mit bzw. ohne meine Beteiligung neue Ideen entwickeln und realisieren lassen würden.

Karachi ist etwa 3000 Kilometer von der östlichen Küste des Mittelmeeres entfernt. Warum führte mich meine Vision an einen so fernen Ort und nicht an das nahegelegene Arabische Meer oder den Indischen Ozean? Der Frage liegt natürlich die Annahme zugrunde, dass die Vorstellungskraft nur innerhalb des Territoriums funktionieren kann und soll, in dem man heimisch ist, um so dessen Macht zu beschränken und zu erhalten.

In der Tat stößt die Vorstellung hier an die Grenzen des eigenen Vorstellungsvermögens, weil sie die Fähigkeit besitzt, einen vordefinierten Raum zu verlassen und sich über dessen festgeschriebene Grenzen hinwegzubewegen.

Mein Hinweis, dass es keinerlei Verbindung zwischen dem Mittelmeerraum und meinem damaligen Denken, meinen Betrachtungen und meinem Umfeld gab, bezog sich nur auf den Augenblick (in seiner zeitlichen Gegenwart und Unmittelbarkeit), in der mir diese Idee gekommen war. Ich hatte die Flugbahn innerhalb des historischen Zeitfensters vergessen, welche die Vision in den letzten dreißig Jahren zurückgelegt hatte. Eigentlich hatte die Route 1969 mit dem Wasser der Hafenbecken der St. Katherine Docks in London, dem Ort meines ersten Wasserprojekts, begonnen. Diesem folgte dreißig Jahre später die Idee eines durch einen kleinen Erdwall aufgestauten Sees in Belutschistan, den ich nur kurz in meinem Vortrag am 27. Juli 2001 in Sydney beschrieben habe. Wesentlich für die Staudamm/See-Idee als konzeptionelle künstlerische Arbeit ist, dass sie mit der Energie und Kreativität der beteiligten Menschen umgesetzt und instandgehalten wurde, so wie es dem Nominalismus-Konzept entspricht. Die Idee des Mittelmeerraums, die mir in den Sinn gekommen war, musste also eine räumliche und zeitliche Erweiterung derselben Idee gewesen sein, die 1969 ihre Reise auf und mit den Gewässern der St. Katherine Docks in London begonnen hatte.

Während meines Aufenthalts in Karachi hatte ich die Staudamm/See-Idee aus Belutschistan natürlich im Sinn, schließlich stand sie im Mittelpunkt des Vortrages, den ich in London für die Konferenz in Sydney ausarbeiten wollte. In jenem kurzen Augenblick der mediterranen Vision jedoch schien mein Kopf wie leer gefegt. In meinen Gedanken fand sich rein gar nichts, was sich mit irgendeinem meiner früheren Wasserprojekte hätte in Verbindung bringen lassen. Und ich brauchte tatsächlich einige Zeit, bis sie mir klar wurde. Allerdings geht es nicht nur um die räumliche und zeitliche Verbundenheit der drei Wasserprojekte, sondern um das Wesen dieser Beziehung. Die Projekte entwickelten sich nicht im Fluss einer fortlaufenden Auseinandersetzung, die man im Lebenswerk eines Individuums annehmen könnte, sondern als getrennte Ausbrüche zwischen vielen anderen disparaten Dingen in einer unzusammenhängenden Raumzeit. Es schien, als hätte ein Raumzeit-Chaos stattgefunden, aus dem stoßweise Dinge auftauchten, die allein durch die Flugbahn der Vision systematisch verbunden werden konnten und nicht durch das bewusste vernunftmäßige Wissen. Das Vorstellungsvermögen hat sich frei machen und sich des bereits im Bewusstsein vorhanden Wissens entledigen müssen, um in die entstehende Leere Ideen Einlass zu gewähren.

Wie dem auch sei, es ist wichtig herauszustellen, dass ich mit dem Wort »Offenbarung« keine göttliche oder spirituelle Verbindung meine. Wenn ich von dem spreche, was mir unversehens als eine Art Offenbarung erschien, möchte ich vielmehr die Vorstellung zurückweisen, dass eine Offenbarung nur als göttliches Wissen geschehen kann. Eine Offenbarung wird erst dann zu göttlichem Wissen, wenn sie an der Unterwerfung unter das Vernunftprinzip des weltlichen Wissens scheitert und sich dann durch eine übermenschliche Instanz für gültig erklären muss. Die Annahme, dass Offenbarungen nur göttliches Wissen sein können, unterläuft nicht nur die menschliche Fähigkeit frei zu denken, sondern ist auch ein Affront gegen das Vorstellungsvermögen, das sehr wohl in der Lage ist, Unbekanntes zu durchdringen und über das Erwartete hinauszugehen. Eigentlich ist die Fähigkeit Wissen durch Offenbarungen zu erlangen, eine Grundeigenschaft des menschlichen Vorstellungsvermögens, und diese Fähigkeit sollte weder durch religiöse noch anderweitige Methoden unterdrückt werden. Die Bedeutung dessen, was offenbart wird, liegt nicht in der Offenbarung selbst, sondern in dem, was durch ihre Unterwerfung unter das Rationalitätsprinzip in der Welt des Bewusstseins gewonnen wird. Gewonnen wird die Synthese aus freiem Willen, Vorstellungskraft und dem gewaltigen kreativen Potenzial des Verstands.

Die folgenden Texte und Bilder entstanden zu verschiedenen Gelegenheiten als Teil des späteren fortlaufenden Projekts.

Juni 2007

Mediterranea
Die Zukunft der Menschheit (civilisation)

Der Mittelmeerraum als Mittel der Kommunikation, Interaktion und des Austauschs von Ideen zwischen [den] drei Kontinenten [Asien, Afrika und Europa].

Sobald der Mittelmeerraum zu einem bedeutenden Zentrum der Kommunikation, des Austauschs von Ideen zwischen dem Westen und dem Osten, zwischen dem Norden und dem Süden geworden ist, wird ein wirtschaftlicher Aufschwung möglich sein, der das gesamte Gebiet nördlich, südlich, östlich und westlich des Mittelmeerraums neu beleben wird. Es wird eine Zivilisation entstehen, die auf der Gleichheit der Menschen gründet. Diese Entwicklung wird nicht nur die Saharaländer (Senegal, Mauretanien, Tschad, Mali, Niger, Sudan), sondern auch das subsaharische Afrika bis zur Südspitze einschließen. In Asien werden diese Entwicklungen Verbindungen erzeugen, die nach Syrien, zwischen der Türkei, Israel/Palästina (ich stelle mir eine Föderation beider Länder vor) – allen mediterranen Ländern – nicht nur zwischen den Erdöl produzierenden Ländern des Nahen Ostens sondern bis hin nach Japan und China reichen. Mit anderen Worten, es geht um eine Reaktivierung und Wiedereröffnung der alten Seidenstraße durch ein Eisenbahnnetz. Im Westen sollten neue Schifffahrtsgesellschaften gegründet werden, die sowohl Fracht als auch Passagiere zwischen den nordwestlichen Ländern Afrikas (Senegal, Guinea, Mauretanien) und insbesondere Zentral- und Südamerikas (Venezuela, Guyana, Brasilien, Mexiko etc.) transportieren können. Die Häfen Nordwestafrikas sind dann durch das Eisenbahnnetz, das durch Mali, Tschad, Niger, Sudan etc. führt, an die Mittelmeerländer Algerien, Tunesien, Libyen, Ägypten, Marokko angeschlossen. Dieses Eisenbahnnetz ist wiederum mit einem anderen Eisenbahnnetz verbunden, das bis nach Südafrika reicht. Nördliche und südliche Mittelmeerländer sind durch vielfältige Schifffahrtswege verbunden.

Karachi, 14. März 2001

Brief an Giancarlo Politi, Herausgeber von Flash Art[2]

Lieber Giancarlo Politi,
ich weiß durchaus Ihre Besorgnis zu schätzen und ich denke, dass wir, die wir mit Kunst zu tun haben, dem, was am 11. September in New York geschehen ist, unsere volle Aufmerksamkeit widmen sollten. Es war entsetzlich, und kein empfindsamer Mensch kann davon gänzlich unbetroffen bleiben. Die Verantwortlichen für diese schreckliche Tragödie müssen zur Rechenschaft gezogen werden.

Trotzdem sind die Fragen, die Sie gestellt haben, etwas verwirrend: Geht es Ihnen um Kunst, die Kunstwelt oder den Kunstmarkt? Diese sind unterschiedliche Dinge und sollten getrennt betrachtet werden, wenn wir den wahren Wert von Kunst verstehen wollen. Es gilt, die eigene Wirkungsweise der Kunst anzuerkennen, sonst wäre Kunst dem Markt ausgeliefert, dessen Hauptzweck es ist, Geld zu machen, also Kunst in eine bloße Ware zu verwandeln. Sie werden vielleicht sagen, dass Kunst nur so in einer kapitalistischen Gesellschaft funktionieren und dass ihre Bedeutung erst in einem Warentauschsystem etabliert werden kann. Genau das ist jedoch heute das Problem.

---

2 Leicht abgeänderter Text des Briefs an Giancarlo Politi, Herausgeber von *Flash Art*, als Antwort auf die von ihm aufgeworfenen Fragen bezüglich des Stands des Kunstbetriebs und der Zukunft der Kunst nach dem 11. September.

Die radikale Aufgabe der Kunst, als eine, wie Sie richtig bemerkt haben, »empfindliche Anzeige des Wandels [...], die die Form des Zukünftigen vorausahnt«, wurde erst dadurch möglich, als das aufgeklärte Bürgertum und seine liberalen Kunstinstitutionen einen Raum bzw. einen historischen Rahmen für die Entwicklung neuer und fortschrittlicher Ideen eröffnet hatten. Dieser Raum bzw. dieser geschichtliche Rahmen existiert nicht mehr seit die freien und unabhängigen Kunstinstitutionen unter dem überwältigenden Druck des Kunstmarkts, der sich für alles was er tut durch die Sensationsgier der Medien legitimiert, zusammengebrochen ist. Ihre Frage zur Kunst als »empfindlichem Anzeiger des Wandels« ergibt keinen Sinn innerhalb des kulturellen Milieus der vorherrschenden Kunstwelt und dessen Geld- und Ruhmbesessenheit. Wir sprechen hier in der Tat von einer dekadenten Kultur der spätbürgerlich-kapitalistischen Gesellschaft in ihren letzten Zügen, die nicht mehr funktioniert, ohne die Welt auszubeuten und zu entmenschlichen. Die Kunst dieser dekadenten Kultur weiß, was sie tut, sehr gut sogar – wie die Form der Kunst zeigt, die zur Zeit hergestellt und vermarktet wird. Diese Selbstbesinnung aber feiert und frisst sich selbst auf und generiert keinerlei vorwärts weisende Kritik.

Ihre Frage »Wie wird die Kunst auf die World Trade Center Anschläge reagieren?« ist extrem wichtig; doch die Antwort darauf hängt davon ab, wie wir das alles betrachten. Stimmt es wirklich, dass die Zivilisation vom Bösen angegriffen wird oder erntet die zivilisierte Welt lediglich was sie selbst gesät hat? Im heutigen Klima der Medienhysterie und des Militarismus der Politiker ist es sehr schwierig geworden, Wahrheit und Unwahrheit zu unterscheiden.

Ich finde Ihre Fragen jedenfalls sehr ausschließend und historisch gesehen fehl am Platz. Warum stellen wir diese Fragen erst heute? Warum haben wir diese Fragen nicht früher gestellt? Wollen Sie behaupten, dass es schreckliche Tragödien wie diese vorher nicht gegeben hat? Was ist mit den Millionen unschuldiger Menschen rund um die Welt, die ihr Leben aufgrund des US-Imperialismus verloren haben? Wenn es der Kunst um die ganze Menschheit geht – und das sollte es ihr – dann müssen wir von New York weg und über New York hinaus schauen. Menschheit gibt es nicht nur dort oder in den Vereinigten Staaten – oder im Westen.

All diejenigen, denen an der Menschheit und an menschlichen Werten liegt, müssen ihr Augenmerk auf das richten, was heute in der Welt passiert. Hat die gegenwärtige Misslage der Welt natürliche Ursachen oder ist sie die Konsequenz eines global herrschenden Systems? Sollte das System, das die Welt beherrschen und kontrollieren will, nicht auch menschliche Verantwortung und Verpflichtung denen gegenüber zeigen, die es beherrschen will, ohne die Welt in privilegierte und benachteiligte Gesellschaften aufzuteilen?

Wie kann man angesichts der Erfolgsgeschichte der US-amerikanischen politischen Führung der letzten fünfzig Jahre und der weltweite Tragweite ihres Tuns und angesichts des fortdauernden Bestrebens, die Welt in eine Cowboy-Ranch zu verwandeln, wie kann man irgendeine Hoffnung auf Veränderung hegen, dass sich hier und von hier aus etwas zum Guten für die ganze Menschheit tut? Mich stört die Blindheit mit der die meisten von uns akzeptieren, was auch immer die USA sagen oder tun. Warum ist es so schwer zu verstehen, dass das ganze Gerede von der zivilisierten Welt seitens der USA nichts anderes ist als eine gefährliche neoimperialistische Scharade, einer Scharade der entmenschlichten und entmenschlichenden Kultur? Warum müssen wir in Europa dieser Scharade folgen? Ich sage nicht, dass Europa nicht Teil desselben Systems ist, doch setze ich mehr Hoffnung in Europa.

Europa ist noch in seiner Antike, zurück in die Zeit, als der Mittelmeerraum der Mittelpunkt dessen war, was wir heute Zivilisation nennen, verwurzelt. Wenngleich diese Zivilisation eine Kultur der Eroberung und Beherrschung war, so gab sie uns doch auch den Gedanken der grundsätzlichen menschlichen Freiheit und Gleichheit. Und nur durch die menschlichen Grundwerte Freiheit und Gleichheit können wir den endgültigen Ausdruck universeller Menschlichkeit erreichen. Es ist heute grundsätzlich wichtig zu begreifen, dass das von uns als Zivilisation verstandene nicht einfach eine europäische Kultur ist, sondern seine Wurzeln im Mittelmeerraum – wo sich die drei Kontinente Europa, Asien und Afrika treffen – zu finden sind. Zivilisation ist das Resultat der Begegnung und des Dialogs zwischen den Kulturen dieser drei Kontinente. Wir müssen zu diesen Wurzeln zurückkehren und diesen Dialog auf der Basis der Gleichheit aller Elemente wiederaufnehmen, die den Mittelmeerraum als Treffpunkt dreier Kontinente, dreier Religionen und dreier Kulturen ausmachen, um die wahren, die Menschlichkeit der Völker der ganzen Welt anerkennenden Werte der Menschheit erneut zu bestätigen und zu stärken. Nur wenn wir dieses europäische (wenn nicht menschliche) Erbe anerkennen, gibt es Hoffnung auf Veränderung und auf eine bessere Zukunft. Kunst kann bei der Verwirklichung dieser Zukunft eine wichtige Rolle spielen.

Es ist an der Zeit für Europa aufzuwachen, um sich auf dieses Erbe der mediterranen Zivilisation zurückzubesinnen. Es ist an der Zeit, dass die Intellektuellen Europas aufwachen und ihre Energie zur Erkenntnis der wahren Wurzeln und Ursprünge dieser Zivilisation gebrauchen, sodass der Mittelmeerraum wieder zu einem Treffpunkt Europas, Asiens und Afrikas werden kann, zum Mittelpunkt einer neuen Menschheit, die aus dem Zusammenwirken dieser drei Kontinente entsteht. Wir brauchen den Dialog zwischen Künstlern, Schriftstellern, Philosophen, Sozialwissenschaftlern etc. aus der ganzen Welt (einschließlich der USA) auf einer Ebene, die frei von den ehrgeizigen Bestrebungen der Politiker und den Interessen des Kunstmarkts ist, um die Wirklichkeit der heutigen Welt zu begreifen und über eine andere und bessere Zukunft nachzudenken.

Viva Mediterrania!

November 2001

ANMERKUNG: Das Konzept des Mittelmeerraumes als Mittelpunkt einer neuen Zivilisation, die aus dem Zusammenwirken der drei Kontinente entsteht, schließt die restlichen Teile der Welt (Australasien, Pazifik, Nord-, Mittel- und Südamerika, Karibik) nicht aus. Im Zuge des Dialoges zwischen verschiedenen Völkern und Kulturen könnten sogar ähnliche Zentren im Pazifikraum oder in der Karibik entstehen.

Mediterranianismo
A Conceptual art Manifesto

If we allow imagination
To work
Free from the art market
Free from careers in New York,
Paris, London, Cologne
Or Milan
It can do miracles
Not to fill the coffers
Of multinationals
But to enhance and enrich
The life of people of this planet.

The Mediterranean shall be
Our imagination
Our object
Our concept
Our idea
Our art

We shall reclaim
The Mediterranean
For Africa, Asia and Europe
We shall re-claim
Our true Mediterranean heritage
Of Africa and Asia

Africa and Asia shall
Infuse culture in Europe
Not to colonise it
For Africa and Asia
But to enrich all humanity

Out of the Mediterranean
Shall emerge new civilisation
A new universal spirit
Which shall enlighten
The hearts and minds
Of people all over the world.

London, April 2002

Warum Mediterranea?
Historischer Hintergrund und Konzept

Obwohl ich die Staudamm/See-Idee als konzeptionelle Arbeit erdacht hatte, als ich Ende der 1990er Jahre die Landschaft Südbelutschistans betrachtet und über sie nachgedacht hatte (was zur Formulierung eines Nominalismus-Konzepts und am 14. März 2001 dann zu meiner Offenbarung des Mittelmeerraums als geeignetem Ort für weitere konzeptionelle Kunstwerke führte), so liegen ihre Wurzeln doch in den Arbeiten, die ich zwischen 1968 und 1972 entwickelte. Drei wichtige Ideen bildeten sich in dieser Periode heraus: 1. Kunst sollte im öffentlichen Raum und mit öffentlicher Beteiligung gemacht werden; 2. die Landschaft bzw. die Umwelt sollte selbst ein Kunstwerk sein; 3. die Grenze zwischen Kunst und den Abläufen des täglichen Lebens sollte abgeschafft werden, damit Kunst Teil der Kreativität des kollektiven Alltags wird.

Diese Überlegungen der 1960er Jahre stellte ich dann zurück, als ein anderer Zugang zur Kunst notwendig geworden war, in dem die »Kraft der Reflexion«, so Peter Bürger mit Bezug auf Habermas, »durch Verstehen die Strukturen des Vorurteils durchschaubar macht, um so die Macht des Vorurteils aufzubrechen«. Die Theorie der selbstreflexiven Kritik kann natürlich die Strukturen von Vorurteilen aufdecken, doch zu glauben, dass sie die »Macht des Vorurteils aufbrechen« kann, ist eine Fantasievorstellung, die die Kunst vom Leben fern hält. Die Macht der Selbstreflexion in der Kunst ist in Wirklichkeit von eben jenen bürgerlichen Institutionen abhängig, die das »Vorurteil« innerhalb der sie legitimierenden Strukturen verkörpern – die auf der Suche nach dieser Legitimierung verdinglicht und entwaffnet werden.

Obwohl ich in den letzten dreißig Jahren in vielerlei Hinsicht damit beschäftigt war, gerade mit diesem »Vorurteil« fertig zu werden, so denke ich seit einiger Zeit nicht mehr an die Vergeblichkeit dieser Bestrebungen, sondern an die historische Notwendigkeit, über sie hinauszugehen. Diese Erkenntnis führte mich zurück zu meinen Ideen der frühen 1960er Jahre und zu einer Reihe aktueller Kunstprojekte, in denen ich diese Überlegungen reaktivierte und durch öffentliche Beteiligung erweiterte und vorantrieb. Diese liegen als Thesensammlung vor, deren Umsetzung vom kollektiven Bewusstsein, von den Visionen und Kämpfen der beteiligten Menschen abhängt.

Den Vorschlägen liegt die Vision zugrunde, dass die individuelle Vorstellungskraft von der Kreativität eines kollektiven Anliegens aufgesogen wird, der die Zukunft der Welt zum Wohle der gesamten Menschheit reorganisiert und verwandelt. MEDITERRANEA steht im Mittelpunkt dieser Vision, in der sich viele Vorhaben und Prozesse als Teil der Dynamik des menschlichen Kampfes um eine bessere Zukunft entwickeln können.

Thesen

Obgleich es viele Zivilisationszentren gegeben hat, muss anerkannt werden, dass es der Mittelmeerraum war, in dem sich etliche Kulturen aus Asien, Afrika und Europa getroffen und zusammengewirkt haben und so eine Zivilisation schufen, die heute Grundlage unseres modernen Lebens ist. Doch dieses moderne Leben widerspricht und verneint den aus den Wechselbeziehungen der Mittelmeerkulturen entstandenen Humanismus und schafft stattdessen Konflikte, Ausbeutung und Gewalt. Deshalb müssen wir den Mittelmeerraum dem Dialog zwischen allen Bewohnern öffnen, sodass sie gemeinsam diese Konflikte zum Wohle der Menschheit lösen können.

Alle Länder des Mittelmeerraums sollten eine Union bilden, um so ihr dialogisches Potential um das Mittelmeer herum zu aktivieren, über das sich alle Menschen frei bewegen und einander ihr Wissen zum Geschenk machen können.

Um eine Einheit des Mittelmeerraums zu erreichen, sollte ein Eisenbahnring entlang der Meeresküste gebaut werden, der Europa, Asien und Afrika umspannt. Zusätzlich sollte ein Netzwerk an Seefahrtswegen entwickelt werden, dessen Schiffe wind- und solarbetrieben verkehren. Der Eisenbahnring ist durch Eisenbahnnetze in Asien und Afrika auch mit Korea und Südafrika verbunden.

Darüber hinaus kann das Mittelmeer auch mit speziell entwickelten Kunstwerken erschlossen und überquert werden, wie den schwimmenden Scheiben, die ich 1972 entworfen habe und die es den Menschen ermöglichen, auf dem Wasser zu treiben und sich über festgelegte Grenzen hinwegzubewegen.

Es sind einige Kunstwerke zu Land erdacht worden, die von den Menschen aller drei Kontinente gemeinsam in Austausch- und Kommunikationsnetzwerken und auf kooperativer und kollaborativer Basis umgesetzt werden.

MEDITERRANEA ist in der Tat ein offener Rahmen, in und aus dem beliebig viele Projekte entspringen können, ganz gleich, wer neue Ideen aufbringt oder neue Projekte initiiert.

Juni 2006

Malerei als visuelle Ausarbeitung der Idee

Kerngedanke ist die Union der Mittelmeerstaaten, deren Umsetzung zu Lebzeiten des Künstlers eine Unmöglichkeit ist. Deren Vision aber schafft einen Rahmen, in dem ein konzeptioneller Entwurf zustande gebracht werden kann, der die Menschheit auf den Weg zu einer Welt ohne Konflikte und Gewalt bringt. Dieser Entwurf kann in einem künstlerischen Diskurs mit Texten, Zeichnungen, Malerei, architektonischen Modellen etc. erarbeitet werden, die eine sichtbare Darstellung der Idee anbieten und auch die Grundlage für Diskussionen und kollektive Interaktionen insbesondere unter den Mittelmeerbewohnern schaffen. Anders gesagt, das sichtbare Material kann nicht das Endprodukt oder das fertige Kunstwerk sein, sondern ist der Stoff, der es ermöglicht, den ursprünglich von einem Individuum initiierten Diskurs in eine kollektive Vision zu verwandeln.

Im dem speziellen Fall »Malerei als visuelle Ausarbeitung der Idee« operieren Gemälde auf der Ebene von visuellem Material; sie stellen nicht unbedingt ein fertiges Produkt dar, sondern sind eine Möglichkeit, die Idee auszuarbeiten. In der Kunstgeschichte ist das nicht neu. Die Kunst einer Epoche schreitet fort, indem sie Ideen einer früheren Periode verarbeitet, zurückweist bzw. bestätigt.

»Malerei als visuelle Ausarbeitung der Idee« umfasst eine Serie von Bildern, je ein Bild pro Mitgliedsstaat der mediterranen Union, deren FORM aus der Betrachtung des Wesens der Union folgt. Dessen Verarbeitung in eine einzige geometrische Anordnung beschwört nicht nur das bereits als Kunst Anerkannte, sondern kritisiert es als Ausdrucksform des narzisstischen Egos – und drückt diese FORM in einen Diskurs der kollektiven Vision.

Angenommen, es sind zwanzig Länder in der Union, die durch zwanzig verschiedene Farben repräsentiert werden; jedes Land wird so mit zwanzig Mal zwanzig Farben repräsentiert und zwar in einer Art und Weise, die es verbietet, dass irgendeine Farbe für irgend ein Land wiederholt wird, und dieses mündet in zwanzig Bilder.

Juni 2006

Vorstellungskraft & Zukunft

Es scheint, als sei die Vorstellungskraft nicht nur in der Lage Wissen durch Offenbarungen zu empfangen, sondern auch die Gedanken, die sich in anderer Leute Vorstellungen entwickeln, zu sehen, vorherzusehen und sich mit diesen zu verbinden. Es war die Vorstellungskraft, die mich unabhängig von gesellschaftlichen oder kulturspezifischen Erwartungen auf meiner Reise als menschliches Wesen und als Künstler geleitet hat. Während dieser Reise sind mir oft unerwartete Dinge passiert, die meinen Weg unvorhersehbar machten und mir Zukunftstagträume ermöglichten. Auf dieser Reise entwickelten sich viele Ideen, die sich nicht auf das beschränken ließen, was ich unter Kunst verstand. Als ich in andere Bereiche, verschiedene Disziplinen und Arbeiten, wie dem Ingenieurswesen, Sport, Landwirtschaft, Politik etc. vordrang, stach nicht nur deren Unvereinbarkeit ins Auge, sondern sie wuchsen in der Synthese der künstlerischen Vorstellungskraft neu zusammen.

Es ist doch bemerkenswert, dass genau drei Jahre nach der mediterranen Vision und nach der Idee der Wiedereröffnung der Seidenstraße als Eisenbahnnetz, China ankündigt, eine Eisenbahnanbindung nach Europa zu bauen?

Wesentliches Merkmal der Mittelmeer-Vision 2001 war es, einen Kunstraum oder Diskurs herzustellen, in dem alle Mittelmeerbewohner aus Asien, Afrika und Europa im Dialog zusammenkommen und Ideen austauschen können. Ungefähr fünf Jahre später und unabhängig von meinem Konzept wurde der Aufruf zu einer Konferenz der Mittelmeerbewohner lanciert, mit ähnlichen Absichten:

Europa muss endlich ganz bewusst auf die Schaffung eines mediterranen Raums der Zusammenarbeit zwischen allen Völkern des Mittelmeerraums und auf die Aushandlung eines ständigen regionalen »Rats« hinarbeiten. [...] Ein solcher Raum ist *per definitionem* heterogen: Er ist multikulturell, multireligiös und politische vielfältig und durch wirtschaftliche und demografische Interessenkonflikte gespalten. Er garantiert keinen Frieden. Trotzdem stellt er das einzig vorstellbare Gegengift zur Logik der aktuellen Situation dar und allein er kann Fundamentalismus, postkolonialen Rassismus, Antisemitismus und Islamophobie zurückdrängen. Die Schaffung eines politischen Mittelmeerraums könnte es Israel endlich ermöglichen, seine exklusive Abhängigkeit von den USA aufzugeben und sich seinen nördlichen und südlichen Nachbarländern anzunähern, aus denen trotz alledem der Großteil der israelischen Bevölkerung stammt. Gleichzeitig würde dieser neue politische Raum es Palästinensern und

Libanesen möglich machen, der restriktiven und ausschließlichen Bindung an die arabische Welt zu entkommen. Auf lange Sicht würde dieser Raum Israels kollektive Sicherheit bedeuten im Tausch gegen seine historische Mutation. Er würde das palästinensische (und libanesische) Vertrauen wiederherstellen, dass Gesetze und Verhandlungen ihre Bedürfnisse nach Gleichheit, Unabhängigkeit und Gerechtigkeit befriedigen. Wenn wir das Schlimmste vermeiden wollen, sollten wir das Wort »müssen« natürlich als »sollen« verstehen. Wünschen wir uns das wirklich? Diese Frage stellt sich nicht nur den Regierungen, sondern uns allen.[3]

Ich habe diesen Aufruf sofort begrüßt und Étienne Balibar geschrieben, dass ich mir wünsche ihn zu sehen. Doch bevor wir uns trafen, passierte etwas Seltsames und höchst Unerwartetes. Der gerade erst gewählte französische Präsident Nicolas Sarkozy kündigte in seiner Rede zur Amtseinführung am 16. Mai 2007 eine mediterrane Union an. Das war rätselhaft. Woher nahm er diese Idee? Wie hatte eine Idee aus der Kunst das Bewusstsein eines Politikers erreicht? Diese Fragen sind vielleicht gar nicht so verblüffend, wie sie erscheinen; die Idee hatte in der Luft gelegen. Ideen haben ihre eigene räumliche und zeitliche Existenz und können in die Vorstellungen eines jeden eindringen. Die entscheidende Frage betrifft nicht die Existenz der Ideen oder wie sie unser Bewusstsein erreichen, sondern was wir mit ihnen anstellen. Ideen können gleichsam unterdrückend und befreiend sein, sie können die Menschheit entweder in einem repressiven System gefangen halten oder helfen, den Schritt nach vorne zu machen und den Traum von einer Zukunft zu verwirklichen, in der die Menschen gleich sind und gemeinschaftlich zusammenarbeiten und -leben, anstatt sich zu konkurrieren und gegenseitig auszubeuten. Die Menschen müssen ihren eigenen Weg finden und im Dialog, im Diskussions- und Ideenaustausch zusammenkommen und so über die Zukunft entscheiden.

---

3   Étienne Balibar und Jean-Marc Levy-Leblond: »A Mediterranean way for peace in Israel-Palestine«, in: *Radical Philosophy* 140, Nov./Dez. 2006, http://www.radicalphilosophy.com/default.asp?channel_id:2187&editorial_ id=22089 [letzter Abruf 29.10.10]; O. »Guerre en Orient ou paix en Méditerranée?«, *Le Monde*, 18.8.2006, http://www.lemonde.fr/imprimer/article/ 2006/08/18/804577.html [letzter Abruf 30.10.10].

Mit dieser Vorstellung einer besseren Zukunft ging ich am 11. Juni 2007 nach Paris, um Étienne Balibar zu treffen und vor allem um seine Überlegungen zum permanenten »Rat« zu diskutieren. Die Bescheidenheit des bekannten Philosophen erstaunte und beeindruckte mich und wir führten ein sehr gutes Gespräch. Einer der wesentlichen Punkte, auf die wir zu sprechen kamen, war Sarkozys Konzept der mediterranen Union, das laut Balibar nichts Neues war. Die Art Wiederholung von Euro-Med, der Fortsetzung von Frankreichs kolonialer Sicht auf die Länder südlich des Mittelmeers, insbesondere den Maghreb, war inakzeptabel. Balibars Idee des Rates hingegen könnte der erste Schritt hin zur Errichtung eines Raums sein, der frei von den Altlasten des Kolonialismus ist und die Einheit für alle Mittelmeerbewohner und darüber hinaus der ganzen Welt in universeller Gleichheit und im universellen Ideenaustausch anerkennt.

Obwohl dies mein erstes Treffen mit Balibar war, verabschiedeten wir uns mit der herzlichen Umarmung alter Freunde und dem Versprechen zusammenzuarbeiten. Daraufhin verlies ich Paris mit schönen Erinnerungen, neuer Hoffnung und fest entschlossen, meine Arbeit fortzusetzen. Hiermit möchte ich unsere Leser einladen uns ihre Ideen zu schicken, wie wir diese Arbeit zusammen tun können.

August 2007

Zuerst unter dem Titel »Mediterranea. An Unending Continuous Conceptual Art Project«, in: Third Text, 21, 5, 2007, S. 95-110 veröffentlicht. Aus dem Englischen von Jan Philipp Richter und Marie-Hélène Gutberlet.

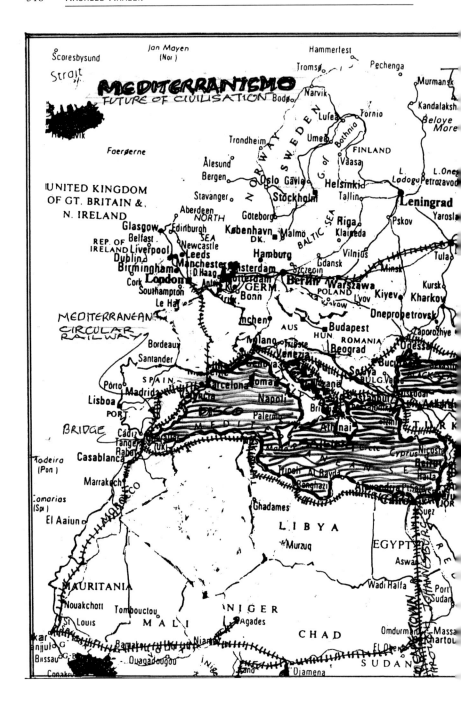

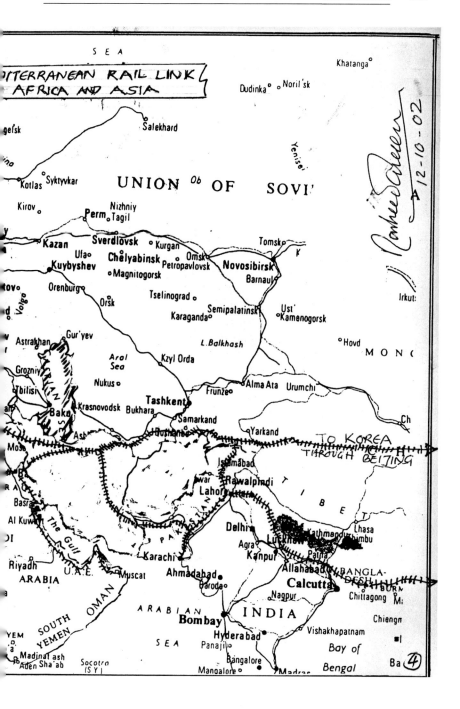

MEDITERRANEAN RAIL LINK AFRICA AND ASIA

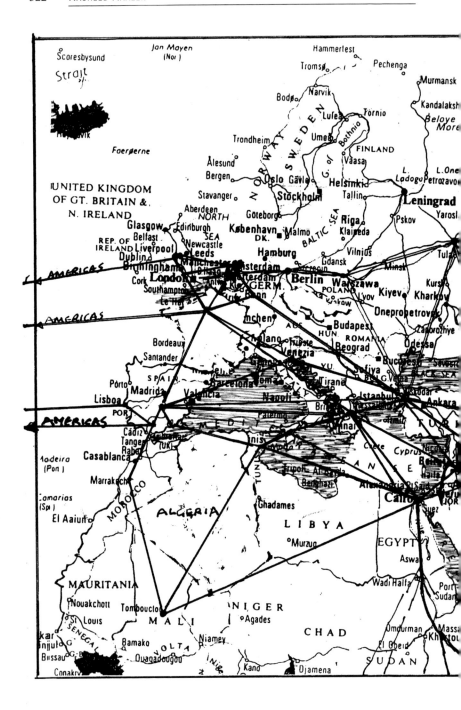

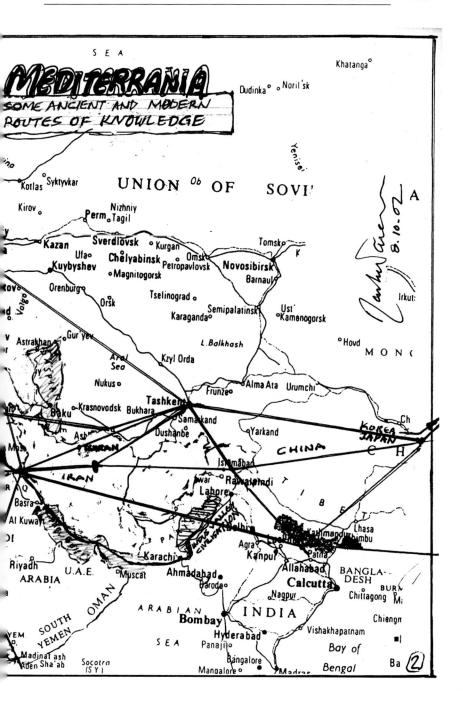

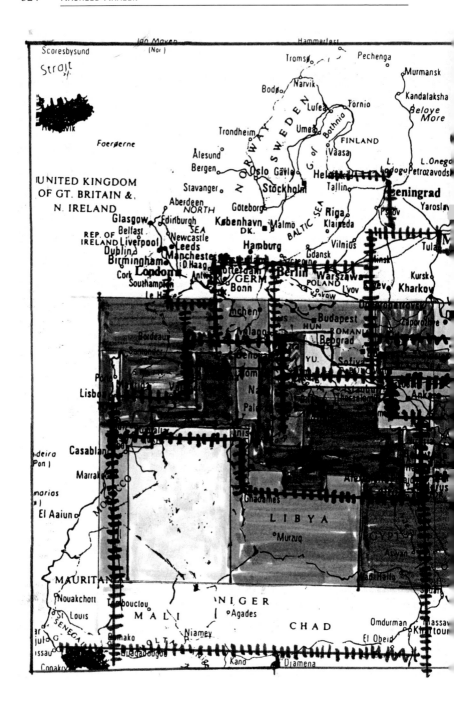

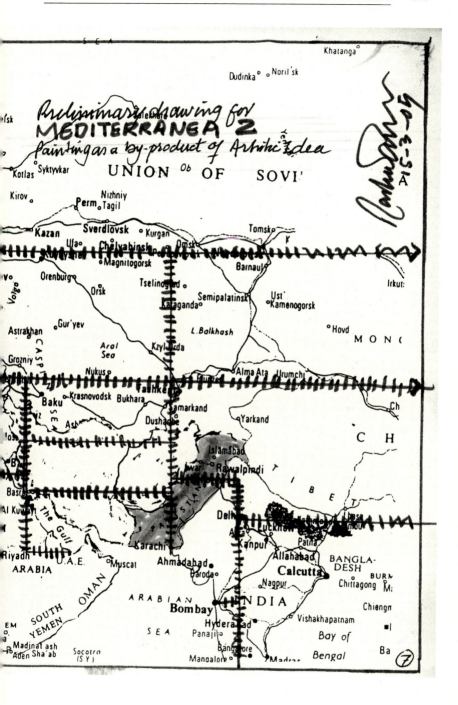

Preliminary drawing for
MEDITERRANEA 2
painting as a by-product of Artistic idea

Wem verkauft der intellektuelle Migrant sein kulturelles Kapital?

Jacob Emmanuel Mabé

Einleitung

Untersuchungen über Migration sind meist sozioökonomischen, politischen und religiösen Fragen gewidmet und klammern rein wissenschaftliche Aspekte schlechterdings aus. Doch nur daraus lässt sich der intellektuelle Mehrwert von sogenannten Migranten deutlich ersehen. Wurde die internationale Mobilität von Menschen einst kaum wahrgenommen, so weiß man in manchen Ländern den damit verbundenen Gewinn oder Vorteil für den kulturellen und gesellschaftlichen Wandel heute hoch zu schätzen. Dieser Artikel setzt sich indessen mit der Frage auseinander, inwieweit die Migranten die Wissenschaft zum Zweck des allgemeinen Erkenntnisfortschritts beeinflussen.

Migranten als Wissenschaftler

Allgemein sind Migranten Menschen, die aus politischen, religiösen, ökonomischen, kulturellen oder sogar abenteuerlichen Gründen ihre ursprüngliche Heimat verlassen und ihren Lebensmittelpunkt in ein anderes Land dauerhaft verlagern. Nach einer gesetzlich festgeschriebenen Zeit erwerben manche die Staatsangehörigkeit und besitzen damit – zumindest auf dem Papier – die gleichen Grundrechte wie ihre hier geborenen Mitbürger. Dem Gesetz nach gelten als Ausländer Menschen im Besitz eines ausländischen Passes, das heißt Menschen, die ihre Nationalität beibehalten, die auf eine Aufenthaltserlaubnis angewiesen sind. Unter die Kategorie von intellektuellen Migranten werden im Folgenden alle hoch gebildeten Ausländer oder zugewanderten Bürger subsumiert, sofern sie sich wissenschaftlich betätigen.

Noch vor ein paar Jahren wurde die Migration in fast allen Ländern mit großer Skepsis wahrgenommen. Mittlerweile ist der Widerstand gegen sie vielleicht zurückgegangen. Doch die nationalistischen Ressentiments gegenüber den Migranten grassieren vor allem dort weiter, wo man sie oft zu Sündenböcken für die sozialen und ökonomischen Miseren insbesondere am Arbeitsmarkt macht. Leider bedienen sich manche Parteien derartiger Klischees, um Ängste vor Überfremdung politisch zu schüren.

Die Bundesrepublik Deutschland hat ihrerseits daraus die notwendige Konsequenz gezogen, um das Ausländerrecht grundlegend zu reformieren, das heißt zunächst, die Einreise deutlich zu erschweren. Zugleich wurden neue Gesetze zur Regelung der Zuwanderung beschlossen, die den mobilen Wissenschaftlern aus anderen Ländern die Einreise erleichtern sowie den Zugang zum deutschen Arbeitsmarkt unter bestimmten Bedingungen ermöglichen.[1] Damit wurde ein unverkennbar gewaltiger Paradigmenwechsel in der Migrationspolitik vollzogen.[2] Seitdem treten die intellektuellen Migranten häufig selbstbewusster in der Öffentlichkeit auf, indem sie sich über sämtliche gesellschaftlichen Fragen einschließ-

---

1   In Anbetracht der kontinuierlich zunehmenden Mobilität der ausländischen Akademiker nach Deutschland bieten ihnen die Hochschulen die Möglichkeit, ihr Wissen zumindest durch gering dotierte Lehraufträge einzusetzen, da viele von ihnen nach ihrem Abschluss aufgrund der trüben beruflichen Aussichten in ihrer Heimat lieber in Deutschland bleiben.

2   Das am 1.1.2005 in Kraft getretene Zuwanderungsrecht hat das alte deutsche Ausländerrecht radikal reformiert und insbesondere Studierenden und Wissenschaftlern aus dem Ausland Wege zu einer besseren Integration gewiesen. Seitdem können Forscher auf Einladung anerkannter Wissenschaftsinstitutionen ihre Forschungen in Deutschland durchführen, ohne die archaisch behördliche Willkür der Ausländerbehörden und Arbeitsämter befürchten zu müssen. Diese Novelle schließt sämtliche Tätigkeiten in Lehre und Forschung ein. Davon profitieren alle aus Ländern außerhalb der EU stammenden Migranten, die früher das Land nach dem Studium verlassen mussten. Heute können sie von dem neuen Zuwanderungsrecht Gebrauch machen und Deutschland als ihrer Wahlheimat wissenschaftlich dienen. Vgl. Ulrike Davy/Albrecht Weber (Hg.): *Paradigmenwechsel in Einwanderungsfragen? Überlegungen zum neuen Zuwanderungsgesetz* (2006).

lich Politik und Religion sogar sehr kritisch äußern, ohne sich einer systematischen politischen Verfolgung aussetzen zu müssen.

Der Einfluss der intellektuellen Migranten ist in jüngster Zeit viel größer, als man es ihnen zutraut. Von ihnen stammen manche wichtigen Theorien und Begriffe, wie etwa *Verfassungspatriotismus*, *Heterokultur* oder *Leitkultur*, die die wissenschaftlichen Diskurse zeitweise prägen.[3] Abgesehen davon verfügen sie über transkulturelle Erfahrungen und multilinguale Kompetenzen, die ihnen helfen, mehr Schwung und Innovationen in die Wissenschaft zu bringen. Zudem haben sie eine Eigenart der Fragestellungen entwickelt, die sie insbesondere bei Studierenden beliebt machen. Damit geben sie nicht zuletzt Denkimpulse an Hochschulen und Forschungsinstitutionen, um mehr Internationalisierung und interkulturelles Lernen zu fördern.

Politisch hat die Migration zumindest in Deutschland einen durchschlagenden Erfolg erfahren. Denn immer mehr politisch Interessierte nehmen die Impulse der Migranten zum Anlass, um ihr Land von der nationalsozialistischen Ideologie endgültig zu befreien. Es wundert daher nicht, dass sich Deutschland zu einer unverkennbar modernen und weltoffenen Gesellschaft emanzipiert hat, die nicht nur *Menschen-* und *Bürgerrechte*, *Demokratie* und *Toleranz* sowie *internationale Solidarität* als Werte pflegt und konsequent beachtet. Gerade die einheimischen Wissenschaftler profitieren von der interkulturellen Erfahrung der Migranten, um den Geist des Dialogs und des friedlichen Miteinanders der Völker auf allen Lebensgebieten zu kultivieren. Man denke dabei nur an den neuen Geist der Versöhnung, der zur Verbesserung der Beziehungen

---

3 Bassam Tibi hat den von manchen Politikern und Wissenschaftlern vielfach verwendeten Neologismus *Leitkultur* in die Wissenschaft eingeführt. Dabei wollte Tibi lediglich eine neue politische Kultur auf demokratischer Grundlage begründen. Wörtlich schreibt er: »Die Werte für die erwünschte Leitkultur müssen der kulturellen Moderne entspringen, und sie heißen: Demokratie, Laizismus, Aufklärung, Menschenrechte und Zivilgesellschaft.«, in: Bassam Tibi: *Europa ohne Identität. Die Krise der multikulturellen Gesellschaft* (1998), S. 154; ders.: »Leitkultur als Wertekonsens – Bilanz einer missglückten deutschen Debatte« (2001); siehe auch Jürgen Nowak: *Leitkultur und Parallelgesellschaft. Argumente wider einen deutschen Mythos* (2006); Hartwig Pautz: *Die deutsche Leitkultur. Eine Identitätsdebatte: Neue Rechte, Neorassismus und Normalisierungsbemühungen* (2005); Gudrun Hentges: »Das Plädoyer für eine ›deutsche Leitkultur‹ – Steilvorlage für die extreme Rechte?« (2002).

zwischen Deutschland und seinen Nachbarn Frankreich und Polen beigetragen hat.[4]

Wenn auch das intellektuelle Potential der Migranten seit langem erkannt war, wurde es wegen der unwürdigen Diskriminierung bei Rekru-
tierungen[5] doch sehr unzureichend ausgenutzt. So müssen sie sich meist
unter ihrer Qualifikation oder weit unter ihrem Niveau betätigen. Man
muss dieser negativen Tendenz energisch entgegenwirken und dafür sorgen, die Präsenz der Migranten in Bildungs- und Forschungsinstitutionen
zu verstärken, was ihre Bedeutung für den Wissensfortschritt zweifellos
verdeutlichen und ihnen selbst eine beachtliche gesellschaftliche Akzeptanz verschaffen würde.

Wie beeinflussen die intellektuellen Migranten die Wissenschaft?

Forschung und Lehre sind die beiden Wirkungsdomänen, von denen aus
die Migranten im Denken und künstlerischen Schaffen die Wissenschaften beeinflussen. Als Mittler zwischen den verschiedenen Geistes- und
Lebenswelten werfen sie Fragen auf, die der internationalen Wissen-
schaftskommunikation dienen und damit für die Bildung von weltweiten
Netzwerken entscheidend sind. Daran bemisst sich das nationale und internationale Ausmaß ihres wissenschaftlichen Einflusses. Den intellektuellen Migranten ist mithin zu verdanken, dass die Wechselwirkung von
Migration und Wissen im Sinne des *transkulturellen Wissenstransfers*
sichtbar geworden ist.

In der Forschung bedienen sich die Migranten meist universalisti-
scher Methoden, was ihnen große Vorteile, aber zugleich erheblichen
Neid im Wettbewerb um die besten Konzepte mit den nativen Wissenschaftlern bringt. Indem sie den Geist der Universalität pflegen, orientieren sie sich zugleich an Weltbildern, die das Licht der globalen Wahrheit
und Vernunft spiegeln. Manche nativen Wissenschaftler nehmen indessen die Migranten zum Vorbild, um die wesentlichen Erkenntnisfragen

---

4   Es sei an dieser Stelle nur an Intellektuelle wie Alfred Grosser (Frank-
    reich), Wladyslaw Bartozewsky (Polen) und Dionisie Ghermani (Rumä-
    nien) erinnert, die durch zahlreiche Fernsehauftritte und Vorträge für die
    Versöhnung ihrer Länder mit Deutschland vehement eingetreten sind.

5   Es handelt sich hierbei um nationalistische Reserven mancher Personen bei
    der Einstellung von Mitarbeitern oder der Berufung von Professoren nicht-
    deutscher Abstammung.

als globale Herausforderungen zu untersuchen. Denn die Globalität des Denkens setzt die Bereitschaft voraus, in den Tempel der Weltweisheit einzutreten, die allen Völkern gemeinsam ist.

Der Einfluss der intellektuellen Migranten auf die Wissenschaft ist daher vielschichtiger, als dies bislang wahrgenommen wird: Sie verstärken und beleben den freien Geist sowie den nationalen und internationalen Wettstreit der Lehrmeinungen; sie ermöglichen die Bildung von internationalen Diskussionsplattformen mit Wissenschaftlern aus ihren Herkunftsländern. Doch auch in der Lehre haben sie einen gewaltigen Mentalitäts- und Paradigmenwechsel herbeigeführt, der jeder nationalistischen, rassistischen und ethnozentrischen Tendenz vehement entgegentritt. Denn ihre Methoden vermitteln vorurteilsfreie Blicke in die Welt und andere Lebensformen. So sind in den letzten Jahren neue Formen der Ethik, Ästhetik, Kunst, Linguistik, Technik, Medizin, Hermeneutik, Biologie, Theologie etc. mit interkultureller Ausrichtung entstanden.

Darüber hinaus verändern allein die Präsenz und die Arbeitsweise der Migranten auch im Privatsektor das allgemeine Betriebsklima und damit die Grundeinstellung zu Minderheiten und Fremden schlechthin. Zusammengefasst beeinflussen die intellektuellen Migranten die Wissenschaft, indem sie:

- ihre einheimischen Kollegen dazu bringen, sich mit interkulturellen Fragen auseinanderzusetzen,[6]
- dazu beitragen, die Qualität der internationalen Zusammenarbeit sowie des transkulturellen Lernens zu erhöhen,[7]
- die Bildung von transnationalen Netzwerken initiieren, die sich der Erforschung von globalen Fragen widmen,
- das Interesse der Förderinstitutionen wie der Max-Planck-Gesell-

---

6 Interkulturalität rückt immer mehr ins Zentrum der sozial-, kultur- und religionswissenschaftlichen Überlegungen. Auch das Interesse der Natur- und Ingenieurwissenschaften an diesem Thema nimmt beträchtlich zu. Für die Philosophie bleibt die Interkulturalität Projekt, d.h. ein intellektueller Prozess, der zum Ziel hat, ein globales Wissen für die gesamte Kulturmenschheit zu realisieren und zu fördern. Vgl. mein Beitrag »Zur Theorie und Praxis interkultureller Philosophie. Interkulturalität. Diskussionsfelder eines umfassenden Begriffs« (2010).

7 In letzter Zeit sind zahlreiche Doktoranden- und Graduiertenkollegs entstanden, die den genuinen Erfahrungs- und Wissensaustausch zwischen den Nachwuchswissenschaftlern aus verschiedenen Nationen fördern. Persönlich habe ich das erste deutsch-französische Doktorandenkolleg in Berlin mit der Universität Paris X mitbegründet.

schaften, der Helmholtz-Allianzen, der Fraunhofer-Gesellschaften, des DAAD etc. an anderen Denk- und Lebensstilen außerhalb Westeuropas so stimulieren, dass sie zu ihren Forschungsprioritäten gehören,[8]

- den Geist der kulturellen Vielfalt in der Lehre und Forschung prägen,
- eigene Lehrpläne entwickeln, um nicht nur die Schwächen des nationalen Bildungssystems durch alternative Verfahren auszugleichen, sondern auch ihre jeweiligen Hochschulen international konkurrenzfähig und noch attraktiver für ausländische und einheimische Studierende zu machen,
- mit innovativen Entdeckungen oder Konzepten operieren, die das Landesprofil als Wissenschaftsstandort schärfen,
- die Akzeptanz von Weltsprachen, insbesondere des Englischen, in der Bildung ermöglicht haben.

Als wesentliche Akteure der Wissenschaft üben die intellektuell engagierten Migranten einen unermesslich positiven Einfluss auf alle Lebensbereiche aus und tragen zugleich große Verantwortung für die gesamte Entwicklung der Gesellschaft, in der sie leben. Dabei verstehen sie ihren Einfluss nicht als Beweis ihrer intellektuellen Superiorität, sondern ausschließlich als reale Chance, um als authentische Brückenbauer zwischen den Kulturen und Völkern aufzutreten. Vor diesem Hintergrund versuchen sie, für die Rechtsgleichheit sowie die sozialgerechte Integration der Menschen aller Couleur und jeder Herkunft zu kämpfen.

Aufgrund der vielfältigen, durch fehlerhafte Einschätzungen bedingte Voreingenommenheit gegenüber den Migranten wurde bislang leider zu wenig unternommen, um ihr kreatives Potential in den Dienst der Gemeinschaft zu stellen. So werden ihre Leistungen in der Wissenschaft und Bildung kaum hervorgehoben, geschweige denn angemessen wahrgenommen. Gerade in einer globalen Welt hilft es nicht mehr, die intellektuellen Migranten zu fürchten oder zu verachten. Man muss sie vielmehr und fortan endlich als integrierenden und gleichwertigen Bestandteil der wissenschaftlichen Bevölkerung annehmen. Denn sie arbei-

---

8   Insbesondere in den Natur- und Ingenieurwissenschaften wurden in letzter Zeit einige Professuren von Migranten besetzt, die neue Blicke in die Wissenschaft vermitteln, was sich bei den Lehrveranstaltungen in Bachelor- und Masterstudiengängen deutlich ersehen lässt. Mit Hilfe der Wissenschaftsorganisationen betätigen sich derzeit 23.000 ausländische Wissenschaftler an Hochschulen und Forschungsinstituten.

ten, genauso wie ihre anderen Mitbürger und Kollegen, nur an einem Ziel, nämlich der Erhöhung der nationalen Lebensqualität auf vielseitiger wissenschaftlicher Grundlage.

Literatur

Davy, Ulrike/Albrecht Weber (Hg.): *Paradigmenwechsel in Einwanderungsfragen? Überlegungen zum neuen Zuwanderungsgesetz*, Baden-Baden: Nomos 2006 (Interdisziplinäre Studien zu Staat und Recht, Bd. 41).

Hentges, Gudrun: »Das Plädoyer für eine ›deutsche Leitkultur‹ – Steilvorlage für die extreme Rechte?«, in: Christoph Butterwegge/Janine Cremer/Alexander Häusler u.a.: *Themen der Rechten – Themen der Mitte. Zuwanderung, demografischer Wandel und Nationalbewusstsein*, Opladen: Westdeutscher Verlag 2002, S. 95-121.

Mabé, Jacob Emmanuel: »Zur Theorie und Praxis interkultureller Philosophie«, in: Hamid Reza Yousefi/Klaus Fischer (Hg.): *Interkulturalität. Diskussionsfelder eines umfassenden Begriffs*, Nordhausen: Verlag Taugott Bautz 2010, S. 35-52.

Nowak, Jürgen: *Leitkultur und Parallelgesellschaft. Argumente wider einen deutschen Mythos*, Frankfurt a.m.: Brandes & Apsel 2006.

Pautz, Hartwig: *Die deutsche Leitkultur. Eine Identitätsdebatte: Neue Rechte, Neorassismus und Normalisierungsbemühungen*, Stuttgart: Ibidem 2005.

Tibi, Bassam: *Europa ohne Identität. Die Krise der multikulturellen Gesellschaft*, München: Bertelsmann 1998.

Tibi, Bassam: »Leitkultur als Wertekonsens – Bilanz einer missglückten deutschen Debatte«, in: *Aus Politik und Zeitgeschichte* (Das Parlament) Bd. 1-2 (2001), S. 23-26, http://www.bpb.de/publikationen/40QIUX,0,0,Leitkultur_als_Wertekonsens.html [letzter Abruf 1.8.2010].

ANHANG

Autorinnen und Autoren

RASHEED ARAEEN studierte Ingenieurswissenschaft an der Universität von Karachi/Pakistan bevor er 1964 nach London zog und seitdem als Konzeptkünstler, Bildhauer, Maler, Schriftsteller und Kurator tätig ist. 1972 schloss er sich dem Black Panther Movement an und gründete 1978 die Zeitschrift *Black Phoenix*, aus der 1989 die Zeitschrift *Third Text* hervorging, die den Versuch darstellt, »die Grenzen zwischen Kunst und Kunstkritik einzureißen« (Araeen). Araeen gehört seit den 1970er Jahren zu den wichtigsten Fürsprechern einer Kunst aus Asien, Afrika und Lateinamerika im britischen Kunstkontext. Siehe seine Third Text-Publikationen http://wwwthirdtext.com/ und *Making Myself Visible* (1984), *Global Visions: Towards a New Internationalism in the Visual Arts* (1994), *Art Beyond art. Ecoaesthetics: A Manifesto for the 21st Century* (2010).

JULIEN ENOKA AYEMBA geboren und aufgewachsen in Kamerun. Julien Enoka Ayemba beschäftigt sich als Filmwissenschaftler und -kritiker seit Jahren mit dem afrikanischen Film. Er hat mehrere Filmreihen für berliner Filmtheater zusammengestellt und ist Selection Commitee-Mitglied der Berlinale Talent Campus. Er ist Mitbegründer der Filmgruppe »Remember Resistance Berlin«. Julien Enoka Ayemba lebt und arbeitet in Berlin. Demnächst erscheint von ihm eine Publikation zu der nigerianischen Videofilmindustrie »Nollywood«.

ANNETT BUSCH, geboren in München, lebt in Brüssel. Freie Autorin, Übersetzerin, Filmkritikerin; unterrichtet Film an der HFBK in Hamburg; schreibt u.a. für *Camera Austria, springerin, kolik, taz, FAZ.* War von 1997-2002 Redakteurin bei *SPEX*; 2004 Mitbegründerin von Missing Image (http://missingimage.org); als Kuratorin und Organisatorin involviert in Projekte wie »Wörterbuch des Krieges«; zusammen mit Max Annas Herausgeberin des Bandes *Ousmane Sembene. Interviews 1965-2005* (2008).

MARIE-HÉLÈNE GUTBERLET wuchs in der BRD, Bénin und in der Schweiz auf; studierte Kunstgeschichte, Philosophie und Theater-, Film- und Fernsehwissenschaft in Frankfurt a.M. und Basel. Wissenschaftliche Tätigkeiten als Mitarbeiterin am Institut für Theater-, Film- und Medienwissenschaft der Goethe-Universität Frankfurt a.M. mit Schwerpunkt Afrikanisches Kino, Experimentalfilm, Film/Medien; Promotion zum Afrikanischen Kino *Auf Reisen – Afrikanisches Kino* (2004), zahlreiche

Veröffentlichungen und filmkuratorische Arbeiten (darunter die Experimentalfilmreihe »reel to real« am Mousonturm Frankfurt a.m.), neuerdings Ausstellungskurationen (Bamako 2011; Johannesburg/Capetown 2011/2012).

SISSY HELFF studierte Anglistik und Germanistik in Frankfurt und Bristol. Im Winter 2009/10 war sie Vertretungsprofessorin für englische Literatur- und Kulturwissenschaft an der Universität Paderborn; momentan lehrt sie britische und postkoloniale Literatur- und Kulturwissenschaft an der Goethe-Universität in Frankfurt a.m. Sie hat zahlreiche Aufsätze veröffentlicht und ist Mitherausgeberin der Publikationen *Facing the East in the West* (2010), *Transcultural Modernities: Narrating Africa in Europe* (2009) und *Transcultural English Studies: Theories, Fictions, Realities* (2008). Derzeit arbeitet sie an einem Buch über das Bild des Flüchtlings in der britischen Literatur.

PETRA KASSLER studierte Romanistik, Afrikanistik und Ethnologie in Köln, Freiburg i.Br. und Paris, Schwerpunkt Sprachen und Literaturen Nord- und Westafrikas. Wissenschaftliche Tätigkeit zur Dokumentation der Berbersprachen am Institut für Afrikanische Sprachenwissenschaften der Universität Frankfurt a.M. Seit 2000 ist sie Mitarbeiterin von LIT-PROM, Gesellschaft zur Förderung der Literatur aus Afrika, Asien und Lateinamerika.

BÄRBEL KÜSTER studierte Kunstgeschichte, Philosophie und Pädagogik in Kiel, Hamburg und Berlin. Im Sommer 2009 war sie Vertretungsprofessorin für Kunstgeschichte der Gegenwart, Ästhetik und Kunsttheorie an der Staatlichen Akademie der Bildenden Künste, Stuttgart. Ihre Forschungsschwerpunkte sind Kunst der Klassischen Moderne (Schwerpunkt Frankreich), Primitivismus und Geschichte der Präsentation ethnographischer Sammlungen mit Bezug zu den Cultural Studies und Postkolonialer Theorie, Museums- und Sammlungsgeschichte des 17.-21. Jahrhunderts, Kunsttheorie, Geschichte der Skulptur, französische und englische Kunstgeschichte des 18. Jahrhunderts.

BRIGITTA KUSTER ist Produzentin, Filmemacherin und Autorin. In ihrer Arbeit beschäftigt sie sich mit sexueller Identität, Migration, Transnationalität, Kolonialismus und Postkolonialismus und der Darstellung von Arbeit. Sie war Kuratorin bei verschiedenen Ausstellungen, wie »Atelier Europa« (2004), »Kollektive Kreativität« (2005) und dem »Projekt Migration« (2005). Mit Moise Mobuna drehte sie 2003 den Film RIEN NE VAUT QUE LA VIE, MAIS LA VIE MÊME NE VAUT RIEN [Nichts ist wie das Leben, aber das Leben selbst ist nichts]. Im Jahre 2006 erhielt sie den Eidgenössischen Kunstpreis der Schweiz. Brigitta Kuster lebt in Zürich und Berlin.

JACOB EMMANUEL MABÉ, geboren 1959 in Kamerun, Dr. in Politikwissenschaft, Dr. und Dr. habil. in Philosophie, Professor an der TU Berlin und Gastwissenschaftler am Frankreichzentrum der FU Berlin, Herausgeber des ersten Afrika-Lexikons in deutscher Sprache, Präsident der

Anton-Amo-Gesellschaft sowie der Deutschen Gesellschaft für Französischsprachige Philosophie.

MOISE MERLIN MABOUNA studierte Wirtschaftswissenschaften in Kamerun, bevor er 2001 nach Deutschland kam. Er ist Gründer der NGO »Africa Horizont«, die sich im Kampf gegen AIDS einsetzt. Seit 2002 arbeitet er gemeinsam mit der Künstlerin Brigitta Kuster an der filmischen Aufarbeitung der kolonialen Erschließung Kameruns durch die Deutschen.

IDRISSOU MORA-KPAI wurde 1967 in Bénin (ehemals Dahomey) geboren. Er studierte Film- und Fernsehregie an der Hochschule für Film und Fernsehen Babelsberg (Potsdam). Er realisierte mehrere Kurzfilme, darunter AUSLÄNDER (1995) und FAKE SOLDIERS (1999), der eine Geschichte über das Schwarzsein in Deutschland erzählt. Sein Dokumentarfilm SI-GUERIKI, LA REINE MÈRE (2002) wurde unter anderem bei den Festivals in Lussas, Namur und Kartago gezeigt. 2005 folgte ARLIT – DEUXIÈME PARIS. Mora-Kpai lebt und arbeitet in Bénin, Deutschland und Frankreich; er gründete 2002 die Produktion MKJ in Paris.

DIRK NAGUSCHEWSKI studierte Französisch, Sozialkunde und Allgemeine und Vergleichende Literaturwissenschaft an der Freien Universität Berlin und in Rennes. Er lehrt derzeit in Berlin. Er verfasste Feuilletonbeiträge für *Tagesspiegel, Die Welt, FR, NZZ* und ARTE. Seine Arbeitsschwerpunkte sind afrikanisches Kino und Literatur, Sprachpolitik und Sprachkontakt in Frankreich und der Frankophonie Sprachwissenschaft/ Philologie/Kulturwissenschaft, Fachgeschichte der Romanistik, Biographieforschung, Gender Studies. Er verfasste zahlreiche Artikel und war Herausgeber mehrerer Monographien zum Thema Film und Literatur.

UCHE NDUKA ist Lyriker, Schriftsteller, Photograph und Song-Writer nigerianischer Herkunft. Er studierte an der University of Nigeria in Nsukka. Zahlreiche Aufenthalte in Holland, Deutschland und den USA. Er lebt derzeit in New York. Zu seinen Lyrikpublikationen zählen *The Bremen Poems* (1995), *Chiaroscuro* (1997) und *Flower Field* (2005).

KERSTIN PINTHER ist Junior-Professorin an der Freien Universität Berlin. Sie studierte Ethnologie und Kunstgeschichte in München und Köln. Promotion mit einer Arbeit zur städtischen Imagination in Ghana. Arbeitsschwerpunkte: Kulturwissenschaftliche Stadtforschung, Zeitgenössische Kunst Afrikas im globalen Kontext, museum studies. Zahlreiche Ausstellungskurationen, darunter »Black Paris. Kunst und Geschichte einer schwarzen Diaspora« (2006), »Crossing Munich. Orte, Bilder und Debatten der Migration« (2009) und »Afropolis. Stadt, Medien, Kunst« (2010).

EVA ULRIKE PIRKER studierte Anglistik, Amerikanistik und Philosophie. Sie promovierte in Anglistik an der Universität Freiburg, wo sie seit 2003 am Englischen Seminar lehrt. Derzeit arbeitet sie an dem Projekt »History in Popular Cultures of Knowledge«.

FLORIAN SCHNEIDER ist Filmemacher, Autor und Kurator; er lehrt seit 2006 an der Trondheim Academy of Fine Arts, Norwegen und ist seit 2008 advising teacher an der Jan van Eyck Academie, Maastricht. Neben Fernseharbeiten zu Migration und Aktivismus war er Mitinitiator der Kampagne »KEIN MENSCH IST ILLEGAL« auf der documenta X und weiterer Projekte wie das »noborder network« und die Internet-Plattform KEIN.ORG, das Neue-Medien-Festival »MAKEWORLD« (2001), »NEURO-networking europe« (2004), »Borderline Academy« (2005), »SUMMIT – non-aligned initiatives in education culture« und das Multimedia Performance Projekt »DICTIONARY OF WAR« (seit 2006).

THORSTEN SCHÜLLER ist wissenschaftlicher Mitarbeiter am Romanischen Seminar der Johannes Gutenberg-Universität Mainz. Letzte Veröffentlichungen: *Wo ist Afrika? – Paratopische Ästhetik in der zeitgenössischen Romanliteratur des frankophonen Schwarzafrika* (2008); zusammen mit Sandra Poppe und Sascha Seiler *9/11 als kulturelle Zäsur. Repräsentationen des 11. September 2001 in kulturellen Diskursen, Literatur und visuellen Medien* (2009). Forschungsschwerpunkte: Afrikanische Literaturen, Kulturtheorien, Literatur und Populärkultur.

DOREEN STRAUHS studierte Slawistik, Anglistik und Rechtswissenschaften an der Ernst Moritz Arndt Universität Greifswald. Mehrere Studienaufenthalte führten sie nach Kanada, den USA, Australien und Ostafrika. Derzeit arbeitet sie an ihrer Dissertation an der Goethe-Universität in Frankfurt a.M. zum Thema Kwani und Femrite – Literarische Nichtregierungsorganisationen in Afrika.

ULF VIERKE promovierte an der Kulturwissenschaftlichen Fakultät der Universität Bayreuth mit der Arbeit *Die Spur der Glasperlen. Akteure, Strukturen und Wandel im europäisch-ostafrikanischen Handel mit Glasperlen.* Seit 2010 ist er Leiter des IWALEWA-Hauses, Bayreuth. Er veröffentlichte zahlreiche Aufsätze zu zeitgenössischer Photographie, Photojournalismus und zeitgenössischer Kunst in Afrika und ist Kurator bei Kunst- und Photoausstellungen.

JAN WILM studierte Anglistik und Amerikanistik an der Johann-Wolfgang-Goethe-Universität in Frankfurt a.M. mit einer Abschlussarbeit über selbstreflexives Schreiben bei Philip Roth. Derzeit ist er Doktorand am Institut für England- und Amerikastudien der Goethe-Universität mit einer Dissertation über J. M. Coetzee.

SOENKE ZEHLE lehrt transkulturelle Literatur und Medien an der Saarland Universität und der Academy of Fine Arts Saar, http://www.uni-saarland.de/tms.

Bildnachweis

Umschlaggestaltung unter Verwendung eines Filmstills von Idrissou Mora-Kpai, ARLIT, DEUXIÈME PARIS (2005); © Idrissou Mora-Kpai, Paris.

S. 19 und 60: Abderrahmane Sissako: HEREMAKONO/WARTEN AUF DAS GLÜCK (2002), Filmstills; © www.trigon-film.org.

S. 20 links: Ousmane Sembene, BOROM SARRET (1966), Filmstill; © Alain Sembene.

S. 20 rechts: Djibril Diop Mambety, CONTRAS CITY (1968), Filmstill; © Wasis Diop.

S. 32: Idrissou Mora-Kpai, ARLIT, DEUXIÈME PARIS (2005), Filmstill; © Idrissou Mora-Kpai, Paris.

S. 38: António Ole, The Entire Worl/Transitory Geometry; Installation im Kontext der Ausstellung Who Knows Tomorow, Berlin 2010; Fotos: F. Lehmann.

S. 68: Cheikh Hamidou Kane, L'aventure ambiguë (1961), Buchumschlag; © Éditions 10/18, Univers Poche S.A., Paris unter Verwendung der Photographie einer Maske mit runden Augen, Dan, Côte d'Ivoire aus der Sammlung Langlois/Cinémathèque Française, Paris.

S. 93 und 335: Olivier Dury, MIRAGES (2008), Filmstills; © Olivier Dury & AndanaFilms.

S. 94, 112, 168a, 168b: Karola Schlegelmilch © Karola Schlegelmilch, Berlin.

S. 136: Ceuta, 29. September 2005, 21:46Uhr; Aufnahme einer Überwachungskamera der Guardia Civil; © Thomson Reuters.

S. 146-157: Bildpool Brigitta Kuster/Moise Merin Mabouna (2005-2010); © Kuster/Mabouna, Berlin.

S. 182: Christophe Ndabananiye: Die Schuhe (2010), Installation. Ausstellung Spuren, Iwalewa-Haus, Bayreuth 2010; © Foto Iwalewa-Haus, Bayreuth.

S. 200: Tayo Adenaike, Night Soil Man (1979); Öl auf Leinwand, 91,4x60,9cm; © Tayo Adenaike, Lagos.

S. 213: Bettina Haasen, HOTEL SAHARA (2009), Filmstill; © Bettina Haasen & Gebrüder Beetz Filmproduktion, Berlin.

S. 318-325: Rasheed Araeen, Mediterranean Manifesto (2001-2007), Zeichnungen auf Papier; © Rasheed Araeen, London.

Filmindex

Personenindex

Sachindex

Dank

Die Herausgeberinnen bedanken sich beim Zentrum für Interdisziplinäre Afrikaforschung der Goethe-Universität Frankfurt a.M. (ZIAF) für die finanzielle Unterstützung des Projekts Migration & Media und die Druckkostenbezuschussung der vorliegenden Anthologie.

Wir danken allen Autorinnen und Autoren aufs Herzlichste für ihre Texte und die Arbeit, die wir uns gemeinsam an ihnen gemacht haben. Dazu danken wir Idrissou Mora-Kpai für die Verwendung eines Bildmotivs aus seinem Film ARLIT, DEUXIÈME PARIS für das Cover und Tayo Adenaike, Rasheed Araeen, Brigitta Kuster/Moise Merlin Mabouna und Karola Schlegelmilch für die Integration von Schwarz-Weiß Abbildungen ihrer Arbeiten; so konnte die Idee im Ansatz realisiert werden, mit Bildern eine eigenständige visuelle Diskursebene im Buch zu bilden.

Auch danken wir Caroline Gutberlet, Swantje Möller und Jan Philipp Richter für ihre Übersetzungen aus dem Französischen und Englischen sowie dem Übersetzer Jean-Luc Batillot, dem wir an dieser Stelle für seine Arbeit am Projekt Migration & Media danken und gedenken wollen.

Dieses Buch verdankt sein Erscheinen nicht zuletzt der freundlichen Unterstützung der Tontine Maman Djougou.

Marie-Hélène Gutberlet & Sissy Helff

Kultur- und Medientheorie

BARBARA EDER, ELISABETH KLAR,
RAMÓN REICHERT (HG.)
Theorien des Comics
Ein Reader

Juni 2011, ca. 450 Seiten,
kart., zahlr. Abb., ca. 29,80 €,
ISBN 978-3-8376-1147-2

ERIKA FISCHER-LICHTE,
KRISTIANE HASSELMANN,
ALMA-ELISA KITTNER (HG.)
Kampf der Künste!
Kultur im Zeichen von
Medienkonkurrenz und Eventstrategien

Juli 2011, ca. 300 Seiten,
kart., zahlr. Abb., ca. 28,80 €,
ISBN 978-3-89942-873-5

SEBASTIAN HACKENSCHMIDT,
KLAUS ENGELHORN (HG.)
Möbel als Medien
Beiträge zu einer Kulturgeschichte
der Dinge

Juni 2011, ca. 300 Seiten, kart.,
zahlr. z.T. farb. Abb., ca. 32,80 €,
ISBN 978-3-8376-1477-0

**Leseproben, weitere Informationen und Bestellmöglichkeiten
finden Sie unter www.transcript-verlag.de**

Kultur- und Medientheorie

LUTZ HIEBER, STEPHAN MOEBIUS (HG.)
Ästhetisierung des Sozialen
Reklame, Kunst und Politik im Zeitalter
visueller Medien

Mai 2011, ca. 250 Seiten,
kart., zahlr. Abb., ca. 26,80 €,
ISBN 978-3-8376-1591-3

ANNETTE JAEL LEHMANN,
PHILIP URSPRUNG (HG.)
Bild und Raum
Klassische Texte zu Spatial Turn
und Visual Culture

September 2011, ca. 300 Seiten, kart., ca. 29,80 €,
ISBN 978-3-8376-1431-2

CHRISTOPH NEUBERT,
GABRIELE SCHABACHER (HG.)
**Verkehrsgeschichte und
Kulturwissenschaft**
Analysen an der Schnittstelle
von Technik, Kultur und Medien

Juli 2011, ca. 250 Seiten, kart., ca. 26,80 €,
ISBN 978-3-8376-1092-5

Leseproben, weitere Informationen und Bestellmöglichkeiten
finden Sie unter www.transcript-verlag.de

Kultur- und Medientheorie

**Leseproben, weitere Informationen und Bestellmöglichkeiten
finden Sie unter www.transcript-verlag.de**